한국애견아카데미

'반려동물 자격증 교육 전문기관'

반려동물에 대한 올바른 지식과 교육방법에 관심을 가지고
올바르게 이끌어갈 수 있는 전문가를 양성하고 있습니다.

한국애견아카데미는 체계적이고 차별화된 반려동물 전문가를
검증하여 양성할 것이며,
국내의 올바른 반려동물 교육 문화를 선도하기 위해 나아갈 것입니다.

저자 **한국애견아카데미**

Pet Manager
반려동물관리사

반려동물 총론 · 반려동물 사양 · 반려견 관리학 · 반려동물 법률 및 행정

PREFACE 머리말

　인류의 역사 속에서 오랜 시간 인간과 함께 살아온 반려동물은 이제 정서적 교감을 통해 가족의 일원으로 받아들여지고 있습니다. 현대 사회에서 반려동물은 우리 일상 속에 깊이 스며들며, 심리적 안정, 신체적 건강, 정서적 치유 등 다양한 긍정적 영향을 끼치고 있으며, 그 존재 자체가 사람들에게 위로와 희망이 되어주고 있습니다. 최근 한 통계에 따르면 신생아들이 섭취하는 분유의 판매량보다 반려견들의 사료가 더 많이 판매되고 있다는 보고가 있었습니다. 그만큼 반려동물 양육 가정이 크게 증가하고 있다는 것입니다.

　하지만 반려동물 양육 인구의 급증이 곧바로 반려동물과 함께 살아가는 사회를 이룩해 주는 것은 아닙니다. 증가한 반려동물의 숫자만큼이나 오히려 동물복지의 사각에서 고통받는 동물의 숫자도 함께 증가하고 있습니다. 때로는 반려동물의 보호자가 제대로 된 지식을 갖추지 못해서 일어나는 문제들도 많습니다. 이에 따라 반려동물과 사람이 함께 행복하게 살아가기 위한 체계적인 관리와 윤리적 책임, 전문적인 지식의 필요성이 증가하면서 보호자들의 니즈도 늘어나고 있습니다.

　이러한 시대적 흐름에 발맞추어, 본 교재는 반려동물에 대한 체계적인 이해와 기본적인 관리로부터 시작하여 심도 있는 관리 역량을 기르기 위해 구성되었습니다. '반려동물관리사'라는 직업은 단순히 동물을 좋아하는 사람을 넘어, 전문적인 지식과 윤리의식을 갖춘 전문가로서 반려동물의 건강, 위생, 행동, 법규까지 아우르는 폭넓은 역할을 수행해야 합니다. 이에 본 교재는 반려견과 반려묘뿐만 아니라 주요한 반려동물에 관한 정보를 수록함으로써 포괄적인 정보를 제공하고자 기획되었습니다. 이를 위해 각 반려동물에 대한 기초 지식은 물론, 생애주기별 관리방법, 주요 질병 및 행동학, 실무 중심의 훈련과 미용, 그리고 최신 동물보호법과 생활법령의 내용까지 모든 핵심적인 사항을 압축하여 정리하였습니다.

본 교재는 반려동물과 함께 살아가는 이 시대에 꼭 필요한 교양서이자 실무 지침서입니다. 반려동물에 대한 애정만큼이나 책임을 다하고자 하는 모든 이들이라면, 반려동물 관리사 시험을 준비하기 위한 수험생이 아니더라도 큰 도움을 받으실 수 있을 것입니다. 또한 반려동물관리사 자격시험에 응시하고자 하는 수험생들에게는 더할 나위 없는 수험서가 되도록 심혈을 기울여 제작하였습니다.

이 책을 통해 보다 많은 이들이 반려동물과의 관계에서 따뜻함과 존중을 배워가기를 기대하며, 전문성과 윤리의식을 갖춘 반려동물관리사가 양성되기를 진심으로 바랍니다.

한국애견아카데미

CONTENTS

PART 01 반려동물 총론

I. 인간과 반려동물 · 10
1. 반려동물의 정의 · 10
2. 반려동물의 역할 · 12
3. 반려동물의 종류 · 12

II. 반려동물 산업 및 문화 · 19
1. 반려동물 산업 정의 · 19
2. 국내외 반려동물 산업 종류 및 관련 직업 · 20
3. 국내외 반려동물 문화 · 30
4. 국내 반려동물 산업 발전 방향 및 목표 · 36

III. 반려동물 관리사 · 38
1. 반려동물 관리사에 대한 이해 · 38
2. 반려동물 관리사의 영역 · 42
3. 반려동물 관리사의 자질 · 43

PART 02 반려동물 사양

I. 반려동물의 생애 · 54
1. 반려동물 생애 개요 · 54
2. 반려견의 생애 · 54
3. 반려묘의 생애 · 68
4. 반려조의 생애 · 80
5. 파충류의 생애 · 81
6. 기타 동물의 생애
   (햄스터, 토끼, 기니피그) · 83

II. 반려동물의 질병 · 87
1. 반려동물 질병 개요 · 87
2. 반려견의 질병 · 88
3. 반려묘의 질병 · 107
4. 반려조의 질병 · 113
5. 파충류의 질병 · 114
6. 기타 동물의 질병
   (토끼, 햄스터, 기니피그) · 119
7. 응급상황 대처법 · 126

III. 반려동물의 입양 · 131
1. 반려동물 입양 개요 · 131
2. 반려견의 입양 · 133
3. 반려묘의 입양 · 137
4. 반려조의 입양 · 138
5. 파충류의 입양 · 141
6. 기타 동물의 입양 · 143

IV. 반려동물 행동학 · 146
1. 반려동물 행동학의 개요 · 146
2. 반려견의 행동학 · 147
3. 반려묘의 행동학 · 158
4. 반려조의 행동학 · 162
5. 파충류의 행동학 · 164
6. 기타 동물의 행동학 · 166

PART 03 반려견 관리학

I. 반려견 관리학 · 172
1. 반려견 관리학 개요 · 172
2. 반려견의 품종 · 172
3. 반려견 미용 관리 · 198
4. 반려견 식이 관리 · 222

II. 반려견 훈련학 · 239
1. 반려견 훈련학 개요 · 239
2. 강화와 처벌 · 239
3. 기본 훈련 · 246
4. 놀이 훈련 · 253
5. 사회화 훈련 · 257
6. 산책 훈련 · 260
7. 배변 훈련 · 261
8. 복종 훈련 · 263

III. 반려견 스포츠 · 264
1. 도그 스포츠 개요 · 264
2. 도그 스포츠 종류 · 265

PART 04 반려동물 관련 법률 및 행정

I. 동물 보호법 · 280
1. 동물 복지와 동물 보호법의 배경 · 280
2. 동물 보호법의 목적과 동물의 정의 · 282
3. 동물의 보호 및 관리 · 284
4. 반려동물 행동지도사 · 301
5. 반려동물 관련 영업 · 303
6. 동물보호법 벌칙 · 311
7. 다른 나라의 동물보호법 사례 · 316

II. 행정 · 318
1. 반려동물 등록 절차 · 318
2. 동물 수출입 검역 · 328
3. 반려동물과 여행하기 · 337
4. 유기동물 신고 및 반환 절차 · 343

PART 01

반려동물 총론

PART 1

I. 인간과 반려동물
1. 반려동물의 정의
2. 반려동물의 역할
3. 반려동물의 종류

II. 반려동물 산업 및 문화
1. 반려동물 산업 정의
2. 국내외 반려동물 산업 종류 및 관련 직업
3. 국내외 반려동물 문화
4. 국내 반려동물 산업 발전 방향 및 목표

III. 반려동물 관리사
1. 반려동물 관리사에 대한 이해
2. 반려동물 관리사의 영역
3. 반려동물 관리사의 자질

PART 1 반려동물 총론

I. 인간과 반려동물

01 반려동물의 정의

(1) 반려동물이란?

　1983년 오스트리아 '인간과 동물의 관계에 관한 국제 심포지엄'에서 동물학자 K.로렌스는 '애완동물' 대신 '반려동물'을 사용하자고 제안했다. 이후 이 용어는 미국, 유럽, 일본 등에서도 일반용어로 정착하였으며, 우리나라에서도 2007년 동물보호법이 개정된 이후부터 공식적으로 사용하기 시작했다.

　현재 대부분의 사람들은 도시에서 살아간다. 도시화의 확산은 물질적인 풍요를 가져다 주었지만 그 이면에는 고독, 외로움, 인간성의 마비와 같은 부작용도 나타나기 시작했다. 그래서 인간은 상실되어 가는 인간 본연의 마음을 되찾기 위해 여러 가지 방편을 마련하게 되는데, 그 중 하나가 동물과 교감을 나누면서 살아가는 일이다. 반려동물은 인간과 함께 살아가면서 인간에게 여러 혜택을 주는 동물을 말한다.

　동물은 사람의 장난감이나 소유물이 아니라 더불어 살아가는 존재이다. 이제 반려동물은 사람들과 희로애락을 함께 하는 가족 구성원으로 받아들여 지고 있다.

> **한국 법률상 '반려동물'에는 어느 동물이 포함될까?**
> 동물보호법 제2조 7항에 의하면 '반려동물'이란 반려의 목적으로 기르는 개, 고양이 등 농림축산식품부령으로 정하는 동물을 말한다고 규정하고 있다. 또한 동물보호법시행규칙 제3조 반려동물의 범위에 의하면, 여기서 농림축산식품부령으로 정하는 동물에 대해 개, 고양이, 토끼, 페럿, 기니피그 및 햄스터를 말한다고 규정하고 있다.

(2) 애완동물과 반려동물

　생활수준이 높아지고 핵가족화가 진행되면서 반려동물에게서 따뜻한 위로를 얻고자 하는 보호자들도 부쩍 늘어나고 있다. 현재는 공중파 방송에서도 '애완'이라는 용어 대신 '반려'라는 단어가 주로 사용되고 있는데, 그렇다면 '애완'과 '반려'의 차이는 무엇일까?

　우선 '애완'은 '가까이 두고 귀여워하거나 즐기다'라는 뜻이다. '애완'이란 단어는 장난감처럼 순간의 유희를 위한 '도구'라는 의미가 강하다. 이에 반해 '반려'동물은 가족과 함께 살아가며 희로애락을 공유하는 존재를 의미한다. 따라서 '애완동물'보다는 '반려동물'이라는 단어가 생명에 대한 존중을 내포하고 있기 때문에 바른 표현을 사용하는 것을 권장한다.

(3) 반려동물 현황

최근 우리는 반려동물, 반려인, 반려가구, 반려견, 반려묘, 댕댕이, 냥집사 등의 낱말을 쉽게 주변에서 접할 수 있다. 초고령화 사회, 출산율 저하 등의 요인으로 인한 1인가구의 증가는 반려동물양육 가정의 급격한 증가의 원인으로 여겨지는데, 2023년 농림축산식품부가 전국 20~64세 5천명을 대상으로 한 온라인 패널조사 결과에 따르면, 현재 반려동물을 양육하는 가구의 비율은 전체 가구 대비 25.4%이다. 이는 4가구 중 1가구가 반려동물을 양육하고 있다는 것을 의미한다.

KB금융그룹이 발표한 「2023 한국반려동물 보고서」에 의하면, 2022년 말 한국 반려가구는 총 552만 가구로 반려인은 1,262만 명에 이른다. 반려동물 양육 가구 중 반려동물로 개를 키우는 가구가 71.4%로 가장 많았고, 다음으로 고양이를 기르는 가구가 27.1%였다. 2020년 코로나19 팬데믹 이후부터 반려동물 입양이 크게 증가하는 추세를 보여준다. 2016년과 2017년에는 각각 8.8%에 해당하던 비율이 2020년에는 12.4%, 2021년 13.2%, 2022년 18.4%로 크게 증가한 것을 알 수 있다. 이러한 증가 추세는 반려동물 양육가구의 지속적인 증가와 관련 산업의 성장에 대한 긍정적인 지표로 해석할 수 있다.

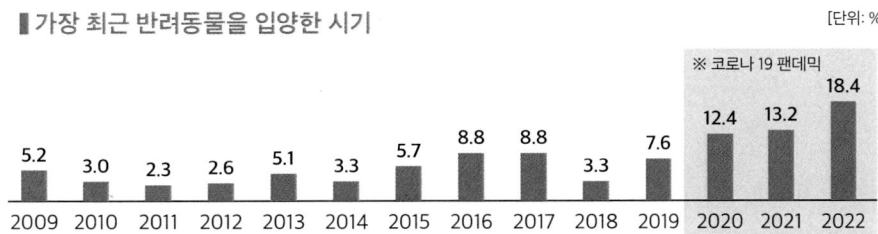

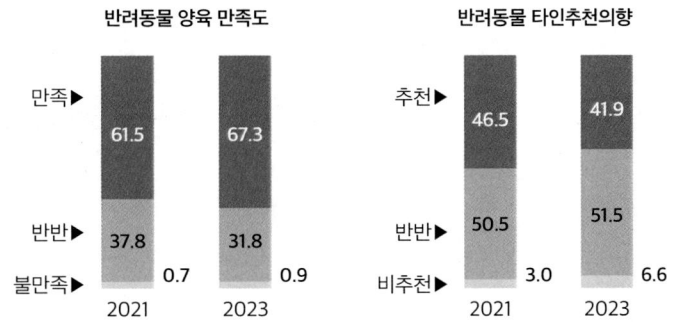

출처: KB금융그룹 2023 한국반려동물 보고서

보고서에 의하면 반려가구의 81.6%는 반려동물을 가족의 일원이라고 생각하고 있으며, 반려가구의 67.3%가 반려동물 양육에 만족하고 있는 것으로 나타났다.

02 반려동물의 역할

반려동물을 기르는 것은 정서적 안정감, 스트레스 해소 등 다양한 장점을 준다. 이런 이점을 활용한 '동물 매개 치료'는 우울증 등 정신 건강 문제 치료에 활용되기도 한다. 미국 플로리다 대학교에서 반려동물과 함께하는 것이 노인성 기억력 감퇴와 인지 기능 저하를 늦춰준다는 연구 결과가 발표된 이후, 노인 치매 예방을 위해 노인병원, 요양원에서 활용되기도 하고 있다.

아이에게도 반려동물은 정서적으로 긍정적인 역할을 한다. 반려동물과 함께 생활한 아이는 정신적으로 안정적이고 공감 능력이 강해진다. 또한 노인도 반려동물과 함께 생활하면 심리적 안정감과 자신감이 높아져서 정신 건강에 큰 도움이 된다.

최근 연구에 따르면 반려동물과 5년 이상을 지냈을 때 건강상 이점이 가장 크게 나타난다고 한다. 반려동물과 세월을 보낼수록 인지 기능 감퇴 속도가 늦춰지며, 반려동물에 대한 유대감, 의무감, 목적의식을 갖는 것이 뇌건강에 큰 도움이 된다는 연구보고도 많다.

03 반려동물의 종류

현대사회에서는 개, 고양이는 물론이고 햄스터, 토끼, 앵무새, 고슴도치 등 많은 동물이 반려동물로서 가정에서 사람과 함께 살아가고 있다. 이 책에서는 동물보호법의 규정을 기초로 반려동물을 크게 반려견, 반려묘, 반려조, 기타 포유류, 파충류 등의 총 5종류로 분류하여 살펴 보기로 한다. 물론 가장 대중적인 반려동물은 반려견과 반려묘지만 반려동물관리사로서 다른 반려동물에 대한 기초 지식을 지니고 있어야 하므로 각 반려동물에 대해 간략하게 알아보도록 하자.

---

1 미국 미시간 대학교 티파니 브랄리 신경 면역학 교수의 연구

(1) 반려견

개는 인간과의 교감이 가장 뛰어난 동물이며, 잡식성 동물이다. 후각과 청각이 뛰어나고 수명은 보통 12~16년이며, 세계적으로 200여 품종이 있다. 개는 일반적으로 관절염, 파보바이러스, 위염 등의 질병에 취약하다.

개는 또 인간을 돕기 위한 여러 역할을 수행하는데, 이를 특수목적견이라고 부른다. 특수목적견에는 119구조견/경찰견/군견, 공혈견, 안내견 등이 있다. 활동 분야에 따라 정찰, 구조, 군사작전, 혈액 제공, 장애인 안내 등 다양한 임무를 수행하게 된다.

안내견

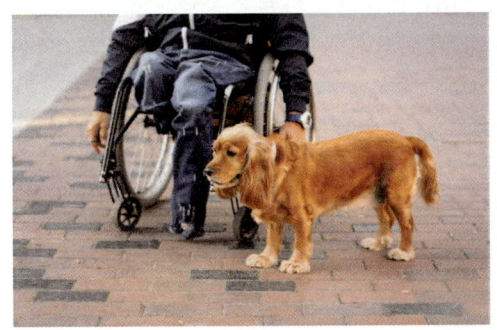

보조견

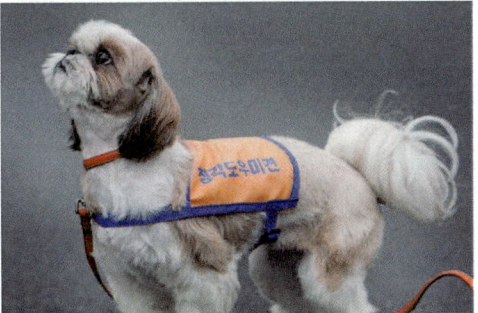

보청견

(2) 반려묘

고양이는 육식성 동물로 수명은 15~18년 정도이며 최근 의료기술의 발달로 수명이 점차 증가하고 있다. 털이 정말 많이 빠지는 동물로 신경 써서 빗질해주어야 하며, 털갈이 기간에도 집중적으로 관리해줘야 한다. 고양이는 수면 시간이 긴 동물이기 때문에 성묘의 경우 하루 14~16시간 정도 잔다. 고양이는 사냥본능이 뛰어나서 낚시 장난감, 공장난감 등으로 놀이를 해주면 좋다.

그리고 고양이는 아픈 티를 잘 내지 않기 때문에 설사나 구토 등의 증상을 살피는 것 외에 평소에도 건강에 유의하는 것이 필요하다. 잘 걸리는 질병으로는 결막염, 외이염, 방광염 등이 있고 특히 신장질환에 취약하다. 국내에서 주로 양육되는 반려묘의 품종은 코리안숏헤어(45.2%), 러시안블루(19.0%), 페르시안(18.7%) 순이다.

코리안 숏헤어   러시안 블루   페르시안 고양이

(3) 기타 포유류

국내에서 반려동물로 양육되고 있는 기타 포유류에는 토끼, 햄스터, 페럿, 고슴도치, 슈가글라이더 등이 있다.

A. 토끼

토끼는 초식동물로 평균 수명은 약 12~15년이고, 최대 18년까지 사는 것으로 알려져 있다. 토끼 양육 시 유의사항은 피부가 매우 약해서 습기에 민감하기 때문에 일반적으로 생각하는 목욕은 해서는 안 된다는 점과 귀에는 신경이 몰려있어 귀를 되도록 만지지 않는 것이 좋다는 점 등이다. 또한 털 빠짐이 심해 빗질을 자주해줘야 한다. 반려동물로 길러지는 토끼는 롭이어 토끼, 드워프 토끼, 앙고라 토끼 등이 있다.

롭이어 토끼   드워프 토끼   앙고라 토끼

B. 햄스터

햄스터는 잡식성 동물로 평균수명은 1~3년 정도이다. 몸길이 12~15cm, 꼬리길이 1.5~2.5cm, 몸무게 130~180g이다. 햄스터는 크게 골든햄스터와 드워프 햄스터로 나뉜다. 가정에서 길러지는 햄스터 대부분은 골든햄스터이며, 드워프 햄스터 종이 가정 양육된다면 그 대부분은 로보로브스키 햄스터다. 그 외에도 펄햄스터, 정글리안햄스터, 푸딩햄스터, 차이니즈햄스터 등이 있다.

골든햄스터 　　로보로브스키 햄스터 　　펄햄스터 　　정글리안 햄스터 　　푸딩햄스터 　　차이니즈 햄스터

C. 기니피그

페루가 원산지인 기니피그과의 하나로 생물학, 의학에서 실험동물로 사용되며, '모르모트'라는 명칭으로 유명하다. 몸길이는 25cm 정도로 쥐와 비슷하나 주둥이와 꼬리가 짧고 귀는 둥글고 짧다. 몸의 색깔은 검은색, 흰색, 누런 갈색, 붉은 갈색 등 여러 가지이다. 반려동물로 양육되는 기니피그는 주로 아메리칸 기니피그이며, 그 외에도 실키 기니피그, 코로넷 기니피그, 페루비안, 아비시니안 등이 있다.

기니피그의 평균수명은 5~7년 정도이며, 하루 최대 20시간 활동을 하고 짧게 잠을 잔다. 기니피그는 사회적 동물이므로 가정에서 기를 때는 최소 2마리 이상 기르는 것이 좋으며, 빠르게 번식하는 특징이 있으므로 중성화를 하는 것이 좋다.

아메리칸 기니피그 　　실키 기니피그 　　코로넷 기니피그 　　페루비안 기니피그 　　아비시니안 기니피그

D. 페럿

페럿(Ferret)은 족제비과 동물 중 유일하게 가축화된 동물이며, 반려동물로 인기가 높다. 얼굴이 귀엽고 긴 몸통을 지니며, 매우 민첩하다. 페럿의 평균수명은 8~10년 정도이며, 암컷의 경우 몸길이 30~38cm, 몸무게는 0.5kg~1kg까지, 수컷의 경우 몸길이 50cm, 몸무게 1~2kg까지 자란다. 하루 15시간 이상을 자며 야행성이다.

페럿

E. 고슴도치

고슴도치는 야행성-잡식성 동물로 평균수명은 8~10년 정도이다. 몸길이는 15~20cm에, 몸무게는 400~600g 정도이다. 고슴도치들은 '흔들리는 고슴도치 증후군'이라는 유전병에 자주 시달리는데, 입양 초반에 고슴도치가 몸을 긁다가 중심을 잡지 못하고 넘어지거나 비틀비틀거린다면 동물병원에 가보는 것이 좋다.

고슴도치는 경계심이 많아 친해지기까지 오래 걸리고 스트레스에 취약한 편이다. 국내에서는 스탠다드와 플래티나 품종이 주로 양육되며 그 외에는 화이트초코, 스노우샴페인, 실버차콜, 알비노, 시나몬, 핀토, 크림 등 품종이 유명하다.

스탠다드 고슴도치 　　 플래티나 고슴도치 　　 스노우샴페인 　　 화이트 초코 고슴도치

F. 슈가글라이더

슈가글라이더는 잡식성 동물로 10~15년 정도의 수명을 가진다. 몸길이는 16cm, 꼬리길이는 17~19cm 정도이며, 몸무게는 120g 정도이다. 슈가글라이더는 더운 지방이 고향이므로 더위에 약해 한국의 여름 철에는 온도 조절에 신경 써야 한다. 또 슈가 글라이더는 꼬리뼈가 빠지기 쉬우니 되도록 꼬리를 만지지 않는 것이 좋다. 슈가글라이더는 앞/뒷발 사이에 있는 날개처럼 생긴 비막을 이용해 바람을 타고 날 수 있다. 슈가글라이더는 노멀, 루시스틱, 화이트페이스, 플래티넘, 모자이크, 링테일, 파이볼드, 크레미노 등 품종이 있으며 노멀종이 가정에서 주로 양육된다.

(4) 반려조

앵무새는 주로 낮에 활동하는 동물로 다양한 품종이 있다. 종별로 식성과 특징에도 많은 차이가 있다. 앵무새는 우선 소형, 중형, 대형으로 나뉘는데, 소형 앵무새에는 우리가 흔히 볼 수 있는 사랑앵무(잉꼬)가 있으며, 대형 앵무새로는 금강앵무가 익숙한 종이다. 앵무새는 크기가 클수록 수명이 길어지는 편이며, 소형앵무의 경우 5~10년, 중형앵무는 15~20년, 대형앵무는 평균 40~60년의 수명을 가지며 100년을 넘게 살기도 한다. 앵무새는 물이 있으면 목욕을 스스로 하며, 울음소리가 크고 높아 키우는데 주의가 필요하다. 가정에서 주로 길러지는 종으로는 사랑앵무, 왕관앵무, 모란앵무, 코뉴어, 회색앵무, 뉴기니아 등이 있다.

(5) 파충류

반려동물로 양육되는 파충류에는 뱀, 도마뱀, 거북이 등이 있다.

A. 뱀

뱀은 잡식성 동물로 여러 품종이 있으며 품종에 따라 수명과 특징에 큰 차이가 있다. 우리가 보통 생각하는 가정용 얼룩무늬 뱀은 콘스네이크 종이다. 콘스네이크 종은 8~10년 정도의 수명을 가지며 몸길이는 1~1.2m까지 자란다. 뱀은 변온동물이기 때문에 온도나 습도를 조절에 신경 써야 한다. 다만 질병에 강해 이 부분에 대해서는 걱정을 덜 수 있다. 우리나라에서는 킹스네이크, 콘스네이크, 공비단뱀을 주로 볼 수 있으며, 호그노즈, 밀크스네이크, 보아뱀 등을 키우는 사람도 있다.

| 콘스네이크 | 킹스네이크 | 공비단뱀 |
| 호그노즈 | 밀크스네이크 | 보아뱀 |

B. 도마뱀

　도마뱀 또한 품종별로 수명과 특징에 큰 차이가 있다. 도마뱀 역시 뱀과 마찬가지로 변온동물이기때문에 가정 양육 시 온도와 습도, 사육환경 등을 섬세하게 관리해야 한다. 가정에서 주로 키우는 종으로는 비어디 드래곤, 크레스티그 게코, 레오파드 게코 등이 있다.

| 비어디 드래곤 | 크레스티그 게코 | 레오파드 게코 |

PART 1 반려동물 총론

II. 반려동물 산업 및 문화

01 반려동물 산업 정의

반려동물 인구가 늘면서 그에 따라 반려동물 시장도 급격히 증가되고 있다. 이를 일컬어 '펫코노미'라고 한다. '펫코노미'란 반려동물을 의미하는 영어 단어 '펫'(Pet)과 경제를 의미하는 '이코노미'(Economy)의 합성어로 반려동물과 관련된 경제 활동 전체를 의미한다. 이는 반려동물의 생산으로부터 시작하여 사육 및 관리, 사후 처리 과정까지 생명체의 라이프사이클(Lifecycle) 전체를 아우르는 산업분야이며, 구체적인 종류는 아래와 같다.

국내 주요 업종별 펫 비즈니스 진출 현황 표

유통	식품제조	생활용품
백화점, 대형마트, 편의점, 홈쇼핑, 온라인몰, 드럭스토어 등 각 업계는 자사의 역량을 활용하여 반려동물 용품, 사료 간식을 취급하는 전문숍을 론칭하거나 PB(Private Brands) 제품 제조에 뛰어드는 모습	식품제조 업계는 자사의 주력상품을 바탕으로 한 습식, 건식 사료 시장에 진출하고 있으며, 유제품 업계의 경우 펫밀크 등을 신규 제품으로 출시하며 제품 포트폴리오 확장 중	사람보다 혹은 사람만큼 예민한 피부를가진 반려동물을 위해 샴푸, 미스트 관련 위생용품을 판매하며 사업확장 중
가전	**호텔**	**통신**
가전업계는 반려동물과 거주 시 필요한 펫 전용 공기청정 온풍기, IoT 항균 탈취 휘산기, 반려동물의 털을 청소해주는 로봇청소기 등 다양한 특화 상품을 개발, 출시 중	반려동물과 함께 호캉스(호텔에서 즐기는 바캉스)를 즐기는 고객을 타겟으로 다양한 패키지 상품을 마련. 해당 서비스에 반려동물 간식을 제공하는 룸서비스, 반려동물이 숙박 시 필요한 관련용품을 구비하여 제공	스마트폰과 첨단 ICT 기술을 활용하여 반려동물과 사는 삶의 편의성을 제고하는 서비스를 개발. 가령, 반려동물의 위치 확인, 반려동물 대상 음성 메시지 발송, 헬스케어 기능 등을 제공 중
건설	**금융**	**기타 소비재**
반려동물 보유 가구 확대 추세에 대응하여 반려동물과 함께 사는 삶을 지원하기 위해 반려동물에 특화된 구조를 보급하고 있으며, 일부 단지 시설 내 반려동물 관련 케어 서비스를 마련하는 움직임	은행, 카드, 보험 등 각 금융권에서는 펫적금, 펫신탁, 펫카드 등의 상품을 출시하며 신성장동력을 마련하는 한편 반려인들의 니즈를 반영하고 있음	유아용품 업계 일각에서는 반려동물 전용 침대, 세정제 등 용품을 판매 소비재를 제조하는 중견·중소기업도 반려동물 전용 유리식기 등 자사의 주력상품을 기반으로한 반려동물 전용상품을 출시하며 시장을 공략

02 국내외 반려동물 산업 종류 및 관련 직업

최근 통계에 따르면 대한민국 전체가구의 4분의 1가량이 반려동물을 보유하고 있는 것으로 나타나고 있다. 반려동물 양육 가구의 증가로 인해 반려동물 관련 산업도 지속적으로 성장하고 있는데, 그 중에서도 반려동물 사료 시장의 성장 가능성이 매우 높게 평가 받고 있다. 현재 국내 유통되는 전체 사료는 대부분 수입품이다. 따라서 최근 국내의 다양한 기업들이 사료 산업에 뛰어들면서 반려동물 산업 트렌드가 변화하고 있다.

▎반려동물 연관산업 규모 전망

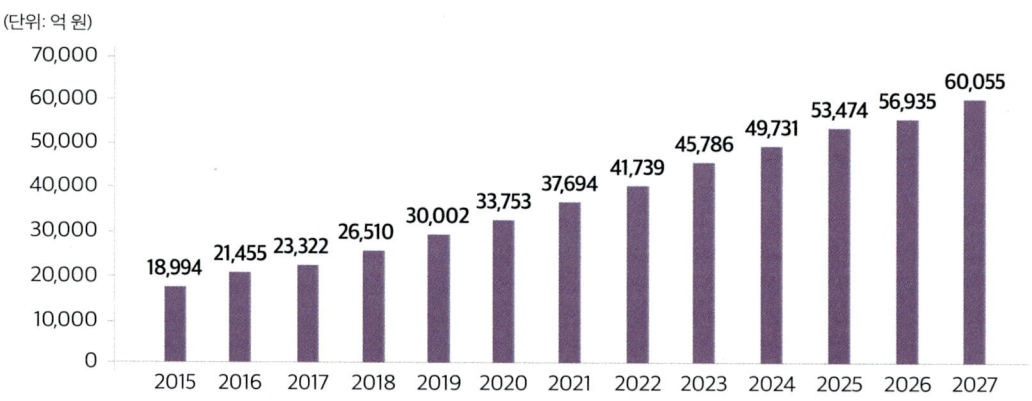

(1) 반려동물 식품 분야

국내외적으로 반려동물 연관산업 중 규모가 가장 큰 분야는 반려동물 식품, 즉 펫푸드이다. 특히 미국은 반려동물 사료 및 간식 시장 중 가장 큰 시장으로 글로벌 펫푸드 10대 기업 중 7개가 미국에 본사를 두고 있을 정도이다. 특히 마르스와 네슬레 두 기업의 미국 내 시장 점유율은 거의 40%로 연간 매출액이 각각 약 19.5조와 13.7조에 달한다. 이들 두 기업의 한국 펫푸드 시장 점유율도 약 70%를 상회한다.

	Company	Home Country	2018 Revenue	Year Founded
1	Mars Petcare, Inc.	U.S.	18,085	1952
2	Nestlé Purina Petcare	U.S.	13,200	1894
3	J.M. Smucker	U.S.	2,900	1897
4	Hill's Pet Nutrition	U.S.	2,318	1948*
5	Diamond Pet Foods	U.S.	1,500	1970*
6	Blue Buffalo	U.S.	1,300	2003*
7	Spectrum Brands	U.S.	821	1906*

최근 반려동물 보호자들이 자연적 유기농 제품을 선호하는 경향이 강해지면서 펫푸드 산업에서의 고급화(Premium)도 진행되고 있다. 특히 반려동물 산업의 주 고객층인 밀레니얼 세대와 MZ세대가 반려동물 케어 시장의 프리미엄화를 이끌고 있다. 따라서 향후 반려동물 식품과 관련된 직종들이 활발하게 활동할 것으로 전망된다.

A. 펫영양사

'펫영양사'는 가축, 야생동물, 반려동물 등 다양한 동물의 영양을 책임지는 동물 영양사이다. 반려동물 음식을 개발하고 반려동물의 영양 상태에 대해 교육하거나 조언하는 일을 한다. 사료회사에서 새로운 반려동물 사료와 간식연구개발에 종사할 수도 있으며, 동물병원에서 반려동물의 다이어트, 적절한 사료 급여법을 교육하는 일도 한다. 현재 국내 민간 자격증을 취득하거나 일본 펫영양학회에서 자격증을 취득하여 활동하는 전문가들이 대부분이다.

B. 펫푸드 스타일리스트

'펫푸드 스타일리스트'는 펫푸드 지식과 실무 능력을 기반으로 주어진 공간 내에서의 펫푸드의 재조합과 배열을 통해 펫푸드가 보다 맛있어 보이도록 만들고, 반려동물이 해당 음식을 먹고 싶도록 연출하며, 음식에 대한 적절한 영양학적인 지식을 제공하는 전문가를 의미한다.

펫푸드 스타일리스트는 펫푸드 레시피 개발, 펫푸드 스타일링, 펫헬스 케어 매니지먼트, 테이블 데코레이션, 펫푸드 라이팅, 펫푸드 컨설팅, 펫푸드 케이터링&파티 플래닝, 펫 포토그래핑, 반려견 식기 개발 등의 다양한 영역에서 활동이 가능한 전문가로 향후 그 전망이 매우 밝은 직종이다. 현재 한국애견협회에서 자격증을 발급하고 있다.

(2) 반려동물 리빙

반려동물을 키우는 가정이 늘어나면서 이전보다 반려동물을 가족 구성원으로 생각하는 사람들이 늘어나고 있다. 따라서 반려동물과 사람이 더불어 살아가는 방법을 배워야 할 필요성이 크게 늘었다. 또 반려인들과 비반려인이 함께 살아가기 위한 규칙도 필요하게 되었다. 따라서 반려동물과 반려동물보호자를 교육하는 직업이 생겨나고 있으며, 반려동물행동지도사나 수의사와 같은 전문가의 필요성이 높아지고 있다.

A. 반려동물행동지도사

반려동물의 이상행동을 진단하고 교정하는 역할을 하는 전문가이다. 이를 위해 동물에 대한 전반적인 지식과 행동교정 방법, 심리에 대해 이해해야 한다. 다양한 분야에서 활동할 수 있는 전문가로 동물보호법 개정으로 인해 2024년 1회 국가공인 자격증 취득을 위한 1차 필기 시험과 2차 실기 시험이 실시되었다.

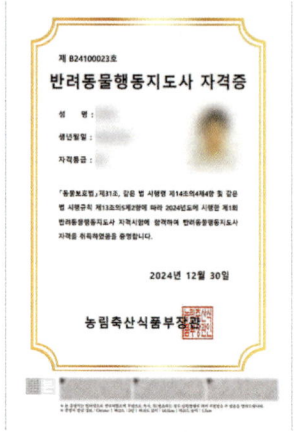

B. 반려견 지도사

반려동물은 사람들과 더불어 살아가면서 다방면에서 사람들에게 도움을 주기도 한다. 그 중에는 시각장애인 안내견, 경찰견, 구조견, 탐지견 등 특수 목적으로 양성되고 활용되는 반려견도 있다. '반려견 지도사'는 이러한 특수 목적의 반려견을 전문적으로지도 양성하는 직업이다.

C. 펫시터

'펫시터'는 고객이 요청한 시간 동안 반려동물을 산책시키거나 운동시키고 돌봐주는 직업이다. 1인 가구의 보호자가 출근 후 반려견이 장시간 홀로 집에서 시간을 보내야 하는 경우나 혹은 장기간 국내여행이나 해외여행, 출장을 갈 때 반려동물을 보호하고 케어하는 역할을 하는 전문가이다. 펫시터는 자택에서 다른 일을 하면서 병행할 수 있는 일이라는 점과 자기 시간에 맞춰서 일을 할 수 있어서 유연한 스케줄 관리가 가능하다는 장점이 있다.

D. 반려견호텔과 반려견유치원

'반려견호텔'이나 '반려견 유치원' 등은 보호자가 반려견을 관리할 수 없을 때, 일정 기간 비용을 받고 반려견을 맡아주는 시설을 말한다. 두 곳 모두 반려견을 위탁 관리하며, 다른 개들과 함께 어울리며 사회성을 기를 수 있는 장소라는 공통점이 있다. 기본적인 활동은 산책, 놀이, 음식급여와 같이 비슷하지만, 반려견 호텔이 숙박에 비중이 높은 반면 유치원의 경우에는 교육적인 측면이 강조된다는 점에서 차이가 있겠다.

반려견 호텔

반려견유치원

(3) 반려동물 미용

최근 반려동물을 자신처럼 아끼는 펫미족(PET+ME)이 늘어나면서 반려동물 패션영역에서도 프리미엄화가 두드러진다. 브랜드, 럭셔리 시장이 메인으로 최근 명품업계에서도 펫 패션 시장공략에 나서고 있다.

A. 반려동물 미용사

'반려동물 미용사'는 반려동물의 미용과 청결을 관리하는 직업이다. 미용은 반려견의 외적인 아름다움을 위한 목적도 있지만, 눈, 귀, 항문 등 반려견의 신체 건강과 청결을 관리하기 위한 목적도 함께 가지고 있다. 반려견 미용사와 직접적인 관련이 있는 자격증으로는 한국애견협회의 "반려견스타일리스트 자격증"이 있다. 반려견 미용사는 헤어디자이너, 미용사들과 비슷한 직종으로 최근 패션에 관심이 많은 보호자들의 니즈로 인해 그 활동 영역이 확대될 것으로 전망된다.

B. 반려동물 패션 디자이너

반려동물 패션 산업 또한 같이 발달하고 있다. 반려동물패션디자이너는 개, 고양이 등의 반려동물의 의상과 소품을 전문적으로 디자인한다. 반려동물 의상이나 소품을 제작할 때는 털이나 정전기, 피부병, 입히고 벗기는 방법, 배변 문제 등 반려동물 의상의 특수성을 이해해야 한다. 또 반려동물이 질병에 걸릴 수도 있으므로 소재 및 부자재도 세심하게 선택해야 한다. 견종 및 묘종에 따라 어울리는 아이템과 컬러 등을 분석하고 트렌드를 파악하여 소비자가 원하는 트렌드를 디자인에 반영하는 것도 필수적이다.

(4) 반려동물 의료

반려동물 의료는 반려동물 산업에서 식품분야 다음으로 규모가 크다. 2023년 8월 농림축산부는 국내 반려동물 시장의 성장 가능성에 대해 긍정적으로 평가하면서 구체적으로 펫푸드, 펫헬스케어, 펫서비스, 펫테크를 4대 주력 산업으로 선정하고 이를 위해 육성 전략을 추진하겠다고 밝힌 바 있다. 이 중 펫헬스케어 서비스가 반려동물 의료에 해당하기 때문에 현재에도 큰 규모를 가지고 있는 의료 분야가 향후 더 크게 성장할 것으로 추정된다.

A. 수의사(Veterinarian)

수의사는 동물을 진료하고 축산물에 대해위생검사를 수행하는 직업이다. 최근에는 가축생산기술향상, 야생동물보전, 축산식품안전, 인류보건향상, 전염병예방 및 신약개발 등으로 직무 영역이 확대되고 있다. 현재 우리나라의 수의사는 전문의가 따로 없지만, 미국이나 일본 등의 수의선진국에는 수의전문의 제도가 있다.

B. 동물보건사(수의테크니션)

최근 동물간호 인력의 수요가 증가하면서 동물진료를 위한 전문인력 육성 차원에서 만들어진 것이 바로 '동물보건사'이다. 흔히 동물병원에서 보조 역할을 맡는 사람으로 일종의 간호사역할이라고 할 수 있다. 한국에서 "동물보건사"라는 이름의 자격증을 발급받아 직무를 수행할 수 있으며, 기초동물보건학, 예방동물보건학, 임상동물보건학. 동물 보건 윤리 및 복지 관련 법규 등에 관해 지식을 쌓아야 한다.

C. 반려동물관리사

반려동물관리사는 동물병원에서 수의사를 도와 병원 서비스실무를 수행하는 전문 인력이다. 기본적인 동물병원 고객 응대 및 처방전 발급, 약물 제조와 관리, 입원동물 처지 및 관리, 내외과 업무를 수행한다. 내과 업무로는 채혈준비, 폐기물관리, 검사의 종류와 방법 숙지 등을 하고 외과 업무로는 수술 준비, 동물 케어 등을 수행한다.

D. 반려동물 매개치료

반려동물과 친밀한 교감을 나눌 때 사람들과 반려동물의 뇌에서는 행복 호르몬이 분비된다. 이로 인해 경증 치매, 우울증, 스트레스 질환, 대인기피증, 주의력 결핍, 과잉행동장애 등 많은 질환 치유에 반려동물이 활용되고 있다. 단, 한국 국내에서는 공식 직업으로 동물매개치료사가 존재하지는 않는다.

[반려동물 보험]

수의학발전에 따라 반려동물의 평균 수명도 증가하면서 고령 반려동물의 의료비 부담이 증가하고있다. 이로 인해 반려동물의 노령화 추세에 발맞춰 서비스, 리테일 영역에서도 새로운 영역들이 생겨나고 있는데, 대표적으로는 '펫 보험'이 있다.

보험사들도 최근 반려동물 보험 판매에 적극적으로 나서고 있으며, 반려견 대상 보험 상품뿐 아니라 반려묘 대상 보험도 속속 출시되고 있다. 이 영향으로 한국의 반려동물 보험 시장도 확대될 것이라는 전망이 나오고 있다.

- 국내 반려동물 보험의 현황

우리나라에서는 2008년 동물등록제 규정 등이 포함된 개정 동물보호법 시행에 앞서 반려동물 보험이 처음으로 등장하였다. 그러나 당시에는 보험사가 반려동물 보험을 처음 취급하다 보니 통계 데이터에 기반한 합리적인 보험료 산출을 할 수 없었고, 정보의 비대칭, 치료비와 진료비 기준이 모호한 탓에 손해율이 심화하는 등 문제가 다수 발생하였다.

하지만 최근에는 반려동물의 양적 증가와 반려동물 인식 개선에 따라 수요 증가를 기대해서인지 반려동물 보험을 취급하는 보험사가 급격히 증가하였다. 국내 대표적인 펫 보험은 S사(삼성화재)의 반려동물 보험과 H사(현대해상) 펫보험이 있다. 그 외 DB손해보험, KB손해보험, 메리츠화재, 한화손해보험, 롯데손해보험 등에서 관련 상품을 판매 중이다.

비교	S사		H사	
가입기간	3년		3년	
월 금액	52,736원		51,470원	
보장내용	의료비	연 1,500만원 한도 1일 15만원 한도 (1일당 1만원 공제 후 70% 보상)	의료비(입원비)	연 20일 한도 1일 15만원 한도 (1만원 공제 후 70% 보상)
			의료비(통원비)	연 20일 한도 1일 15만원 한도 (1만원 공제 후 70% 보상)
	수술비	-1일 250만원 한도(연 2회 한도) -질병상해의료비 초과분 70% 보상 -슬관절 수술 1년 이내 발생시 지급하지 않음	수술비	1회 150만원 한도(연 2회 한도) -슬관절 수술 1년이내 발생시 지급하지 않음
	배상 책임	연 3,000만 한도 사고당 3,000만원 한도 (1사고당 10만원 공제 후 보상)	배상책임	사고당 500만원 한도(1사고당 3만원 공제 후 보상)
	반려견 사망 위로금	15만원 지급	장례비	15만원

또한 요즘은 보험개발원에서 "반려동물 원스톱 진료비 청구 시스템(POS)"를 구축하여 별도 보험사 서류 제출없이 반려동물 진료 후 보장금액에 대한 보험금을 받도록 하는 등 소비자 편리를 위한 지원도 증가하고 있다.

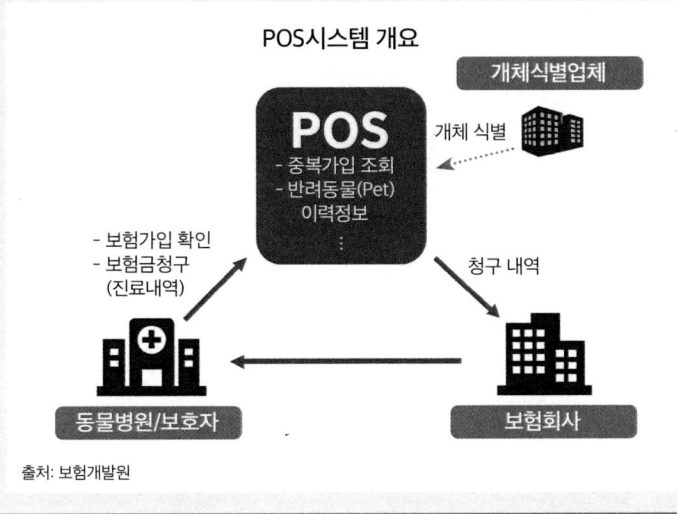

출처: 보험개발원

(5) 반려동물 장례

최근 반려동물 양육 가정이 크게 증가하면서 양육하던 반려동물이 죽은 후, 동물의 사체 처리 및 장례에 대한 관심도 함께 높아지고 있다. 국내 반려동물의 장례 실태를 살펴보면, 사람의 장례 절차와 유사하다. 총 8단계의 절차[2]에 걸쳐 장례식이 진행되고, 화장 후 절차에는 4가지 방법이 있다. 화장 후에는 납골, 스톤(반려석), 수목장(자연장), 산골 등 방식으로 유해를 처리한다.

반려동물 장례식은 해외에서도 보편화되고 있는 추세다. 대표적으로 프랑스는 종교적인 이유로 반려동물이 죽으면 공동묘지에 안치하는 것이 보편적인데, 프랑스에는 매년 11월 1일 돌아가신 분들을 추모하는 만성절에 반려동물 공동묘지에서 시간을 보내는 사람이 많다. 심지어 프랑스에는 1899년에 세워진 프랑스 최초이자, 전세계 최초 반려동물공동묘지인 "아니에흐-쉬흐-센(Asnieres-sur-Seine)"이 있다. 공동묘지가 아니라 살던 집 마당에 반려동물을 묻고 싶어하는 사람도 많다. 이를 위해 프랑스에는 "반려동물을 잘 묻기 위한 법"도 마련되어 있다.

---

2 운구〉수기〉염습〉추모〉화장〉분골〉화장후 절차

프랑스 최초의 반려동물 공동묘지

A. 반려동물 장례지도사

　반려동물 장례문화 확산에 따라 '반려동물 장례지도사'라는 직업도 등장했다. 반려동물 장례지도사는 죽은 반려동물의 주인과 장례 절차를 상담하고 장례식 진행, 동물등록말소 등 법적 처리부터 납골까지 모든 절차를 돕는다. 현재 반려동물장례지도사로 활동하기 위해서는 관련 실무와 시험에 합격해야 한다.

B. 반려동물 펫 신탁

일본에서는 주인이 사망한 후 혼자 남겨지게 될 반려동물을 위해 일정 비용을 미리 지불하고 새로운 주인에게 믿고 맡기는 일종의 계약인 펫 신탁이 발달했다. 일본은 반려동물 장례 서비스 및 반려동물 안치 시설이 굉장히 잘 갖춰져 있다. 합동장례식, 반려동물 수목장, 장례식을 위한 세레모니 홀 등 다양한 시설과 서비스가 마련되어 있다.

03 국내외 반려동물 문화

반려동물에 관한 관심은 전세계적인 것으로 서구에서는 반려동물의 복지와 권리에 대한 논의가 국내에 비해 훨씬 이른 시기부터 이루어져 왔다. 반려동물의 입양부터 죽음에 이르기까지 라이프사이클에 맞춰 다양한 반려문화가 발달하였는데, 최근 국내에서도 반려동물 양육 가정의 증가로 인해 반려동물을 위한 각종 시설과 새로운 문화들이 생겨나고 있다.

(1) 반려동물 입양 문화

해외에서는 반려동물 입양 절차가 국내에 비해서 엄격하고 까다로운 편이다. 특히 맹견에 대해서는 엄격한 규정을 가지고 있는 나라들이 많다. 올바른 입양문화는 동물 복지의 시작이라는 점에서 매우 중요하다.

A. 미국

미국의 대부분의 시청에서는 야생동물을 구조하며 유기동물의 주인을 찾아주고 입양을 진행한다. 입양비는 $25~90 정도이고, 중성화 수술이 되어있지 않은 경우 무료로 수술 후 입양을 보내며, 특별행사기간에는 무료 입양을 진행하기도 한다. 미국에서는 임시보호를 하는 사람을 포스터(foster)라고 부르며, 포스터가 되기 위해서는 3~4장 정도 서류를 작성하고 심사를 거쳐야 한다. 포스터 기간에 필요한 반려동물의 음식, 옷, 장난감, 케이지 등의 물품과 병원비도 전부 지원된다.

B. 호주

호주에서는 반려동물을 입양할 때 반려동물 의무교육을 이수하면 등록비를 할인해준다. 그리고 이 의무교육에는 반려동물 양육 정보 외에 학대나 유기 시 받게 될 처벌에 관한 내용이 포함되어 있기 때문에 동물 복지에 대한 경각심을 일깨워주는 측면이 있다. 호주에서는 유아동들을 위한 반려동물 교육 프로그램도 제공된다. 성숙한 반려동물 문화를 만들기 위한 노력인 것이다. 반려동물을 가족과 같은 존재로 생각하는 문화가 깊은 호주는 가족을 소개하거나, 가족사진을 찍을 때 항상 반려동물과 함께한다.

C. 독일

독일은 유럽에서도 손에 꼽히는 동물복지국가이다. 독일에서는 반려견 입양 시 기본 산책 예절 등 필수적으로 예절교육을 받아야 한다. 이는 동물이 사회에서 인간과 공존하기 위해 필수적인 과정이다. 또한 입양시 보호자도 시험을 치루어야 하는데, 1차는 필기시험 2차는 전문 반려견 훈련사와의 인터뷰. 대부분의 근린공원에는 동물 방사장이 완비되어 목줄 없이 자유롭게 뛰어 놀수 있으며, 재활용품과 사료를 교환해 주는 곳도 있다. 또한 공원에서 반려견 산책 시 반려견의 용변을 보면 일부분은 견주가 처리하지만 대부분은 담당 청소부가 처리해주고 있다.

(2) 반려동물 편의시설

반려동물과 함께 동행하여 일상적인 삶의 활동을 영위하는 사람들이 증가하면서 반려동물과 함께 출입할 수 있는 시설이 점점 증가하고 있다. 1인 가구의 경우 외출 시 반려동물을 동반하지 못하는 경우, 장시간 동안 집안에 혼자 집에 남겨지면서 우울증이나 이상행동이 발현될 수 있기 때문에 이러한 편의시설의 증가는 동물복지 측면에서도 상당한 진전이라고 할 수 있다.

A. 휴게소

일본은 반려동물을 가족의 일원으로 생각하고, 한국에 비해 반려동물 역사가 오래되었기 때문에 반려동물을 위한 다양한 시설이 있다. 이런 일본에서는 모든 고속도로 휴게소에 장시간 운전에 피곤한 사람이 휴식을 취하듯 동반반려견을 위한 방사장이 마련되어 반려견이 용변을 보며 뛰놀 수 있도록 배려하고 있다.

일본 사노휴게소(고속도로휴게소)의 도그런

B. 반려동물 테마파크

반려동물 테마파크는 반려동물과 반려인에게 감동과 흥미를 주는 시설과 놀이 프로그램, 캐릭터, 분위기, 이벤트 등이 잘 마련된 종합레저공간이다. 반려동물 테마파크는 크게 미국식 공원형, 일본식 리조트 및 놀이동산형, 유럽식 동물보호소형 등 3가지로 나뉜다.
① 미국식 공원형 : 미국식 공원형 반려동물 테마파크는 반려동물이 목줄 없이 마음껏 뛰놀 수 있는 공간인데, 주로 지역민들의 일상생활과 밀접한 공간으로 구성된다.

② 일본식 리조트 및 놀이동산형 테마파크 : 놀이기구, 동물 공연장 등을 갖춘 반려동물의 출입이 허용된 여가공간이다.

③ 유럽식 보호소형 반려동물 테마파크 : 주인을 잃어버리거나 유기된 개를 위한 보호시설이자 복지시설의 역할을 한다. 프랑스의 경우 공공시설, 공원에서는 개의 출입이 엄격하게 통제되고 목줄 착용이 필수적이다. 또한 길거리에 반려동물용 배변 처리 봉투 배포대가 설치되고 대중교통 이용 시 사람처럼 교통비를 내 는등 명확한 규칙들이 정해져 있어 반려인과 비반려인의 갈등이 작다.

한국 국내에서도 여러 지자체가 반려동물 테마파크 유치를 논의 중이며, 최근에 송도 '도그파크', '오수 펫 테마파크' 등이 생겨나고 있다. 하지만 그 수는 미국, 일본, 유럽과 같은 선진국들에 비해 크게 부족하다. 앞으로 한국 국내에도 반려동물과 함께할 수 있는 공간이 점차 늘어날 것으로 기대된다.

오수 펫 테마파크

(3) 반려동물 행사

A. 국내 도그쇼와 브리더

매년 봄가을에 한국 애견협회에서는 반려견 전람회를 개최한다. 참가자격은 애견협회 회원의 개로 혈통서가 있어야 하며, 혈통서는 한국애견연맹이나 한국애견협회에서 발행하며 해외에서는 미국 FCI(Federation Cynologique internationale), TICA(The International Cat Associa-tion), CFA(The cat Fanciers Association), 유럽의 FIFF(Fédération Internationale Feline) 등이 혈통서를 발급한다.

아름다운 반려견을 뽑는 대회를 통해 국내 반려문화가 더 성장하는 계기로 작용하고 있으며, 최근에는 희귀한 품종들도 자주 전람회에서 볼 수 있게 되는 등 나날이 그 관심이 모아지고 있다.

B. 독 스포츠

반려견과 함께 하는 문화가 확산되면서 국내에서도 반려견 스포츠에 대한 관심이 높아지고 있다. 반려견 스포츠는 사람과 반려견이 함께 하는 스포츠를 의미한다. 반려견을 제어하는 핸들러의 지시를 받아 특정한 목표를 수행하는 것이 반려견 스포츠의 일반적인 구조이다. 반려견 스포츠의 종류로는 어질리티(Agility), 디스크 독(Disk dog), 플라이볼(Fly ball), 독 트릭(Dog trick), 독 댄스(Dog dance) 등이 있으며, 애견협회를 비롯하여 다양한 국내외 기관들이 개최하는 행사가 열리고 있다. 대단히 큰 규모의 국제대회가 있기 때문에 관심이 있는 보호자라면 함께 훈련하여 참가해보는 것도 좋은 경험이 될 것이다.

디스크 독

어질리티

(4) 반려동물 인식 및 법적지위

　대표적인 반려동물 문화선진국인 영국은 왕실에서부터 반려동물에 적극적이다. 엘리자베스 2세 영국여왕은 웰시코기를 어렸을 때부터 기를 만큼 평생 반려견을 사랑한 것으로 알려져 있는데, 일생 동안 30마리 이상의 개를 키우며 다양한 행사에 개들과 함께해 대중의 관심을 받기도 했으며, 2021년 의회 연설을 통해 최우선 국정 과제로 '최고 수준의 동물복지법'을 요구하여 영국 정부에 새 동물복지 법안 통과를 촉구하기도 했다.

　대표적인 동물복지국가인 독일의 경우 최근 반려견 산책 법안이 발의되었고, 2021년 개 산책법이 통과되었다.

하루 2번 1시간 이상 개 산책을 시켜야한다.
장기간 목줄을 달고, 온종일 혼자 두면 안된다.
강아지는 사회화를 위해 사람과 4시간을 함께 보내야한다.
법률의 적용은 주마다 상이하다.

또한 1990년 '민법상 동물의 법적 지위에 관한 법률'을 공포하고 시행하였는데, 이 법률은 다섯 개 조문으로 구성되어 있으며 동물에 대한 윤리적으로 기초된 법적인 보호를 핵심 사상으로 삼는다. 이러한 입법의 취지에는 반려동물의 생명을 존중하는 태도로 대해야 하며, 동물을 보호할 책임이 인간에게 있다는 인식을 바탕에 가지고 있다.

■ 해외의 동물 보호·권리 관련 법제

종류	국가
동물 보호책임을 헌법 조항에 삽입	독일
헌법에 '동물의 존엄성' 명시	스위스
민법에서 동물을 '생명'으로 규정	오스트리아·독일·프랑스 등
반려동물 신탁제도 도입	미국

프랑스의 동물보호 관련 법제를 민법, 형법, 육상 및 어업 관리, 공중보건, 해양 어업법(Rural and Marine Fishing Code), 환경법 등에서 각각 다루면서 파편화된 경향을 보인다.

[프랑스 민법, 나폴레옹법전(Napoleonic Code)에서 동물의 법적지위의 변화]

1804년~1999년: 동물을 '동산(movable property)'으로 규정하고 있었다.
1999. 1. 개정 민법: 동물과 물건(objects)을 구분한다.
2015년 프랑스민법 개정: '감정을 가지는 생명체(living beings capable of feelings)'의 의미를 가짐

현재: 프랑스 형법(Code pénal) 제521-1조에 따라 "사육되거나 길들여진 또는 시설에 갇혀 있는 동물에 대하여 공개적이거나 그렇지 않거나 성적 학대를 포함하는 심각한 학대로 불필요한 고통을 야기하는 행위는 2년의 징역과 €30,000의 벌금에 처해지게 된다."

다만 이 새로운 조항들은 동물의 권리를 창출하거나 특정한 지위를 부여한 것은 아니지만, 동물을 인간이 사용하기 위한 물건이나 도구로 보는 기존의 재산법 체계에서 벗어나 동물에게 고유한 법적 지위를 부여하기 위한 초석을 마련했다는 점에서 의의가 있다고 하겠다.

04 국내 반려동물 산업 발전 방향 및 목표

한국에서는 반려인과 비반려인의 경계가 뚜렷하다. 반려동물들이 이용할 수 있는 문화공간은 한정되어있다. 따라서 비반려인과 반려인 사이에는 수많은 갈등 상황이 빚어지고 있으며, 최근 본격적으로 이 문제를 해결하기 위한 방안을 마련하기 시작하고 있다.

(1) 성숙한 반려동물 문화 정착 방안

건강한 반려동물을 위해 생산과 분양, 유통 관리를 강화해야 하며, 유기동물을 줄이고 보험시장을 활성화하기 위해 동물등록제를 확대할 필요가 있다. 또한 반려동물 문화를 확산하기 위해서는 펫티켓 교육과 맹견 관리도 강화할 필요가 있다.

(2) 건전한 반려동물 연관산업 육성 방안

반려동물 연관산업 발전을 위해서는 사료산업 발전을 위한 반려동물 사료법 제정, 국산원료 공급체계 구축을 통한 국산사료의 경쟁력 강화 등이 있다. 수의·보건 산업을 위해서는 표준 의료수가제 도입, 동물간호복지사 도입, 보험활성화가 필요하다.

그리고 반려동물 관련 기초통계를 구축하고, 전담기관을 설립하는 등 산업 발전을 위한 제도적인 틀을 우선적으로 구축할 필요가 있다.

(3) 안전성·품질 강화한 제품 생산을 통해 리스크 대응 필요

사회 전반적으로 안전하고 건강한 먹거리, 바른 먹거리에 대한 관심이 증가하고 있다. 제품에 들어가는 원재료와 성분을 까다롭게 검토하는 소비자가 늘어 나면서 각 제조업체들은 질 좋은 원료, 위생관리를 위해 이전보다 많은 노력을 기울이게 되었다. 펫푸드 뿐만 아니라 반려동물을 위한 생활용품, 화장품을 다루는 펫뷰티 부문까지 안전성과 품질 관리의 중요성은 나날이 중요해지고 있다.

최근 반려동물 산업의 발달로 인해 사람이 함께 먹어도 되는 휴먼 그레이드 제품이 출시되고 있는 추세이니 만큼 고품질의 원료를 활용하고 공정관리 우수성을 증명할 수 있도록 각종 인증 취득에 적극 나설 필요도 있을 것으로 보인다. 아울러 원료 선정에서부터 제조, 유통까지 수 차례의 안전성 검사 등을 통해 제품을 안전하게 소비자에게 공급할 수 있도록 투명한 공급망을 구축하여 소비자의 신뢰를 제고해야 할 것이다.

정부 역시 외국의 다양한 반려동물 관련 제도를 살펴보고, 반려동물 비즈니스 발전을 위한 기반

조성에 힘써야 한다. 특히 아직까지 명확히 체계화 되어 있지 않은 반려동물 제품 및 식품 관련 규제·기준을 신속하게 마련하는 것이 필요할 것으로 보인다.

위와 같은 사항 외에도 앞으로 반려동물과 인간이 같이 살아가기 위해 여러 분야에서 다양한 노력이 필요할 것이다. 반려동물과 관련된 새로운 산업들이 생겨나는 변화들에 맞춰 적응하고, 발전해야 한다. 앞으로 우리나라도 반려동물문화에서 선진국이 되기 위해 다방면으로 노력해야 한다.

III. 반려동물 관리사

01 반려동물 관리사에 대한 이해

(1) 반려동물 관리사의 정의

반려동물에 대한 인식이 평생 동반자이자 가족으로 변화되기 시작하면서 반려동물산업 또한 빠르게 성장하고 있다. 성장률이 둔화되고 있는 국내 다른 산업과는 다르게 반려동물 관련산업은 두 자릿수 성장률을 유지하며 말 그대로 '핫'한 시장으로 거듭나고 있다.

▎반려동물 연관산업 규모 전망

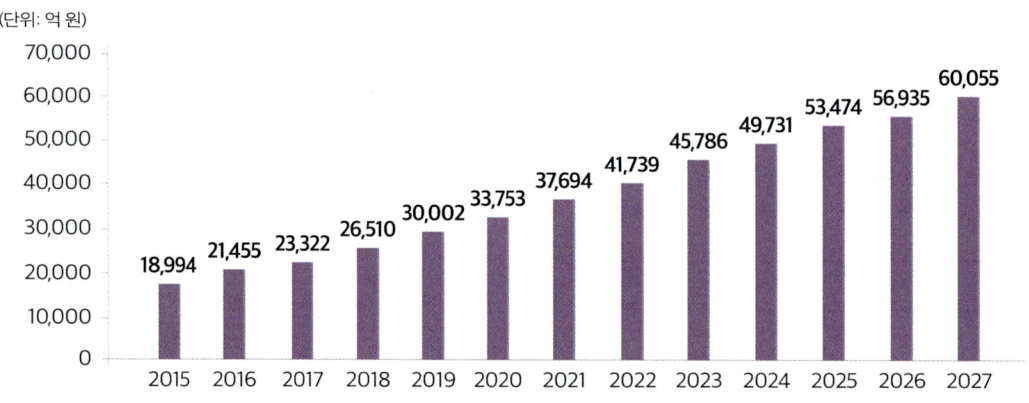

반려동물 산업의 발전과 반려동물 양육 인구가 늘면서 반려동물을 보는 시선도 달라지고 있다. 한 연구 보고서에 따르면 1인 가구와 자녀가 없는 부부 가구의 반려동물 양육 의사 및 반려동물 양육에 대한 만족도는 자녀가 있는 부부 가구보다 높은 것으로 드러나 가족의 구성원이 적을수록 반려동물 양육에 대해 긍정적인 태도를 지니고 있음을 알 수 있다. 최근 1인 가구의 증가로 인해 반려동물 양육 가정이 함께 증가하는 것은 바로 이런 이유에서 이다. 또한 반려동물이 가정에서 형제나 자녀의 역할을 대신하며 사람과 동등한 가족 구성원으로 인식되는 '펫 휴머니제이션(Pet Humanization)' 현상이 확산되고 있다.

반려동물 산업의 발달, 반려동물 양육 가정의 증가 등으로 인해 고객들의 새로운 니즈에 발맞춰서 새로운 서비스와 직업들이 생겨나고 있다. 펫시터, 펫택시, 펫푸드스타일리스트 등 새로운 직업군이 생겨나고, 동물병원, 동물수제간식점, 셀프목욕서비스, 애견호텔, 애견유치원 등 관련된 사업들이 활발하게 사업을 확장해 나가고 있다. 이러한 직업들은 반려동물의 품종별 특성을 잘 이해하고, 그에 알맞은 영양공급 및 위생과 질병 예방 관리를 통하여 가족 구성원과의 문제점을 예방하여 건강한 유대관계 형성을 돕는 반려동물 전문관리사라고 할 수 있는데, '반려동물관리사'는 반려동물에 관한 가장 기초적인 관리에 대한 전문지식을 갖춘 전문가라고 할 수 있다.

(2) 반려동물 관리사의 역할

반려동물 관리사는 매년 반려동물의 종류와 수요가 크게 증가하고 있는 사회현상에 부응하여 건전한 반려동물 사육과 위생관리, 미용관리 등까지 모든 문제를 해결할 수 있도록 일정한 전문교육을 받아야 한다.

또한 반려동물 관리사는 반려동물 수입검역, 동물학대 방지 및 사후 관리, 동물보호법 계도, 애니멀커뮤니케이터, 동물사양(품종)관리, 특수견 관리, 핸들링(반려견대회핸들러), 위탁관리 사업 및 시터, 위생관리, 반려동물 용품 개발 및 코디, 분양상담, 반려동물 보험산업 등 다양한 영역에서도 활동이 가능한 전문가이다.

여기에 더해 반려동물 관리사는 전문 사육 및 분양, 호텔이나 유치원 등 위탁 관리사업, 펫시터,교육훈련, 미용, 위생관리, 펫코디, 반려동물 보험산업, 반려동물 장례산업 등의 분야에서도 활동하고 있다.

반려동물 관리사는 반려동물과 관련한 전반적으로 관리 가능한 전문 지식을 갖추고 품종에 대한 특성과 사양관리에 대해 상담할 수 있으며, 용품 판매 시 정확한 정보를 전달할 수 있어야 한다. 또한 효율적인 고객관리를 통하여 업체의 수익을 향상시킬 수 있는 관리자로서 역할도 요구된다.

(3) 반려동물 관리사의 필요성

A. 반려동물 양육 문화의 성장

2023년 발간된 KB금융그룹의 '2023 한국반려동물보고서'는 반려동물 양육가정의 가장 큰 관심사가 '반려동물의 건강 관리'(55.0%)라고 답하였으며, 그 중에서도 '건강 검진 등 건강 관리방법'(68.6%)와 '질병 진단 후 케어 방법'(55.7%)에 대한 관심도가 가장 높은 것으로 드러났다. 이것은 반려동물을 가족처럼 생각하는 문화가 확산되면서 반려동물의 건강을 유지하고 관리하고자 하는 노력이 전반적으로 증가하고 있음을 보여준다.

B. 반려동물 관련 행정 서비스

최근 동물보호법이 강화되면서 동물생산업, 판매업, 반려동물 미용업, 장묘업 등 다양한 업종에 대한 규제가 높아지고 있다. 이에 따라 산업현장에서는 동물보호법에 대한 지식과 이해를 갖춘 인재를 필요로 하고 있다. 반려동물 관리사는 이러한 현장의 요구에 맞춰 산업현장에서 역할을 할 수 있는 유망직업으로 평가된다. 반려동물 관리사는 관련 법령과 시행규칙을 숙지하고, 각 지자체 조례에 맞는 필요한 행정지식을 제공하며, 행정적인 필요에 대해 서비스를 제공할 수 있다.

C. 전문인력의 필요성

최근 출산율의 저하로 인해 핵가족화와 개인주의적 경향이 증가하는 반면, 소득의 증대로 인한 경제적, 시간적 여유로움이 생기면서 외로움을 달래기 위해 반려동물을 기르는 인구가 점차 증가하고 있다. 반려동물 산업이 발달과 함께 전문인력(경영자, 관리사, 브리더)에 대한 수요도 급속히 늘어날 전망이다.

(4) 반려동물 관리사의 전망

많은 보호자들은 자신의 건강보다 동물들의 건강에 더 많은 신경을 쓴다. 이런 고객의 니즈에 부응하여 반려동물 서비스업 내 동물 보호 종사자와 서비스 종사자의 고용이 지속적으로 늘어날 것으로 보인다. 또 늘어나는 동물보호 수요에 맞추기 위해 사육장, 그루밍샵, 펫샵 등에서 동물보호 및 서비스 종사자의 고용이 늘어날 전망이다.

지난 2023년 정부는 성장하는 반려동물 산업을 더욱 활성화시키기 위해 2027년까지 국내 시장 규모를 현재의 두 배 수준인 15조원 규모로 성장시키기로 계획하고, 펫푸드, 펫헬스케어, 펫서비스, 펫테크 등의 산업을 육성사업으로 지정했다. 이와 관련하여 벤처 투자 및 자금지원을 강화하고 관련 연구 개발도 확대하기로 한 바 있다. 이에 따라 반려동물 관련 사업을 지속적으로 확대될 전망이며, 이런 가운데 반려동물 관리사는 매우 유망한 직종이라고 할 수 있다.

반려동물 연관산업의 글로벌 전략산업화
반려동물 연관산업 육성대책

반려동물 연관산업 추진체계 마련
- 4대 주력산업 (펫푸드, 펫테크 등) 육성
- 성장 인프라 구축
- 해외 수출산업화

전략 1. 4대 주력산업 육성

01 펫푸드 — 특화제도 마련 및 생산 기반 강화

내용
1. 가축용 사료와 구별하여 분류·영양·표시 등 펫푸드 제도 마련('24)
2. 원료매입·시설자금 지원 및 단백질 원료확보 연구 추진('23~)

02 펫헬스케어 — 진료비 부담완화, 진료 투명성 제고 및 펫보험 활성화

내용
1. 필수·다빈도 진료 항목 부가가치세 면세*('23.10.1)
   * 예방목적 면제(기존) + 치료 목적 등 100여 개 다빈도 진료항목 부가세 면제
2. 진료비 게시 대상 확대('24, 20개 이상), 진료행위 표준화 조기 추진('23)
3. 펫보험 판매·청구 방식 간소화, 신규 보험상품 개발 ('23.~, 금융위·농식품부)
4. 「동물의료 개선 종합대책」 발표('23.10) 및 비대면 상담 실증 ('23~'25)

03 펫서비스 — 인력 확충 및 서비스 확산 환경 조성

내용
1. 기질평가제도·행동지도사 도입('24.4), 동물보건사 제도 개선('24) 활용 서비스·의료 인력 기반 확충
2. 반려동물 친화관광도시 지원 확대(2개소), 동반여행 콘텐츠 확충('23~, 문체부)
3. 동물전용장례식장 입지 제한 규정 완화('23)

04 펫테크 — 스타트업 육성 및 데이터 생태계 조성

내용
1. 농식품 첨단기술 분야로 지정·육성 및 全 주기 종합지원('24~)
2. 동물등록 데이터(지역·나이 등) 공개('23.下) 및 AI 학습용 데이터 구축·공유 검토('24~, 과기부)

전략 2. 성장 인프라 구축

01 혁신거점 — 반려동물 실증 종합인프라 조성 및 운영

내용
1. 제품·서비스의 기호·상품성 제고를 위해 반려동물과 함께하는 실증인프라 「(가칭)One-Welfare Valley」* 조성
   * 잘 훈련된 반려동물에게 펫푸드, 펫헬스케어 등 제품·서비스에 대한 기호성·상품성 등을 실증하는 서비스 제공

02 벤처 — 벤처 투자 및 자금지원 강화

내용
1. 특수 자펀드, 정책자금 등 창업초기 성장자금 지원 확대('24~)
2. 투자유치 역량 강화 지원 및 정기적인 투자설명회 개최('23~)

03 R&D — 「핵심 기술 + 신분야」 연구개발 확대

내용
1. 현장 수요가 큰 새로운 분야의 R&D 프로젝트 지원 확대('23~)
2. 중장기 연구과제 R&D 로드맵 마련(예비타당성조사 병행)

전략 3. 해외 수출산업화

01 시장조사부터 현지화까지 시장개척 지원 강화

내용
1. 수출바우처 확대('23, 중기부) 및 유망시장(베트남 등) 조사, 수출박람회, 해외인증 등 시장개척 지원
2. 동물용 의료기기 수출 GMP 인증제도 신설, 동물용의약품 수출제품 개발 지원('23)

02 수출지원체계 구축 및 수출 검역 해소

내용
1. 관계부처 수출지원체계 구성·운영('23.下) 및 민간 수출 공동 대응 네트워크 구성 지원
2. 펫푸드 수출검역조건 합의 추진('23~)

+ 추진체계

내용
1. 반려동물 연관산업 육성 제도적 장치 마련 및 규제 개선
2. 시장조사 및 동물등록·분류 등 산업 확산 생태계 조성

02 반려동물 관리사의 영역

반려동물 관리사는 전문 지식을 기반으로 다양한 분야에서 역할을 수행할 수 있다. 반려견 미용사나 훈련사, 펫샵, 생산업, 장묘업 등 다양한 분야에서 적성에 맞는 일을 선택하여 업무를 담당할 수 있다. 이번 단락에서는 반려동물 관리사가 진입할 수 있는 대표적인 직업들에 대해서 그 내용을 개괄적으로 다루어보도록 하자.

(1) 펫매니저

'펫매니저'는 반려동물의 성격이나 성향 등 정보를 바탕으로 반려동물 분양 희망자에게 적합한 반려동물을 소개해 주는 직업이다. 펫매니저는 인간과 반려견의 정서적, 심리적 상호작용을 지켜보면서 반려견의 상태를 파악 및 진단하여 행동 상담을 수행, 견주와 반려견의 관계를 맺어주는 역할을 한다. 그리고 최종 분양 후 여러 반려동물 용품들을 추천하는 등의 역할도 겸하기 때문에 정확하고 꼼꼼한 반려동물 정보를 숙지하고 있어야 한다.

(2) 핸들러

'핸들러'는 도그쇼, 전람회 등에서 반려견의 좋은 장점을 부각시켜 좋은 성적을 거두도록 하는 직업이다. 견종 표준과 도그쇼, 반려동물의 건강 관리, 미용, 훈련 등에 관한 기본적인 지식을 갖추고 있어야 뛰어난 핸들러가 될 수 있다.

(3) 반려견 스타일리스트(애견미용사)

'반려견 스타일리스트'는 반려동물의 건강과 위생, 미용을 책임지는 직업이다. 반려동물 스타일리스트는 고객의 요구와 반려견 특성에 맞는 미용 방법으로 반려견의 장점과 특징이 살아나도록 스타일링하는 한편, 고객관리 및 기자재 관리 업무를 수행한다. 반려견 스타일리스트는 다양한 견종에 관한 능숙한 미용 능력은 물론이고 미용 교육까지 할 수 있어야 한다.

(4) 펫시터

'펫시터'는 보호자의 의뢰를 받아 반려견과 놀기, 운동하기, 산책하기, 목욕시키기 등을 하며 반려견을 돌보고 케어하는 전문가다. 최근 펫 시터 업종이 반려동물 산업에서 크게 성장하고 있는데, 펫시터는 반려동물의 건강 관리, 기초 훈련, 견종에 대한 지식을 가지고 있어야 하며, 지식을 바탕으로 반려동물을 케어할 수 있도록 자질을 갖춰야 한다.

(5) 동물 매개 활동 관리사

'동물 매개 활동 관리사'는 동물과 인간을 매개하는 활동을 통하여 마음의 상처, 외상 후 스트레스, 트라우마 등을 극복할 수 있도록 도와주는 전문가로서 주로 요양원이나 양로원 등에서 활동한다.

(6) 애견 브리더

애견 브리더는 동물 보호의식과 견종 표준에 대한 이해를 기반으로 우수한 견종 보존에 힘쓰며, 견종의 짝짓기, 출산, 사양관리, 질병, 위생, 도그쇼, 자견 분양과 관련한 전문적인 지식과 전반적인 관련 업무 수행능력을 갖춘 전문가이다.'

03 반려동물 관리사의 자질

(1) 고객 응대(커뮤니케이션)

반려동물 관리사는 다양한 반려동물 관련 업종에서 활약하게 된다. 그러므로 반려동물 관리사는 반려견 자체를 돌보는것 외에 반려견의 보호자와 커뮤니케이션하는 능력도 매우 중요하다. 서비스를 의뢰하고 평가하는 주체는 고객인 보호자이기 때문에 고객 서비스 마인드가 필수적으로 요구된다. 따라서 반려동물 관리사는 서비스 마인드를 가지고 다양한 커뮤니케이션 상황에 익숙해져야 한다. 커뮤니케이션은 듣고 말하는 것 크게 두 가지로 구분된다. 일반적으로는 고객의 말을 먼저 경청한 후에, 적절한 설명과 적합한 서비스를 안내하는 것이 이상적이다. 이번 단락에서는 고객의 요구를 경청하는 방법과 기본적인 화법에 대해 소개하도록 한다.

A. 경청의 기술

SOFTEN 이란?
- S : Smil
- O : Open Gesture
- F : Forward leaning
- T : Touch
- N : Eye Contact

고객과 대화할 때 가장 중요한 것은 고객의 상황과 요구에 대해 정확하게 듣고 파악하는 것이다. 서비스 부분에서 가장 중요한 것은 고객의 말을 경청하는 것으로부터 출발한다. 경청을 위해 사용할 수 있는 방법 중에는 SOFTEN기법이 있다. '부드러워지다', '부드럽게 하다' 라는 단어인 'SOFTEN'의 의미처럼 이 방법은 고객과 대화할 때 상대방의 경계를 풀고, 대화의 분위기를 편안하게 만들어 나의 이미지를 좋게 만드는 중요한 기법이다.

① S는 Smile로 미소와 웃음을 의미한다. 경청의 가장 기본적인 요소라고 할 수 있다.
② O는 Open Gesture로 열린 몸짓, 상황에 맞는 적절한 제스쳐다. 대화할 때 허리에 손을 얹거나

팔짱을 끼는 몸짓은 피해야 한다.
③ F는 Forward Leaning으로 몸을 약간 앞으로 기울인 상태에서 듣는 것이다. 상대의 말에 관심이 있으며 고객의 말을 경청하고 있음을 표현하는 것이다.
④ T는 Touch로 접촉을 의미한다. 가벼운 접촉과 살가운 이야기는 비즈니스 효과를 극대화하는 약이 될 수 있다. 고객과 가볍게 악수하거나 반려견을 웃으며 쓰다듬는 것만으로도 처음 마주했을 때의 어색한 분위기를 풀기에 충분하다.
⑤ E는 Eye Contact로 눈맞춤이다. 대화할 때 고객의 눈이나 눈 주변을 보면서 말해야 하며 이것은 상대방에게 집중하고 있다는 의미를 나타낸다.
⑥ N는 Nodding으로 고개를 끄덕이는 행동이다. 고개를 끄덕이는 것은 "당신의 말을 저도 확실히 잘 듣고 있습니다"라는 표현이다. 혹은 상대방에 대한 맞장구가 될 수도 있다.

경청은 고객의 말을 형식적으로 드는 것이 아니라 진심으로 들으면서 반응을 해주는 것이다. 클라이언트와 소통할 때 대화를 부드럽게 만드는 SOFTEN방법을 기억해놨다가 적용해야 한다.

B. 화법

고객의 말을 경청하여 의도와 요구사항을 파악하였다면, 그 이후 적절하고 친절한 답변을 해야 한다. 또한 고객의 무리한 요구나 난처한 상황에도 감정적으로 대응하지 않고, 프로페셔널하게 대처하기 위해서는 적절한 화법이 필요하다. 서비스의 직접적인 대상이 고객 자신이 아니라 말을 할 수 없는 반려견이기 때문에 고객의 입장을 잘 헤아리고 충분히 납득할 수 있도록 설명하는 화법은 반려동물관리사에게는 무엇보다 필수적인 자질이라고 할 수 있다. 아래에서는 8가지 서비스 화법에 대해서 살펴보도록 하겠다.

① 쿠션 화법

고객이 불쾌감을 덜 느끼면서도 적극적으로 처리해드리겠다는 의사를 전달하는 화법으로 상대방이 원하는 것을 들어주지 못하거나 상대방에게 부탁을 해야 할 경우 기분이 상하는 것을 최소화할 수 있는 표현이다.

> **예** 실례합니다만~, 죄송합니다만~, 공교롭게도~, 번거로우시겠지만~, 괜찮으시다면~, 양해해 주신다면~

② 신뢰 화법

어미를 적절하게 선택함으로써 대화에서 상대방에게 신뢰감을 줄 수 있다.
- 정중한 화법 : ~입니까? ~입니다 (다까체)
- 부드러운 화법 : ~예요 ~죠? (요죠체)
다까체 70%와 요죠체 30%를 섞어 사용하는 것이 가장 바람직한 화법이다.

③ 의뢰형 화법(레어드)
사람은 "~이렇게 해" 같은 명령조의 말을 들으면 반발심이나 거부감이 들기 쉽다. 의뢰나 질문 형식으로 바꾸어 말한다면 훨씬 더 부드러운 커뮤니케이션이 될 수 있다.
예 명령형→의뢰형, 질문형 : ~좀 해주시겠습니까? ~좀 부탁해도 될까요?

④ 맞장구 화법
대화에서 상대방의 호감을 사는 가장 기초적인 요령은 상대방의 이야기를 관심 있게 귀담아 듣는것이다.
예 가벼운 맞장구 : "저런", "그렇습니까?"
동의 맞장구 : "과연", "정말 그렇겠군요", "예.그렇습니까?"
정리 맞장구 : "그 말씀은 ~이라는 것이지요?"
재촉 맞장구 : "그래서 어떻게 되었습니까?"
몸짓 맞장구 : 고개 끄덕끄덕, 갸우뚱, 눈맞춤 등

⑤ 긍정 화법
부정적인 표현을 되도록 긍정적 표현으로 바꾸고 같은 내용이라도 긍정적인 부분을 강조해서 말하는 화법이다.
예 상대방을 조금 기다리게 한 경우
   기다리게 해서 죄송합니다(X) →기다려 주셔서 감사합니다(O)
또한 긍정적, 부정적인 내용을 함께 말해야 하는 경우는 부정적인 것을 먼저 이야기하고 나중에 긍정적인 내용을 이야기하는 것이 효과적이다. 이런 화법을 '아론슨 화법'이라고 말한다.

⑥ 나 전달법
'나 전달법'이란 주어를 나로 하여 상대방이 감정을 상하지 않게 하면서 나의 욕구를 드러내며, 상대방 스스로 행동을 수정할 수 있도록 하는 효과적인 표현 기법이다. 또 타인의 행동이 나에게 어떠한 영향을 주었는지 이야기하며 '상황-결과-느낌' 순서로 표현한다.
예 나 전달법 : 일이 자꾸 늦어서 걱정이구나
   2인칭 전달법 : 넌 왜 빨리 일을 못하니
일이 늦는 데 대한 초조한 마음은 같지만 전달법에 따라 듣는 사람은 나 전달법의 대화에서는 "일이 늦어서 걱정하고 있구나"라고 생각하고, 2인칭 전달법에서는 "나를 무능력하다고 생각하는구나"라고 느끼게 될 것이다.

⑦ 개방적 화법
대화를 진행하면서 상대방의 이야기를 많이 듣기 위해 요령 있게 질문하는 화법이다.
'네 또는 아니요'로만 대답할 수 있는 폐쇄형 질문이 아닌 상대방이 자유롭게 대답할 수 있도록 개방적인 질문을 하는 것이 좋다.

예 식사하셨습니까? (X) 식사는 어떠셨어요?(O)

⑧ 청유형 표현

상대방이 내 부탁을 듣고 스스로 결정한 후 따라 줄 수 있도록 상대방의 의견을 구하는 표현이다.

예 조금만 기다려주세요 (X) 조금만 기다려주시겠습니까? (O)

(2) 고객 관계 관리(CRM)

'CRM'이란 단어가 생소할 수 있다. 그러나 고객 관계 관리(CRM)는 혁신적인 마케팅 기법으로 이미 부상하고 있다.

반려견 미용사, 훈련사, 펫샵, 장묘업, 반려견유치원, 반려견호텔, 펫시터, 반려동물 행동지도사 등 거의 대부분의 반려동물과 관련된 직종들은 고객관리 문제에 직면하게 된다. 매번 새로운 고객을 맞이하는 것은 고정 매출을 고려해야 하는 입장에서는 운영의 불안정성을 가져온다. 따라서 기존 고객을 얼마나 잘 유치하고 관리하는지가 지속 가능성 측면에 있어서 매우 중요하다. CRM은 반려동물관리사에게 있어서도 잠재적인 고객을 유치하거나 기존 고객을 장기 고객으로 전환시키는데 있어서 매우 중요한 역할을 할 수 있다.

A. CRM이란?

'CRM'이란 'Customer Relationship Management'의 약자로 우리말로는 '고객 관계 관리'라고 한다.

기업이 고객과 관련된 내·외부 자료를 분석·통합해 고객 중심 자원을 극대화하고 이를 토대로 고객특성에 맞게 마케팅 활동을 계획·지원·평가하는 과정이다.

CRM은 고객데이터를 세분하여 신규고객획득, 우수고객 유지, 고객가치증진, 잠재고객 활성화, 평생고객화와 같은 사이클을 통하여 고객을 적극적으로 관리하고 유도한다. 기존 마케팅이 단발적인 마케팅 전술이라면 CRM은 고객과의 지속적인 관계를 유지하면서 '한 번 고객은 평생고객'이 될 기회를 만들며, 평생고객화를 통해 고객의 가치를 극대화하는 것이라고 할 수 있다.

B. 왜 CRM마케팅이 중요할까?

일반적으로 신규 고객 유치는 기존 고객을 유지하는 것보다 6~7배의 마케팅 비용이 발생한다. 따라서 CRM을 통해 이미 확보한 기본 고객을 대상으로 고객의 LTV(Life Time Value)에 따라 고객을 세분하고 해당 고객의 특성에 맞는 타깃 마케팅 기반을 구축할 필요성이 있다. 또 더 나아가 고객과의 관계에 머무르지 않고 다양한 고객 접점을 활용하여 이 과정에서 확보한 수많은 데이터를 통해 고객의 니즈에 맞춘 1:1 차별화 마케팅을 실시하게 된다.

CRM의 필요성

① 고객 DB(데이터베이스)의 적극적 활용 ->고객 서비스 프로세스 개선 및 고객지원 강화
② 적극적 고객 인지를 통한 고객 가치 활동 지원 ->고객 로열티 증대
③ 통합고객 DB마케팅 실현 ->효과적인 커뮤니케이션
④ 다양한 고객 욕구에 대한 적극적 대처 ->경쟁사 대비 우위 확보

C. CRM의 목적

CRM은 이미 구축되어 운용 중인 데이터웨어하우스를 토대로 고객 정보 데이터를 추출하고, 컴퓨터를 이용한 데이터마이닝을 통한 과학적인 고객 세분화 및 특성 파악을 통해 분류된 고객에 대한 체계적인 캠페인을 수행함으로써 고객에게 최상의 서비스와 최적의 만족도를 제공하여 고객 이탈 예방 및 LTV증대를 통한 수익률 제고를 목적으로 한다.

CRM의 기본적인 목적은 수익성이 낮은 고객과 높은 고객을 선별해서 별도의 마케팅 방법으로 접근하여 우량고객이나 우호자를 평생에 걸쳐 유지하고 관리해 나가면서 해당 고객과의 관계 강화를 통해 '평생 고객'으로 발전시켜 장기적으로 수익성을 극대화하는 것이다.

CRM의 궁극적인 목적은 고객 한 사람 한 사람과의 관계를 통해 고객과 기업이 상호 가치를 공유하는 것이다. 기업은 보유하고 있는 고객 포트폴리오를 통해 고객에 대한 분석, 판단 및 대응을 전시적 관점에서 시스템화하고 최적의 고객에게 가장 적합한 제품을 알맞은 시기에 최적의 채널로 제공하여 더 많은 가치를 창출할 수 있게 한다.

CRM의 목적

① 고객의 이탈을 방지하고 새로운 소비를 창출해 냄으로써 고객의 기업에 대한 기여도를 높인다.
② 고객과의 관계 개선, 우호 고객의 확보 및 유지를 위한 기업의 핵심 역량의 틀을 갖춘다.
③ 고객 서비스의 질을 높임으로써 치열한 경쟁 속에서 살아남기 위한 경쟁우위를 확보한다.

(3) 서비스마인드

반려동물관리사는 어느 분야에서든 타인의 반려동물을 직접 다루고 관리하게 된다. 이러한 이유 때문에 관리 소홀로 인해 타인의 반려동물이 다치는 등 사건사고가 발생하며, 때때로 법적 분쟁까지 이어지기도 한다.

따라서 반려동물 관리사는 자신이 위탁 관리하는 반려동물에 대해 책임감을 갖고 면밀하고 각별한 주의를 기울여야 한다. 특히 반려동물은 직접 의사를 표현할 수 없기에 반려동물 주인이자 고객의 전달 사항을 꼼꼼하게 확인하고 커뮤니케이션하는 것이 필수적이다. 해당 반려동물이 섭취해서는 안 되는 음식, 선천적인 질병, 복용해야 하는 약의 종류 및 적정량, 특이 알레르기 및 민감성 등 예민한 부분을 포함하여 면밀하게 점검해야 한다. 이런 부분을 놓친다면 자칫 반려동물이 목숨까지 위협받는 심각한 상황으로까지 이어질 수 있을 것이다.

아래에서는 반려동물관리사의 몇 가지 직업과 관련된 관리 소홀 사고 및 시사점을 짚어보고 반려동물 관리사가 갖춰야 할 마인드에 대해 알아 보도록 하겠다.

▎반려동물 관리사의 기본적인 마인드

마인드	핵심 내용
책임감	생명을 끝까지 지키는 태도
존중	동물과 보호자를 인격적으로 대함
전문성	꾸준한 학습과 기술 향상
관찰력	작은 변화도 놓치지 않는 눈
소통	보호자와 신뢰 기반의 교류, 정보 공유
인내심	훈련·적응을 끝까지 기다림
윤리	이익보다 생명을 우선시함
위기대처	응급 상황의 침착한 대응

A. 반려동물 호텔

최근 반려동물 호텔에서 관리 감독 소홀로 반려동물이 죽거나 다치는 사고가 자주 발생하면서 호텔 운영 관리자에 대한 자격요건 강화를 요구하는 목소리가 높아지고 있다. 실제로 최근에는 반려견 호텔 내부의 좁은 케이지에 방치된 반려견이 케이지를 탈출하려다 쇠창살에 찔려 밤새 고통스러워 하다가 14시간 만에 목숨을 잃었던 사례나, 반려견 호텔에 맡긴 반려견을 호텔 관리자가 커다란 막대기로 온몸을 피투성이가 되도록 구타하는 사건이 발생하기도 하였다.

반려동물 호텔은 고객들로부터 일정한 대가를 받고 반려동물을 위탁 관리해주는 업종이다. 호텔을 운영하는 자는 관리를 위탁 받은 반려견이나 반려묘가 다른 동물로부터 공격 당하지 않도록 필요한 조치를 하고, 상태를 지속해서 관찰할 의무가 있다. 또 다치거나 질병에 걸리면 치료를 하거나 반려동물 주인에게 알려 적절한 치료 등의 조치를 취하게 할 의무가 있다.

이렇게 상황이 심각함에도 한국은 반려동물을 위탁·관리하는 호텔 등 이윤 추구 사업에 대한 법적 제재 기준이나 절차가 해외에 비해 미비하다. '펫휴머니제이션'(Pet humanization) 현상에 따라 전 세계적으로 동물의 존엄성과 권위가 향상되는 최근의 경향을 고려한다면, 위와 같은 사례를 예방하기 위한 조치가 반드시 필요할 것이다.

B. 펫시터

반려동물 호텔과 유사하지만 펫시터는 더 포괄적인 범위로서 타인의 반려동물을 대신하여 돌봐주는 역할을 수행한다. 그런데 펫시터와 관련하여서도 매해 끔찍한 사건사고가 발생하고 있다.

> "쥐xx 하나 갖고 신고는 무슨.." 돌봄 맡긴 햄스터 사체로 주면서 펫시터가 보낸 카톡
> A씨는 이사하는 동안 자신의 햄스터를 온라인에서 구한 펫시터B씨 에게 맡겼으나, B씨는 4일 동안 연락도 한 통 없다가 아래의 내용으로 카톡을 보내왔다.
> "쥐XX 하나 갖고 신고는 무슨, 어머니한테 집 앞에 내놓아 달라고 할 테니 알아서 들고 가라. 돈은 돌려 줄테니 신고는 하지 말라"

이러한 끔찍한 일이 벌어짐에도 아직도 펫시터나 반려견 호텔 등, 반려동물 대행 돌봄 사업을 운영하려는 창업 희망자들을 대상으로 한 국가공인 자격 등이 요구되지 않는 것은 문제점으로 지적되고 있다. 이런 절차의 미비로 인해 기본적인 교육도 받지 않고 단순히 상업적인 목적으로 무책임하고 비인간적인 행동을 저지르는 사람들도 늘어나게 되는 것이다. 펫시터 등 반려동물 관리 직업은 사고에 대한 경각심을 가지고 반려동물을 책임감 있게 관리해야 할 것이다.

C. 반려견브리더

브리더는 '번식한다'는 뜻을 가지고 있다. 브리더는 국제 기준인 FCI 기준에 따라 강아지들이 표준 혈통을 유지할 수 있도록 올바른 번식을 하는 직업이기도 하다. 그러나 현재 브리더의 이러한 참된 의미를 알고 혈통을 관리하기 위해 직업에 종사하는 브리더는 많지 않다. 또한 생명윤리를 준수하고 반려동물에 대해서 배우고 익히는 경우도 찾아보기 힘들다.

한국의 경우 브리더에 대한 법률적인 명확한 기준이 없기 때문에 개를 번식시키는 사람은 모두 브리더로 소개되는 경향이 있다. 그런데 이는 브리더의 이력이나 인성을 알 수 없다는 문제점을 가지고 있다. 비닐하우스 같은 비위생적 환경에서 수많은 강아지들을 번식시키는 '강아지 공장' '퍼피밀' 등도 있으므로 이들은 기본 생명 윤리를 도외시한 채 단순히 상업적인 이유로만 강아지를 번식시키기도 한다.

생명을 다루고 사람과 동물을 연결시켜주는 매개체인 브리더는 항상 공부하고 고민하는 자세를 갖추어야 한다. 오직 상업적인 이윤을 위해 '강아지 공장' 역할에 그친다면, 그 피해는 반려동물들이 고스란히 받게 된다. 또 브리더는 모든 반려견과 보호자들을 진실되고 정직하게 대해야 하며, 자신의 올바른 소신을 지켜나감에 있어 흔들림이 있어서는 안 된다.

동물은 아프다거나 슬프다는 말을 하지 못한다. 따라서 반려동물 관리사는 어떤 직업보다도 막중한 책임감과 섬세함을 지녀야 한다. 반려동물은 누군가에게는 가족 혹은 중요한 삶의 동반자이므로 반려동물 관리사는 바르고 올바른 직업 윤리를 꼭 갖춰야 할 것이다.

PART 02

반려동물 사양

PART 2

I. 반려동물의 생애
1. 반려동물 생애 개요
2. 반려견의 생애
3. 반려묘의 생애
4. 반려조의 생애
5. 파충류의 생애
6. 기타 동물의 생애
    (햄스터, 토끼, 기니피그)

II. 반려동물의 질병
1. 반려동물 질병 개요
2. 반려견의 질병
3. 반려묘의 질병
4. 반려조의 질병
5. 파충류의 질병
6. 기타 동물의 질병
    (토끼, 햄스터, 기니피그)
7. 응급상황 대처법

III. 반려동물의 입양
1. 반려동물 입양 개요
2. 반려견의 입양
3. 반려묘의 입양
4. 반려조의 입양
5. 파충류의 입양
6. 기타 동물의 입양

IV. 반려동물 행동학
1. 반려동물 행동학의 개요
2. 반려견의 행동학
3. 반려묘의 행동학
4. 반려조의 행동학
5. 파충류의 행동학
6. 기타 동물의 행동학

PART 2 반려동물 사양

I. 반려동물의 생애

01 반려동물 생애 개요

1인 가구가 증가하면서 반려동물을 기르는 가구도 함께 늘어나고 있다. 농림축산식품부의 '2023년 동물보호에 대한 국민의식조사'에 따르면 반려동물을 기르는 가구는 전체 가구의 28.2%로 4가구 중 1가구가 반려동물을 양육하는 것으로 나타났다. 2010년 첫 조사 당시 17.4%에 불과했던 반려동물 양육 인구는 13년 만에 10.8P증가했다. 2019년 이후 5년간 반려동물 양육인구 비율은 26.4%~28.2% 를 기록했다.

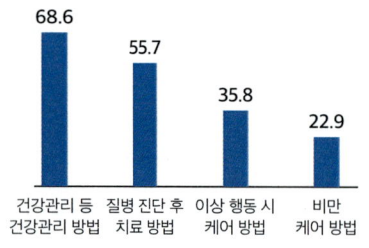

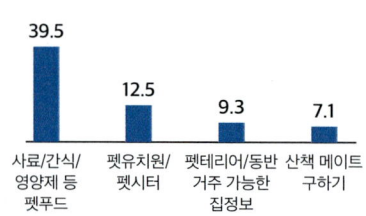

KB금융그룹의 「2023 한국 반려동물 보고서」에 따르면 반려동물을 양육하는 보호자들 중 86.4%가 주로 반려동물의 건강에 관련된 이슈가 있다고 응답했고, 가장 큰 관심 역시 건강에 관한 것이었다. 반려동물은 일반적으로 사람보다 짧은 수명을 지니고 있기 때문에 라이프 스테이지에 적합한 관리법에 대한 관심이 높아지고 있다. 반려동물도 인간처럼 탄생부터 죽음까지 생애 주기별 특성이 있다. 본 단락에서는 다양한 반려동물 중에서도 양육비율이 가장 높은 개와 고양이를 중심으로 이에 대해 알아보고, 다른 동물들에 대해서도 개괄적으로 다루기로 하자.

02 반려견의 생애

반려견은 평균적으로 12~16년을 산다. 다만 대형견은 8~10년 정도로 수명이 상대적으로 짧은 편이다. 강아지 수명에 요인을 주는 요인은 크기, 유전, 생활 환경, 운동 빈도, 체중, 질병, 치아 건강, 중성화 수술 여부 등이다. 강아지의 생애는 시기별 6단계로 나눌 수 있다. 시기별 특성은 다음과 같다.

(1) 생후 0-2주

갓 태어난 강아지는 보거나 들을 수 없고, 젖을 먹기 위한 후각만이 발달해 있다. 그리고 어미젖 냄새를 맡기 위한 뛰어난 후각신경을 가지고 있다. 꿈틀거리며 기어 다닐 수 있다. 체온 조절이 어려워 어미를 계속 찾는다. 스스로 배설이 어려워 어미의 도움이 반드시 필요하다.

A. 사회화

이 시기에는 어미, 형제들과 함께 있으면서 '개답게 사는 법' 즉, 사회화 과정을 거친다. 그러므로 사람과 접촉을 피하고 어미, 형제들과 붙어 지내게 하는 게 좋다.

B. 식이

이 시기의 강아지들에게는 항체 형성 및 영양분 공급을 위해 모유를 주는 것이 좋다. 어미의 모유 수유가 불가능할 경우, 보호자는 시중의 초유를 사서 먹여야 한다. 어미견은 고영양 식이를 섭취하고 따뜻한 견사에서 쉬도록 한다.

C. 보호자 필수 실천사항

강아지가 따뜻한 곳에서 지낼 수 있게 하고 자주 쓰다듬어 준다. 칭찬도 자주 한다. 건강한 환경은 강아지의 정신 발달에 큰 영향을 끼친다. 그리고 생후 3달 이내에 강아지 교육 프로그램에 예약하는 것이 좋다. 12주 내에 적당한 퍼피 교육프로그램(퍼피 파티, 퍼피 클래스)에 수강예약을 해야 한다.

D. 필수 건강 점검사항

태어나자마자 건강검진을 위해 동물병원에 내원한다.

(2) 생후 3-4주

눈은 뜨지만 사물을 구별하지 못하고 큰 소리나 냄새 등 자극에 반응하기 시작한다. 형제들과 힘 겨루기를 하기도 한다. 어설프게 걷기 시작해 어미 곁을 벗어나기도 한다.

A. 사회화

이 과도기 때 가장 중요한 것이 "사회화"이다. 3주 내외에 감각 기관이 완성되므로 다양한 경험을 시켜주는 것이 좋다. 청각과 시각이 생기기 시작하며 이때 다른 강아지들과 함께 지내며 사회화를 하며 다른 생명체들의 특징을 인식하기 시작한다. 이때는 안 좋은 경험이 평생 기억에 남는 시기이므로 트라우마가 남지 않도록 조심해야 한다.

B. 식이

2주 내외의 강아지는 모유를 먹으며 3주 이상부터는 이빨이 나기 시작한다. 3주 이후부터 이유식 식이 연습을 하는 것이 좋다.

C. 예방접종

생후2~3주 이후에 예방접종을 진행하며 생후 30일경에 첫 구충을 한다.

(3) 생후 2개월 내외의 강아지

2개월 내외 강아지는 감각 기능이 완성되고 생체리듬이 규칙적으로 자리잡게 되며, 하루 16시간 이상 잔다.

A. 사회화

이 시기는 간단한 산책 및 훈련이 가능한 시기로 사람의 손길을 타는 연습을 자주 해야 한다. 낯선 사람을 많이 만나서 사람과의 사회화를 시작해야 하며 독립된 환경에 노출되는 연습도 해야 한다.

B. 식이

이 시기 강아지는 하루 3~5번 밥을 먹는다. 또 이빨이 나기 시작해 주변의 모든 것을 물어뜯기 시작한다. 따라서 보호자는 개껌을 준비해 집 안 물건을 씹지 않도록 하는 것이 좋다. 체중 확인을 자주 하여 성장 속도 확인을 자주 해주는 것도 좋다.

C. 예방접종

생후 2개월 차부터 예방접종 직전까지는 어미견으로부터 받은 모체이항 항체가 낮아지는 시기다. 6주 이후 첫 예방접종을 한다.

D. 보호자 필수 실천사항

어미 및 형제들과 함께 있을 수 있도록 한다. 또 자는 공간과 노는 공간은 구별해준다. 지각 및 학습 능력을 계발할 수 있도록 환경을 조성해준다. 경우에 따라서는 새로운 집으로 입양 가야 할 수도 있으므로 이와 관련한 격리 교육(크레이트 교육)을 해줘야 할 수도 있다. 격리 교육을 잘 받은 강아지는 새주인에게 입양돼 갔을 때 잘 적응하게 된다.

> 크레이트 교육은 분리불안 교정이나 예방을 위한 교육으로, '켄넬'이라고부르는 반려견의 집에 대해 인지시키는 교육을 말한다.

E. 필수 건강 검진사항

생후 30일이 지나면 구충을 실시하고 수의사와 예방접종 상담을 한다. 예방 접종은 기초 검진(청진, 분변검사, 신체검사 등)을 진행한 이후 건강한 상태에서 한다. 수의사는 배변 교육이나 식사 예절, 적당한 사료 수준 등에 대해서도 상담할 수 있을 것이다.

동물병원을 처음 방문할 때에는 장난감이나 간식을 이용해 강아지가 동물병원에 좋은 기억을 가질 수 있게 한다. 정기적으로 방문해 병원을 강아지에게 익숙한 공간으로 만든다. 병원에서 강아지의 귀, 입, 발, 몸 등을 자주 만져주며 좋은 기억을 심어준다.

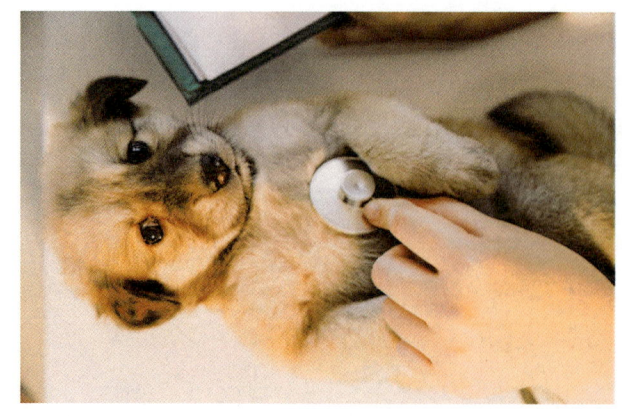

> Q. 크레이트 교육 어떻게 하는 것이 좋을까요?
>
> 반려견이 이동 시 사용하는 크레이트(이동장)를 평소 집으로 이용하도록 습관화하는 것이 좋다. 반려견이 평소 잠자리로 크레이트를 이용하면, 차에 탑승하는 경우, 애견호텔을 이용하는 경우, 동물병원에 입원하는 경우에도 스트레스를 덜 받는다. 크레이트를 잘 활용하면 분리불안 문제도 해결할 수 있으므로 반려견이 어린 시절부터 크레이트에 익숙해질 수 있도록 하는 것이 중요하다.
>
>
>
> 크레이트에 반려견을 강제로 넣지 않고, 간식이나 장난감, 사료를 함께 넣어서 편안하게 느끼도록 유도하고 적응을 돕는다. 간식을 주면서 반려견이 크레이트에 머무르는 시간을 늘린다. 또한 놀이나 산책을 하고 피곤할 때 반려견이 크레이트에서 쉬거나 잘 수 있도록 하는 것도 도움이 된다. 혹시라도 반려견이 크레이트 안에서 불안해하는 기색이 보인다면 간식을 추가로 넣어줘서 반려견의 불안감을 해소해주는 것도 좋은 방법이다.
>
> 간혹 보호자들이 벌을 준다는 명목으로 크레이트나 울타리에 반려견을 가둬두는 경우가 있는데 이는 잘못된 방법이다. 크레이트가 벌을 받는 공간으로 인식되는 순간 반려견은 갇히는 것을 불안해 하고 심하면 분리불안으로 이어진다. 처음부터 크레이트에 넣으려고 하지 말고 반려견이 크레이트를 집안 가구처럼 친숙하게 느끼도록 만드는 것이 중요하다. 크레이트 근처에서 밥을 먹고 장난감을 갖고 놀게 하면서 반려견이 점점 크레이트로 들어갈 수 있게 유도한다.

(4) 생후 3~5개월 내외의 강아지

힘이 발달하고 성적으로도 성숙기에 들어간다. 이갈이에 들어가는 시기이기도 하다. 또 옳은 행동과 그렇지 않은 행동하는 훈련을 시켜야 하는 시기이기도 하다.

A. 사회화

이 시기에 강아지는 본격적으로 입질을 시작한다. 때로는 주인의 명령을 무시할 수도 있다. 따라서 이 때 행동 교육이 꼭 필요하다. 잘한 행동은 칭찬해주고, 못된 행동은 단호하게 제어한다. 일종의 사회화 훈련을 진행하는 것이다. 훈련이 잘될 경우 낯선 사람이나 다른 강아지를 만났을 때 예의 바르고 사교적인 강아지로 성장할 수 있다.

B. 식이

하루 3~5번 사료를 급여한다. 이 시기에는 강아지가 사료에 적응하고 입맛이 생긴다. 이갈이에 도움이 되는 딱딱한 음식이나 간식을 급여하며 체중을 주기적으로 체크한다.

C. 예방접종

2~3주 간격으로 예방 접종 실시한다. 심장사상충 예방 구충은 3개월에 한 번씩 진행한다.

D. 보호자 필수 실천사항

강아지의 사회화와 건강관리를 정기적으로 잘 시행하고 있다면, 이 과도기는 어렵지 않게 지나갈 수 있다. 늦어도 이 때쯤에는 사회화 클래스에 참석해야 한다. 재미있고 짧고 집중도 높은 교육을 할 수 있도록 한다. 두렵지 않을 정도의 자극을 주어서 긍정적인 태도를 유지하도록 한다. 긍정 교육을 통해서 신뢰를 쌓아가는 것이 중요합니다. 강아지를 갑자기 새롭고 극한적인 상황에 오래 방치하지 않는다.

E. 필수 건강 점검사항

심장사상충과 외부 기생충 구충에 힘쓴다. 면역 검사를 받고 예방 접종 일정표를 작성하여 주기적으로 예방접종을 실시한다. 동물 등록을 해야 하는 시기이기도 한다. 기초 예절교육과 돌보기 교육에도 힘쓴다.

Q. 반려견의 사회화가 중요한 이유?

강아지는 생후 3개월부터 사회화가 시작된다. 낯선 사람, 환경, 강아지들을 접하며 어울려 사는 법을 배우게 된다. 이는 성견이 되었을 때 다른 개나 사람과 마찰을 일으키지 않기 위해서도 무척 중요하다. 어리다는 이유로 집에만 있으면, 사회화에 결코 도움이 되지 않는다. 다른 사람, 강아지와 만나고 놀면서 독립성을 쌓고 예절을 습득할 수 있다. 낯선 환경에 겁먹지 않고 산책하는 힘도 길러줄 수 있다. 어린 강아지는 스펀지처럼 흡수력이 강하기 때문에 금방 배울 수 있다.

Q. 그렇다면 반려견의 사회성은 어떤 방법으로 기를 수 있을까요?

① 하루에 한번 산책하기

매일매일 산책하며 새로운 냄새, 소리, 다른 사람, 강아지 등에 익숙해진다. 여러 낯선 자극을 접하면서 바깥 환경에 흥미를 느끼고 두려움을 줄인다. 보호자는 매일 같은 곳을 산책하기보다는 가보지 못한 길을 가면서 강아지에게 새로운 촉감, 냄새, 소리 등 자극을 주는 것이 좋다.

② 낯선 사람, 낯선 강아지 만나보기

낯선 사람이나 강아지를 만나보는 건 사회성 함양에 큰 도움이 된다. 하지만 반려견 카페 등에 가서 무턱대고 낯선 환경에 던져지는 것은 그렇게 바람직하지 않다. 지인의 강아지 등에게 우선 인사를 시키고 함께 산책하는 것부터 시작해야 한다. 이렇게 하면 천천히 자연스럽게 친분을 쌓아가는 힘을 기를 수 있다.

③ 강아지가 긴장할 때 하품하면서 안심시켜주기

산책할 때 급작스러운 상황에 놀랄 수 있다. 이때 보호자는 같이 놀라거나 안아주면서 "괜찮아~"라고 하면 안 된다. 강아지가 같은 상황에 또 놓일 때 예민하게 받아들일 수 있다. 아무렇지 않다는 듯 기지개를 켜거나 하품하면서 달래주는 것이 좋다.

④ 기본적인 복종훈련 해주기

생후 3개월부터는 앉아, 기다려, 엎드려 등 기본적인 복종 훈련을 실시한다. 이는 강아지와 함께 동고동락하기 위해 필수적인 일이다.

(5) 생후 6개월 내외의 강아지

생후 6개월이 되면 매우 활발해지고 골격과 근육 등 신체가 성견에 가까워진다. 이 무렵 사회화 과정도 마무리된다. 다만 시기 특성상 호기심과 격렬한 움직임이 많아 사건 사고가 잦다는 특징이 있다. 특히 이물질을 먹거나, 넘어지고 다쳐 병원신세를 지는 일이 잦다.

또 이 무렵은 사람과 개의 차이를 구별하기 시작하며, 첫 털갈이가 시작된다. 유아기 털을 버리고 성견털로 갈아입는다. 이빨도 이 무렵 모두 완성된다. 생후 6개월이면 영구치 48개가 모두 난다. 이갈이 때문에 사람에게 입질을 하기도 하니 개껌이나 장난감을 제공해 씹는 욕구를 채워주어야 한다.

A. 사회화

호르몬에 영향을 받는 시기로 행동과 성격이 변한다. 복종훈련을 꾸준히 진행해야 한다. 기초훈련, 사회화 훈련을 진행하며 이름을 인지시키고 배변 훈련 및 앉아, 엎드려 등 기본적인 훈련이 가능해지는 시기다. 강아지의 학습력이 매우 좋은 시기이기도 하다. 낯선 환경, 낯선 이에 대한 경계 행동도 강화되며 쉽게 흥분하고 에너지를 발산하게 된다. 5개월 차에는 자신이 모르는 물체나 소리에 대해 경계심이 생기기 시작하고 이때 다른 사람이나 다른 강아지에 대한 경계심이 평생 유지될 수도 있기에 다양한 경험이 정말 중요하다.

B. 식이

하루 2~3번 어린 강아지용 사료를 급여해 영양 균형을 맞추는 게 좋다. 식사는 정해진 시간에 하도록 해야 하고, 호기심이 강한 만큼 이것저것 삼키려 하므로 잘 제어해줘야 한다.

C. 예방접종

생후 6개월 이전에 모든 백신 접종을 마무리한다. 건강검진 등 기초 관리를 꾸준히 해 병원 및 검사에 익숙해지게 해야 한다. 꾸준히 구충 및 기생충 관리도 해준다.

D. 보호자 필수 실천사항

꾸준한 사회화 교육이 필요한 시기다. 따라서 이때 반려동물 예절교실 등에 적극 도움을 요청하는 것이 좋다. 그리고 에너지를 발산하는 시기인 만큼 충분한 운동과 씹을거리, 장난감 등을 주어 스트레스를 풀 수 있도록 해준다. 눈 맞추기, 부르기, 앉아, 기다려 등 기본 훈련도 집중해서 한다.

> Q. 중성화 수술 진행 시기는 언제일까요?
> 수컷은 6개월, 암컷은 7개월 무렵 중성화를 한다. 중성화를 하지 않을 경우 수컷은 9~11개월, 암컷은 10~12개월 쯤 발정이 일어나 곤란해진다. 중성화를 하지 않을 경우 발정이 왔을 때 집안 곳곳에 '스프레이'라 칭하는 핏자국을 10주간 남길 수 있다. 중성화 수술은 수컷은 고환을 제거하는 수술, 암컷은 자궁, 난소 절제술이다.
> 중성화를 할 경우 수컷은 전립선 질환, 고환암, 회음부 종양 등을 예방할 수 있고 암컷은 자궁감염(pyometra), 유방암 등을 예방할 수 있다. 또 미리 중성화를 할 경우 발정 시 스프레이를 막고, 당뇨나 간질 발병에 영향을 주는 호르몬 등도 미리 차단할 수 있다.

(6) 생후 1년 이후~4년

A. 사회화

공공장소에서 가만 있기 등 예절 교육을 꾸준히 일관적으로 해야 하는 시기다. 이로써 개가 가족 내에서 서열 관계를 인식할 수 있다. 개 스스로 자아가 발달하고 주인과의 관계도 정립된다.

B. 식이

몸무게와 활동량에 맞춰 성견용 사료를 급여한다. 다만 이때 필요한 하루 열량은 아무래도 성장기보다는 적은 편이다. 성장이 멈추었기 때문이다. 성견용 사료는 칼로리가 자견(어린 개)보다는 낮다. 이와 동시에 적절한 수분 섭취도 신경 쓴다.

C. 예방접종

혈액 검사, 엑스레이, 초음파, 촉진 등이 포함된 건강검진을 연간 1~2회 실시한다. 3개월에 1회 정도는 구충을 하고, 40일 간격으로 심장사상충 예방 구충을 한다. 1년에 1회 정도는 항체 검사를 실시하여 광견병 등 예방 접종을 한다. 눈, 이빨, 항문, 발톱, 털 등 기초 관리도 꾸준히 해준다.

D. 보호자 필수 실천사항

1년 반(18개월)정도면 성견이 된다. 이때부터는 건강 관리에 꾸준히 힘써야 한다. 이빨, 귀, 항문낭, 발톱 등을 꾸준히 관리하고 동물병원에 정기 방문한다. 체력 관리를 위해 산책도 정기적으로 하고 영양 관리도 한다. 정기 건강 검진은 질병의 예방과 조기 발견을 도와준다. 특히 슬개골 탈구 등 관절 이상을 발견하는 데 중요하다.

> Q. 반려동물이 매년 받아야 하는 예방 접종은 무엇인가요? 강아지는 생후 3개월부터 사회화가 반려 동물이 꾸준히 맞아야 하는 예방접종에는 종합 예방 접종, 코로나 장염, 전염성 기관지염, 신종플루, 광견병 등이 있다. 광견병을 제외한 접종들은 반려동물에 따라 2-3년에 한 번씩 해도 되지만 그 판단은 항체가 검사를 마친 후에 내려야 한다. 항체가 검사를 통해 반려 동물의 방어력이 얼마나 되는지 확인할 수 있는데, 검사 결과 문제가 없다면 주기를 늘려도 된다. 그렇지만 항체가 검사가 비용이 비싸고, 매년 접종을 해도 반려동물에게 문제가 되지 않기 때문에 매년 접종을 권한다. 뒤에 예방 접종 관련 장이 따로 마련되어 있으니 참고하는 게 좋다.

(7) 7세~15세 노령기

반려견은 보통 12~16년을 산다. 그러므로 7~15세 넘은 반려견은 사람으로 치면 50대~노인 정도로 황혼기에 접어들었다고 할 수 있다. 이 시기 반려견은 사람과 마찬가지로 노화에 따라 각종 건강 문제를 보이기 시작하므로 식이 등을 신경 써야 한다.

A. 사회화

나이가 많아지면서 활동량이 줄어들게 되면 군데군데 아픈 곳도 생기며 수면 시간이 증가하고 식욕도 줄어들게 된다. 이로 인해 산책을 나가기가 어려워질 수 있고, 결과적으로 사회화 과정에서 어려움이 발생할 수 있다.

B. 식이

활동량이 줄어드는 것에 맞춰 노령견용 사료로 바꿔야 한다. 치아도 약해지기 때문에 부드러운 사료로 바꾸는 것이 좋다. 고칼로리 음식도 자제하고, 과식도 지양해야 한다. 반려견에게 다양한 합병증을 유발할 수 있기 때문이다.

C. 건강

　　이 시기 반려견은 백내장, 노안, 신부전, 관절염, 치매 등 다양한 노화성 질환에 시달린다. 이 때부터 미리 가입해둔 반려견 펫보험이 위력을 발휘하기 시작한다. 여러 질병이 다발하는 시기이므로 주기적으로 건강검진을 받아야 하며, 특히 이빨 건강이 중요하므로 매해 스케일링을 받아 구강관리를 해주면 좋다. 반려견의 삶이 질을 개선하고 수명을 늘리는 데 크게 도움이 된다.

D. 보호자의 필수 실천사항

　　갑자기 밥을 안 먹거나 보호자를 못 알아보거나 기운이 없고 예민하거나 대소변 실수를 한다면 노화에 따른 이상징후가 아닌지 의심해야 한다.

E. 필수 건강 점검사항

　　사람의 1살은 개의 4~6년과 같으므로 개는 노화가 빠른 편이다. 노령견은 6개월~1년에 한 번씩은 건강검진을 받아야 한다.

(8) 반려견 예방접종

A. 시기별 예방접종

반려견의 시기별 예방접종 표를 정리해서 한눈에 알아보자.

접종 시기 \ 백신 종류	종합백신 (DHPPL); 홍역 (D), 간염(H), 파보장염(P), 기관지염(P), 신장염(L)	코로나 장염 백신	켄넬코프 백신	광견병 백신	구충제	심장사상충 예방
4주령					구충제 투여	
6주령	1차	1차				모기 발생 시기(5-11월)에 감염검사 후 한달 간격으로 예방약 투여
8주령	2차	2차			6-12개월마다 추가접종	
10주령	3차		1차			
12주령	4차		2차			
15주령	5차			기초		
15주령 이후	매년마다 추가접종	매년마다 추가접종	매년마다 추가접종			

갓 태어난 강아지는 어미의 수유를 통해 필요한 항체를 공급받는다. 하지만, 이 항체는 6주 이후에 소실되기 때문에 생후 6주차 이후부터 백신 예방 접종을 시작해야 한다. 하지만, 수유시기에 따라 조금 더 예방접종이 빨라질 수 있다.

보통 생후 6주를 기준으로 2~3주 간격으로 5~6회 동안 몇 가지의 백신을 접종받게 된다. DHPPL 종합 백신은 매 차수 접종을 받아야 하며, 보통 코로나 백신은 1차와 2차 시기에 켄넬코프는 3차와 4차 시기에 접종을 하며 5차 시기에는 광견병 예방 백신을 접종하는 것이 일반적이다. 그 외에 심장사상충 등은 추가 접종을 받는다.

B. 백신의 종류

① **종합백신**

종합백신(DHPPL)은 Distemper(홍역), Hepatitis(간염), Pavovirus(파보장염), Parainfluenza virus(호흡기질병), Leptosira(렙토스피라증)에서 유래한 이름이다. 외국에서는 3차, 우리나라에서는 5차까지 접종한다.

② 코로나 장염백신

코로나 바이러스는 파보장염 등의 원인이 된다. 파보장염에 걸릴 경우 혈변, 식욕부진 탈수 등으로 심하면 사망에도 이를 수 있다. 특히 소형견에게 치명적이며 사망하지 않아도 위장과 간에 심한 손상을 준다.

③ 켄넬코프 백신

켄넬코프는 반려견에게는 감기와 같은 질병이다. 기침과 구역질, 구토를 동반한다. 공기 중으로 전파되기 때문에 전염성이 강하다.

④ 광견병 백신

광견병은 소, 말, 야생동물 등을 통해 전염되는 치명적인 질병이다. 한번 전염되면 치료가 불가능한 무서운 신경 계통 질환이다. 따라서 1년에 한 번은 **반드시 광견병 백신**을 접종하도록 한다.

> Q. 여러 번의 예방접종을 받는 이유는 무엇인가요?
>
> 모견에게서 받은 항체는 6주 이후에 소실된다. 따라서 자견은 스스로 항체를 만들어 질병을 이겨내야 한다. 충분한 항체 생산 능력을 얻기 위해서는 여러 번의 자극이 필요하다. 일단 면역 기능이 성숙되면 일년에 한 번 정도 예방접종으로 면역이 가능하다고 알려져 있다.
>
> Q. 예방접종 시 주의사항은 무엇인가요?
>
> 건강 상태가 나쁘거나 질병에 걸린 강아지, 투약 중인 강아지는 항체를 만들지 못하므로 접종을 피한다. 접종 받더라도 일주일 정도는 목욕, 운동 등을 피한다. 접종 후 발열, 가려움, 동통 등 이상이 나타나면 즉각 수의사의 처치를 받는다.

예방접종과 외출

예방접종 기간인 6~16주 차는 반려견의 사회화 교육인 생후 3주~13주차와 겹친다. 통상적으로 동물병원에서는 접종을 마치고 외출을 권장하지만, 접종시기 종료는 때에는 이미 퍼피 트레이닝 기간 종료 시기와 겹친다. 그러므로 3차 접종이 끝난 뒤 조용한 곳으로 가벼운 산책을 하는 것도 좋다.

Q. 펫로스 증후군?

반려동물과의 이별의 순간은 언젠가 반드시 올 수밖에 없다. 이때 반려인들이 흔히 겪는 증상을 "펫로스 증후군" 이라고 한다. 펫로스 증후군은 마치 가족과도 같은 반려동물의 사망으로 경험하는 상실감과 우울을 말한다. 잘 돌보지 못했다는 죄책감, 죽음에 대한 부정, 사망 원인(질병, 사고)에 대한 분노, 그리고 슬픔의 결과로 오는 우울증 등이 있다.

반려동물을 잃은 고통은 자식을 잃은 고통에 버금간다고 한다. 《인간과 개, 고양이의 관계 심리학(Pourquoi les gens ont-ils la meme tete que leur chien)》을 쓴 세르주 치코티(Serge Ciccotti)는 반려동물의 사망으로 남자들은 가까운 친구를 잃었을 때, 여자들은 자녀를 잃었을 때와 같은 고통을 느낀다"라고 말한 바 있다.

반려동물은 인간의 불완전성 혹은 불안정을 판단하지 않는 무조건적인 사랑의 대상이므로 반려인은 반려동물에게 감정을 드러내고 공유하게 된다. 반려동물에 생활 패턴을 맞추고 부모 역할을 자처하기도 한다.

따라서 반려동물과의 이별이 자녀의 죽음과 같게 취급되는 것은 당연한 일일지도 모른다. 하지만 이러한 충격과 슬픔에서 3~6개월이 지나도 이상 벗어나지 못하고 일상생활에 지장을 받을 정도가 된다면 전문 상담 치료가 필요할 것이다. 미성숙한 반려문화로 인해 주변인들이 "고작 개 한마리 가지고 슬퍼할 필요가 없다"고 말한다면, 더 큰 상실감을 안겨줄 수 있으므로 유의해야 한다.

03 반려묘의 생애

반려묘는 평균 12~18년을 산다. 다만 이는 가정 양육 기준이고 길고양이는 이보다 수명이 훨씬 짧다. 수명은 유전, 생활 환경, 운동 빈도, 체중, 질병, 치아 건강, 중성화 여부 등 다양한 요인으로 결정된다. 완전 가정 사육하는 고양이〉산책고양이, 마당 고양이〉길고양이 순으로 보통 수명이 길다. 그리고 순종보다는 잡종의 수명이 길다. 순종은 품종 특징을 위한 근친교배로 유전병 가능성이 높기 때문이다.

미국 동물병원 협회에서는 반려묘의 생애 주기를 6단계로 분류했는데, 이번 단락에서는 6단계에 해당하는 주기와 내용에 대해 자세히 알아보고자 한다.

(1) 유아기- 생후 6개월까지

생후 4개월은 인간으로 치면 1~10세 어린이 단계다. 고양이는 태어난 지 약 한 달(5주)가 지나면 모든 감각이 발달하며 청소년 고양이가 될 준비를 한다.

A. 0~8주

갓 태어난 고양이는 8주 차까지 어미 젖을 먹는다. 모유는 성장과 면역 체계를 기르는 것을 도와준다. 이 시기는 전적으로 먹고 자는 행동 외에는 아무것도 하지 않는 시기다.

B. 8~9주 이후

생후 8~9주부터 어미 젖을 떼고 폭발적으로 움직이기 시작한다. 이 시기에 도달하면 보호자가 데려올 수 있다. 따라서 이 무렵의 반려묘는 먹고 자고 주변을 뛰어다니며 탐색하는 일과를 매일 반복한다. 엄청난 에너지 소비량을 감당하기 위해 영양을 제대로 공급해야 한다.

다만, 이때 주의해야 할 것은 생후 4~12주의 '면역 공백기'이다. 막 태어난 강아지와 고양이는 어미로부터 받은 모체이행항체에 의존하는데, 이 시기는 어미로부터 받은 항체가 사라지고, 자가 생성

항체가 아직 미약해 질병에 취약한 시기다. 따라서 이때 비타민 C, 비타민 E, 베타카로틴, 베타글루칸 등이 포함된 사료를 먹여 면역력을 길러야 한다. 또 6~8주 때부터 시작해 3~4주 간격으로 파보 바이러스, 칼리시 바이러스, 허피스 바이러스 백신을 접종하고, 12~16가 되면 심장사상충 및 광견병 백신을 접종해준다.

① 식이

모유나 분유를 끊은 후에는 DHA, 엽산 등 지방산과 타우린이 풍부한 아기 고양이 전용 사료를 급여한다. 타우린은 면역력, 소화기계, 심장, 시력 발달에 필수적인 아미노산이므로 반드시 급여해야 한다. 단백질 공급도 풍부하게 해준다. 3개월 차 이후 본격적인 성장기가 되면 고열량, 고단백 퍼피 전용 사료를 제공한다. 근육과 뼈 성장을 위한 칼슘, 인, 필수 아미노산이 포함된 사료도 급여한다. 그리고 면역력 강화를 위한 비타민 E 또는 베타카로틴을 꾸준히 급여해주는 것도 중요하다. 고양이의 경우 4개월까지 이유기, 5개월부터 퍼피 사료가 권장된다.

② 보호자 필수 실천 사항

생후 6개월 무렵까지 왕성한 활동량과 호기심으로 주변 물건에 호기심을 보이기에 잘 관리해야 한다. 또 열린 창문 틈이나 통풍구로 탈출해 길을 잃는 경우도 있어 문단속을 단단히 해야 한다. 전기선을 씹어 감전이나 화재를 유발하기도 하니 접근하지 못하도록 차단해야 한다. 활동량에 맞춰 영양 공급을 잘해주고 생후 6~8주 이후부터는 예방접종이 시작되므로 빠트린 예방접종이 없는지 잘 확인해야 한다.

(2) 아동기- 생후 7개월에서 2년

생후 1년 이후부터 성묘로 본다. 사람으로 치면 12~27살(아동기)생애 주기에 해당한다. 사춘기를 거쳐 어른으로 자라나는 시기라고 볼 수 있다. 보통 1년 정도 지나면 성묘에 준하게 성장이 완료되지만 메인쿤이나 노르웨이숲처럼 3~5세 때까지 성장하는 대형 고양이도 있다. 새끼 고양이와 상당히 다르게 보이는, 길고 날씬한 신체 골격 구조가 완성된다.

① 식이

11개월이 돼 생후 1년에 가까워지면 한창 자라던 시절만큼 열량이 필요하지 않기 때문에 과체중이나 비만을 예방하기 위해 성묘(어덜트) 전용 사료로 바꿔준다. 특히 실내에서 생활하는 한국의 반려문화 상 운동량 또한 부족한 경우가 많기 때문에 사료는 소화를 돕는 프리바이오틱스나, 단백질 등이 함유된 것이 좋다. 특히 소화율이 95%에 가까운 양질의 단백질(Low Indigestible Protein)을 먹이면 변 냄새가 감소하고 양도 줄어든다. 고양이의 경우, 13개월부터 성묘로 보고 '어덜트' 사료로의 전환이 권장된다.

② 건강

이 시기 고양이는 성적으로도 성숙해진다. 한 살이 넘으면 암컷 고양이는 발정에서 임신까지 할 수 있는 시기다. 이 때문에 성격이 예민해지고 버릇 없어지고, 주인에게 지배력을 행사하려 할 수도 있다. 따라서 주인은 인내심을 가져야 한다. 그러므로 생후 6개월 전후로 중성화 수술을 하는 것이 권장된다.

③ 보호자 필수 실천 사항

7개월부터 2년까지는 건강검진을 통해 미래 건강관리를 준비해야 한다. 또 이 시기는 중성화 수술을 결정하는 시기로 동물병원 수의사와 충분히 상담하는 것이 좋다. 추가 백신 접종을 한 뒤 몸에 충분히 항체가 생겼는지 확인해야 한다. 그리고 민감한 부위인 발, 귀, 입을 만졌을 때 간식으로 보상해 주며 익숙해지도록 훈련해야 한다. 또 사료 급여량의 조절로 체중을 확인해 가며, 적절한 양을 유지하도록 한다.

이 시기의 고양이와는 충분히 놀아주는 것이 좋다. 하루에 10~15분 정도씩 2회 정도 놀아주며 보상으로 간식을 주면 된다. 주의 사항은 강아지와 달리 고양이는 주의 환경에 민감한 동물로 바깥 산책은 추천하지 않는다는 것이다.

(3) 청년기- 3~6년

완전히 성인기에 접어든 단계다. 고양이가 가장 활기차고 생생히 빛을 발하는 시기이기도 하다. 사람으로 치면, 28~40살(중년기)에 해당한다. 대체로 철이 들며 활발하게 움직이기도 하지만 온종일 볕 아래에서 뒹구는 성격이 되기도 한다. 그만큼 살이 쉽게 찔 수 있으므로 사료량을 조절해주어야 한다.

① 식이

청년기의 고양이에게는 어덜트용 사료를 먹여야 한다. 단백질 기반 식단을 급여하면 건강관리에 도움이 된다.

② 건강

고양이가 신체적으로 매우 건강한 시기이긴 하지만, 1년에 1번 정도는 동물병원을 방문해 정기 건강검진을 받고, 비만, 치주염, 방광염 등에 걸리지 않도록 신경 쓴다. 특히 치주 질환에 자주 걸리는 연령대이기 때문에 신경 써야 한다.

(4) 중년기- 7~10살

사람으로 치면 40대 초반에서 50대 중반의 중년 단계다. 체중이 늘고 털의 광택이 줄어드는 시기다. 활동량이 줄어들고 노화에 기인한 질병이 늘어나기도 한다.

① 식이

깨끗하고 신선한 물을 많이 마시고, 영양소를 균형적으로 섭취할 수 있도록 한다. 이 시기 특정 영양소가 과잉, 결핍되면 건강 문제로 이어질 수 있다. 활동량 감소가 비만으로 이어질 수 있으므로 체중 변화를 잘 관찰하고 사료량을 조절한다. 반려묘의 입맛이 다소 까다로워지기도 한다.

② 건강

치주 질환, 당뇨, 고혈압 등에 노출되는 시기다. 1년에 1~2회는 건강검진을 받아 질병을 예방할 수 있도록 한다. 12살이 넘으면 신부전, 갑상선암, 관절염 등의 위험도 증가한다. 열량 섭취 기록을 통한 체중 유지가 이러한 질병들의 예방을 위해 중요하다.

③ 보호자 필수 실천 사항

1년에 2회 정도 건강검진을 받고, 정기적으로 백신을 접종받아 전염병을 예방한다. 건강검진은 큰 질병을 조기에 발견하는 기회이기도 하다. 노화에 따라 관절이 약해질 수 있으므로 충분히 쉬고 자신만의 장소에 음식을 가져갈 수 있도록 해먹 등 휴식 시설의 높이 또한 조절해 준다.

(5) 노년기 - 11살 이후

11살이 넘으면 완연한 노령 단계에 접어든다. 사람으로 치면 60~72세에 해당한다. 15세가 넘은 고양이는 사람으로 치면 76~116세와 같다. 주인이 최대한 보살펴주어야 하는 단계다. 하루 종일 자기도 할 정도로 활동량이 떨어지고 때로 간단한 행동조차 수행하지 못할 수도 있다. 대신 애정 표현이 늘어나기도 한다.

① 식이

이 시기 고양이는 밥 먹고 물 마시는 것을 잊을 수도 있으므로 면밀히 챙겨줘야 한다. 이가 약하고 닳거나 빠진 이가 많으므로 부드러운 사료를 챙겨준다. 특히 건강 유지를 위해 수분 공급이 필수적이다. 나이가 많을수록 탈수가 다른 질병으로 이어질 수 있기 때문이다.

② 건강

노화로 인해 신체 장기 기능이 저하되고 각종 치명적인 질병에 노출될 위험이 증가한다. 신부전, 갑상선암 등의 질병 위험은 12세 이후에 급격히 증가한다. 노령묘나 노인 고양이에게 보금자리가 되는 따뜻한 장소를 제공하기 위해 노력해야 한다.

③ 보호자 필수 실천 사항

식사를 잘 안 한다든지 이전과 다른 행동을 하는지 주의 깊게 지켜봐야 한다. 고양이도 사람처럼 나이가 들면 이상행동이나 인지 장애가 일어날 수 있기 때문이다. 이럴 때는 꼭 병원에 데려가 진단받고 질병을 조기 발견해야 한다. 노령 고양이들은 신체 능력이 많이 약해져 질병의 조기 발견이 매우 중요하다. 1년에 2회 정도 건강검진을 받고 수의사와 상의 하에 여러 보조제를 먹이는 것도 좋다. 노령묘가 몸을 따뜻하게 유지할 수 있도록 도와주고 충분한 수분 섭취를 돕고 부드러운 사료를 급여하는 것도 좋다.

▌나이에 따라 필요한 맞춤영양 챙기기

사료교체 시점	견	2개월까지	3개월	11개월	9살
	묘	4개월까지	5개월	13개월	8살
생애주기		이유기	성장기	성견&성묘	노견&노묘
핵심 포인트		모유의 면역력과 영양성분 섭취	잔병치레 없는 성장을 위한 면역력	건강 유지를 위한 영양 관리	세심한 노화 관리
영양공급		• 부드러운 질감 • 면역력 발달을 위한 비타민E, 베타글루칸 • 높은 에너지량	• 튼튼한 뼈/관절을 위한 칼슘과 인 • 면역력 강화를 위한 비타민E, 베타카로틴 • 성장기 근육 발달을 위한 필수 아미노산 • 고열량 식단	• 비만 방지를 위한 적절한 에너지 • 피부와 털을 위한 오메가 지방산 • 소화가 쉬운 고품질의 단백질 • 소화기 건강을 위한 프리바이오틱스	• 산화 스트레스 관리에 도움을 주는 비타민 C와 E • 신장 건강과 기능에 도움이 되는 낮은 인 함량 • 감퇴한 소화기능을 고려한 고품질의 단백질 • 피부 및 털 건강 유지에 도움이 되는 미네랄
영양 맞춤 사료		스타터 / 베이비캣	미니 인도어퍼피 / 키튼	미니 인도어어덜트 / 인도어	미니 인도어시니어 / 인도어7+

지금까지 고양이의 시기별 특성, 식이, 건강에 대해 알아보았다. 생애주기를 고려하지 않은 사료 급여는 다 큰 성인에게 이유식을 주는 것과 같다. 자칫하면 과도한 에너지 공급으로 비만이 될 가능성도 있고, 뼈 성장에 필요한 칼슘과 인 같은 영양소가 부족해질 수도 있다. 사람도 나이에 따라 필요한 영양소가 달라지듯 반려동물도 이유기, 성장기, 성년기, 노령기에 따라 맞춤 영양 균형을 제공할 수 있도록 적합한 사료로 전환해 주어야 한다.

(6) 고양이 백신 접종

고양이는 어떤 백신을 언제 맞는 것이 좋을까? '올해도 안냥'은 한국고양이수의사회와 한국베링거인겔하임 동물 약품이 함께하는 올바른 반려묘 건강관리 캠페인이다. 가이드라인을 참고해 국내 실정에 맞도록 고양이 기초접종 스케줄을 표로 정리했다.

비고	예방주사 종류	기초 접종		추가 접종
		생후 16주 미만	생후 16주 이상	
필수 백신	고양이 종합백신	모체이행항체 수준에 따라 생후 8~12주 사이에서 1차 접종 후 3주 간격으로 총 3회 접종	3~4주 간격으로 총 2회 접종	1년마다 추가 접종
	광견병 백신	생후 12주 이후 접종		1년마다 추가 접종 (관련 법에 따라 매년 접종해야 함)
비필수 백신	고양이 백혈병 백신	생후 8주에 1차 접종 후 3~4주 간격으로 총 2회 접종		1년 후 추가 접종 (제조사의 권고 사항을 따름)
일반적으로 권장하지 않는 백신	고양이 복막염 백신	생후 8주에 1차 접종 후 3~4주 간격으로 총 2회 접종		1년 후 추가 접종 (제조사의 권고 사항을 따름)

올해도 안냥 캠페인 '고양이 예방접종 스케줄'에 따르면, 고양이 종합백신과 광견병 백신은 필수백신(코어백신)으로, 백혈병 백신은 비필수백신(논코어백신)으로 분류됐다. 복막염 백신의 경우 일반적으로 권장하지 않는다고 한다.

종합백신의 경우, 생후 16주 미만의 고양이는 모체이행항체 수준에 따라 생후 8~12주 사이에 1차 접종 후 3주 간격으로 3회 접종이 추천됐다. 16주 이상은 3~4주 간격으로 2회 접종이 권장된다. 광견병 백신은 생후 12주 이후 접종, 백혈병 백신은 생후 8주에 1차 접종 후 3~4주 간격으로 총 2회 접종이 추천됐다. 종합백신과 광견병백신은 1년마다 추가접종(부스터접종)이 추천되는데, 특히 우리나라에서 개·고양이는 가축전염병예방법에 따라 매년 광견병 예방접종을 맞아야 한다. 백혈병 백신과 복막염 백신은 보통 1년 후 추가 접종이 추천되지만, 제조사의 권고 사항을 따라야 한다.

Q 고양이 백신의 종류에 대해 말해주세요.

고양이에게 어떤 백신이 필수인지, 비필수인지 기준은 국가마다 조금씩 다르다. 한국 고양이 수의사회에서 마련한 고양이 백신 가이드라인은 아래와 같다.

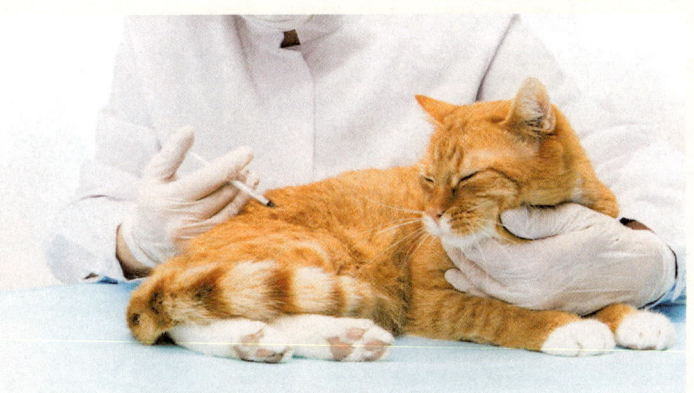

(1) 필수 백신

A. 4종 종합

백신 4종 종합 백신은 감기와 비슷한 허피스(헤르페스), 칼리시, 클라미디아 바이러스 그리고 고양이 범백의 원인인 파보바이러스까지 총 4가지 바이러스를 예방하는 백신이다. 4종 종합 백신의 경우 고양이 나이에 따라 접종 시기와 횟수가 다른데, 생후 16주 미만이라면 생후 약 8-12주 사이에 3주 간격으로 총 3회 접종이 권장된다. 반대로 생후 16주 이상이라면 3~4주 간격으로 2회 접종이 권장된다.

B. 광견병 백신

광견병은 이름 때문에 강아지만 걸리는 바이러스로 생각하기 쉽다. 그러나 사실 광견병은 강아지뿐만 아니라 고양이도 걸릴 수 있다. 고양이가 걸리게 되면 높은 확률로 사망한다. 법적으로도 광견병 접종은 필수이기 때문에 꼭 맞히도록 한다. 광견병 예방접종은 생후 약 12주 이후 실시하면 되며, 1년마다 추가 접종이 필요하다.

(2) 비필수 백신

A. 백혈병 백신

고양이 백혈병은 바이러스로 인해 걸리는 전염성 질환이다. 걸릴 경우 대부분 3년 이내에 사망한다고 한다. 아직까지 치료제가 나오지 않은 병이기 때문에 비필수 백신이지만 맞히는 걸 권장하는 경우가 많다. 백혈병 백신은 생후 약 8주 차에 3~4주 간격으로 2회 접종하며 1년에 한 번씩 추가로 접종한다. 추가 접종 간격은 제조사마다 조금씩 다르다.

B. 복막염 백신

복막염 백신은 효능과 안전성에 문제가 있다고 알려져 있고, 계속해서 연구 중인 백신이기 때문에, 가급적이면 수의사도 권장하지 않는 비권장 백신이다. 접종 주기나 추가 접종은 백혈병 백신과 동일하다. 생후 약 8주 차에 3~4주 간격으로 2회 접종, 주기적인 추가 접종이 필요하다(추가 접종 주기는 제조사에 따라 다르다).

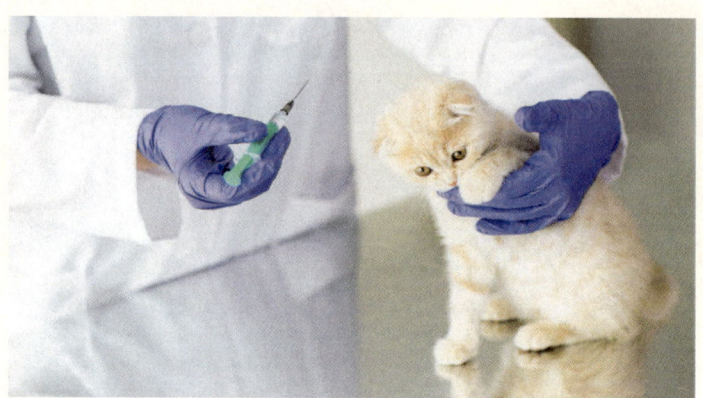

Q 어린 반려묘가 첫 추가 접종을 맞아야 하는 시기는 언제인가요?

필수 백신의 첫 번째 추가 접종은 12주~16주 무렵이다.
첫 추가 접종 내역은 다음과 같다.

- 고양이 독감 – 고양이 헤르페스바이러스(fHV)와 고양이 칼리시바이러스(FCV)
- 고양이 범백혈구 감소증 바이러스(FPV)
- 고양이 백혈병 바이러스(FeLV)

Q 어린 반려묘는 첫 추가 접종 전에 밖에 나가도 되나요?

생후 12-16주에 첫 추가 접종을 포함하여 최소 두 번의 접종을 맞히게 되면 여러 질병을 예방할 수 있는 항체가 만들어지게 된다. 행동학적 관점에서 보면 두 번째 접종을 마치지 않은 어린 반려묘는 사교적인 성묘로 성장케 하기 위해 보호자의 집 정원 등 위험하지 않은 곳에 나가 여러 자극을 경험하는 것이 좋다. 하지만 오로지 실내에서만 키울 계획이라면 굳이 나갈 필요는 없다는 의견도 있다.

Q 이 시기의 어린 반려묘는 다른 백신 접종도 필요로 하나요?

수의사가 필요하다고 판단되는 경우에 광견병 백신을 맞을 수 있다. 다만 이는 반려묘가 이사나 여행에 동반될 계획이 있는지 등에 따라 달라질 수 있다.

Q 다른 추가 접종은 무엇인가요?

두 번째 접종 후 1년이 지나면 매년 추가 접종을 정기적으로 받아야 한다. 생후 곧바로 비필수 백신을 접종 받은 경우 동일한 백신의 추가 접종도 맞혀야 한다.

Q 매년 동일한 백신의 추가 접종을 해야 하나요?

꼭 그렇지는 않다. 질병과 바이러스에 따라 면역의 지속 기간이 달라 매년 동일한 백신의 추가접종은 하지 않는다.

그 기준은 다음과 같다.
- 사용한 백신 유형
- 반려묘 연령
- 지역 전염병의 위험도
- 현행법의 변경 내용

담당 수의사는 동물병원 방문 시 전체적인 백신 접종 일정에 대해 설명해 줄 수 있다.

냥줍?

길고양이가 사람에게 구조되어 가정에서 양육되는 경우가 있다. 우리는 이를 흔히 "고양이를 주웠다" "냥줍"이라 한다. 이런 냥줍 상황에서는 어떻게 행동하는 것이 좋을까?

Q 냥줍을 했다면?

길에 버려진 듯한 아기 고양이라고 해서 무턱대고 데려오면 안 된다. 고양이들은 갓 태어난 새끼를 내버려두지 않고, 어미 고양이가 먹이를 구하러 자리를 비운 상태일 수 있기 때문이다. 따라서 몇 시간 내지 며칠 지켜본 뒤에 구조하는 것이 좋다.

Q 그렇게 구조한 새끼는 어떻게 할까요?

갓 태어난 새끼 고양이는 눈도 못 뜨고 매우 허약하다. 이런 고양이를 '냥줍'할 경우 가장 먼저 해야 할 일은 보온이다. 체온 조절 능력이 현저히 떨어지기 때문이다. 어린 고양이들은 스스로 체온조절을 잘하지 못한다. 그리고 신속하게 병원에 데려가 건강 상태를 확인하고, 벼룩, 진드기 등을 제거한다. 그리고 이미 키우고 있는 고양이가 강아지가 있다면 섣부른 합사는 주의해야 한다. 전염병이 옮을 수 있기 때문이다. 건강 상태, 감염병, 체력, 면역력 등을 확인한 뒤 안정되면 천천히 합사한다.

Q 먹이는 무엇을 주어야 할까요?

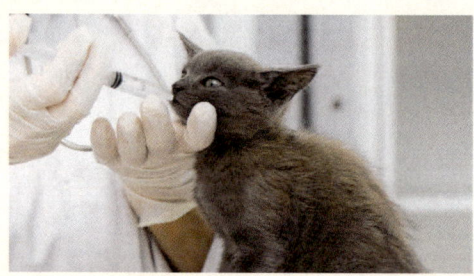

아기 고양이용 전용 우유나 새끼 고양이용 분유를 전용 젖병이나 주사기에 넣어 조금씩 급여한다. 주사기로 줄 때는 공기가 들어가지 않도록 한다. 너무 빨리 주면 기도로 우유가 넘어갈 수 있다. 생후 1~2주까지는 하루 8회 2~3시간에 한 번씩 먹인다. 급여량은 성장 속도를 고려하되 분유에 적힌 적정 급여량을 참고한다.

Q 새끼 고양이 배변은 어떻게 시켜야 하나요?

새끼 고양이는 생후 30일 정도는 스스로 배변을 하지 못한다. 원래는 어미가 배변을 재촉해 유도해주어야 하지만 '냥줍'을 한 경우에는 사람이 거즈나 티슈를 이용하여 엉덩이를 두드려 자극을 주어 배변을 유도해야 한다. 수유 전후로 배변을 유도하되 그 경우 외에 무리해서 자극하지는 않는다.

Q 새끼 고양이 눈 뜨는 시기와 이 나는 시기는?

　새끼 고양이는 생후 10일경 눈을 뜨고 소리도 듣는다. 20일쯤에는 아장거리며 조금씩 걸을 수 있다. 생후 2~3주 무렵에는 유치가 나기 시작한다. 이때가 되면 분유에서 이유식으로 전환하면 된다. 생후 4주 차부터는 우유를 떼고 이유식만 급여할 수 있고, 치아 성장에 맞춰서 씹는 훈련도 조금씩 할 수 있다. 혼자서 배변도 가능해지므로 화장실을 마련해 주는 게 좋다. 배변 시 화장실에 데려다 주면서 배변 장소를 기억시키는 게 좋다.

　생후 8주, 약 2달 정도 무렵에는 건사료에 적응시켜 준다. 이 시기는 움직임도 활발해지고 많은 것을 받아들이며 배우는 시기다. 그리고 이 무렵부터 귀, 입, 꼬리, 발끝 등을 만져 거부감을 없애야 이후에 발톱깎기, 건강 확인 등 케어를 편리하게 할 수 있다. 또한 이때 즈음에는 1차 백신을 맞기 시작하며 동물병원에 다녀오며 고양이 종합백신 스케줄을 잡는 것이 좋다. 이후 3개월이 지나며 2차 예방접종뿐만 아니라 여러 가지를 배우게 되므로 자주 놀아주고 간식도 다양하게 급여해주는 등 많은 것을 접하게 하는 것이 좋다.

04 반려조의 생애

　TV 프로그램이나 동물원에는 사람 말을 따라하는 앵무새가 자주 나온다. 요즘에는 이런 앵무새와 같은 반려조를 키우는 가구도 점점 늘어나고 있다. 이번 장에서는 반려조 중 앵무새에 대해 알아보도록 하겠다.

　앵무새는 놀랍게 수명이 길다. 잉꼬는 18세까지 살고, 다른 대형 앵무새의 경우 최소 50년에서 80년을 산다. 물론 이는 가정 사육 기준이다. 야생의 앵무새는 30년 이상 살지 못한다. 일부 대형종(아프리칸 그레이처럼 그다지 크지 않은 종 포함)은 60년에서 90년까지 살 수 있다. 원래 주인보다 오래 사는 경우도 있다.

　야생의 앵무새는 나무 구멍에 알을 낳고 암수 부모가 분담해 알을 품는다. 새끼 앵무새는 깃털이 없이 벌거벗은 데다 잘 보지 못하지만 부모 새가 돌아오는 소리를 듣고 머리를 들고 하품해 부모가 먹이를 토해내게 한다. 이것은 만족할 줄 모르는 식욕을 처리하는 매우 효율적인 방법이다.

　앵무새는 깃털이 다 자라고 날 수 있을 때까지 부모에게 의존하는 성향이 있다. 종에 따라 차이가 있지만 4~15주 정도면 완전한 깃털을 갖게 된다. 종과 성별에 따라 차이가 있지만 앵무새는 평균적으로 1~4년 정도면 생식 능력을 갖게 된다. 특정 앵무새는 성 성숙기를 거치며 성격 변화를 겪고, 짝짓기 시즌에 공격성을 드러내기도 한다.

Q 앵무새 각인 효과란?

새끼 앵무새는 처음 눈을 떴을 때 보이는 존재를 부모로 인지한다. 그러므로 인간도 앵무새의 부모로 여겨질 수 있다. 이는 새를 길들이는 데 매우 장점이 된다. 인간을 부모로 여기는 앵무새는 모든 인간에 대해 본질적인 신뢰감을 갖게 된다. 태어날 때부터 앵무새와 함께 시간을 보낸다면 각인효과는 더욱 강화된다.

물론 이런 방식으로 각인되지 않은 앵무새도 적절한 보상을 주는 등의 오래된 트릭으로 길들일 수 있다. 시간과 노력이 필요할 뿐이다. 앵무새처럼 수명이 긴 새에게는 좋은 시간 투자라고 할 수 있다.

05 파충류의 생애

근래 파충류를 반려동물로 키우는 인구도 많이 늘어났다. 그 중 대표적인 것은 도마뱀이다. 도마뱀의 수명은 일반적으로 3~5년을 넘지 않는다. 물론 20~50년을 사는 종도 있다.

도마뱀의 종에 따라 알을 낳는 패턴이 다르다. Anoles와 같은 일부 도마뱀 종은 한 번에 하나의 알을 낳는 반면 두 개씩 낳는 종도 있다. 알무더기(클러치)의 규모 또한 종마다 다르며, 평균 4~8개의 알을 낳는 종도 있고, 이구아나처럼 거대한 종은 한 번에 50개씩 낳기도 한다. 알의 부화 시기도 도마뱀의 종에 따라 다르다. 주름도마뱀의 알은 70일 만에 부화하지만, 녹색 이구아나의 알은 약 90일 만에 부화한다.

어린 도마뱀은 어느 정도 시간이 지나면 성인 크기로 발달하고 자라는데, 몇몇 종의 아성체는 성년 도마뱀과 꼬리 색깔이 다르다. 포식자를 만났을 때 생생한 파란색, 주황색 또는 빨간색 꼬리를 빠르게 보여 위험을 피하기 위함이다.

도마뱀이 성년기에 이르면 짝짓기 준비를 한다. 건기나 우기, 여름이나 겨울 등 적합한 시기에 짝짓기를 하게 된다. 예를 들어 프릴 도마뱀은 우기에 짝짓기를 시작한다. 수정 후 암컷 도마뱀은 종에 따라 8~23개의 알을 낳을 수 있다. 그린 이구아나는 보통 겨울철에 짝짓기를 한다. 암컷 녹색 이구아나는 20~71개의 알을 낳을 수 있다.

> **Q 도마뱀은 먹지 않고 얼마나 오래 살 수 있을까요?**
>
> 먹이를 먹지 않고 생존할 수 있는 시기는 종에 따라 다르다. 성체 수염도마뱀은 음식 없이 약 3주 동안 생존할 수 있는 반면, 레오파드 게코는 먹지 않고 약 한 달 동안 생존할 수 있다. 대부분의 도마뱀은 꼬리에 물과 지방을 저장해둬 극한 상황에서 생존에 쓴다.

06 기타 동물의 생애(햄스터, 토끼, 기니피그)

(1) 햄스터

사람이 키우는 햄스터의 수명은 평균적으로 2년에서 3년이다. 야생에서는 2년 이하로 내려가기도 한다.

새끼는 생후 9~10일쯤엔 털이 다 자란다. 13~15일 사이에 눈을 뜨고, 3주가 지나면 젖을 떼고 어미를 따라 사료를 먹기 시작한다. 4주 이후엔 임신을 할 수 있는 상태가 되기 시작한다. 종류와 몸무게 등 성장정도에 따라 시기는 천차만별이지만 늦어도 6~8주 이전엔 성적인 성숙이 완료된다.

젖을 떼고 나면 어미는 새끼를 돌보지 않고 공격적으로 대하기 시작한다. 이때가 어미와 새끼를 분리해야 하는 타이밍이다. 새끼가 사료를 먹기 시작하면 상태를 관찰해서 일찍 분리시키는 것이 좋다. 그리고 어미와 분리한 새끼들은 즉시 성별로 나누어 놓아야 한다. 늦어도 6~8주 전에는 분리하고, 싸우기 시작한다면 그전이라도 미리미리 분리해주어야 한다.

햄스터는 약 4일마다 발정한다. 골든햄스터 암컷은 외부자극에 엉덩이를 들고 질분비물을 내보내는등 발정증상이 명확하지만 드워프햄스터는 알기가 어렵다. 임신한 햄스터는 여러 가지 변화를 보이는데, 수컷을 공격적으로 대하거나 귀찮다는 듯이 밀어내며, 핸들링이 잘된 경우라도 갑자기 손을 무는 등 신경질적으로 변한다. 본격적으로 둥지를 트는 행동을 보이고 젖꼭지도 선명해진다. 가장 유력한 증거는 체중증가와 외형변화다. 출산이 임박하면 위에서 보았을 때 옆구리가 볼록 튀어나온 것이 보인다.

햄스터는 다른 설치류들처럼 중복자궁(duplex uterus)이며, 한 번에 양쪽 자궁에 나누어 새끼를 가진다. 이 때문에 무지한 사육자가 암수 합사해서 키우다가 한달 만에 19마리의 새끼가 태어나는 경우도 있다. 보통 골든햄스터는 한배에 7~8마리를 낳으며, 드워프햄스터는 평균 6마리 정도를 낳는다.

> **Q 햄스터가 새끼를 잡아먹는다고?**
>
>
>
> 햄스터들이 자신의 새끼를 잡아먹는다는 말을 들어보았을 것이다. 햄스터가 '잔인한 동물'로 인식될 정도로 카니발리즘(동족 포식)이 잘 알려져 있다. 새끼를 잡아먹었다든지, 두 마리를 키우는데 밥을 며칠 주지 않았더니 한쪽이 백골이 되어 있었다는 등의 이야기다. 사실, 동족의 시체를 먹는 현상은 자연에서는 매우 흔하게 관찰된다. 햄스터뿐만 아니라 다른 반려동물에게도 간혹 있는 행동이다.
>
> ◎ 어미 햄스터가 새끼를 죽이거나 잡아먹는 경우
> ① 새끼가 이미 죽었을 때.
> ② 외부의 침입자가 새끼를 건드리거나 훔쳐보거나 먹이가 부족해지는 등 새끼를 키우기 어려운 환경이라고 판단될 때.
> ③ 새끼가 성적 성숙이 이루어지고 나서도 좁은 공간에 계속 같이 살고 있을 때.
> ④ 사람이 어미 햄스터에게 스트레스를 많이 주었을 때.
>
> 다 큰 햄스터끼리의 카니발리즘은 대부분 합사로 인한 스트레스에서 발생하는 경우가 많다.

(2) 토끼

토끼의 수명은 평균적으로 8~12년 정도다. 토끼의 치아는 평생 동안 자라기 때문에 깨끗한 건초 또는 말린 풀을 계속 제공해야 이갈이를 할 수 있다는 점에 유의해야 한다. 또한 신선하고 잎이 많은 채소와 고섬유질 알약으로 식단을 보충해 주어야 한다.

암토끼의 발정은 보통 3~5개월령 때 처음 시작되어 그 이후 주기적으로 반복된다. 계절에 따라 한번 발정이 오면 계속 발정이 나타나는 다발정의 형태다. 발정이 오면 눈은 활기에 차 있으며 음부는 부어 홍자색을 띤다. 때로는 점액이 분비된다. 이런 경우에는 빨리 교미를 시켜야 한다. 수토끼는 여름철 무더운 시기에는 교배욕도 떨어지고 정액 성상이 좋지 않아 수태율이 낮아지는 특징이 있다. 계절적으로 발정이 확실히 나타나는 시기는 봄철과 가을철이며 반대로 겨울철과 여름철에는 발정 상태가 불확실하다.

> **Q 토끼가 똥을 먹는 이유?**
>
>
>
> 토끼는 2가지 종류의 똥을 배설한다. 이 중 주로 낮에 배설하는 똥은 주로 딱딱한 환약처럼 생겼다. 또한 다른 종류의 똥은 주로 밤에 배설하며, 약간의 점액질에 싸여 있기 때문에 반짝이며, 낮에 배설한 똥처럼 딱딱하지 않고 무른 형태이며, 포도처럼 송알송알 뭉쳐있는 모양이다.
>
> 낮에 배설하는 똥은 인간의 배설물처럼 섭취한 음식들이 모두 소화된 후 남는 찌꺼기들이 뭉쳐서 배출되는 것이지만 밤에 배설하는 똥은 토끼가 다시 먹기 때문에 식변이라고도 불린다. 식변은 다시 토끼의 몸 안으로 들어가 위에서 약 6시간 이상 머무르며 소화된 후 소장과 맹장에서 재소화된다. 이 과정에서 식변의 영양분까지 토끼는 모두 흡수한다.

(3) 기니피그

학명은 Cavia porcellus로 척삭동물문 포유강 설치목 천축서과에 속한다. 몸길이는 약 25~40cm 몸무게는 약 0.5~1.5kg이다. 초식성으로 전 세계적으로 분포하는 동물이다. 식용, 애완동물용, 실험동물로 쓰이고 있다.

기본적으로 털의 색이 다양하지만 대부분 흰색, 검정, 주홍색, 갈색 등이 섞여있다. 날카로운 발톱과 꼬리가 없는 것이 특징이다. 2개월령부터 성 성숙이 일어나며 짝짓기와 번식기는 연중이지만 대개 4번 번식한다. 임신기간은 58~75일 가량으로 1~13마리의 정도 낳는다. 분만 직후 암컷은 바로 발정이 오기 때문에 수컷은 분만 전후로 암컷을 보호하고 자신이 교미하려 노력한다. 무리를 지어 살기 좋아하는 사회적인 동물로 5~10마리가 모여 살며, 수명은 5~15년이다.

PART 2 반려동물 사양

II. 반려동물의 질병

01 반려동물 질병 개요

천만 반려동물 시대, 반려동물은 이제 단순한 동물이 아니라 가족이나 다름이 없다. 많은 보호자들이 반려동물의 건강과 관리에 대한 관심을 가지고 있다. 농림축산식품부에서 진행한 '2023년 동물보호에 대한 국민의식조사 결과'에 의하면, 최근 1년 이내 반려동물 관련 서비스 이용경험에 대해 질문한 결과 동물병원을 방문했다는 응답자가 전체에서 80.4%로 1위를 차지했다. 그 다음이 미용업체(51.8%), 동물놀이터(33.2%)로 나타나 보호자들이 가장 관심을 가지고 있는 분야가 반려동물의 건강이라는 사실을 알 수 있다.

■ 최근 1년 이내 서비스 이용 경험(중복응답)   [Base: 반려견/반려묘 양육. Unit: %]

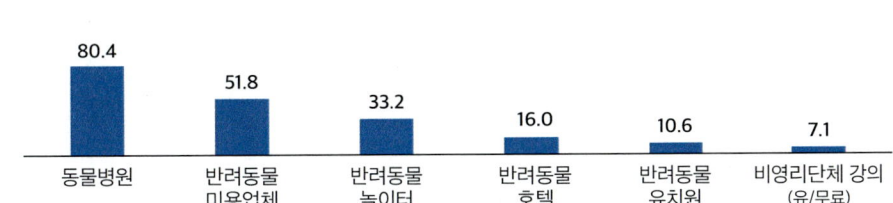

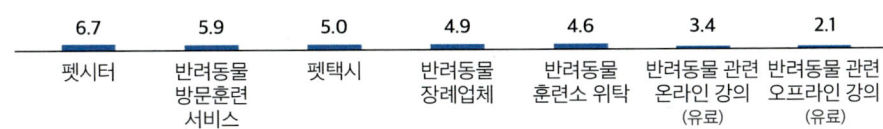

출처: 2023년 동물복지에 대한 국민의식조사 결과 보고서

최근 수의학의 발전으로 인해 반려동물의 수명이 증가했음에도 불구하고 반려동물들은 여전히 다양한 질병에 시달린다. 반려동물의 질병은 사람에게 감염될 수 있고, 특히 면역력이 약한 노인이나 아동에게 치명적일 수도 있기 때문에 적절한 관리가 필요하다. 따라서 이번 장에서는 반려동물 질병의 특성과 예방법에 대해 알아보고자 한다.

02 반려견의 질병

(1) 반려견의 질병 순위

이 장에서는 보호자들이 동물병원에 가는 목적과 반려견이 가장 많이 걸리는 질병, 보험사 기준 반려동물 질병 순위에 대해 알아보고자 한다.

▌반려견 건강검진을 하신 적이 있으십니까? 하신다면, 얼마나 자주 합니까? (단위: %)

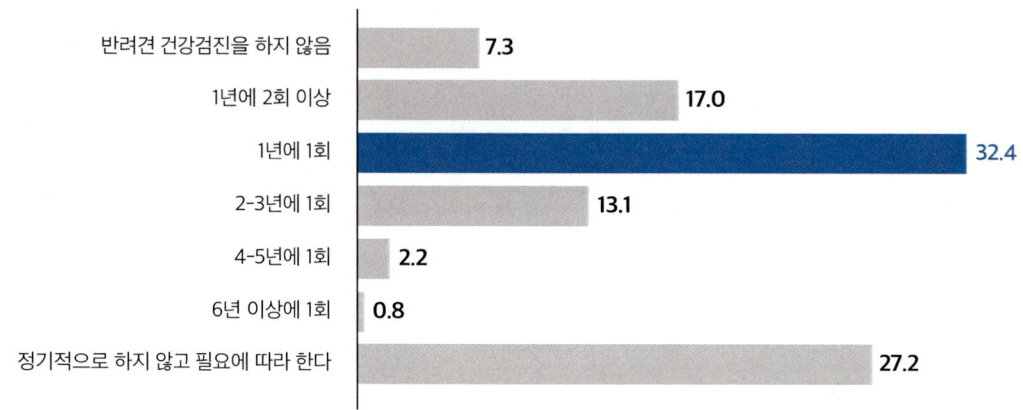

위 통계에 의하면 보호자들은 평균적으로 분기에 1~2회 정도 동물병원을 방문하고 있는 것으로 나타났다. 보호자의 동물병원 방문 목적 1위는 예방접종이며, 2위는 질병 치료, 3위는 정기 건강검진이었다. 주된 반려견이 앓는 질병은 피부병(56.2%), 소화기 질병(39.1%), 눈병(33.2%)이었다. 심장 질환은 16.4%를 차지했다. 보호자들은 보통 1년에 1회 정기 검진을 받는다고 답했으며, 2회 이상은 17.0%였다. 반려견의 건강검진을 전혀 받지 않는다고 답한 보호자도 7.3%였다.

▌반려동물 보험사가 산정한 질병 순위

순위	반려묘 보험금 지급사유 TOP 10	비율	순위	반려묘 보험금 지급액 TOP 10	비율
1	구토 / 설사 / 혈변	8.7%	1	구토 / 설사 / 혈변	9.2%
2	결막염	8.7%	2	위염 / 장염	7.1%
3	피부 사상균증·곰팡이성 피부염	5.8%	3	기력저하 (식욕부진)	6.9%
4	위염 / 장염	4.7%	4	농피증 / 세균성 피부염	6.9%
5	피부염	4.3%	5	방광 결석	6.3%
6	치은염 / 치주염	3.6%	6	관절염	5.9%
7	농피증 / 세균성 피부염	3.0%	7	골절	5.7%
8	방광염	2.6%	8	만성 신장 질환 (신부전 포함)	5.5%
9	외상	2.3%	9	안과 질환	4.7%
10	선천성 심장 질환	2.3%	10	피부 사상균증·곰팡이성 피부염	2.9%

반려견의 보험금 지급 사유로는 구토/설사/혈변, 위염/장염과 같은 일상적인 질병으로부터 피부염, 외이도염, 결막염과 같이 개의 생물학적 특성과 관련된 질병도 많이 발병하고 있는 것을 확인할 수 있다. 그리고 펫퍼민트 가입 반려견을 대상으로 진행한 조사에서는 주요 동물병원 방문 견종으로 말티즈(3,121마리, 16.9%), 토이 푸들(3,095마리), 포메라니안(2,591마리), 비숑프리제(1,125마리) 순으로 나타났다.

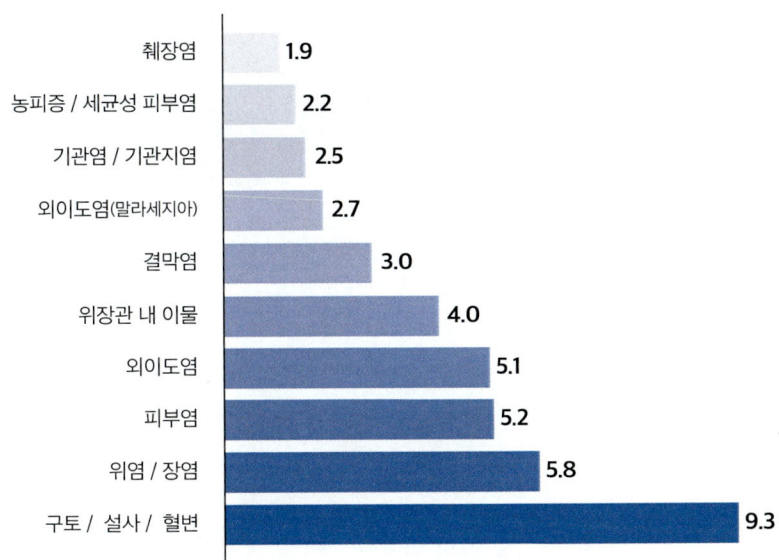

소화기 질환이 많다는 점은 보호자들이 반려동물의 식이습관관리에 힘써야 한다는 의미로 해석된다. 흔하게 발병하는 질병들에 대해 미리 대비하고 예방한다면 반려동물들의 건강을 미리 지키고 질병을 예방할 수 있을 것이다.

(2) 반려견이 잘 걸리는 질환

A. 식이성 설사

식이성 설사는 식이 변경 후 1~3일이 경과하는 사이에 발생하는 경우가 많다. 설사가 24~36시간 이내에 끝나는 경우에는 식이성 설사라기 보다는 스트레스성일 가능성도 있다. 설사는 다양한 질병의 증상으로 나타나기 때문에 원인에 대해서 정확하게 진단해야 대처할 수 있다. 특히 어린 유견이나 노령견의 경우 설사로 인한 탈수 증상은 생명의 위협을 야기하는 경우도 있으므로 보호자의 각별한 주의가 필요하다.

B. 심장사상충

필라리아증, 일명 심장사상충으로 잘 알려져 있다. 회충(DirofilariaImmitis)이 동물의 우심과 혈관, 폐에 자리 잡고 증식하여 발병한다.

C. 개홍역

개홍역은 개가 걸릴 수 있는 질병 중 가장 위험한 병이다. 또 홍역 바이러스는 전염성이 강해 예방접종을 받지 않은 강아지, 면역력이 약한 성견에게 치명적이다. 치사율도 높다. 개홍역은 경련, 신경성 안면 경련, 발바닥 경화와 같은 치명적인 증상을 보인다.

D. 급성 위, 장염

반려견이 상한 음식이나 기생충, 독성 물질, 유해한 성분을 가진 식물 등을 먹는 경우 급성 위, 장염이 발생할 수 있다. 또한 소화가 되지 않는 이물을 섭취하는 경우에는 급성 위염이 발생할 수 있다. 가장 두드러진 증상은 반복적인 구토이며, 체내의 수분이 소실되면 탈수가 올 수도 있기 때문에 체력이 약한 반려견이나 유견, 노령견의 경우에는 조금 더 주의해야 한다. 대부분 시간의 경과와 함께 자연적으로 치료된다.

E. 이물에 의한 질환

반려견은 섭취해서는 안 되는 물건들을 삼키는 경우가 있는데, 식도에 이물이 걸리면 식도 이물, 기도로 넘어가면 기도 이물, 위장관에 걸리면 위장관 이물로 분류하게 된다. 장관에 큰 이물이 걸리는 경우 위장관이 막혀 장폐색으로 이어질 수 있으며, 뾰족한 이물은 천공으로 이어질 수 있다.

F. 각종 중독 증상

인간에게는 별다른 문제를 일으키지 않지만 반려견이 섭취한 경우 치명적인 중독 증상을 일으키는 성분들이 있다. 솔라닌, 리신, 청산 배당체, 사포닌, 버섯독, 포도, 마카다미아, 양파, 마늘, 카페인, 초콜렛, 자일리톨 등의 성분을 섭취하지 않도록 보호자의 주의가 필요하다.

G. 파보바이러스

파보바이러스는 개와 고양이 모두 걸릴 수 있으며 진단, 치료하지 않으면 매우 높은 치사율을 보인다. 반려견이 감염될 시 소화기와 순환기에 크게 영향을 끼친다.

H. 광견병

신경계를 공격하는 급성 감염병이다. 발병 시 치료법은 따로 없고, 인수공통전염병으로 모든 포유류가 감염될 수 있다. 백신 캠페인과 보급으로 광견병이 사실상 없어졌다는 평가를 받기도 하고 있지만, 야생동물을 통해서 바이러스가 발견되므로 주의해야 한다.

| 반려견의 슬개골 탈구 |

Q 슬개골 탈구, 왜 일어날까?

강아지 슬개골 탈구란 무릎을 덮고 있는 작은 뼈인 슬개골이 원래 위치에서 벗어나는 현상을 말한다. 슬개골 탈구의 종류는 2가지가 있다. 그 중에서도 슬개골이 무릎 안쪽으로 빠지는 현상을 내측 슬개골 탈구, 반대로 슬개골이 무릎 바깥쪽으로 빠지는 건 외측 슬개골 탈구라고 한다. 내측 슬개골 탈구가 대부분이다.

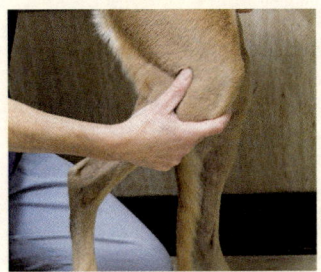

①내측 탈구 : 일반적인 형태인 내측 탈구는 개의 관절이 반대쪽 다리 쪽으로 미끄러질 때 발생한다. 이렇게 되면 개가 무릎을 정상적으로 펴지 못한다. 종종 몇 번의 단계 후에 슬개(무릎 덮개)가 스스로 제자리로 미끄러져 들어가는 경우도 있다.

②외측 탈구: 슬개골이 다리 바깥쪽으로 미끄러져 몸에서 멀어지는 증상이다. 이러한 형태의 슬개골 탈구는 개에게 더 심하게 영향을 주는 경향이 있다. 고관절 문제로 인해 다리뼈가 잘못 정렬될 수 있는 대형견에게서 더 흔하다.

정상적인 슬개골

슬개골 탈구
(슬개골이 비정상적인 자리에 위치함)

Q 슬개골 탈구의 원인은 무엇일까

슬개골 탈구 발병에는 유전적인 요인이 80% 정도 차지한다고 한다. 골격과 근육이 선천적으로 약하게 태어난 포메라니안, 치와와, 말티즈같은 소형견들이 더 잘 걸리는 이유다. 다리 관절에 무리가 가서 슬개골 탈구가 생기기도 하지만 비만, 미끄러짐, 점프나 두발 서기 등으로도 발생한다.

◎ 슬개골 탈구, 예방법

슬개골 탈구가 이미 진행됐다면 계속 악화될 뿐 다시 이전의 상태로 되돌리는 방법은 없다. 그러므로 보호자들은 진행을 늦추기 위해 꾸준히 노력해야 한다. 심한 경우에는 수술을 받아야 할 수도 있다. 슬개골 탈구 관리를 통해 예방, 통증 완화 그리고 수술 후 재발 방지 효과를 얻을 수 있다.

①체중 관리하기

강아지가 살이 찌면 무릎 관절에 무리가 가서 슬개골 탈구가 악화될 수 있다. 그래서 강아지가 비만이 되지 않도록 체중을 잘 관리해 주어야 한다.

②미끄럼 방지 패드, 카펫 깔기

보통 실내 바닥은 미끄러운 편이다. 강아지가 이런 바닥에서 걸으면 무릎에 무리가 가게 되어 슬개골 탈구가 심해질 수 있다. 그래서 강아지가 자주 다니는 장소 혹은 집안 전체에 미끄럼 방지 패드나 카펫을 까는 게 좋다.

③두발 서기, 점프 금지

강아지가 두 발로 서 있거나 점프를 하는 행동은 체중이 무릎에 실려 무리를 준다. 소파, 침대 등에 올라오는 걸 좋아하는 강아지를 위해서 강아지 계단을 따로 설치하는 것도 좋다.

④발바닥 털과 발톱 잘 깎아주기

발바닥 털이 길면 미끄러지기 쉽다. 따라서 자주 발바닥 털을 깎아주는 것이 좋다. 발톱도 자주 깎아줘야 한다. 발톱이 길어지면 발가락과 발목 뼈가 뒤쪽으로 눕고, 무게 중심이 뒤로 쏠려 무릎에 무리가 갈 수 있기 때문이다.

⑤관절 영양제 급여하기

슬개골 탈구가 있다면 보조제의 개념으로 관절 영양제를 먹이는 것이 관절 건강에 전반적으로 도움이 될 수 있다. 이는 슬개골 탈구 외에 관절염이나 노화로 인한 관절 약화 등에도 좋다.

| 반려견의 습진 |

Q 습진(피부병)에도 여러 종류가 있다고??

습진이란, 피부에 염증이 있는 상태를 말하며 습성, 건성, 알레르기성 습진 등으로 나뉜다.

①급성 습진

빵, 감자 등 탄수화물 함량이 높은 음식을 먹었을 때, 개벼룩이나 이가 끓어 심하게 긁었을 때 발병할 수 있다. 국소적으로 극심한 가려움증이 발생하며 이를 긁어 탈모가 나타날 수 있다. 치료를 위해서는 사료를 교체하고, 상처 부위를 깨끗이 한 후 소염제와 광범위 항균제를 사용해 세균 감염을 막는다. 벼룩, 이 등이 원인인 경우 외부 기생충 구제 또한 병행한다.

②건성습진

혈통견에게서 주로 발생하는데 이 역시 고탄수화물 사료가 원인이다. 진단 및 치료가 힘든 편이다. 건성 습진 역시 가려움증으로 계속 긁어대므로 탈모와 피부 상처, 짓무름 등이 동반된다. 증상 개선을 위해 스테로이드 항염증제를 이용해 수개월간 치료받아야 할 수 있으므로 동물병원에 내원하는 것이 좋다.

③알레르기성 습진

건성습진보다 심한 증상을 보인다. 식물성 알레르기에 의한 습진으로 짚이나 면, 나일론 등에 의한 알레르기성 습진은 증상이 약한 편이다. 갑자기 붉은 발진이 보이며 심한 가려움증을 동반하고 발진이 점차 복부 쪽으로 퍼진다. 증상개선을 위해 잠자리를 즉시 바꿔줘야 하며, 동물병원에서 치료를 받는 것이 좋다.

④곰팡이성 피부염 (Fungal skin disease)

피부병을 일으키는 곰팡이는 특징적으로 피부, 털, 발톱 등의 각질 성분을 분해하여 이들을 영양분으로 이용한다. 그리고 사람과 동물의 전염성 피부염의 원인체로 작용한다. 개에게서 주로 문제가 되는 곰팡이는 마이크로스프리움캐니스, 마이코스포리움직세움, 트리코피톤멘타그로피테스 등이며, 진균성 피부병은 대부분 3세 미만의 개에게서 많이 발생한다.

(3) 기본적인 반려견 건강관리

질병 예방의 최우선은 부지런한 관리로 청결을 유지하는 것이다. 또한 케어 과정에서 반려동물의 신체 변화나 이상을 일찌감치 알아차리고 질병을 조기 발견할 수도 있다. 이제부터 반려견의 질병을 예방할 수 있는 강아지의 기본 관리법에 대해 알아보자.

A. 이빨 손질

이빨 사이에 음식물이 끼면 치석이 생기고 구취가 발생한다. 또한 이를 방치하면 잇몸 염증과 치주염, 충치, 치근첨주위농양 등 질환으로 발전한다. 치석은 동물병원에서 스케일링을 통해 제거해주고, 음식을 딱딱한 것, 부드러운 것 골고루 먹도록 해야 한다. 소형견의 경우, 생후 6개월까지 빠져야 할 유치가 빠지지 않고 그 자리에 영구치가 나란히 나 부정교합이 발생하는 경우가 있는데(유치잔존)이 경우 잇몸 염증의 원인이 될 수 있어 병원에서 발치 치료 등을 받아야 한다.

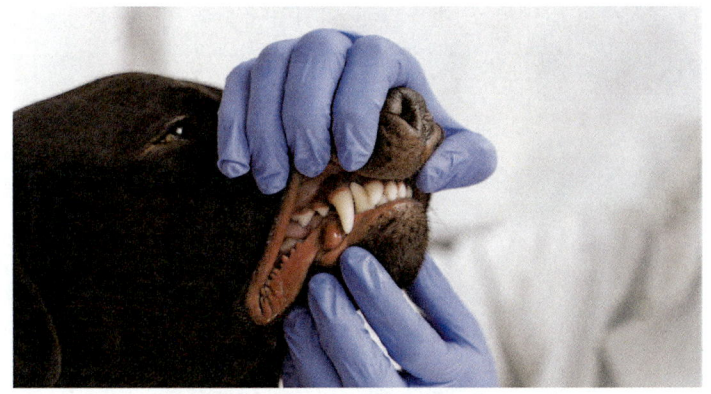

　이빨을 손질할 때는 음식 찌꺼기, 치태, 치석 등을 잘 확인해준다. 구취가 심하지 않은지도 확인한다. 한 손으로 반려견의 입을 벌리고 반대 손 검지에 깨끗한 거즈를 감아 오물을 닦아내고 잇몸 마사지를 해주면 좋다. 일주일에 1회 정도 빈도로 실시한다. 부드러운 것만 먹는 개의 이빨에는 치석이 끼기 쉽다. 따라서 부드러운 것만 주지 않는 식생활을 유도한다. 집에서 관리할 수 없게 된 치석은 병원에서 제거한다. 정기적으로 동물병원에서 검사를 받는 것도 좋은 방법이다.

　가정에서 관리하기 위해서는 양치를 위한 고무 골무인 손가락 색(sack)을 활용하거나 개 전용 칫솔과 치약으로 관리해 주도록 한다.

B. 귀 관리

　반려견 귀 건강도 특히 신경 써야 한다. 한 달에 1~2번 정도는 꼼꼼하게 귀 청소를 해주는 것이 좋다. 깨끗한 탈지면이나 거즈에 이어클리너를 적셔 귀지나 오물을 부드럽게 닦아낸다. 외이도 깊숙한 곳의 오물은 소독약으로 세정하고 귀를 막은 털은 제거해준다. 귀가 늘어진 견종이나 외이도에 털이 많은 개는 귓병에 취약하므로 더 유의한다.

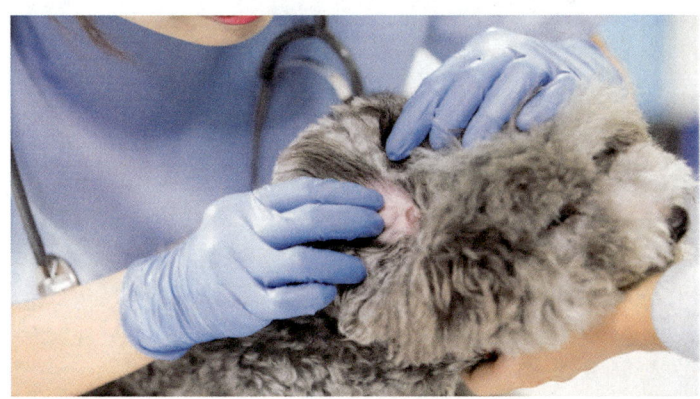

　개의 이도는 완만한 L자 모양으로 되어 있기 때문에 면봉을 귀 깊숙이 넣으면, 다치거나 오물이 안으로 밀려들어 갈 수 있으므로 입구 주변에서만 사용하도록 한다. 또한 귀를 케어할 때는 속까지

깊게 닦거나 세게 문지르지 말아야 한다. 이도를 다치거나 오물이 안으로 들어가 질병의 원인이 될 수 있다.

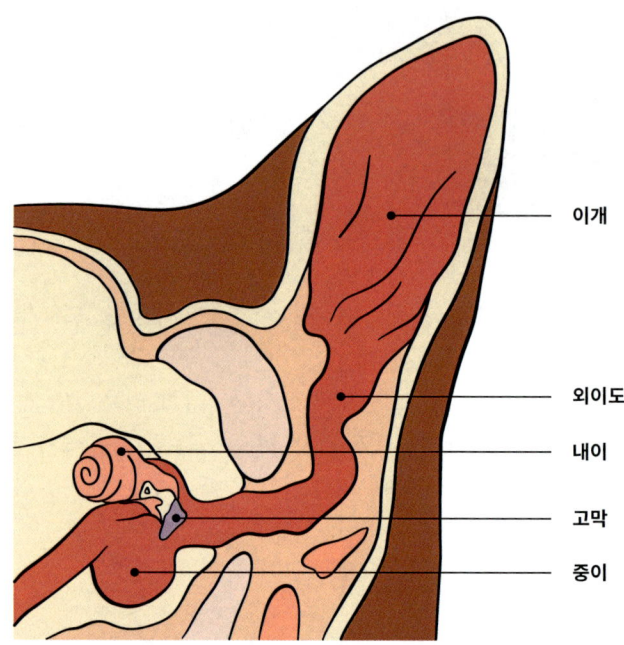

- 이개
- 외이도
- 내이
- 고막
- 중이

그리고 반려견이 귀에 가려움증을 느끼는 듯 하다면, 외이염 등의 전조증상일 수 있으므로 병원에 데려가는 것이 좋다. 외이염은 흔한 질병이지만 방치하면 중이염, 내이염으로 발전되고 심할 경우 청각 장애나 신경 증상 등으로 악화될 수 있다.

관리방법

① 체크사항
- 귀에서 냄새가 나지는 않는가
- 귀지가 많은가
- 귓속 피부가 붉거나 염증이 있는가

② 청소 방법
ⓐ 귀지가 많은 경우
- 귀 세정제를 외이도 벽면에 2-3방울 떨어뜨려 준다.
- 귀 세정제가 골고루 묻을 수 있도록 귀의 안팎피부를 부드럽게 마사지하여 귀지를 불린다.
- 반려견이 귀 세정제를 스스로 흔들어 털어낼 때까지 기다린다.
- 외이도 부분에 남아있는 잔여 세정제를 부드러운 솜으로 닦아준다.

ⓑ 귀지가 많지 않은 경우
- 부드러운 화장솜이나 거즈에 세정제를 충분히 묻혀 외이도의 굴곡진 곳, 연골 부분을 수시로 닦아준다.

C. 눈 관리

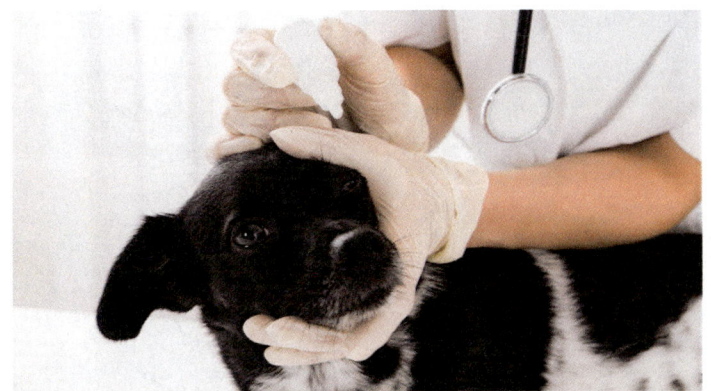

눈은 반려견 건강을 확인하는 지표다. 반려견의 눈이 생기 있게 반짝이고 있는지 살펴봐야 한다. 충혈되어 있거나 눈물이 고여 있거나 축축하다거나 등 이상이 있을 때에는 눈의 질병뿐만 아니라 다른 질병일 수도 있으니 주의가 필요하다. 또 앞발로 눈을 비벼도 눈에 이상이 있을 수 있으므로 주의한다.

눈에 먼지 등이 끼면 세안제로 씻어주고 눈곱 등 오물은 깨끗한 수건이나 탈지면, 거즈 등으로 부드럽게 닦아준다. 심하게 지저분하면 미지근한 물을 사용하는 것도 좋다. 산책 후에는 눈에 먼지가 들어가지 않았는지 확인한다. 매일 눈 주위를 체크하며 지저분하거나 눈물이 나올 때마다 관리를 해주는 것이 좋다. 먼지나 알레르기 때문에 결막염이나 각막염에 걸릴 수 있으니 주의해야 한다.

> **Q 유루증은 어떻게 관리해야 하나요?**
>
> 유루증은 눈물이 지나치게 많이 흘러서 생기는 병이다. 눈 주변 털이 붉게 변색되고 눈곱이 과다하게 끼며 눈물 자국이 생긴다. 동물병원 검진을 통해 유루증의 원인을 찾아 치료해야 한다.
>
> ◎눈물 관리법
> ① 주기적으로 눈 주위를 깨끗이 닦아낸다.
> ② 눈물을 일으키는 요인을 차단한다.
> - 털이 눈을 찌를 정도로 자랐다면, 정리해 준다.
> - 사람이 사용하는 스프레이, 향수, 담배연기에 노출되지 않도록 한다.
> - 간지러워하거나 알레르기가 생긴 것 같다면 즉시 진료를 받아야 한다.
> ③ 반려동물 눈 건강 영양제를 급여한다.

D. 발톱 관리

　발톱이 너무 길면 발바닥 살을 파고들어 걸을 때 통증을 느끼게 되므로 자주자주 확인해줘야 한다. 특히 앞발의 엄지발톱에 해당하는 이리발톱은 피모에 덮여 있으면 놓치기 쉬우므로 주의한다. 단 발톱은 너무 바싹 깎지 말아야 하고, 깎을 때 혈관과 신경의 위치를 신경 써야 한다.

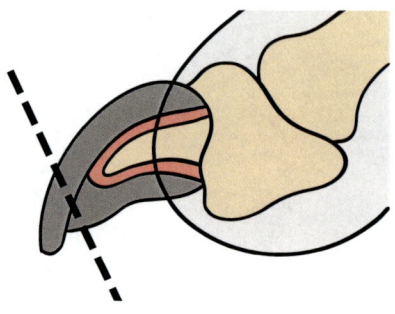

　발톱을 너무 바싹 깎아 통증을 주면 개가 발톱 깎는 것을 부정적으로 느낄 수 있다. 또 발톱을 갈아줄 때는 한쪽으로만 갈고, 한 달에 1~2번 정도 관리한다. 단 실외 활동이 많은 개라면 발톱이 자연스럽게 마모될 것이므로 적절히 판단한다.

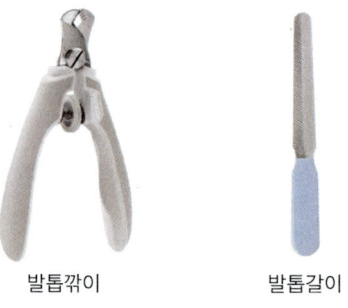

발톱깎이　　　　발톱갈이

　펫 전용 발톱깎이(길로틴식)와 발톱갈이를 사용하여 아래와 같이 다듬어 준다.

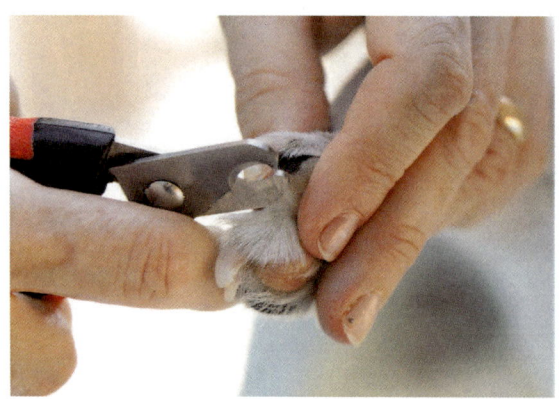
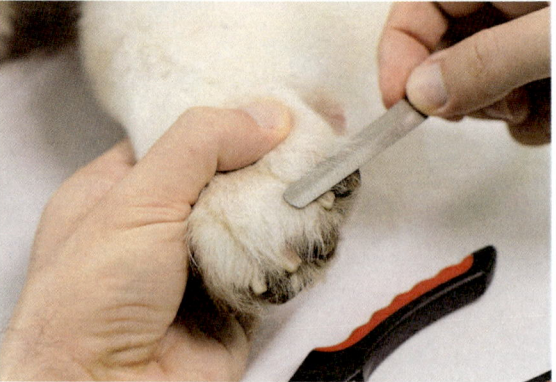

(4) 소변 상태로 건강 진단하는 방법

소변은 개의 건강 상태를 파악하는 좋은 지표다. 따라서 평소 개의 소변색과 냄새 등을 잘 살펴보아야 한다. 소변 색이나 냄새, 혼탁도만 잘 확인해도 방광염, 결석, 전립선 이상, 당뇨, 신장 이상, 적혈구 파괴 질환 등 다양한 질병을 예측할 수 있다.

A. 소변의 양

자견(새끼 강아지)은 하루에 소변을 10~20회까지도 본다. 성견이 되면 평균 4~6회 정도로 줄어든다. 물은 체중 1kg당 하루에 60~80ml 정도를 마시며, 소변량은 체중 1kg당 30~40ml 정도 정상 범위다.

B. 소변색 이상

정상적인 소변은 다소 투명한 노란색이다. 소변의 양과 농축 정도에 따라 옅거나 짙어질 수 있다. 그러나 반려견의 소변이 아래 색상을 띤다면 이상신호라고 볼 수 있다.

① 투명색

투명한 소변은 물을 너무 많이 마셔서 체내 수분이 과다하다는 것을 의미한다. 그렇게 걱정하지 않아도 되지만, 이 상태가 지속되고 물을 많이 마신다면 당뇨 및 신장 질환을 의심할 수 있다.

② 짙은 노란색

탈수를 의심해보아야 한다. 장시간 산책을 하거나 야외 활동을 했을 때 짙은 소변을 볼 수 있다. 일시적인 탈수이므로 물을 많이 마실 수 있도록 한다.

③ 주황색(오렌지색)

오렌지색 소변은 적혈구 파괴, 간질환, 황달 등의 전조다. 즉시 동물병원에 가서 혈액검사와 소변 검사를 받고 적합한 치료를 받아야 한다.

④ 붉은빛(혈뇨)

소변색이 붉거나 어두운 경우, 혈액이나 혈색소에 의한 것일 수 있다. 혈액이 원인인 경우 혈뇨라 하며, 기타 색소들에 의한 경우 혈색소뇨 또는 근색소뇨등이라 한다. 비뇨기계의 염증, 외상으로 혈뇨를 볼 수 있고, 양파, 타이레놀 중독, 용혈성 빈혈 등에 따른 적혈구 파괴로 혈색소뇨가 나타날 수 있다.

⑤ 짙은 갈색

짙은 갈색의 소변을 볼 경우 매우 위험한 상황이다. 마카다미아, 포도 등의 독성 물질을 먹고 중독 증세를 보이고 있다는 뜻일 수 있기 때문이다. 체내에서 출혈이 있어도 이런 소변을 볼 수 있다. 응급 상황이기 때문에 즉시 동물 병원에 내원 반려견이 먹은 독성 물질과 양을 확인하고 알려주어야 한다.

⑥ 초록빛

초록빛 소변은 신장질환을 의심할 수 있다. 가끔 산책 중 풀을 섭취하여 일시적으로 초록빛이 돌 수 있지만 풀을 먹은 것을 직접 본 게 아닌 이상 일단 진단을 받아보는 것이 정확하다.

요 스틱 분석(Dipstick analysis)

- 요가 있는 시험관에 스틱을 넣어 적신 후 60초 뒤에 판독.
- 혈뇨가 심한 경우 원심 분리 후 상층액으로 검사

잠혈(Occult blood)
- 혈색소뇨: 혈색소혈증, 용혈, 붉은 혈청색
- 미오글로불린뇨: 투명 혈청과 심한 근육괴사
- 혈뇨(적혈구): 투명혈청. 침전물에 적혈구 있음

빌리루빈(Bilirubin)
- 고양이는 검출 시 이상 있음
- 개는 요비중과 비교
- 농축뇨(>1.035)에서 1+까지는 정상
- 비정상 빌리루빈뇨는 혈중 포합빌리루빈(사구체 통과)의 증가를 의미하며 담관폐쇄, 담즙 정체, 용혈증가에 의해 나타남
- 빌리루빈혈증보다 요에서 먼저 나타남

유로빌리노겐(Urobilinogen)
- 요 시험지 측정 방법은 권장 안 됨

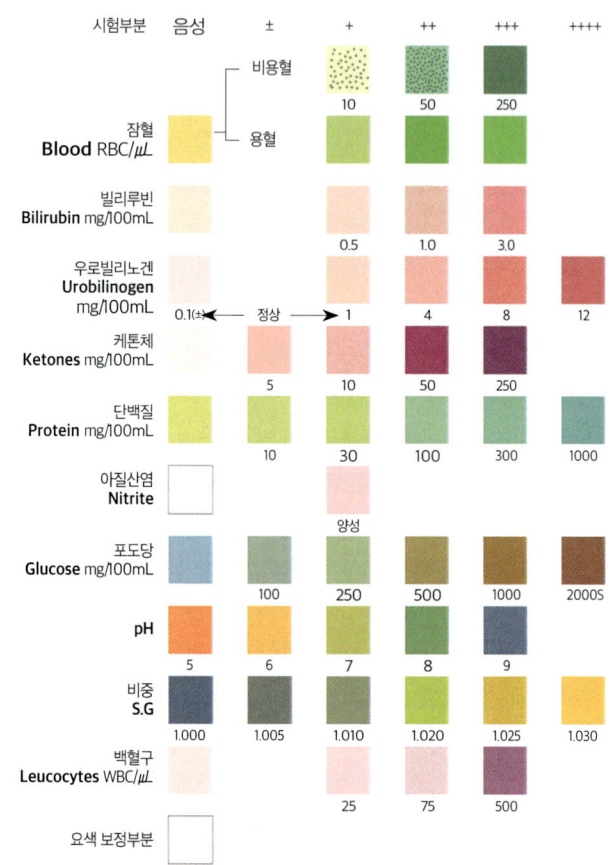

집에서 사용할 수 있는 소변키트

최근에는 집에서 소변검사를 할 수 있는 키트도 출시됐다. 가정에서 키트로 소변검사를 하고 어플로 결과를 받아볼 수 있는 것이다. 급한 상황에 병원에 가지 않고 쉽게 검사할 수 있어 장점이 많다. 요스틱 표를 보고 병원에 가서 치료를 받아야 할지 판단해야 한다.

C. 냄새

음수량이 적을 경우, 탈수에 시달려 농축되고 강한 냄새가 나는 소변을 볼 수 있다. 이때 소변 색이 진하면서 더 강한 냄새 또는 시큼한 냄새가 날 수 있다.

(5) 대변 상태로 건강 진단하는 방법

소변과 마찬가지로 대변을 통해 반려견의 건강을 진단할 수 있으며, 각종 질환에 대해서도 증상을 확인하고 대처할 수 있다.

A. 대변의 색깔

① 갈색: 정상
② 검은색: 위장질환, 위궤양, 십이지장 출혈
③ 붉은색: 소화기관 출혈, 장이나 항문 상처 및 감염
④ 보라색: 출혈성 위장염 위험
⑤ 암회색: 췌장기능 이상, 외분비 췌기능 부전
⑥ 초록색: 다량의 풀을 먹었거나 쓸개즙에 문제
⑦ 주황색: 간담도 계통 문제
⑧ 노란색: 췌장기능 이상 외분비 췌기능 부전
⑨ 흰색: 회충감염, 칼슘 다량섭취, 간이나 담낭 문제

	검은색 위장질환, 위궤양, 십이지장 출혈			초록색 다량의 풀을 먹었거나 쓸개즙에 문제
	붉은색 소화기관 출혈, 장이나 항문 상처 및 감염			주황색 간담도 계통 문제
	보라색 출혈성 위장염 위험			노란색 췌장기능 이상 외분비 췌기능 부전
	암회색 췌장기능 이상, 외분비 췌기능 부전			흰색 회충감염, 칼슘 다량섭취, 간이나 담낭 문제

B. 대변의 내용물

건사료를 먹는다면 일정한 굵기로 한 덩어리를 본다. 변 이외의 내용물이 나온다는 것은 먹어서는 안될 것들을 섭취한 경우가 많다. 휴지 등 이물질을 먹었을 경우 변에서 발견될 수 있으니 배변 후 잘 관찰한다.

C. 대변의 농도와 모양

반려견의 건강한 대변은 '바나나 같은 상태'라고 할 수 있다. 치울 때 흔적이 남을 듯한 상태는 수분이 과다한 연변이라고 할 수 있으며, 흔적이 아예 남지 않을 듯 딱딱한 변은 너무 수분이 적은 상태로 변비를 의심할 수 있다.

D. 대변의 표면 코팅

건강한 대변은 표면이 균일하고 깨끗하며 적당히 뭉쳐 있는 통나무 기둥 형태다. 또한 바닥에 거의 달라붙지 않고 흔적을 남기지 않거나 아주 조금만 남기고 깔끔하게 떨어진다.

E. 대변의 양과 횟수

대변량은 섭취한 음식의 양이나 음식을 소화 흡수하는 능력 등에 영향을 받는다. 섬유소와 탄수화물이 많은 음식, 저품질 건사료를 섭취한 경우 습식사료보다 대변량이 많다. 대변은 보통 하루 1회 이상이 정상으로 2~3번 정도 본다. 많으면 5회 정도도 본다. 대변 횟수가 그 이상 늘어날 경우 주의 깊게 살펴야 한다.

F. 설사의 원인

① 일상생활 속 원인
- 사료의 변화
- 알레르기 반응(음식 과민반응도 포함)
- 스트레스
- 이물질 섭취
- 독성물질이나 중독물질 섭취
- 세균 또는 바이러스 감염
- 기생충 감염
- 상한 음식 섭취

② 질병에 의한 원인
- 췌장염
- 염증성 장 질환
- 간이나 신장의 대사성 질환

- 출혈성 위장염
- 소화기계에 종양

(6) 계절별 건강 관리
A. 봄철 건강 관리법

① 계절별 특성에 따른 주의사항

봄철에는 기온이 올라가면서 꽃가루와 미세먼지가 증가하는 경향이 있다. 이에 따라 반려견의 건강에 주의가 필요하다.

- 산책 및 운동량 조절: 봄철에는 꽃가루 농도가 높아 야외 활동 시 강렬한 햇빛 속에서는 산책이나 운동량을 조절해야 한다.
- 봄철 야외 활동 주의사항: 풀이 자라고 꽃가루가 많아지는 봄철에는 야외 활동 후에는 강아지의 발바닥과 털을 꼼꼼하게 청소하고, 야외에서 놀 때에는 주의하여 미세먼지가 흩날리지 않도록 해야 한다.
- 온도가 올라가면서 피부병이 발생할 위험이 있으므로 주기적으로 브러시를 통해 피부에 자극을 주어야 한다.

② 봄철 식단
- 계절별 식이 변경 필요성: 봄철에는 야채와 과일이 풍부해지므로, 이를 활용하여 강아지의 식단에 신선한 채소와 과일을 추가하여 영양 균형을 맞춰준다. 비타민 A2와 B2, 칼슘 등이 풍부한 식단이 좋으며, 우유, 유제품, 달걀 노른자를 활용하여 단백질을 제공해주도록 한다.
- 봄철 식단 예시: 건강한 간식으로는 당근을 활용하여 식사에는 닭가슴살과 함께 채소를 섞어 준다.

③ 기타사항
- 몸 상태 체크: 봄철에는 온도 변화와 산책이 증가하기 때문에 강아지의 몸 상태를 주기적으로 체크하고, 필요한 경우 수의사와 상담하여 건강을 유지해야 한다.
- 벼룩과 진드기 예방: 따뜻해지면 벼룩과 진드기가 활발해 진다. 그러므로 항벌레 제품을 이용하여 예방하는 것이 중요하다.
- 빗질 관리: 털갈이 시기이므로 매일 빗질을 통해서 관리해주도록 한다.
- 예방 접종: 디스템퍼, 렙토스피라증 등 전염병이 늘어나기 때문에 백신을 예방접종하고 광견병에 대한 접종도 실시하도록 한다.

B. 여름철 건강 관리법

① 계절별 특성에 따른 주의사항
여름철은 무더위와 높은 습도로 인해 반려견의 건강에 특별한 주의가 필요하다. 특히 장마기간에는 높은 습도와 함께 운동량의 감소 등으로 인해 건강에 문제가 발생할 우려가 높으므로 이러한 부분에 대해 주의해야 한다.

- 더위 대비 케어: 더운 여름에는 반려견의 더위 증상을 주의 깊게 지켜보고, 적절한 쿨매트나 그늘진 장소에서 휴식을 취하도록 도와주도록 한다.
- 수영 및 물놀이 안전 팁: 더운 날씨에는 수영이나 물놀이가 좋은 활동이지만, 안전을 위해 수영 가능한 곳에서만 활동하고 수영 후에는 털을 잘 말려주는 것이 중요하다.

② 여름철 식단
- 수분 보충과 건강한 간식 선택: 더위로 인해 강아지의 체수가 감소할 수 있으므로, 식사에 적절한 물을 제공하고 수분이 많은 간식을 선택한다.
- 더위에 따른 식욕 변화 대처법: 더운 여름에는 강아지의 식욕이 감소할 수 있으므로 가벼운

식사로 분할하여 제공하고, 고기보다는 생채소와 과일을 적절히 섞어 식단을 다양화한다.

③ 기타사항
- 태양 차단제 사용: 햇볕이 강한 여름에는 강아지의 피부를 보호하기 위해 태양 차단제를 사용하고, 산책 시에는 일몰이나 일출 시간에 활동하도록 한다.
- 벼룩과 진드기 예방: 여름에는 벼룩과 진드기가 많아지므로, 산책 후에는 강아지의 털을 검사하고 예방제를 사용하여 건강을 지켜주어야 한다.

C. 가을철 건강 관리법

① 계절별 특성에 따른 주의사항
가을은 기온이 쌀쌀해지고 일교차가 커지기 때문에, 이로 인해 강아지의 건강에 영향을 미칠 수 있다. 호흡기 질환이 많아지는 계절이므로 관리에 유의하도록 하자.

- 산책 및 운동량 조절: 가을에는 온도가 떨어지므로 강아지의 산책 시 적절한 옷을 입히고, 운동량을 조절하여 건강을 유지하도록 한다.
- 가을철 야외 활동 주의사항: 가을에는 떨어지는 낙엽이나 쓰레기에 주의하고, 실외 활동 후에는 강아지의 발과 털을 깨끗하게 닦아준다.

② 가을철 식단
- 계절별 식이 변경 필요성: 가을에는 과일이 다양하게 풍부해지므로, 식사에 과일을 추가하여 비타민과 미네랄을 공급해주도록 한다.
- 식욕조절 필요성: 가을은 반려견에게 식욕이 증가하는 계절이므로 체중이 증가할 수 있다. 따라서 적절한 관리가 필요하다.
- 가을 식단 예시: 간식으로는 호박이나 고구마를 활용하고, 식사에는 양배추를 섞어 강아지의 소화를 돕는 것이 좋다.

③ 기타사항
- 건강 체크업: 가을에는 강아지의 건강 체크를 실시하고, 필요 시 예방접종을 받도록 한다.
- 실내 활동 활성화: 날씨가 쌀쌀해지면 실내에서의 활동이 증가하므로, 강아지를 위한 재미있는 실내 활동을 마련해야 한다.

D. 겨울철 건강 관리법
① 계절별 특성에 따른 주의사항

겨울은 추운 기온으로 인해 강아지의 건강이 영향을 받을 수 있다. 여름철에 비하면 비교적 쉬운 계절이지만, 반려견은 추위에 취약하기 때문에 관리가 필요하다.

- 추위 대비 케어: 겨울에는 강아지에게 따뜻한 옷을 입히고, 산책 시에는 얼굴과 발을 보호하기 위한 액세서리를 사용하도록 한다.
- 실내 활동 유도: 추운 날씨에는 실내에서의 활동이 증가하므로, 강아지에게 충분한 실내 놀이 시간을 제공해야 한다.

②겨울철 식단

- 고지방 식단 고려: 겨울에는 강아지의 체온 유지를 위해 고지방 식품을 추가하여 에너지를 공급하도록 한다.
- 겨울 식단 예시: 간식으로는 견과류나 살치살을 활용하고, 식사에는 닭고기와 채소를 함께 섞어 영양을 보충해준다.

③기타사항

- 발바닥 관리: 겨울에는 길이 얼어붙거나 눈이 쌓일 수 있으므로, 강아지의 발바닥을 따뜻하게 보호하고 깨끗하게 관리하도록 한다.
- 수분 보충: 추운 계절에도 강아지는 충분한 수분이 필요하므로, 물을 자주 제공하여 강아지의 수분 섭취를 유지해야 한다.

03 반려묘의 질병

(1) 반려묘의 질병 순위

순위	반려묘 보험금 지급사유 TOP 10	비율
1	구토 / 설사 / 혈변	8.7%
2	결막염	8.7%
3	피부 사상균증·곰팡이성 피부염	5.8%
4	위염 / 장염	4.7%
5	피부염	4.3%
6	치은염 / 치주염	3.6%
7	농피증 / 세균성 피부염	3.0%
8	방광염	2.6%
9	외상	2.3%
10	선천성 심장 질환	2.3%

순위	반려묘 보험금 지급액 TOP 10	비율
1	구토 / 설사 / 혈변	9.2%
2	위염 / 장염	7.1%
3	기력저하 (식욕부진)	6.9%
4	농피증 / 세균성 피부염	6.9%
5	방광 결석	6.3%
6	관절염	5.9%
7	골절	5.7%
8	만성 신장 질환 (신부전 포함)	5.5%
9	안과 질환	4.7%
10	피부 사상균증·곰팡이성 피부염	2.9%

반려묘의 경우, 자주 걸리는 질병의 종류나 상황이 전반적으로 다르긴 하지만, 반려견과 마찬가지로 가장 흔하게 구토/설사/혈변의 증상이 두드러지게 나타나는 것으로 집계되었다. 고양이는 개와는 다른 특징을 가지고 있으며, 특히 개와 비교한다면 예민한 동물이라는 특성을 가지고 있다. 따라서 질병 관리와 예방에 더욱 관심을 가져야 한다.

(2) 반려묘가 잘 걸리는 질환

가정 양육 반려묘들은 구토, 설사, 귀 진드기, 치주 질환, 안과 질환, 하부 비뇨기계 등 질환에 흔히 시달린다. 관련 증상이 보일 경우 반드시 동물병원에 내원해 수의사와 상담해야 한다.

A. 구토

하루 2, 3회 이상 토할 경우 급성, 일주일에 1회씩 3주 이상 지속하면 만성 구토로 판단한다. 고양이는 다양한 이유로 구토를 한다. 음식을 빨리 먹거나, 식사 후 바로 움직이다가 토하기도 하고, 독성이 있는 것을 먹거나 끈이나 비닐 등 소화 불가능한 음식을 삼켜 토하기도 한다. 헤어볼을 먹고 토하는 경우도 흔하고, 감염이나 하부 비뇨기 질환, 당뇨병 증상 등이 있을 때도 구토를 한다. 간헐적인 구토는 모든 고양이가 한 번쯤 겪을 수 있는 평범한 현상이다.

그러나 고양이가 구토를 너무 자주 한다면, 질환을 의심하고 정밀 검사를 받는 게 좋다. 하루에 2~3회 토하면 급성, 일주일에 1회씩 3주 이상 구토하면 만성 구토이므로 동물병원에 반드시 내원해야 한다. 구토 시 내용물을 확인하고 사진을 찍거나 구토물 샘플을 확보해 동물병원에 가져가면 치료에 도움이 된다. 또 구토에는 탈수가 동반되는데 이는 어린 고양이에게는 치명적으로 작용하므로 주의하는 게 좋다.

B. 설사

새끼 고양이가 설사를 한다면 탈수를 막기 위해 신선하고 깨끗한 물을 많이 마시게 하며 8~12시

간 음식 급여를 중단한다. 고양이에게는 설사도 흔한 병인데 설사의 원인은 장내 기생충, 상한 음식, 알레르기, 감염, 간질환, 암 등 여러 가지이다. 원인에 따라 설사가 몇 달씩 지속되는 경우도 있다. 특히 새끼 고양이는 설사가 지속될 경우 수분 섭취를 늘리고 8~12시간 정도 사료 급여를 중단하는 것이 좋다. 하루 이상 설사가 지속되고 배변을 힘들어하며, 구토, 발열, 무기력, 식욕 부진이 동반된다면 탈수 교정을 위해 동물병원에 내원해야 한다.

C. 하부비뇨기계질환

하부비뇨기질환의 가장 큰 원인은 스트레스이다. 온라인 수의학 매체 'PetMD'에 따르면 3% 정도의 고양이가 하부비뇨기계질환을 앓는다. 고양이가 스트레스를 겪는 원인은 무리한 다묘(공동)생활, 갑작스러운 환경 변화 등 다양하므로 세심하게 돌봐야 한다.

과체중이거나 건식 사료만 먹어 수분이 부족한 고양이도 비뇨기 질환에 걸릴 수 있다. 비뇨기 질환은 암수 성별을 가리지 않는다. 공통적으로 비뇨기 질환에 걸린 고양이는 소변 눌 때 통증을 호소하고, 소변이 나오는 부위를 핥는다. 소변을 거르거나 화장실이 아닌 곳에서 소변을 보기도 한다. 혈뇨, 탈수, 식욕 부진, 구토 등의 증상도 동반된다. 방치할 경우 신장병, 방광 파열 등으로 이어질 수 있으므로 즉시 동물병원에 방문해야 한다.

D. 치주 질환

① 위키미디어코먼스구내염

역한 입 냄새가 나고 잇몸이 벌게지는 구내염은 대표적인 고양이 치주 질환이다. 위키미디어코먼스구내염은 대표적인 고양이 치주 질환으로 입냄새가 심해지고, 잇몸이 붉어지며, 고름이 생기고 침이 짙은 짙은 검푸른색으로 변한다. 구내염에 걸린 고양이는 입을 발로 긁고 침을 흘리며, 먹이를 먹지 못하고 머리를 자꾸 흔든다. 동물병원에 내원해 항생제 치료를 받아야 하며, 증상이 심할 경우 스케일링과 발치 치료를 받는다.

② 치은염

치은염은 잇몸에 빨간 줄을 그어놓은 듯 붉은 염증이 생기는 질환이다. 원인은 이와 잇몸 사이에 낀 먹이에서 자라난 박테리아다. 박테리아가 투명한 '치태(플라크)' 막을 형성, 이빨을 덮으면서 생긴다. 치은염이 발생하면 입 냄새가 심해지고, 침을 흘린다.

③ 치주염

치주염은 치아를 턱뼈에 고정시키는 치근막에 염증이 생기는 질환이다. 이빨이 흔들리고 잇몸이 내려앉는다. 치주염에 걸린 고양이는 먹이를 먹을 때마다 통증을 느낀다. 치은염이나 치주염이 악화하면 염증이 뼈와 장기에도 침투해 생명을 위협할 수도 있으므로 평소 칫솔질 등 반려묘 치아 관리를 습관화해야 한다.

> **Q 고양이 이 닦기 어떻게 시켜야 할까?**
>
> 고양이는 생후 3개월이면 이갈이를 시작하므로 양치질은 이갈이 이후에 시작한다(더 일찍 시작해도 된다). 양치질 습관을 들이기 위함이다. 양치질 경험이 없는 성묘의 경우 치약과 칫솔에 익숙해지는 과정이 필요하다.
>
> ① 치약을 손가락에 묻혀 맛보게 한다. 이때 손가락으로 잇몸과 이빨을 살짝 만져 이를 만지는 것을 자연스럽게 받아들이도록 한다.
> ② (약 일주일 이후) 치약 맛에 익숙해지면 칫솔에 묻혀 맛보게 한다. 칫솔을 씹어 칫솔모의 감촉도 함께 느껴보게 한다.
>
> 위 과정이 끝나면 이제 본격적으로 이를 닦는다. 치석이 가장 많이 생기는 위 어금니를 집중적으로, 빨리 닦는다.

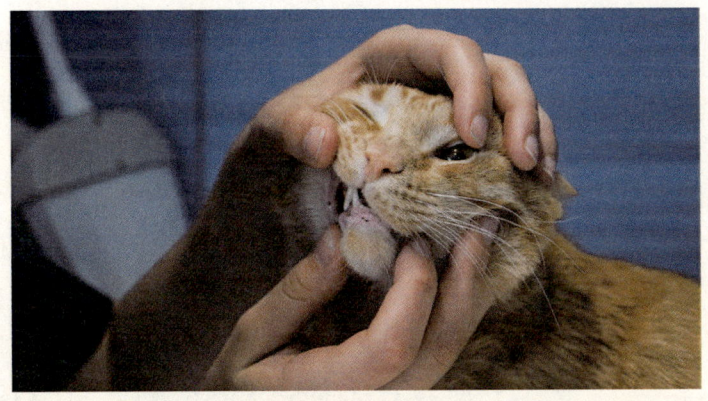

이를 닦이면서 구강 내에 염증은 없는지, 잇몸 충혈은 없는지, 이빨 색이나 모양은 정상인지 확인하고 이상이 느껴지면 동물병원에 내원한다.

E. 안과 질환

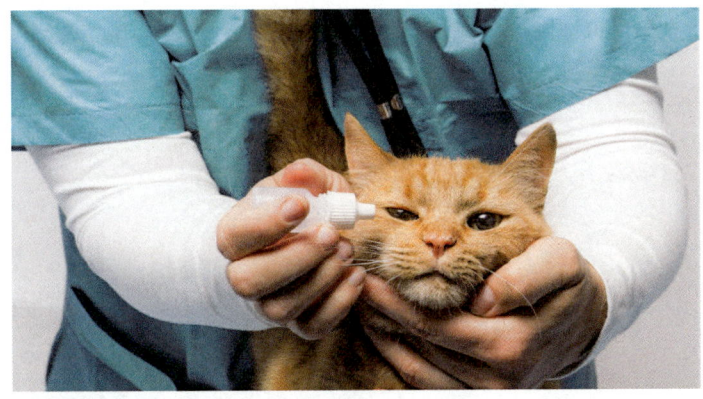

고양이는 결막염, 백내장, 녹내장, 염증, 망막 질환 등에 자주 걸린다. 눈이 촉촉해지고 가장자리가 끈적해지거나, 눈꺼풀 안쪽의 색이 분홍색이 아닐 경우 안과질환을 의심해 볼 수 있으며, 눈을 가늘게 뜨고, 발가락을 눈에 갖다 대고, 눈꺼풀이 중첩되는 경우에도 동물병원을 내원하는 것이 좋다.

안과 질환을 미리 발견하고 예방하기 위해서는 고양이의 털을 쓰다듬어 주면서 눈의 이상을 확인하는 것이 좋다. 건강한 고양이의 눈은 선명하고 깨끗하며 안구는 희고 두 눈동자의 크기가 같다. 확인 시 눈꺼풀에 선은 없는지, 핑크색이 변색되진 않았는지에 대해서도 살펴본다. 또 갈색 눈곱도 닦아줘야 하는데, 깨끗한 면봉을 한쪽 눈에 하나씩 사용해 조심스레 닦아준다. 절대로 물로 씻어서는 안 되며 처방받지 않은 누액 등을 사용해서도 안 된다.

F. 귀 진드기

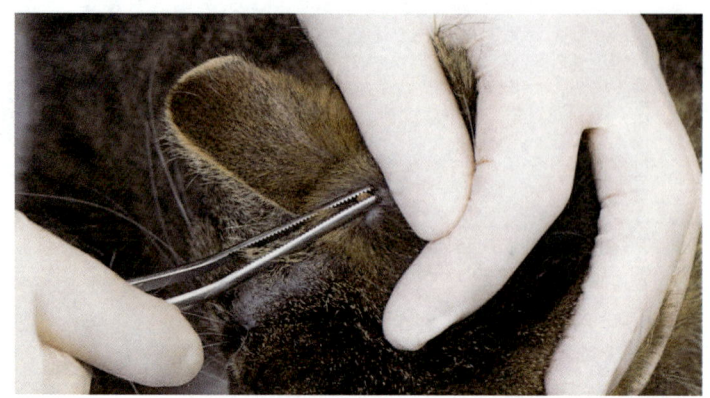

　귀 진드기는 고양이 귀의 외이도에서 고막까지 기생하는 투명한 벌레다. 귀 진드기는 고양이 귓속에서 유충~성충이 되는 생애 주기를 반복한다. 귀 진드기가 발생하면 귀지 색이 밝은 갈색에서 검은색 또는 짙은 갈색으로 바뀌고, 고양이가 귀를 자꾸 긁는다. 이때 귀에 상처가 나고 털이 빠지기도 한다.
　실내에서 생활하는 고양이도 귀 진드기에는 걸릴 수 있다. 귀 진드기를 예방하기 위해서는 정기적으로 예방약을 발라줘야 한다. 특히 고양이를 여러 마리 키운다면 빠르게 전염될 수 있으니 조치는 빠를수록 좋다. 한 달에 한 번 정도 정기적으로 예방약을 바르고, 동물병원에 내원해 검사를 받는 것이 좋다.

> **Q 고양이 귀청소는 어떻게 해야 할까?**
>
>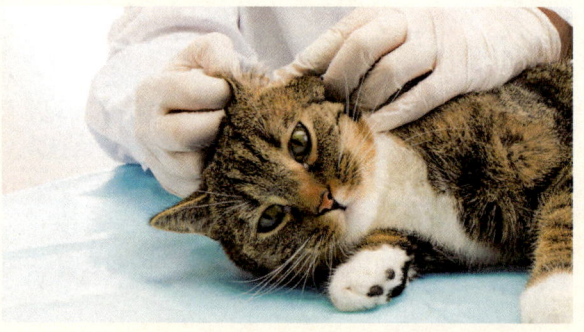
>
> 　고양이 귀 건강을 위해 정기적인 귀 청소가 필요하다. 동물 전용 귀 청소액이나 분말형 귀 청소제를 사용한다. 귓속에 청소액을 몇 방울 넣고 귀 전체를 바깥쪽에서 감싸듯이 쥐고 가볍게 문질러준다. 분말형 귀청소액의 경우 청소액을 귓속에 넣고 닦아준다. 이 방법이 어렵다면 탈지면을 손가락이나 면봉에 말아 청소액을 적셔 가볍게 닦아줘도 된다.
> 　다만 초보자의 경우 면봉을 사용하다가 귀를 다치게 할 수 있다. 따라서 고양이 귀에 대해 잘 아는 게 아니라면 깊게 파려고 해서는 안 된다. 반드시 수의사 등 경험자의 조언을 얻어야 한다. 귀 청소를 너무 오래 하는 것도 도움이 되지 않으니 주의한다.

04 반려조의 질병

앵무새 역시 다양한 질병에 노출된다. 그 중에는 인간이 질병과 유사한 것도 있다. 대표적인 질병으로 감기, 골절, 식모증, 아스페르길루스증, 박테리아 감염 등이 있다.

(1) 감기

감기는 대표적인 앵무새 질병이다. 앵무새도 찬 공기에 오래 노출되거나, 찬물에서 장시간 목욕하게 되면 감기에 걸린다. 감기에 걸리면 사람처럼 기침을 자주 하고 콧물을 흘린다. 체온을 유지하기 위해 깃털을 부풀리고 웅크리고 있기도 한다. 가장 좋은 방법은 병원에 데려가는 것이지만, 여의치 않을 경우 보온을 확실하게 해주고 콧구멍 주변을 따뜻한 물수건으로 닦아주면 좋다.

(2) 골절

골절은 다리가 가늘고 약한 앵무새에게는 매우 흔한 질병이다. 여러 이유로 인해 골절이 발생하면 성냥개비 등 부목을 대고 테이프로 감아 응급 조치를 취한 뒤 무조건 동물병원에 내원해야 한다. 수술 등 조치로도 골절을 치료할 수 있다.

앵무새 골절 치료

(3) 식모증

식모증 역시 앵무새에게 매우 흔한 질병이다. 앵무새가 털을 뽑으며 자해하는 것을 말한다. 식모증을 발견하는 것이 어려운 점은 일반적인 털갈이와 자해를 구별하기 어렵다는 데 있다. 가슴 부분의 털을 속살이 보일 정도로 뽑아낸다면 식모증 증상이므로 주의를 기울여야 한다. 스트레스를 받지 않도록 환경을 조성하고 넥 칼라를 씌워 털을 뽑지 못하게 해야 한다. 또 균형 잡힌 식사를 제공한다. 다만 넥 칼라 착용이 스트레스를 더 준다는 의견도 있으므로 전문가 상담이 필요한 부분이다.

넥칼라(neck collar)를 착용한 사랑앵무

(4) 아스페르길루스증

아스페르길루스증은 곰팡이 균감염 질환이다. 환기가 잘되지 않는 환경에서 앵무새를 기를 때 주로 발생한다. 눈병 등으로 이어질 수 있으므로 환기를 자주 해준다.

(5) 박테리아 감염

앵무새도 박테리아성 장염에 걸릴 수 있다. 앵무새는 보통 물을 많이 섭취하면 소위 '물똥' 형태의 소변과 대변이 섞인 변을 보는데, 물을 많이 마시지 않았는데도 이러한 변을 본다면 박테리아 감염을 의심해야 한다. 감염 예방을 위해서는 장난감, 모이통, 물통 등을 뜨거운 물과 식초를 이용해 소독하고 자주 세척해줘야 한다.

(6) 살모넬라식중독

식중독의 일종으로 치사율이 매우 높은 질환이다. 같은 앵무새나 개, 고양이 등 다른 동물로부터 전파될 수 있고, 오염된 먹이를 먹거나 세척에 미진한 모이통, 물통 등을 통해서도 감염될 수 있다. 어미 새가 오염된 먹이를 새끼한테 먹이는 과정에서도 쉽게 전염된다. 여러 마리 새를 집단으로 기를 경우에도 살모넬라 식중독이 번질 확률이 높다..

앵무새가 설사(주로 묽은 갈색변)를 자주하거나 무기력한 모습을 보이면 살모넬라균 감염을 의심해야 한다. 또 눈을 자주 감고, 먹이를 먹지 않고, 체중이 급격하게 감소하거나, 구석에서 털을 부풀리고 가만히 있어도 감염을 의심할 수 있다. 역시 예방을 위해서는 변을 자주 치우고 먹이통 등을 꼼꼼히 소독해주어야 한다.

이 외에도 앵무새 에이즈라고도 불리는 PBFD(Psittacine Beak and Feather Disease), 항문막힘, 영양실조, 피부상처, 소낭정체현상, 칸디다병, 새벼룩 등 다양한 질병이 있으니 주의해야 한다.

05 파충류의 질병

반려동물 문화가 일반화되면서 개, 고양이 외에 파충류를 키우는 사람도 많아지고 있다. 파충류가 은신처 등에 틀어박혀 움직이지 않거나, 눈을 감고 아무것도 하지 않는다거나 배설물이 설사형태거나 평소에 보이지 않던 색상을 드러내거나 평소보다 악취가 심할 경우, 밥을 먹지 않을 경우에 질병을 의심해보아야 한다. 여기서는 파충류의 대표 질병에 대해 알아보도록 하자.

(1) 호흡기 질환

도마뱀의 면역력이 떨어지게 되면 쉽게 발병한다. 급작스러운 온도 하락, 지속적으로 낮은 온도에 방치, 사육장 내 미세분진 과다, 너무 건조한 환경이 주원인이다. 증상으로는 입으로 호흡을 하는 개구 호흡, 콧구멍에 콧물 맺힘 등이 나타난다. 동물병원에서 X-ray 검사를 통해 확진 가능하다. 카나마이신(Kanamycin)과 같은 항생제를 비강에 직접 분사하거나, 가습 형태(Nebulizer)로 호흡하게 하여 치료할 수 있다.

(2) 내부 기생충

내부 기생충은 만성적 질병으로, 완벽하게 구제하기 어렵다. 도마뱀이 오랫동안 기생충에 감염되어 있으면, 살이 빠지고, 배설물에서 역한 냄새가 난다. 감염된 개체는 분리 사육하며 구충제를 투약하고, 건강한 개체들도 주기적으로 구충해 주는 것이 좋다. 펜벤다졸(Fenbendazole), 메트로니다졸(Metronidazole)이 대표적인 구충제이다. 귀뚜라미나 밀웜의 머리를 떼고 구충제를 묻혀서 핀셋 피딩을 통해 먹인다. 식욕이 없는 개체들은 입 주변에 구충제를 묻혀 핥아먹을 수 있도록 유도한다.

(3) 외부 기생충

참 진드기(Mite)와 진드기(Tick)는 야생에서 채집된 개체(Wild caught)에서 일반적으로 나타나며 쉽게 전염되는 특징이 있다. 주된 증상으로는 비늘 사이사이에 검은 점 같은 게 보이거나 개체가 자꾸 몸을 긁거나 벽에 몸을 비비는 등의 모습이 나타난다.

진드기를 구제하기 위해서는 온욕을 하는 것이 좋다. 물에 담가두면 진드기가 익사해서 떨어져 나간다. 진드기가 발견된 경우 확산 방지를 위해 바세린을 띠 형태로 둘러줘야 하며, 사육장이나 바닥재를 이버멕틴(Ivermectin)이나 락스를 희석시킨 용액으로 소독해 준다. 다만, 이버멕틴은 가축들의 파충류와 일부 거북류에게는 치명적일 수 있으므로 취급에 주의해야 한다.

(4) 영양성 질병 MBD(Metabolic Bone Disease)

비타민 D3와 칼슘 결핍이 주된 원인이다. 척추가 휘어버리거나, 턱관절이 부어오르는 등 구조적 이상이 나타난다. MBD는 증상이 악화되는 것을 막을 순 있을 뿐 확실한 치료 방법은 없다. 성장기 때부터 지속적인 일광욕과 칼슘 급여를 통해 예방하는 것이 최선이다.

(5) 영양성 질병 비타민 저하증

파충류가 무기력하거나 다양한 장애 증상을 나타내거나 성장률이 저하된다면 비타민A 저하증, 비타민B 저하증, 비타민E 저하증, 비타민D3 저하증, 인과 칼슘 결핍과 같은 영양분 부족을 의심해야 한다. 일주일에 2회 정도 먹이에 비타민제를 묻혀서 비타민을 보충하거나 경구 투여를 하는 것이 좋다.

(6) 구내염(Mouth Rot)

면역 저하, 부적절한 음식과 오염된 음료수, 입안의 상처로 인한 세균 감염, 헤르페스균 감염, 대사성골질환(MBD)으로 도마뱀이 구내염에 걸릴 수 있다. 개체가 유리벽에 자꾸 부딪혀서 생기는 상처로부터 감염될 수 있고, 구내염이 있는 개체와 같은 물을 마시면서 감염될 수도 있다. 이 경우 면봉에 과산화수소를 묻혀 이물질을 제거하고 소독해 준다. 다만, 증상이 가벼우면 가정 내에서 쉽게 치료가 가능하지만, 목 안쪽까지 전이된 경우에는 병원에서 치료받는 것이 좋다. 항상 깨끗한 물을 공급해주고, 적절한 크기의 먹이를 급여, 면역력을 높여주는 방법으로 예방이 가능하다.

(7) 비뇨기계 질병 방광결석

방광결석의 가장 큰 원인은 수분 부족이며 이 외에도 적절하지 못한 먹이 급여, 초식동물에게 단백질 함량이 높은 먹이를 장기간 급여, 칼슘의 과다 급여 등이 원인이 될 수 있다. 이구아나 초식거북류 등이 채소를 먹는다고 해서 수분 섭취를 신경 쓰지 않는 사육자들이 있는데, 이런 경우에도 수분은 별도로 공급해야 결석을 예방할 수 있다. 작은 결석은 자연 배출되지만 결석이 많이 커질 경우 외과적 수술로 제거해야 할 수도 있다.

(8) 소화기계 질병 장폐색증

장폐색증은 임팩션(Impaction)이라고 부르며, 파충류들이 바닥재 등 이물질을 삼켜 장이 막힌 상태다. 이물질이 작은 크기라면 자연스럽게 변으로 배출이 되기도 하지만, 크기가 크거나 단면이 날카롭다면 외과적 수술로 제거해야 한다. 파충류가 삼켜도 안전한 바닥재를 쓰거나, 삼키지 못하도록 바닥재 위에 방지매트를 깔아주는 등으로 예방할 수 있다.

(9) 설사

상한 먹이 섭취, 낮은 온도로 인한 소화 불량, 기생충 감염, 차가운 먹이 급여, 수분이 많은 채소류나 과일류의 과다 급여가 주원인이다. 설사를 보일 시 우선 먹이를 바꿔주면서 개선을 시도하다가 나아지지 않으면 병원에 가는 것이 좋다. 사육장 온도를 조정하고 일정 시간 금식하는 것으로도 증상이 완화될 수 있다. 심각한 기생충 감염이나 오염된 음식물에 의한 중독 증상은 병원에 찾아가 정확한 원인을 파악해 치료를 진행한다.

(10) 피부 질환

피부 종양/종창은 이구아나와 카멜레온에게서 흔히 나타난다. 세균이 농양의 가장 흔한 원인이지만, 곰팡이, 비타민E 결핍, 기생충에 의해서도 나타난다. 농양을 제거하고 항생물질로 소독하여 비타민제를 투여한다.

흐리고 윤기 없는 피부를 보인다면 피부병을 의심해야 한다. 껍질에 다양한 상처나 질환이 생기는 경우도 있는데 상태가 지속되면 치명적인 상황이 벌어질 수 있고, 영구적인 손상이 생기므로 꼭 병원을 방문하여 검진을 받고 항생제 처방 등을 받아야 한다.

도마뱀에게는 탈피문제도 존재한다. 습도가 낮아 탈피가 잘 안 되거나 탈피 도중 낮은 습도로 인해 신체부분이 잘려나가기도 한다.

(11) 패혈성 피부궤양 질환

오염된 물이나 사육장 등으로 인해 발생하기 쉬운 질환이다. 반수생으로 물에 접촉하는 빈도가 높은 도마뱀류에서 발생하기 쉽다. 농양을 제거하고 항생물질로 소독해 주며, 비타민제를 투여한다. 치료 중에는 물과 접촉하지 않도록 해주는 것이 좋다. 물과의 접촉은 피하지만, 분무를 통해 수분 공급은 해주어야 한다.

(12) 꼬리 손실

도마뱀에게 자주 일어나는 사고다. 도마뱀은 위기 상황에 스스로 꼬리를 자를 수 있지만, 충격에 의해 꼬리가 잘려나가는 경우도 빈번히 존재한다. 스스로 끊어낸 경우는 상처 부위가 알아서 오므라들기 때문에 그냥 두면 되지만, 충격으로 잘리면 소독을 해주어야 한다.

감염을 막기 위해 사육장을 잘 소독해주고 충분한 영양을 공급한다. 도마뱀의 꼬리에는 많은 영양분이 함유되어 있어 꼬리가 다시 자라나려면 그만큼 많은 영양분이 필요하다.

(13) 알 막힘

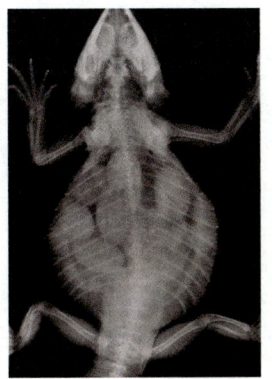

난산은 각화된 알이 생식기계로부터 빠져 나오지 못하는 경우다. 알을 낳기에 적당한 장소를 찾지 못하는 경우나, 스트레스를 받거나, 비정상적인 호르몬 자극에 의한 배란 실패가 원인이 된다. 이 경우 각화된 알을 배출하지 못한 개체는 폐사할 수 있다. 알이 딱딱해지거나, 무정란이 너무 많으면 늙은 개체는 폐사할 수 있다. 병원에 내원하여 X-ray나 초음파로 진단 후 외과적 수술을 통해 막힌 알을 제거한다.

06 기타 동물의 질병(토끼, 햄스터, 기니피그)

(1) 토끼

토끼는 반려동물로 키울 수 있는 가장 귀여운 동물 중 하나다. 건강한 생활 조건을 유지하고 건강 관리를 통해 질병의 대부분을 예방할 수 있다. 토끼의 대표적인 질병은 점액종증, 바이러스성 출혈질환, 치아 문제, 요추 골절, 방광염 등 다섯 가지다.

A. 점액종증

점액종은 레포리폭스 바이러스속의 점액종 바이러스에 의해 발생한다. 모기에게 물리거나 이미 감염된 토끼와 접촉함으로써 전염된다. 눈, 귀, 코, 항문 및 생식기 주변의 부종이 특징적인 증상이다. 증상이 발현될 경우 높은 치사율을 보이지만 백신을 맞음으로써 예방할 수 있다. 모기에게 물리지 않도록 방충망을 설치하고 킬러 등 구제 약제를 살포해주는 것도 좋다.

B. 바이러스성 출혈성 질환

토끼 칼리시 바이러스에 의해 발생하는 것으로 알려진 바이러스성 출혈 질환이다. 최대 3일의 잠복기를 가지며, 걸릴 경우 증상 없이 폐사할 수 있는 치명적인 질병이다. 증상이 발현될 경우 식욕 감퇴, 무기력, 발열 등을 보인다. 증상이 있는 경우에는 식욕감퇴, 무기력, 발열을 경험한다. 전염은 감염된 동물, 특히 토끼와 설치류, 오염된 우리, 그릇, 옷과의 긴밀한 접촉을 통해 이루어진다. 습한 공기와 접촉해서도 전염될 수 있다. 회복 후에도 토끼는 바이러스를 보균하고 있으며, 평균 4주 동안 다른 토끼를 감염시킬 수 있다. 이를 예방하기 위해서는 백신 접종이 필요하다.

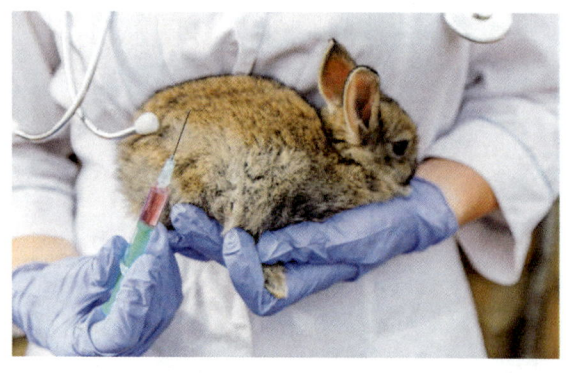 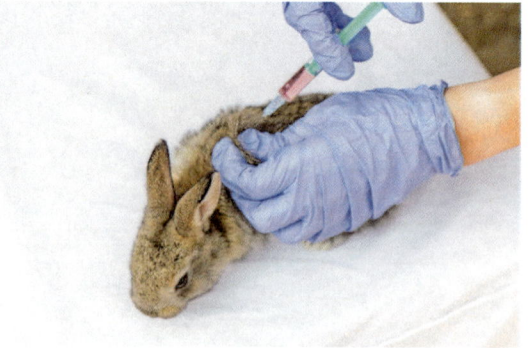

C. 치과 문제

토끼는 평생 동안 치아가 자라난다. 섬유질을 씹어서 지속적으로 치아를 사용하면, 치아가 너무 자라서 매우 날카로운 이빨을 갖게 되거나 혀와 뺨을 깨무는 것을 예방할 수 있다. 반려동물 토끼에게 주로 섬유질이 풍부한 식단을 제공하는 것이 치아가 자라는 것을 예방하는 가장 효과적인 방법이다. 이상 상태가 발생하면 치아 교정을 해서 도움을 줄 수 있다.

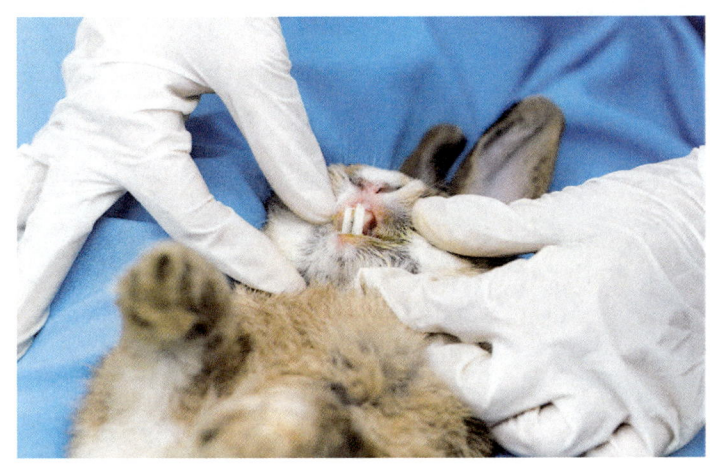

D. 요추 골절

토끼를 서툴게 다루다가 요추가 골절되는 경우가 잦다. 골절은 척수 손상으로 이어지고, 척수 손상은 변실금, 요실금, 하반신 마비 등으로 이어져 위험하다. 척추주변의 부기를 줄이기 위해 항염증제를 쓰고, 적절하게 치료하면 운동 능력을 회복할 수 있다. 심할 경우 수의사에게 즉시 데려가야 한다.

E. 방광염

방광염은 칼슘 과다에 따른 방광 내막의 잦은 자극으로 발생한다. 요실금은 방광염의 흔한 임상 징후이다. 항문이 축축하면 피부염이 동반될 수 있다.

토끼를 돌보는 것은 자신을 돌보는 것만큼 중요하다. 적절한 위생, 좋은 토끼 사료와 함께 좋은 식단, 정기적인 검진은 토끼를 질병으로부터 보호하기 위한 최선의 수단이다. 반려 토끼에게 약간의 변화가 감지되면 주저하지 말고 동물병원에 내원하는 것이 좋다.

(2) 햄스터

햄스터는 매우 작은 동물로 질병에 걸리면 급속히 악화될 수 있다. 햄스터도 다른 반려동물처럼 여러 질병에 취약하다.

A. 종기

종기는 햄스터 신체의 어느 부위에서든 생길 수 있다. 거친 재질의 먹이로 인해 피부나 볼주머니 속에 찰과상이 생겨 종기가 되기도 한다. 연쇄상구균이나 포도상구균 같은 감염으로도 발생한다. 종기는 통증과 고름, 부종을 동반할 수 있어 동물병원에 내원해 치료받아야 한다.

B. 기침 및 감기

햄스터도 감기에 걸릴 수 있으며, 콧물과 재채기 등 사람과 비슷한 증상을 보인다. 다만 햄스터의 경우 증상이 악화되면 호흡곤란과 눈물, 식욕 감퇴, 체중 감소 등 중증으로 이어질 수 있다. 감염이나 알레르기질환으로 이어지기도 한다. 따라서 기르는 햄스터가 기침 감기 증상을 보이면 폐렴과 같은 호흡계 문제로 이어지기 전에 즉시 동물병원에 데려가야 한다. 그리고 전염을 피하기 위해 아픈 햄스터는 건강한 햄스터와 격리해야 한다.

C. 웻 테일

웻 테일(Wet Tail)은 스트레스와 관련된 위장 감염 질환이다. 다중 박테리아에 의해 유발되는 것으로 알려져 있다. 증식성 장염이라고도 부르며 전염성이 높다. '캄필로박터제주니(campylobacter jejuni)' 박테리아가 주원인이라는 분석도 있다. 웻테일에 걸린 햄스터는 설사로 인해 꼬리 주변이 더러운 것이 특징이다. 무기력, 식욕 감퇴, 거친 털 등이 나타나며, 방치할 경우 며칠 내에 폐사하기도 한다. 전염을 막기 위해서 병든 햄스터는 격리하고, 가능한 한 빨리 치료를 받을 수 있게 해주는 것이 좋다.

D. 털 및 귀 진드기

진드기는 햄스터에게 염증과 통증을 동반할 수 있다. 햄스터가 옮을 수 있는 진드기는 여러 종이 있다. 그 중 '데모덱스크리세티(demodex criceti)'는 지속적인 가려움증과 등 전반의 탈모를 유발한다. 귀 진드기는 귀와 얼굴, 발과 꼬리 등에 가려움증을 유발한다. 햄스터에게 귀지와 함께 피부건조증, 각질 등이 나타나면 털 및 귀 진드기에 감염됐다는 징후다. 수의사에게 진단을 받은 후 적절한 처방을 받아야 한다.

E. 티저병

티저병은 '바실루스필리포미스(bacillus piliformis)'라는 박테리아에 의해 유발되는 병이다. 웻테일과 유사한 증상을 보인다. 티저병에 걸리면 등이 굽고 털이 거칠어지며 설사를 하다 죽음에 이르게 된다. 수의사는 항생제와 함께 탈수증치료제를 처방할 수 있다.

햄스터가 질병에 걸리면 수분을 보충하는 것이 가장 중요하다. 수의사가 항기생충 치료제와 항생제를 처방할 수 있지만, 합병증을 피하고자 한다면 의사의 지시사항을 따라야 한다. 그리고 케이지 내의 배설물로 인한 폐 질환을 피하기 위해 규칙적으로 청소해야 한다. 그 외에, 햄스터를 건강하게 기르기 위해서는 신선한 과일 및 채소와 함께 영양가가 풍부한 사료를 제공해 면역체계를 강화해야 한다.

(3) 기니피그

기니피그는 햄스터와 흡사한 외모의 설치류이다. 작은 체구와 귀여운 외모를 갖춰 반려동물로 인기가 상승하고 있다. 관리가 쉽고 튼튼하고 건강하기 때문에 인기가 높은 편이다. 하지만, 기니피그를 키우기 전 기니피그는 호흡기 질환이나 설사 등 특정 질병에는 매우 취약하다는 점을 알아야 한다.

A. 설사

기니피그는 토끼와 마찬가지로 위장이 예민한 동물이다. 장내 박테리아 균형이 깨지면 유해 박테리아 균의 증식으로 인해 곧잘 설사를 한다. 설사가 시작되면 식욕 부진, 우울증, 탈수, 체온 저하 등 증상을 겪고 심할 경우 폐사하기도 한다. 이 경우 빠른 시일 내에 동물병원에 내원하는 것이 좋다. 보호자 임의로 항생제를 먹이는 경우, 항생제가 정상적인 세균을 자극해 설사를 더 유발할 수 있기 때문이다.

B. 호흡기 감염

폐렴은 기니피그에게 매우 치명적인 질병이다. 특히 박테리아 폐렴이 위험하다. 박테리아를 보균하고 있는 상태에서도 전혀 증상을 보이지 않거나 겉으로는 아무 문제가 없어 보일 수도 있다. 어린 기니피그일수록 폐렴으로 진행될 가능성이 크기 때문에 주의해야 한다. 감염 시 재채기를 하거나 사료를 거부하는 등의 반응을 보인다. 이외에도 호흡에 문제가 있는 것처럼 눈물이나 콧물이 날 수 있기 때문에 항상 꼼꼼히 살펴보는 것이 좋다.

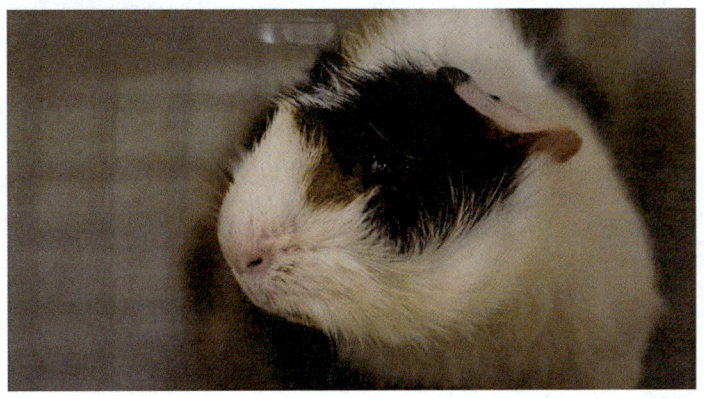

C. 장폐색

기니피그가 음식을 잘 먹지 않거나 배변 횟수가 점점 줄어든다면, 장폐색을 의심해볼 수 있다. 이는 위장관에 가스가 찰 경우에 발생한다. 정상적인 연동운동이 일어나지 않아 가스가 원활하게 배출되지 못하기 때문이다. 이는 자칫하면 생명을 위협할 수 있다. 스트레스가 원인이라는 분석도 있다. 따라서 질병의 원인을 잘 파악하고, 사육 환경을 개선해 나가는 것이 매우 중요하다.

D. 외부 기생충

만약 기니피그가 특정 신체 부위를 과도하게 긁거나 털이 계속 빠진다면, 진드기나 이 등의 외부 기생충이 있는지 확인해보는 것이 좋다. 특히 기니피그의 귀 뒤편에 털이 빠진 흔적이나 붉은 반점 등이 보인다면 외부 기생충의 감염을 의심해볼 수 있다. 외부 기생충들은 알을 까는 성향이 있으므로 발견 즉시 동물병원에 내원해 치료받는 것이 좋다.

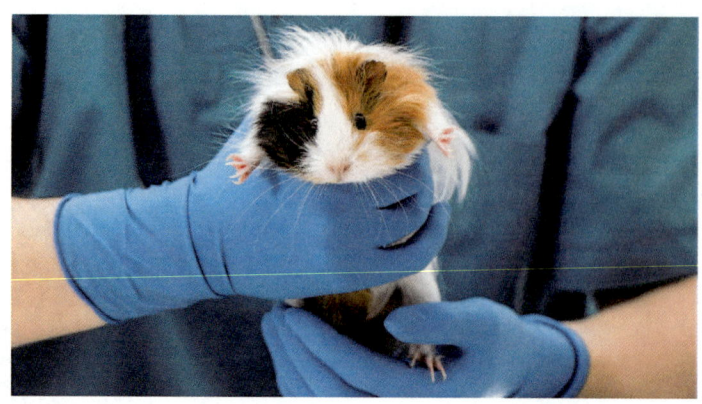

07 응급상황 대처법

반려동물도 인간과 같이 여러 응급상황에 처할 수 있다. 심장마비가 오거나 이물질이 목에 걸리거나 등등의 상황이 있다. 동물병원에 데려가기 전 우리가 할 수 있는 응급상황 대처법에는 어떤 것이 있는지에 대해 알아보도록 하자.

(1) 반려동물 CPR

심폐소생술은 올바른 방법 진행했을 때도 성공률은 6~7%로 희박하다. 따라서 올바른 방법을 알아두고 정확하게 시행해야 성공률을 높일 수 있다.

A. 반응 체크 – 자가호흡 및 맥박 확인

반려동물에게 다가간 후 몸을 만져 반응이 있는지 확인한다. 육안으로 보았을 때 가슴 부위가 부풀어 올랐다 내려오는 모습이 반복적으로 보이지 않거나 맥을 짚었을 때 전혀 느껴지는 것이 없다면 바로 CPR을 준비해야 한다. 그 밖에도 혀와 잇몸이 회색빛이거나 동공이 빛에 반응하지 않을 경우 응급처치가 필요하다.

B. 기도 확인 – 입속 이물질 제거 및 자세 잡기

반려동물의 입을 벌려 기도와 식도를 막고 있는 이물질이 없는지를 확인한다. 혹시나 이물질이 막고 있다면 손가락을 이용해 빠르게 제거해 줘야 한다. 그 후 반려동물의 다리 부분을 보호자 자신이 바라보는 방향으로 가게 만들어 주고 심장의 위치를 확인한다. 심장의 위치는 앞다리를 구부렸을 때 무릎 뒤쪽이 가슴에 닿는 곳이다.

C. 심장 마사지

반려동물의 심장 부위를 10~15회 정도 압박한다. 소형견과 고양이들은 3~4센티 정도 눌러 준다고 생각하고, 중형견 이상부터는 5~7센티미터 정도 눌러줘야 한다. 소형견과 고양이의 경우 한 손으로 심장을 주무르듯 진행하고 대형견의 경우 사람에게 하듯 두 손을 이용해 빠르게 압박한다. 이때 고양이나 소형견의 경우 필요 이상으로 강하게 누르게 되면 늑골이 골절되어 폐를 손상시킬 수 있으므로 당황하여 너무 강하게 압박하지 않도록 한다.

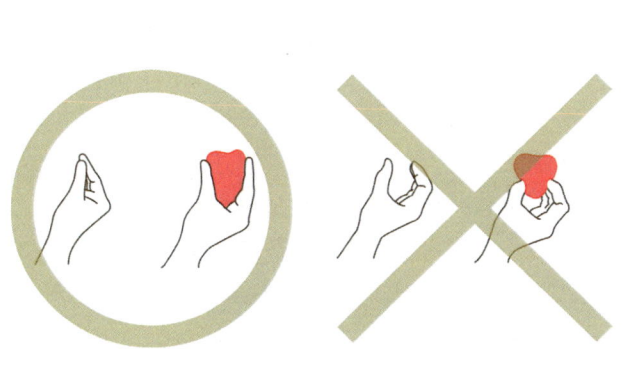

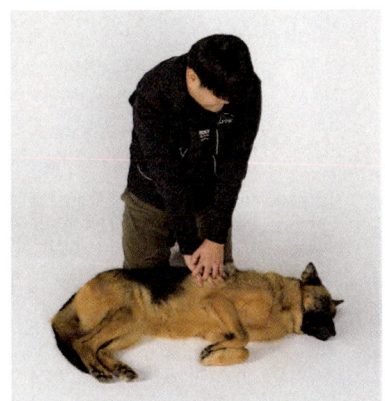

소형견 심장 압박법   대형견 심장 압박 자세

D. 인공호흡

이물질이 과도하거나 출혈 때문에 인공호흡이 어려울 때 등을 제외하고는 인공호흡도 같이 진행해주는 것이 좋다. 반려동물은 사람과 구강구조가 다르기 때문에 입을 양손으로 막고 코로 바람을 불어넣어 주는 방식으로 진행해야 한다. 심장마사지를 10~15회 진행한 후 3회 정도 인공호흡을 진행한다. 그 후 호흡이 돌아오는지 보고 호흡이 돌아오지 않았다면 다시 똑같은 방법으로 강아지 또는 고양이 심폐소생술을 진행해 주면 된다.

E. 병원이송

반려동물 심폐소생술을 진행한 후 호흡이 돌아왔다면 가장 먼저 담요 등을 이용하여 체온이 떨어지지 않도록 보온하고 최대한 빨리 병원으로 이송하여 정밀검진을 받아보고 적절한 조치를 취해야 한다.

(2) 하임리히법

하임리히요법은 약물이나 음식 등이 목에 걸려 질식상태에 빠졌을 때 실시하는 응급처치법의 하나로 이 용법을 창시한 헨리 하임리히(Henry Judah Heimlich, 1920~2016)의 이름을 딴 처치법이다.

A. 우선 양손으로 입을 벌린 후 혀를 잡아당기고 입 안의 이물질을 손으로 제거해준다. 이 때, 반려견이 놀라 이물질을 빠르게 삼키려고 할 수 있기 때문에 빠르게 제거해준다.

B. 반려견의 사이즈에 따라 다음과 같이 대처해준다.
   ① 소형견 : 소형견은 뒷다리를 양손으로 잡고 거꾸로 들어 흔들어주고 등을 밀어 쳐준다.
   ② 중, 대형견: 반려견의 뒷다리를 들고 입을 아래로 한 상태에서 등을 밀어 쳐준다. 이 방법으로 음식물이 나오지 않는 경우, 반려견을 서있는 상태에서 배에 양팔을 두른 다음, 한손으로 주먹을 쥐고 다른 손을 위에 얹어서 배를 압박하여 압력으로 인해 이물을 토하게 한다.
   기도 막힘이 해소될 때까지 반복하되, 복부를 미는 방법은 장기손상의 가능성이 있음을 인지한다.

C. 인공적인 호흡이나 심폐소생이 필요한 경우, 심폐소생술을 진행하면서 빠르게 동물병원에 내원한다.

(3) 상황별 대처요령

A. 물리거나 찔려서 상처가 심한 경우

다른 개에게 물리거나 예리한 물건에 찔려서 상처가 났을 때, 소독약이 있다면 바로 소독한다. 하지만, 소독약이 없을 때는 흐르는 수돗물로 상처 부위를 씻어 이빨에 붙어있던 세균이 상처 속으로 침투하는 것을 막는다. 물리거나 찔려서 상처가 난 곳을 그대로 방치하면 염증이나 궤양을 일으킬 수 있다. 소독하거나 수돗물로 씻어낸 상처부위로 내부 장기가 보이는 경우에는 마르지 않도록 수돗물 적신 거즈나 수건으로 덮어 병원으로 간다.

B. 상처 부위에 피가 많이 나는 경우

몸통 부위의 출혈이 심한 경우에는 꽉 묶어 지혈해도 되지만 팔, 다리 부위에 피가 날 땐 세게 묶으면 혈행 장애로 조직이 괴사할 위험이 크다. 지혈을 할 때엔 탄력성이 없는 천 붕대 보다는 탄력 붕대로 느슨하게 감아준다. 붕대를 너무 오랜 시간 방치하면 더 위험할 수 있으니 빨리 진료를 받는다.

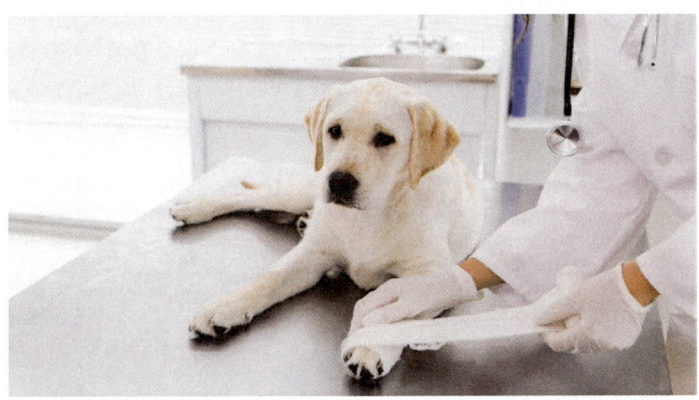

C. 발톱이 부러진 경우

거즈나 손수건으로 발을 감싸고 통증이 심하지 않다면 손가락으로 압박을 해서 지혈하는 것도 좋다. 지혈이 되지 않으면 감염이 발생할 수 있으므로 바로 동물병원에 가서 치료를 받아야 한다.

D. 이물질을 먹은 경우

개와 고양이는 무엇이든 주워 먹으려 하기 때문에 늘 조심해야 한다. 작은 물건은 먹어도 대부분 변으로 나오기 때문에 크게 걱정할 필요는 없다. 그렇지만 갑자기 '켁켁'거리거나 구토를 하면 병원을 찾아야 한다.

① 이물질이 목에 걸렸을 때

개의 경우는 보통 기도보다 식도에 이물질이 잘 걸린다. 개가 이물질을 삼켜 걸린 경우에는 사람에게 사용하는 하임리히법을 응용해서 응급 처치를 할 수 있다. 우선 머리를 45도 정도 아래로 향하게 하고 등을 5회 정도 압박한 다음 몸을 돌려서 배를 다시 5회 정도 압박한다. 이 과정을 반복하면서 병원으로 간다.

② 사람 약을 먹었을 때

알약1개는 성인 몸무게 40~60kg에 맞춰진 양이다. 3~4킬로인 개에게는 절반이라도 매우 치명적이어서 간 수치가 상승하고 위장 궤양이나 그 외의 소화기 증상이 나타난다. 타이레놀 같은 진통제는 4분의1알 이상 먹으면 사망에 이를 수도 있다. 이상 증세가 나타나는지 주의 깊게 살피고 증상이 보이면 바로 병원에 가서 치료를 받는다.

E. 구토, 설사, 혈변을 보는 경우

반려동물이 구토, 설사, 혈변 등을 보는 경우에는 다양한 문제가 있을 수 있다. 단순히 소화기 증상에 의해 발생한 것일 수 있지만, 최악의 경우 암일 수도 있다. 반려동물이 구토, 설사를 할 때는 토사물과 변을 체크해 양과 색깔, 질감 등을 확인해야 한다. 동물병원에서는 보호자의 설명만으로 상태를 파악하는 데 한계가 있을 수 있기 때문에 사진을 찍거나 일부를 샘플로 챙겨 병원으로 가져가야 한다. 반려동물이 소화기 증상과 함께 복통을 호소한다면 직접 안고 병원으로 이동하는 것보다 케이지를 이용해 병원으로 이동하는 것이 안전하다. 불가피한 상황으로 인해 안을 수밖에 없다면 흉부와 복부의 전반을 보호자의 팔로 받쳐 안는 것이 좋다.

F. 발작, 경련을 일으키는 경우

반려동물이 발작, 경련을 일으키는 경우에는 무엇보다 안구 압박을 해야 한다. 머리를 움켜쥐고 엄지로 눈을 지긋하게 눌러주는 것이다. 안구 압박은 발작, 경련 시 가장 유용한 처치 방법으로 빨리 안정시킬 수 있다. 가능한 한 안정시키고 나서 병원에 가는 것이 좋지만 안구를 눌러도 1분 이상 발작이 지속되면 발작이 진행중이더라도 병원에 바로 데리고 간다. 몸을 마사지해주거나 혀를 깨물지 말라고 볼펜을 입 속으로 집어넣는 행동은 도움이 되지 않는다.

G. 높은 곳에서 떨어진 경우

보호자가 최대한 평정심을 유지하고 절대로 안은 상태에서 뛰지 않아야 한다. 골절이 오거나 흉강을 다치거나 뇌진탕이 올 수 있기 때문이다. 또 머리와 부상부위에 자극을 주고 부러진 갈비뼈가 폐에 구멍을 낼 수 있다. 개가 겁을 먹어 보호자를 물 수도 있다. 따라서 평평한 이동장에 넣어 병원으로 안전하게 이동해야 한다.

PART 2 반려동물 사양

III. 반려동물의 입양

01 반려동물 입양 개요

2023년 농림축산식품부는 '동물보호 국민 의식 조사'를 통해 전국 20~64세 5천여명에 대해 조사한 결과 반려동물을 입양하는 주요한 경로는 '지인에게 무료로 분양받음'이 41.8%로 가장 높게 나타났고, 다음으로 '펫숍에서 구입함'이 24.0%, 동물보호시설이 8.9% 순으로 나타났다. 통계에 의하면 코로나19 펜데믹 이후인 2020년부터 반려동물을 입양하는 추세가 더욱 증가하고 있음을 알 수 있다.

■ 반려동물 입양 경로

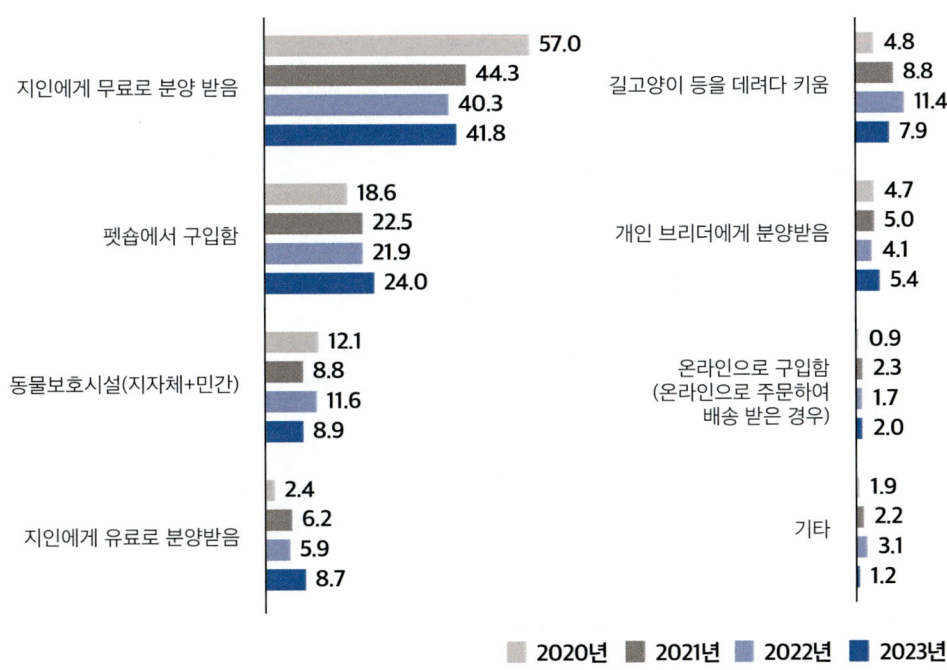

출처: 2023년 동물복지에 대한 국민의식조사 결과 보고서

최근 반려동물 양육 가정이 크게 증가하면서 반려동물을 기르는 인구가 늘어나고 있지만 반면에 양육을 포기하거나 파양을 고려하는 경우도 적지 않게 나타나고 있다. 반려동물 양육포기 또는 파

양을 고려한 경험이 있는가하는 질문에 대해 18.2%가 '있다'고 답변했다. 이는 반려동물을 입양한 전체 인원 중 약 1/5에 해당한다.

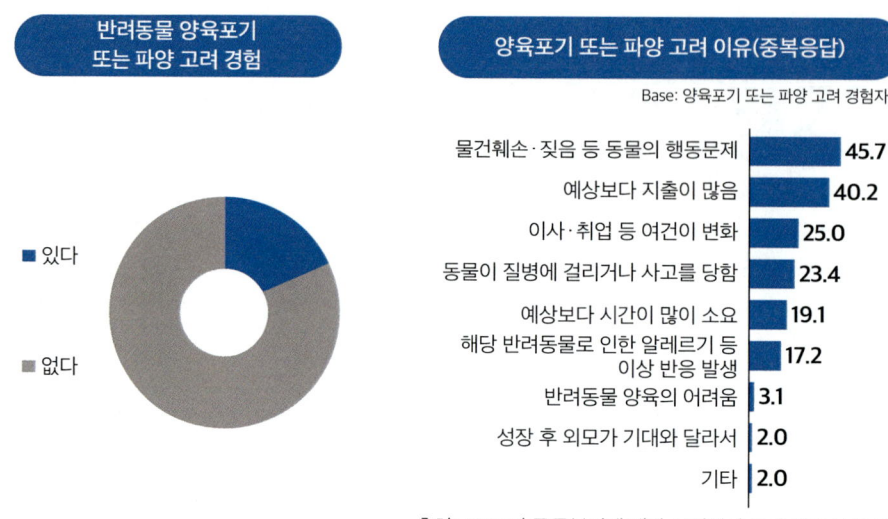

출처: 2023년 동물복지에 대한 국민의식 조사 결과 보고서

주요한 원인으로는 '물건 훼손, 짖음 등 동물의 행동문제'가 가장 큰 45.7%를 차지했으며, '예상보다 지출이 많음'(40.2%), '이사 취업 등 여건의 변화'(25.0%) 순으로 나타났다. 준비되지 않은 상태에서의 입양은 동물 유기의 증가로 이어지기 때문에 이에 대한 교육과 제도의 보완이 요구된다.

> **독일 반려견 면허 시험**
>
> 연방국가 독일에서는 대부분 주에서 위험 견종(맹견)을 사육하기 위해서는 반려견 면허시험(Hundefugerschein, 훈드퓨러샤인)등을 보고, 허가를 받아야 한다. 자격 시험을 치르게 돼 있다. 특히 니더작센주는 일찍이 2013년부터 양육자의 면허시험 통과를 의무화하였다.
> 단 북서쪽 니더작센주에서는 특정 견종을 위험 견종으로 규정하는 것을 피하고 불시에 발생하는 사고에는 모든 견종이 동일하다고 전제한다. 따라서 니더작센 주는 2013년부터 개를 키우는 모든 사람들이 의무적으로 반려견 면허시험을 보도록 법률을 제정하였다.
> 반려견 자격 면허시험 시행의 장점은 반려인의 책임의식과 동물보호인식을 향상할 수 있다는 점에 있기 때문에 무분별한 사육으로 인한 파양과 유기를 막는 효과도 거둘 수 있을 것이다. 향후 국내에서도 반려동물 양육가정의 증가와 이로 인한 문제를 고려하여 국내 실정에 맞는 면허시험 시행에 대한 요구와 연구가 지속될 것으로 추측된다.

02 반려견의 입양

(1) 입양방법

A. 지인에게 무료분양
B. 펫샵에서 구입
C. 지인에게 유료분양 : 불법 사례(적발시 과태료 부과 대상)
D. 지자체/동물보호단체 등 보호시설에서 입양
E. 사설보호소에서 입양
F. 유기견
G. 온라인으로 구입
H. 기타

반려동물의 입양 경로에 대해서는 '지인에게 무료로 분양 받음'이 57.0%로 가장 일반적인 방법이었으며, '펫샵에서 구입함' 18.6%, '동물보호시설에서 분양받음' 12.1%순으로 나타났다. 지인에게 분양을 받는 방법이 57.0%로 입양의 절반 가량은 지인을 통해서 이루어지는 것일 알 수 있다. 그 중에서도 지인에게 분양을 받는 이유에 대해서는 아래와 같다.

■ 지인에게 분양받은 이유   [Base: 지인에게 무료로 분양받은 응답자. Unit: %]

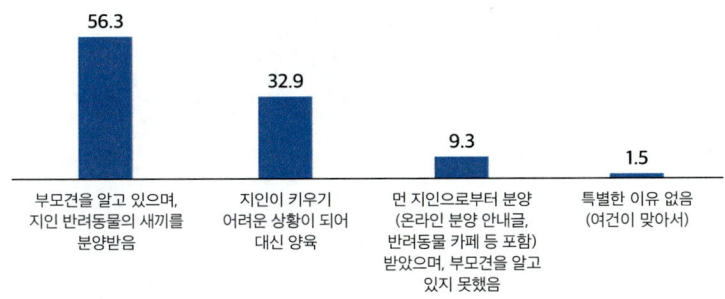

구분	가정분양	펫샵
장점	• 부모견을 확인할 수 있다. • 부모견 아래에서 사회화 과정을 거쳐 정신적으로 매우 건강 • 무료분양을 받을 수 있다.	• 키우고 싶은 견종을 분양받기 쉽다. • 일부 분양샵에서는 부모견을 확인할 수 있다. • 일정기간 내에 아프거나 사망할 시 보상을 받을 수 있다.
단점	• 믹스견 비중이 높기 때문에 원하는 견종 분양이 힘들 수도 있다.	• 열악한 환경의 반려견샵도 존재 • 분양비가 높을 수도 있다.

(2) 입양의 준비 및 자세

A. 개의 수명

대형견은 10년, 소형견은 10~12년 정도 산다. 꾸준한 예방접종과 건강관리를 통해 18~20년을 살기도 하기 때문에 반려견을 입양하고자 한다면 평생을 함께할 각오를 해야 한다. 가벼운 마음으로 반려견을 입양하게 되면 수많은 문제에 봉착하게 된다.

B. 보호자의 인성과 자질

반려인으로서 갖춰야 할 자질은 비반려인과 상생하는 것이다. 반려인은 반려동물 관련 예절을 잘 지키는 것이 중요하다. 외출 시 반드시 동물보호법에 따라 목줄과 인식표를 하고, 대소변은 따로 수거하며 맹견의 경우 입마개를 반드시 한다. 간혹 이러한 기본적일 예절을 도외시하고 "우리 개는 안 물어요"라는 태도를 지닌 반려인들도 있는데, 이러한 행위는 반려동물 문화를 해치는 행동이다. 그리고 개를 싫어하는 사람도 있을 수 있다는 것을 인지해야 한다.

비반려인들도 반려인들과 함께 살아가기 위한 방법에 대해 이해하게 배울 필요가 있다. 비반려인들에게 피해를 주지 않음에도 불구하고 반려인들이나 혹은 반려견에 대해 공격적인 태도를 가지고 있다면, 이로 인해 또 다른 사회적인 갈등이 야기될 수 있기 때문이다. 따라서 반려동물가구를 하나의 문화로 받아들이고 공존을 모색해야 한다.

C. 분양 시 고려할 사항

분양 시 강아지의 연령대에 따라 고려해야 할 상황이 다르다. 개의 경우 생후 40일과 50일, 60일, 90일은 큰 차이가 있다. 또한 어린 강아지와 생후 4개월 이상이 된 사춘기의 개, 그리고 생후 2년 이상이 된 성견의 경우까지 고려하여 분양을 받아야 한다.

① 개의 나이
  ⓐ 어린 강아지: 자견은 생후 60일 이상이어야 분양을 받을 수 있게 동물보호법에 정해져 있다. 순종이든 믹스견이든 모두 귀엽고 예뻐 보일 시기이다. 따라서 이 시기 자견을 충동 구매하는 사람이 많다. 어린 자견이므로 허약해 건강 문제를 겪는 경우도 왕왕 있다.
  ⓑ 유년기: 생후 4개월에서 1년 정도의 '사춘기' 개다. 폐사 위험이 없고 튼튼하지만 어떠한 가정환경에서 자랐는지 모르기 때문에 주의 깊게 관찰할 필요가 있다.

ⓒ 성견: 생후 2년이 지난 성견을 입양할 경우 장단점 모두 존재한다. 장점은 기본적인 훈육과 훈련을 마쳤을 경우 입양 가정에 적응을 잘하며, 질병으로 폐사하지 않고 주인을 잘 따른다는 것이다. 하지만 단점은 사회화가 진행되지 않았을 경우 성격적 문제를 겪고 버릇이 없어 주인과 주변 사람들에게 피해를 준다는 것이다. 따라서 성견이 되기 전 좋은 가정에서 자라고 훈련 받았는지 확인해야 한다. 잘 훈련 받은 개는 사랑스럽고 믿음직하게 노인과도 어울리는 개가 될 수 있다.

② 다른 동물과 같이 키울 경우
개 이외에 다른 동물을 키우는 경우 함께 생활하는 데 어려움은 없을지 고민해야 한다. 이를테면 햄스터를 기르는 집에 쥐잡이견으로 유명한 미니어처 슈나우저를 들이거나 앵무새를 기르는 집에 새사냥으로 유명한 코카스패니얼을 들인다면 사고가 발생할 위험이 커진다.

③ 성격 테스트
한평생 같이 살아갈 반려견에게 가장 중요한 것은 외모가 아니라 가족과의 유대, 친화력이다. 원만한 성격의 강아지여야 주인과 한 공간에 거주하며 반려동물로서 역할을 할 수 있다. 그러므로 자견 시기부터 극단적인 성격의 강아지는 피하는 게 좋다.

> ▶ **강아지의 성격 5가지**
>
> ⓐ **자신감이 강한 강아지**
> 겁이 없고 무리를 이끌고자 하는 욕구가 강하다. 주변 개들에게 지배력을 행사하고 서열을 정리하여 한다. 자세가 꼿꼿하고 꼬리가 위로 올라가 있는 경우가 많다. 이런 성격의 개는 강압적인 훈련을 하면 공격성이 높아질 수 있다. 긍정강화 훈련을 해야 한다. 대표 견종으로 로트와일러, 불독, 슈나우저, 치와와, 카네코르소 등이 있다.
>
> ⓑ **부끄러움 많고 소심한 강아지**
> 부끄러움이 많고 낯선 동물이나 사람을 꺼린다. 따라서 갑자기 낯선 환경에 노출시키면 극심한 스트레스를 받는다. 새로운 환경에 대한 적응은 천천히 진행하고, 잘 적응할 경우 칭찬을 많이 해주어야 한다. 심할 경우 주인과 유대감, 신뢰감이 낮아진다. 대표 견종으로 그레이하운드, 달마시안, 라사압소, 시베리안 허스키, 페키니즈, 휘핏 등이 있다.
>
> ⓒ **독립적인 강아지**
> 독립성이 강해 주인 한 사람과만 강한 유대관계를 구축한다. 주인 외의 다른 동물과 가족에게는 무관심한 편이다. 고집이 세 훈련도 힘들다. 강압적인 훈련은 공격성을 높이기에 간식이나 장난감 등으로 보상을 충분히 하고 어떤 것에 가장 동기가 부여되는지 파악해야 한다. 칭찬도 많이 해줘야 한다. 대표 견종으로는 그레이하운드, 샤페이, 시바이누, 시베리안 허스키, 말라뮤트, 아키타, 웰시코기, 차우차우, 페키니즈, 화이트 테리어 등이 있다.

ⓓ 매사에 긍정적이고 활발한 강아지

태생적으로 매사 긍정적이고 다른 강아지나 동물과도 금방 친해지는 성격이다. 신이 나서 여기저기 점프하다가 다치는 경우도 많다. 다만 본인은 놀이라고 생각하지만, 이러한 행동이 어린아이나 다른 동물을 다치게 할 수 있으니 조심해야 한다. 대표 견종으로 골든 리트리버, 래브라도리트리버, 달마시안, 말라뮤트, 말티즈, 보더콜리, 복서, 불독, 비숑, 빠삐용, 사모예드, 시베리안 허스키, 시츄, 아프간하운드, 웰시코기, 킹 찰스 스파니엘, 포메라니안 등이 있다.

ⓔ 적응력 높은 강아지

낯선 환경에 적응을 잘하고 주인에게 칭찬을 받기 위해 노력한다. 자기 통제력이 강하고 훈련에도 잘 따른다. 친화력이 좋고 온순해 테라피견으로도 많이 활동한다. 대표 견종으로 골든 리트리버, 닥스훈트, 래브라도리트리버, 보더콜리, 비글, 비숑, 셔틀랜드쉽독, 요크셔테리어, 퍼그, 포메라니안, 푸들 등이 있다.

D. 건강한 강아지 고르기

① 코: 차가우면서 축축한 코가 건강하다.
② 눈: 초롱초롱 빛나며 눈물이나 눈곱이 없다.
③ 귀: 개의 귀는 체열을 발산하는 곳이므로 따뜻해서는 안되고 귓속도 깨끗해야 한다.
④ 등: 등이 굽어 있으면 안 되고, 손으로 눌렀을 때 뼈가 만져지지 않아야 한다. 탄력도 있어야 한다.

03 반려묘의 입양

(1) 입양방법

A. 지인에게 무료분양
B. 펫샵에서 구입
C. 지인에게 유료분양
D. 지자체/동물보호단체 등 보호시설에서 입양
E. 사설보호소에서 입양
F. 유기묘
G. 온라인으로 구입
H. 기타

냥줍으로 입양하기

'냥줍'으로 새끼 고양이를 데려와 기를 경우 사람과 가깝게 지낼 수 있다. 다만 이것도 개체별 차이가 있어 냥줍으로 데려왔더라도 밖에서 지내는 게 습관이 돼 가정 생활에 잘 적응하지 못할 수도 있다. 하지만 이는 고양이마다 달라 모든 유기묘가 그렇다고 말할 수 없다. 또 성묘를 입양하는 경우 질병 등에는 튼튼하겠지만 각자의 성격이 확립된 시기라 정을 붙이기는 어려울 수 있다. '냥줍'한 고양이를 집에 데려오려면 미리 동물병원에 데려가 기본적인 검사를 받는 것이 좋다.

(2) 입양의 준비 및 자세

A. 가족과 상의하기

반려묘를 입양하기 전에는 가족과 충분히 상의해야 한다. 가족 구성원 중 고양이 알레르기가 있는 사람이 있다면 더 이상 고양이를 기르기 어려워질 수도 있기 때문이다.

B. 경제적인 문제

고양이는 어린아이와 같다. 따라서 기르는 데 충분한 관심과 더불어 돈도 필요하다. 그 중 특히 의료비가 가장 큰 비중을 차지한다. 동물병원은 대체로 보험이 되지 않기 때문에 무척 비싸다.

(3) 품종에 대한 고려

고양이 품종별 양육 방식 및 특성에 대해 충분히 공부해야 한다. 우선 고양이는 크게 장모와 단모종으로 나눌 수 있다.

단모종	장모종
• 날씨가 덥고 습한 환경에 좋으며 털 빠짐이 덜함 • 저항력이 강하여 질병에 걸릴 확률이 적음 • 대부분 근육형이거나 호리호리하며 활동량이 많은 편	• 화려한 외형 • 털 관리가 필요 • 털 빠짐이 심함 • 중량감 있는 대형묘가 많으며 비교적 동작이 느리고 게으름

(4) 분양 시 선택사항

A. 눈이 맑고 투명한지, 눈곱은 없는지

B. 코는 촉촉한지 분비물이나 콧물이 흐르지는 않는지

C. 귀는 깨끗하고 냄새가 없는지

D. 피모는 반드시 윤기 있고 부드러우며 털이 빠진 곳이나 부스럼이 없어야 한다.

E. 항문주위의 피부와 털이 깨끗해야 하고, 다른 대소변이 묻어 있어서는 안 된다.

고양이를 분양 받거나 집에 데려오기 전에 우선 수의사에게 검사를 받아 인수공통전염병이나 벼룩, 기생충 등이 없는지 확인하는 것이 좋다. 문제가 없다면 집에 데려와 거리를 두고 관찰하되 너무 일찍 집에 있는 다른 반려동물들과 합사해서는 안 된다.

04 반려조의 입양

(1) 입양방법

반려조를 입양하는 방법도 반려견이나 반려묘를 입양하는 방법과 유사하다.

A. 지인에게 무료분양
B. 펫샵/앵무새 농장에서 구입
C. 지인에게 유료분양
D. 지자체/동물보호단체 등 보호시설에서 입양
E. 사설보호소에서 입양
F. 온라인으로 구입(앵무새 카페)
G. 기타

(2) 반려조를 키우기 전 고려사항

A. 새는 평균적으로 작지만, 대형 앵무새처럼 몸길이 40cm이상 자라는 개체도 있다. 새의 몸집에 따라 새장의 크기, 사육 비용이 달라진다.

B. 늘 함께 있으며 손으로 직접 만지고 길들일 수 있는 반려조와 관상용 반려조를 구별해야 한다.

C. 일부 조류는 식습관이 특별하다. 예를 들어 로리라는 앵무새 종은 소화기관이 특이해 과일, 꽃가루 등을 먹는다. 대부분 앵무새종이 펠렛 사료나 신선한 채소, 씨앗 등을 먹는 것과 차이가 있다. 단, 핀치, 카나리아 및 비둘기는 음식에 덜 까다로운 편이다.

D. 심리적인 준비

① 시간과 책임감

앵무새의 수명은 생각보다 길다 사랑앵무와 모란앵무는 10년, 코뉴어는 15~20년, 퀘이커는 20년 정도 산다. 그 외 중대형 앵무새는 수명이 더 길다. 앵무새는 야생에서 무리생활을 하던 본능이 있기 때문에 외롭지 않도록 계속 함께 있어주고 애정을 줘야 한다. 앵무새는 애정과 시간을 쏟는 만큼 사람을 따르는 동물이다. 그러므로 본인 또는 가족이 앵무새를 충분히 보살필 여유가 있는지, 장기간 책임을 가지고 보살필 수 있는지 신중하게 생각해 보아야 한다.

② 관리 시 부지런함

- 곡식, 견과류, 펠렛을 주식으로 먹기 때문에 씨앗 껍질 등이 날릴 수 있어 새장을 부지런히 청소해주어야 한다.
- 털갈이를 주기적으로 하므로 목욕을 주기적으로 시켜주고 빠진 깃털은 잘 치워준다.
- 앵무새는 배변훈련이 되지 않는 동물이다. 사육자의 머리 위나 어깨에서도 볼 일을 볼 수 있으며, 새장 속 물통이나 모이통에 배변할 수도 있다. 그러므로 수시로 확인하여 청소해주고, 오염된 물이나 먹이를 먹어 병에 걸리지 않도록 한다. 소파나 가구 등에 배변할 수도 있으므로 잘 살펴 청소해야 한다.

(4) 반려조 선택

A. 앵무새를 고르는 법

① 많은 사람들이 흔히 기르는 사랑앵무를 입양할 것인지 다른 앵무새를 입양할 것인지 결정한다. 다른 종을 입양하고 싶다면 알렉산더 앵무나 인도목도리앵무, 검은꼬리앵무 등 입양 가능한 앵무새 종류를 알아보도록 한다. 사랑앵무는 호주 출신의 앵무새이기 때문에 호주에 거주한다면 사랑앵무를 좀 더 저렴하게 입양할 수 있다. 남아메리카나 아프리카 혹은 아시아 출신의 앵무새도 반려용으로 인기가 있고 적절한 새장이나 장난감 등을 적합하게 준비한다면 무리 없이 키울 수 있다.

② 믿을 수 있는 브리더에게서 입양한다. 다른 반려동물을 입양할 때도 마찬가지지만 신뢰성 있는 브리더에게 입양하는 것이 좋다. 브리더가 기르는 다른 새도 보고 깨끗하고 넓은 환경에서 잘

자라고 있는지, 횃대에 너무 많은 새가 올라 있지 않은지, 오징어뼈나 미네랄 블록 등을 통해 필수 영양소를 섭취하고 있는지, 과일과 채소 등을 충분히 먹고 있는지 등을 꼼꼼하게 확인한다.

③ 눈이 맑고 활기가 있는 앵무새를 입양한다. 부리 납막(부리 위 안경 같은 두 점)에 각질은 없는지, 항문은 깨끗한지 등을 확인한다. 항문 주위가 지저분하다면 소화 관련 질병에 걸려 있을 가능성이 크다. 새장 바닥에서 움직이지 않고 가만 있는 새는 피하는 게 좋다. 다른 시간대에 여러 번 방문하여 어떻게 지내고 있는지 확인하는 것도 좋다.

④ 앵무새는 여러 마리를 입양해도 좋다. 앵무새들은 사회적인 동물로 무리생활 본능이 있으므로 두 마리 이상을 입양해 외로움을 채워주는 것도 좋다. 단, 한 마리만 입양하게 된다면 매일 시간을 함께 보내 친구가 필요한 앵무새의 욕구를 채워주어야 한다. 여러 마리의 새를 입양하기로 결정했다면 앵무새는 앵무새끼리만 한 새장에 넣어야 한다.

B. 사육용품

① 최소 18×24×24인치(45×60×60cm) 크기가 좋지만 가능한 한 가장 큰 것을 구매한다. 앵무새는 수직비행보다 수평비행을 하는 경향이 있으므로 가로 길이를 넉넉하게 잡는다.

② 음식 그릇, 물그릇, 횃대, 장난감을 설치한다. 앵무새는 호기심이 많은 동물로 자극이 필요하다. 여러 종류의 장난감을 새장에 넣어 새가 지루해하지 않도록 도와준다. 거울과 종, 사다리는 특히 앵무새들이 좋아하는 장난감 중 하나다.

③ 펠렛사료 이외에도 씨앗,신선한 과일과 채소를 급여해야 한다.

(★)사이테스(CITES)종: 반려조 중에서도 멸종 위기 보호종에 포함되는 경우가 있다. 따라서 뒷부분의 파충류 입양절차에서 '사이테스 입양절차'에 대해 좀 더 자세히 다뤄볼 예정이다.

05 파충류의 입양

(1) 입양방법

① 지인에게 무료분양
② 펫샵/전문 브리더에게 구입
③ 지인에게 유료분양
④ 지자체/동물보호단체 등 보호시설에서 입양
⑤ 사설보호소에서 입양
⑥ 온라인으로 구입
⑦ 기타(파충류 카페)

(2) 파충류 입양 시 고려사항

A. 파충류의 종류
① **뱀:** 콘스네이크와 볼파이톤을 반려뱀으로 많이 기른다. 입양 결정 시 먹이 반응이 좋고 색이 선명하고 윤기가 흐르는 개체를 선택한다.
② **도마뱀:** 크레스티드게코, 레오파드게코 등이 도마뱀 중 가장 많이 사육되는 종이다.
③ **거북이:** 육지거북이와 반수생 거북이 등으로 나눌 수 있다. 레오파드 육지거북, 테라핀등이 선호된다.

B. 입양의 준비 및 자세
① **뱀:** 육식동물로 핑키(쥐의 새끼)와 마우스, 랫 등 설치류를 먹는다. 따라서 먹이를 보관할 수 있는 설비가 필요하다. 또한 온도와 습도에 민감하기 때문에 적절한 사육환경을 제공해주어야 한다.

② **도마뱀:** 도마뱀도 뱀과 마찬가지로 적정 온습도를 적절하게 맞춰주어야 한다. 종별로 먹이도 다양하다. 곤충을 먹는 종류도 있으며 과일 또는 육식을 하는 종도 있다. 따라서 도마뱀을 키우면 거기 따르는 곤충이나 밀웜 등도 따로 사육해야 한다.

③ **거북이**: 육지거북과 반수생 거북으로 나뉜다.육지거북은 대체적으로 따뜻한 환경을 조성해주어야 한다. 40년 이상을 살기 때문에 입양 시 수명에 대한 고려도 반드시 해야 한다. 반수생 거북 또한 수영을 할 수 있도록 물이 있는 공간과 빛을 받을 수 있는 열 공간을 제공해 주어야 한다.

06 기타 동물의 입양

(1) 토끼

A. 토끼의 수명

토끼의 평균 수명은 5~10년 정도이다. 따라서 평균 수명을 고려하여 보호자가 끝까지 토끼를 책임질 수 있는지 신중하게 고려해야 한다.

B. 토끼 입양 시 고려사항

① **소리에 민감**

토끼는 굉장히 귀가 예민한 동물이다. 따라서 소음이 심한 곳은 피하도록 한다. 그리고 통풍이 좋고 건조한 환경을 제공해야 한다.

② **갉는 습성**

토끼는 이가 계속 자라는 동물로 전깃줄 등 가정 내 물건을 갉을 수 있다. 따라서 케이지도 금속제로 된 것을 사용하고 전기 코드 등은 갉지 못하도록 대비한다.

③ **분양가격**

일반 토끼는 1만-3만원 정도다. 롭이어와 친칠라 토끼 등 품종 토끼는 조금 더 비싼 편이다.

(2) 햄스터

A. 햄스터 종류
① **골든 햄스터**: 시리아 사막이 고향이며, 길이는 15~20cm, 몸무게 100~160g정도다. 단모종과 장모종이 있는데 장모종이 상대적으로 온순하다. 드워프 햄스터에 비해서는 큰 편이며 가장 흔히 볼 수 있는 햄스터다.
② **드워프 햄스터**: 골든 햄스터에 비해 상대적으로 작은 햄스터들을 통칭한다. 크게 4가지 종으로 캠벨러시안, 시베리안, 중국 햄스터, 로브로브스키 햄스터가 있다.

B. 입양 시 고려사항
① 성체는 함부로 합사할 경우 다투기 때문에 케이지 하나당 1마리만 키워야 한다.
② 습도는 40~60%, 온도는 18~24℃가 좋다. 추위에는 강하지만, 더위에는 약하다. 극도로 더운 환경에는 적응하지 못한다.
③ 야행성으로 낮에는 자고 밤에 움직인다. 수컷이 암컷보다 온순하고 다루기 쉽다.

(3) 기니피그

A. 분양방법
① 전문펫샵
② 브리더 및 개인 분양
③ 인터넷 및 마트 분양
④ 유기동물 보호센터

B. 입양 전 고려할 사항
① 사회적 동물
   무리생활을 하는 동물이다. 심지어 한 마리만 키우는 것을 불법으로 규정하는 국가가 있을 정도다. 한국에서는 한 마리만 키우는 것이 불법은 아니지만, 두 마리 이상의 사육을 권장한다.
② 수명
   5-10년으로 토끼와 비슷하다. 수명이 긴 만큼 끝까지 책임을 질 수 있는지 신중히 판단하여야 한다.

③ 성격

예민하고 겁이 많으므로 소음이 많은 환경에서는 스트레스를 받는다. 조용한 환경에서 사육해야 한다.

④ 털빠짐

털빠짐이 심하므로 본인이나 가족 중에 알레르기 또는 비염 환자가 있다면 신중하게 판단해야 된다.

⑤ 갉는 습성

설치류특성상 이갈이를 위해 전선 등을 갉는다.

⑥ 소음

24시간 중 2-3시간만 잠을 자는 동물로 밤에 활동하며 소음을 일으킬 수 있다. 또 의사소통을 소리로 하므로 예상 이상 시끄러울 수 있다. 2마리 이상을 키우면 소음이 더 심해지니 주의해야 한다.

C. 필요한 용품

① 과거에는 리빙 박스나 철장 케이지 등을 사용했지만, 현재는 강아지용 울타리를 쳐서 개방적으로 키우는 사람들도 많아졌다.
② 케이지는 최대한 큰 게 좋다.
③ 밥그릇, 물그릇
④ 건초, 건초그릇
⑤ 화장실, 은신처

IV. 반려동물 행동학

01 반려동물 행동학의 개요

반려동물의 행동을 이해하는 것은 반려동물 양육에 큰 도움이 된다. 반려동물은 언어로 자신의 의사를 표현할 수 없기 때문에 어떤 특정한 행동이 반려동물의 심리, 상태, 건강, 욕구와 같은 다양한 메시지를 전달하기 때문이다. 따라서 반려동물의 행동에 대한 기본적인 이해는 반려동물을 관리하는 전문가에게는 필수적으로 요구되는 기초 지식에 해당한다. 이번 단락에서는 반려견과 반려묘를 비롯한 반려동물의 행동에 대해 알아보도록 하자.

(1) 행동의 정의

행동이란 생명체가 신체 내·외부 자극에 반응하는 행동 단위움직임이다. 행동 단위로 구성되지 않은 자극에 대한 반사는 행동에 포함되지 않는다.

(2) 행동 단위

행동은 선(先)동작, 목표동작, 후(後)동작이 체계적으로 결합되어 하나의 행동 단위를 이룬다. 목표 동작을 중심으로 선동작과 후동작이 유기적으로 구성된다. 반려견의 행동을 파악하고 분석할 때는 행동 단위로 관찰하고 판단해야 한다.

(3) 행동의 특성

동일자극이 주어지더라도 표현이 다양할 수 있다. 또한 다른 자극에 대하여 동일한 행동이 표현되기도 한다. 예를 들면, 반려견의 행동은 자신이 혼자 완성시킬 수 있는 개체행동과 상대와의 사회적 관계에서 발생되는 사회행동으로 구분된다. 행동은 목표동작의 완성만으로 조절되지 않으며 행동의 실현 자체도 중요하다. 행동 단위가 결핍된 경우 전가행동과 같은 문제가 발생한다.

(4) 행동의 발현기전

A. 자극과 반응기전: 감각 수용기에 전달된 자극은 공통기능을 가진 신경세포 집단인 중추신경에 전달된다. 행동은 중추신경에 전달된 자극에 반응하여 표현되는 현상이다.

B. 생득적 해발기전: 동물체가 가지고 태어난 선천적인 행동양식으로 연속적인 억제와 해발의 연결로 발생한다. 일정한 생리 상태에 이르면 최상위 중추가 활성화되고 이어서 억제가 해제되어 행동이 발생하는 현상이다.

02 반려견의 행동학

(1) 반려견의 개체유지 행동

개체유지 행동이란 개체가 생활하고 생존하기 위해서 수행하는 가장 기본적인 행동을 의미한다. 신체적 욕구, 생리적 욕구를 충족시키는 행동으로 다른 개체들과 관련 없이 할 수 있는 행동들이다.

A. 섭식행동
개체유지를 위한 가장 기본적인 행동은 섭식행동, 즉 먹는 행위이다.

개는 본래 가축화되기 이전에는 무리를 지어 사냥을 통해 먹이를 얻었만, 가축화가 이루어지면서 개는 더 이상 사냥할 필요가 사라져 버렸다. 보호자가 음식을 제공해주기 때문이다. 하지만 이런 이유에서 목적이 없는 공격행동이 나타날 가능성이 생기게 된다. 이를 방지하기 위해서는 매일 산책을 통해 반려견이 가지고 있는 스트레스를 해소해주고, 에너지가 방출되도록 유도해야 한다. 개들이 즐기는 공 물어오기, 터그 놀이, 물건 파묻기와 같은 행위들은 모두 사냥을 위한 행동의 직접적인 형태이거나 변형된 형태에 해당한다.

대부분의 개들은 매우 빠르게 음식물을 섭취하는 경향이 있는데, 경우에 따라 자신의 체중의 10%에 해당하는 음식을 먹기도 하기 때문에 보호자는 적절한 칼로리를 섭취할 수 있도록 양을 조절해 주어야 한다.

B. 배변행동

    배변행동은 섭식행동과 함께 개체유지를 위한 가장 1차적인 생리현상이다. 개체에 따라 행동 패턴은 다양하게 나타나는데, 일반적으로 성견의 경우에는 1일 2~3회 가량이며, 장소는 대체적으로 잠자리에서 멀리 떨어진 곳을 선호한다.

    수컷의 경우 주요한 커뮤니케이션의 수단으로 소변을 이용하여 마킹(표식)행동을 하기도 한다. 암컷에 비해 마킹의 빈도가 대략 30배 정도인 것으로 보고되고 있다. 다른 개들이 가까운 영역에 존재하는 경우나 혹은 암컷과 함께 있는 경우 그 횟수가 증가하는 경향이 있다. 하지만 반려견의 경우 집 안에서는 마킹을 하지 않는데, 그 이유는 집은 반려견에게 확고한 자신의 영역이기 때문에 마킹을 해야 할 이유가 없기 때문이다. 간혹 손님이 방문한 경우 보호자인 주인의 관심을 끌거나 혹은 자신의 영역을 확고하게 하기 위해 마킹을 하는 경우도 있다.

C. 그루밍

    개의 그루밍(grooming)은 몸단장의 일환이다. 그루밍은 건강하고 깨끗하게 유지될 수 있도록 다른 반려견의 털과 피부를 다듬는 동작이며, 이러한 동작을 통해서 피부에 붙은 먼지나 기생충을 제거하고 타액에 포함된 성분으로 상처를 치료하는 효과가 있다. 하지만 사람에 대해서도 간혹 핥는 그루밍 행위를 하는 경우가 있는데, 이런 경우에는 반려견이 가지고 있는 보호자에 대한 애정 표현의 방법이다. 이를 통해 반려견은 유대감을 느끼고 신뢰를 표현한다.

(2) 반려견의 사회적 행동

    동물들이 '무리'를 짓는 이유는 집단을 만드는 것이 생존에 더 유리하기 때문이다. 집단을 이루는 것이 사냥감을 사냥할 때나 혹은 자기 자신을 방어하기에 수월하다. 개에게는 2~3대가 함께 무리를 지어 생활하던 늑대의 습성이 아마 가축화된 이후에도 어느 정도 유지되고 있으므로 사회적 행동이 매우 발달되어 있다.

A. 청각 커뮤니케이션

> **Q 강아지가 갑자기 짖는 이유는?**
>
> **A 강아지가 짖는 이유는 크게 4가지로 나눌 수 있다.**
>
> ① 경계심, 불안감을 느낄 때
>   싫어하는 사람이 다가올 때 → "더 이상 가까이 오지마" 하며 짖는다.
>   낯선 사람이 만지려고 할 때 -> "싫어, 만지지마" 하며 짖는다.

② 요구사항이 있을 때
  케이지 안에서 나가고 싶을 때 → "여기서 꺼내줘" 하며 짖는다.
  주인 식사 시 → "나에게도 나눠줘" 하며 짖는다.
③ 흥분을 느낄 때
  사랑하는 보호자가 돌아왔을 때 → "드디어 돌아오셨어! 너무너무 좋아!" 하며 짖는다.
  애견 놀이터 등 넓은 공간에서 마음껏 뛰어놀 때 → "야호! 신난다!" 하며 짖는다.
④ 몸이 아프고 불편할 때
  통증을 호소할 때 → "보호자님… 너무 아프고 힘들어요…" 하며 짖는다.

개는 구어적인 언어를 사용하여 명시적으로 의사를 표현하지는 않지만, 짖거나 으르렁거림, 끙끙거림 등을 통해서 자신의 상황을 알리고 욕구를 표현한다. 개는 소리를 이용할 커뮤니케이션이 발달한 동물이기 때문에 보호자는 개의 표정이나 태도, 소리 등을 종합해 현재 반려견이 보내고 있는 신호를 해석할 수 있게 된다.

① 짖기
음성을 이용한 커뮤니케이션은 중장거리 전달에 있어서 효율적이다. 개들이 짖는 행위는 여러 의미를 담고 있다. 개는 경계, 경고, 방어, 공포, 놀이 권유, 인사, 관심 등의 다양한 목적을 가지고 짖는다. 놀이, 인사 등과 같이 긍정적인 의미를 담고 있는 경우에는 주파수가 높은 짖는 소리를 내고, 경계, 경고, 방어와 같은 경우에는 낮은 저음으로 소리를 낸다. 주로 공격적인 상황에서는 으르렁거리는 소리가 나며, 우는 듯한 소리는 불만족이나 아픈 경우 혹은 복종적인 태도를 드러낼 때 나타난다.
또한 다른 개의 울음소리, 인터폰, 자동차나 오토바이 소리, 통행인이나 다른 개, 주인의 외출이나 귀가, 방문객 등 다양한 이유에서 개가 짖는 경우가 발생할 수 있다.

② 하울링

하울링은 개과의 동물들이 가지고 있는 일반적인 소리로 멀리 있는 무리에게 소리를 전달하는 방식이다. 다른 개체에게 응답을 하거나 부르기 위해 길게 울부짖는다. 일정한 음으로 30초 이상 하울링하는 특징은 북방 견종인 시베리안 허스키, 아키타견, 알래스칸 말라뮤트 등에서 주로 나타난다. 주둥이 부분을 위로 향해 머리를 고정하고, 가볍게 흔들면서 주로 하울링을 한다. 피아노 소리나 비행기 소리와 같은 특정 음역대의 소리에 반응하여 하울링할 때도 있다.

③ 으르렁거림

일반적으로 공경적인 위협이나 방어를 목적으로 으르렁거리지만, 경우에 따라서는 놀이나 관심을 얻기 위한 용도로도 사용하기도 한다. 물론 종류에 따라 소리의 차이가 발생한다.

④ 만족음

'구우, 우~'와 같은 낮은 소리를 낸다. 주로 만족감을 표현할 때나 편할 때에 내는 소리로 어린 시절에 수유를 하거나 잠 잘 때 주로 많이 나타나는 소리이다. 하지만 성장 후에도 만족할 때라든지 자다가 돌아 누울 때 이와 같은 소리를 내기도 한다.

⑤ 콧소리

인사, 욕구불만, 복종, 공포나 고통에 수반되어 나타난다. 불안 및 갈등상태에 있는 경우에 나타나는 경우도 많다. 갓 태어난 후부터 청년기 사이에 많이 들리지만, 성장 후에도 나타난다.

> **Q** 멕시코에서 스페인어만 듣고 살던 반려견이 주인을 따라 헝가리로 이주하면 주변에서 들리는 헝가리어가 귀에 낯설까?
>
> **A** 헝가리 외트뵈시로란드대학교 동물 행동학과의 라우라쿠아야 박사 연구팀은 이런 의문에서 시작한 개의 언어 인지에 관한 연구 결과를 과학 저널 '뉴로이미지'(NeuroImage)에 발표했다

연구팀은 우선 쿤쿤을 비롯, 스페인어나 헝가리어만 듣고 자란 개 18마리를 '뇌 스캐너'에서 움직이지 않게 훈련했다. 그런 다음 동화 '어린왕자'를 스페인어나 헝가리어로 읽어주고 친숙한 언어와 그렇지 않은 언어를 들었을 때의 두뇌 반응을 살폈다. 이와 함께 두 언어를 마구 뒤섞어 자연스럽게 들리지 않는 비언어적 소리를 들려주는 실험도 진행했다. 실험 결과에 의하면 친숙한 언어와 그렇지 않은 언어를 구분할 때는 이차 청각피질이 활성화됐으며, 나이 든 개일수록 이를 더 잘 구분하는 것으로 나타났다.

논문 공동 저자인 라울 페르난데스-페레스 박사는 "각 언어는 다양한 청각적 규칙을 갖는데, 개가 인간과 함께 살면서 주변에서 들어온 언어의 청각적 규칙을 습득한다는 점을 제시해 주는 것"이라고 분석했다. 연구팀은 "이번 연구가 인간이 아닌 다른 동물도 두 언어의 차이를 구분할 수 있다는 점을 처음으로 보여줬다"면서 언어의 규칙성을 배우는 능력이 인간 고유의 것이 아니라는 점을 드러냈다는 점에서 흥미롭다고 밝혔다.

Q 반려견에게 명령할 때는 어떤 목소리로 해야 하나요?

보호자들은 한 가지 명령에 한 가지 명령어 만을 선택해서 사용해야만 한다. 복잡하게 명령한다면 반려견은 해당 명령에 대해 알아 들을 수 없다.

개의 이름을 부를 때는 이름을 정확하고 또박또박 말하거나 손뼉을 치는 것으로 개를 부를 수 있다. 충분히 빠르지는 않더라도 개가 반응한다면, '착하지'라고 칭찬해 주어야 한다. '앉아' 또는 '엎드려'같이 개의 본능적인 행동을 억제하는 동작과 관련된 명령을 할 때는 딱 한 번만 명령어를 말하도록 노력해야 한다.

B. 시각 커뮤니케이션

개는 주로 빛이 적은 환경에서 활동하는데 잘 적응된 포유동물의 특징을 가지고 있다. 개의 시야는 250도로 사람보다 넓지만, 사물에 대한 초점을 맞추는 능력은 60도로 오히려 사람보다 좁다. 또한 사물이 흐릿한 상태로 보이는 '적녹색맹'이다. 일반적으로 개의 시각적 커뮤니케이션은 근거리나 중거리에 효과적인 것으로 알려져 있다.

개는 자신의 표정이나 귀·꼬리의 위치, 자세 등으로 다양한 시각 정보를 제공한다. 반려견의 보호자는 주둥이, 귀, 꼬리, 자세 등을 이용한 보디랭귀지로 보내는 시각적 사인을 잘 이해해야 한다.

느긋한 　　　　　장난기 넘치는 　　　　　경계하는

두려워하는 　　두려워하면서 공격적인 　　당당하게 자기주장하면서 화가난 　　순종적인

① 우위자세

곧게 서서 머리와 꼬리를 높게 유지하면서 귀를 앞으로 향하며 입술을 당겨 송곳니가 보이도록 한다. 우위성을 드러내기 위해서 으르렁대면서 노려보고, 때로는 머리와 목을 누르고, 올라타기도 한다. 이러한 태도는 상대에 대해 이미 확립된 우위를 나타내는 일종의 과시행동이다. 하지만 본격적인 공격행동과는 차이가 있는데, 먹이, 놀이, 장소를 차지하기 위한 경쟁 등에서는 이빨이 보일 정도로 입을 벌리고, 목이나 등의 털을 세우고, 꼬리를 높게 쳐든 상태로 공격성을 드러낸다.

② 복종자세

우위자세와는 다르게 복종행동은 다리를 구부리고 머리를 낮추는 태도를 보인다. 이 때 귀를 눕히고 꼬리를 말거나 혹은 아래쪽을 향해 천천히 흔드는 경우도 있다. 대체로 시선은 다른 곳을 향하며, 머리는 상대로부터 등진다. 앞발을 들어올려서 혀로 자신의 코나 상대의 입주변을 핥기도 하는 등 공격성이 억제된 행동을 보인다.

③ 불안, 공포자세

복종의 상태이지만 때로는 공격성이 발현되는 경우가 있는데, 극심한 공포에 의해 부분적인 공격성과 부분적인 복종이 혼재되어 나타나기도 한다. 통상적으로 공포상황에서는 한쪽 다리를 들고 배를 보이는 행동을 하기도 하고 때로는 실금을 동반하기도 한다. 기질과 경험, 환경요인 등에 의해 행태가 다르게 나타나는데, 특히 겁이 많은 개의 경우에는 이런 경향이 크다. 공포와 불안의 감정을 느끼는 경우 개는 입을 크게 벌리고, 동공이 열리며, 무게중심이 뒤쪽으로 이동한다. 그리고 두려움의 대상으로부터 시선을 피하는 행동을 보인다.

④ 기뻐하는 자세

반려견이 기쁨을 표현하는 대표적인 행동은 꼬리를 높이 올리고 빠르게 움직이는 것이다. 이는 먹이나 간식, 놀이 등 긍정적인 상황에서 주로 나타난다. 때로는 놀이인사(Play bow)라고 불리는 행동을 취하기도 하는데, 그 형태는 앞다리 양쪽을 구부리고 머리를 숙인 상태로 꼬리를 위로 향해 올리는 동작을 취한다. 이때 귀는 위로 세운 상태로 시선은 놀이 상대를 향한다. 공격을 위한 행동과 유사해 보이지만 표정이 온화하며, 공격성이 겉으로 드러나지 않는다.

> **Q 개가 꼬리를 흔드는 것은 반가움의 표시이므로 만져도 될까?**
>
> **A 아니다.**
>
> 개가 꼬리를 양쪽으로 흔드는 것은 "다가오지 마"라는 뜻이다. 달갑지 않은 낯선 사람이 다가가면 '저 녀석은 누구지?'라는 생각과 함께 꼬리가 움직이기 시작한다. 이를 알아보지 못하고 인사로 착각하고 다가가면 개물림 사고에 당하기 쉽다. 동물 복지 선진국에서는 이와 관련한 내용이 반려동물 교육과정에 포함돼 있을 정도다.
>
> 진짜 반가운 경우는 꼬리를 양쪽으로 흔드는 것이 아니라 이른바 '풍차 돌리기'를 한다. 온몸의 긴장을 풀고, 전신(특히 엉덩이)을 흐느적거리는 것이다.

C. 후각 커뮤니케이션

개의 후각은 매우 발달해 있어서 냄새로 상대를 파악하고 감정을 파악하는 능력을 가지고 있다. 사람이 약 5백만 개 정도의 후각세포를 가지고 있다면 개는 2억 5천만 개의 후각세포를 가지고 있다. 따라서 개의 후각 능력은 인간보다 44배나 뛰어나다.

스티븐 부디안스키는 자신의 저서인 「개에 대해서(The Truth About Dogs)」에서 "후각수용력은 누가, 언제, 어떤 종류의 냄새를 맡느냐에 따라서 달라진다. 개는 인간으로서는 50배 이상의 양이 쌓이기 전까지는 알아차릴 수도 없는 냄새를 탐지해 내기도 하고, 혹은 수백 배 더 강하게 농축되어야만 느낄 수 있는 냄새를 탐지해 내기도 한다. 모든 동물들에게는 더 잘 감지해 낼 수 있는 특별한 냄새 배합이 있고, 이것은 개도 마찬가지다"라고 서술한 바 있다.

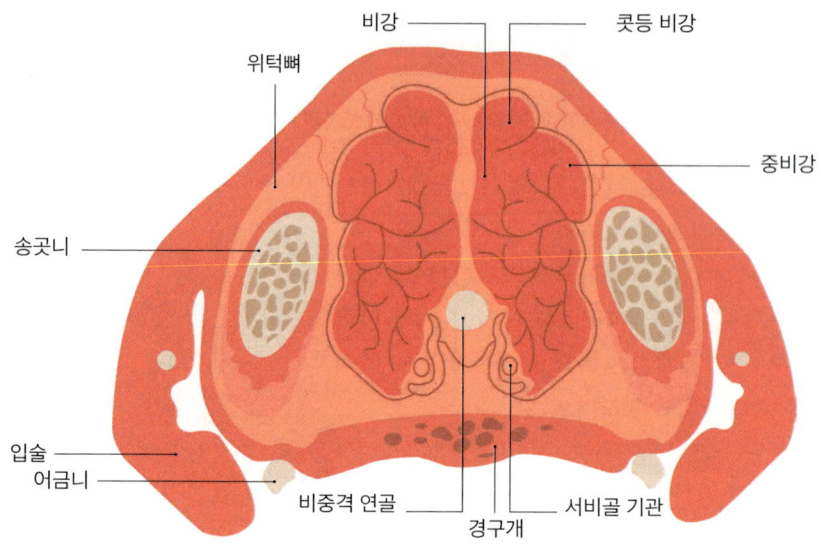

　또한 개는 압도적인 후각세포 외에도 냄새를 잘 맡기 위한 여러 신체 구조를 갖고 있다. 개는 움직이는 콧구멍을 가지고 있으며, 비강의 크기가 인간에 비해서 상당히 큰 것을 확인할 수 있다. 또한 개의 뇌에 위치한 후각신경구(olfactory bulb)는 인간에 비해 네 배나 더 큰 크기를 가지고 있기 때문에 한 달간 실내에 놓아둔 유리컵의 주인이 누구인지 찾아낼 수 있을 정도로 후각 정보 처리능력이 탁월하다.

　산책 중에 개들끼리 만나서 인사를 하는 경우 귀, 입, 항문, 생식기 등의 냄새를 맡는 경우가 있다. 수컷 끼리는 우위를 가지고 있는 개체가 꼬리를 올려 열위에 있는 개체에게 항문 주위의 냄새를 맡도록 한다. 이 냄새에는 개체의 특정한 정보가 담겨 있다.

암을 후각으로 감지하는 개???

후각능력이 발달한 개를 훈련하여 인간 체내에 존재하는 암세포를 감지해 내는 사례가 최근 많은 보도를 통해서 알려졌다. 병든 조직이 내뿜는 미세한 화학성분들의 차이를 개가 알아차릴 수 있다고 학자들은 추정하고 있다. 실제로 전립선암에 걸린 사람에게서 얻은 소변 샘플을 구분할 수 있으며, 폐암에 걸린 사람들도 구분할 수 있다는 연구 결과가 보고되기도 했다. 폐암을 진단하는 실험에서는 정확도가 71%로 나타났고, 대장암을 구분하는 테스트에서는 무려 92%의 정확도를 보여주기도 했다.

D. 카밍 시그널(Calming signal)

　노르웨이의 투리드 루가스(Turid Lugaas)는 개가 서로 의사소통을 하기 위해 사용하는 30여 가지의 신호를 확인하여 이를 카밍 시그널(Calming signal)이라고 이름 붙였다. 견종에 따라 개체별로 사용하는 카밍 시그널은 서로 다르다. 가장 일반적인 카밍 시그널은 다음과 같다.

① 혀를 내밀기
② 하품하기
③ 눈을 감기
④ 몸을 기울이기
⑤ 꼬리를 흔들지 않기
⑥ 엎드리기
⑦ 등을 돌리기
⑧ 귀를 뒤로 젖히기
⑨ 짖지 않기

E. 생식행동

반려견을 비롯한 개과 동물은 공통된 구애 행동을 가지고 있다. 구애행동은 수컷이 암컷 주위에서 춤을 추는 듯한 행동을 하는 것으로 시작된다. 몸의 앞부분을 낮추고 꼬리를 친다. 암컷의 얼굴, 목, 귀 등을 살짝 물기도 하며, 암컷이 짝짓기를 하려는 의향을 보이면, 낑낑거리는 소리를 동반하며 순종적인 태도를 취한다.

개속에 속한 동물들은 대부분 엄격하게 일부일처제를 지킨다. 개가 보여주는 가장 독특한 행위는 '교미속박(Copulatory tie)'이다. 마운팅 이후 빠르게 사정이 이뤄지지만, 암수 두 마리는 이어지는 5~20분 동안 상대와 몸을 붙인 상태를 유지하게 되는데, 이 교미 속박은 개과 수컷의 특유한 행동으로 이 행동이 수행하는 목적에 대해서는 알려져 있지 않다. 다른 수컷의 정액의 방해를 받지 않고 사정한 수컷의 정액이 난소에 진입하기 위한 전략적인 행동으로 추측된다.

F. 공격행동

동물은 일반적으로 무리, 먹이, 영역을 지키기 위해서 또는 무리 내에서 서열을 확보하기 위한 방편으로 공격행동을 보인다. 주로 암컷의 경우 같은 집에 사는 개들을 향해 공격성을 드러내는 경향이 있는 반면에 수컷은 같은 집에 살지 않는 개들을 공격하기가 쉽다.

또 다른 형태의 공격성은 우월함을 과시하기 위한 공격성의 경우이다. 높은 계급을 차지하기 위해 벌이는 투쟁은 공격성을 보여주는 전형적인 사례이다. 기본적으로 자신이 열세인 경우에는 공격행동까지 이르지 않는다. 공격성이 높은 개체가 우세한 것도 아니며, 상관성이 없는 것도 아니어서, 우위성과 공격성은 별개의 문제임을 알아야만 한다.

간혹 열세한 개체가 위협이나 공포감이 강해지면 자기 자신을 보호하기 위해 공포성 공격행동이 발현되기도 한다. 개의 우열과 관련해서 위협과 회피행동은 늑대와 상당히 유사하며, 많은 부분이 의식화되어 있다.

한 조사에 따르면 견종에 따라 공격성의 빈도가 서로 다른데 토이 도그(toy dog)에 해당하는 스페니얼, 테리어 같은 견종과 스포팅 도그(sporting dog)에서는 공격성의 발생빈도가 낮으며, 허딩 도그(herding dog) 견종에서는 빈도가 높은 것으로 나타났다.

03 반려묘의 행동학

(1) 청각 커뮤니케이션

고양이도 청각을 이용하여 커뮤니케이션을 하지만, 개가 사회적인 관계형성에 커뮤니케이션을 사용하는데 비해, 고양이는 영역을 주장하고 다른 고양이의 침입을 막고, 사회적인 거리를 유지하기 위한 수단으로써 이용하는 경우가 많다. 또한 사회적인 무리의 형성이 매우 취약하기 때문에, 서열, 쓰다듬기, 친화행동은 개와 비교해서 확연치 않다.

A. 만족음(Purr)
만족할 때, 사람이나 고양이와 접촉할 때, 친화적 관계로 인사할 때 나타난다. 또한 음식을 구하고 주의를 끌기 위해서도 쓰인다. 스스로가 편안한 상태로 공격할 가능성이 없음을 알리는 것이기도 하다. 건강이 좋지 않은 고양이에게서도 나타나는 경우가 있는데, 그 의미는 아직 명확하지 않다.

B. 울음소리
사람이나 다른 고양이와의 커뮤니케이션에 이용되는 다양한 소리다. 발정기에는 더 특징적인 소리를 낸다.

C. 위협음(Hiss)
경계 시 공포상태에서 '샤아, 갸아, 후'등 소리를 낸다.

(2) 시각 커뮤니케이션

A. 놀이 자세

특히 어린 고양이에게 많이 관찰된다. 아마 성숙된 사회적 행동을 위한 학습성 행동이며, 상대에 대한 접근, 추격, 대립 자세를 취한다. 때로는 넘어뜨리는 놀이를 유인하는 행동으로도 보인다.

B. 우호적 접근

꼬리를 세우고 털이 곤두서지 않게 해서 천천히 접근한다. 이때 사람이 갑자기 움직이면, 고양이가 도망가거나 공격하는 경우가 있다. 따라서 움직이지 않고 지나가는 것을 기다린다. 지나갈 때, 뺨을 비비는 경우가 있는데, 뺨에 있는 페로몬분비선을 이용한 마킹 행동이다. 또한 두 고양이가 쉬고 있을 때, 서로 꼬리를 감거나 상대의 몸을 꼬리로 만지는 경우가 있는데 이것 또한 우호성의 표현이라고 생각된다.

C. 위협과 공포

수축된 동공에 의한 응시가 현저하게 나타나고, 수염은 앞을 향하고 꼬리털을 부풀리며 정면으로 접근한다. 이는 능동적인 위협 행동이다. 한편, 귀를 뒤로 눕히고 입의 양쪽을 뒤로 끌어당겨 이빨을 드러내며 털을 세워서 비스듬하게 접근하는 것은 방어적 위협을 나타낸다.

(3) 사회적 행동

A. 성행동(수컷)

고양이도 생후 6~7개월이 되면 교미가 가능해진다. 마운팅과 함께 암컷 고양이의 목주변을 물거나, 발정기 암컷 고양이가 근처에 있으면 마킹 행동으로 배뇨나 비비는 행동 등을 늘린다. 영역을 가지고 있는 수컷 고양이는 발정기의 암컷 고양이의 존재에 따라 활동성과 흥분성이 증대되고 다른 수고양이와의 자주 다툰다. 교미기에는 큰 소리로 울며, 암컷 고양이를 유인한다. 이는 다른 수컷 고양이에 대한 위협이 되기도 한다. 발정기 암컷고양이의 냄새를 맡으면 플레멘(Flehmen: 성적인 흥분으로 머리를 쳐들고 윗입술을 치켜올리는 동작)을 취한다. 이것은 아마 보습코기관(Vomeronasalorgan)에 페로몬을 쉽게 보내기 위한 것으로 보여진다.

B. 성행동(암컷)

암컷 고양이의 생후 3개월 반에서 12개월 사이에 발정이 나타난다. 그 후, 연 2~3회 발정, 임신, 출산을 반복한다. 발정기가 아닌 암컷은 수고양이를 거부한다.

발정 전기에는 비비는 동작을 통해 마킹을 자주 하고, '스프레이'를 자주 뿌린다. 또 '그르릉' 소리를 내면서 발톱을 꺼내, 몸을 꼬고, 바닥을 구르는 행동 등으로 발전해 간다. 발정에 따른 울음소리(사람의 울음소리와 비슷)도 나타나게 된다. 발정전기에는 수고양이를 어느 정도까지는 받아들일 수 있으나 교미까지는 허용하지 않는다. 발정기에 들어서면 수컷의 마운팅에 대한 공격성을 보이지 않으며, 개와 동일하게 로도시스 자세를 유지한다.

교미 후, 암컷은 소리를 지르며 수컷을 공격한다. 이것은 수컷의 생식기에 의한 동통이 원인으로 보인다. 이 후, 바닥을 구르거나 외음부를 핥는 행동을 반복한다. 교미간격은 20분 정도. 발정은 교미 후 24시간 정도면 갑자기 종료된다. 수컷이 없는 경우, 발정은 발정휴지기를 포함해서 2주마다 반복된다.

C. 공격활동

고양이에 있어서 우열, 혹은 경쟁과 관련된 공격행동은 개와 비교해 볼 때 단순하다. 이것은 아마 고양이의 사회성이 개보다 희박하기 때문이다. 먹이, 잠자리, 통로 등을 둔 경쟁은 그 상황의 고양이들끼리 결정되는 것으로 개와 같은 종합적이고 보편적인 순위는 존재하지 않는다. 사람에 대해서도 독점적인 공격, 경쟁적인 공격을 나타내는 경우가 많은데, 고양이의 경우에는 자원을 확보하는 것만으로도 공격행동 유발을 피할 수 있다.

> **Q 고양이 화장실을 청소해주면 왜 고양이는 쳐다보거나 공격도 할까??**
>
> 화장실은 고양이에게 중요한 생활 공간이다. 고양이가 생활하면서 중요하다고 생각하는 공간이 3군데 있다. 밥 먹는 곳, 자는 곳, 싸는 곳이다. 고양이에게 화장실은 고양이의 삶의 질을 좌지우지할 정도로 중요한 장소이다. 그 만큼 고양이는 볼일을 보고 자기 흔적을 지우고 하는 의식적인 행위에 대해서 상당히 깊고 중요하게 생각한다. 그래서 이런 공간에 누군가 있는 것이 상당히 껄끄러운 상황인 것이다. 만약 이런 문제가 지속된다면 첫 번째 방법은 화장실 청소 전 다른 방에 분리해 놓고 화장실을 청소하거나 화장실을 여러 개 두어 화장실 자원이 풍부하다는 느낌을 심어주는 것이 좋다.

> **Q 고양이를 보고 겨울이 오는 걸 알 수 있다고??**
>
> 고양이는 인내심이 없고 근육량이 적어 추위를 잘 못 참아낸다. 기본적으로 고양이의 조상은 사막에서 왔기 때문에 추위에 강할 수 없기 때문이다. 물론 북유럽이 고향인 노르웨이 숲이라던가 메인 쿤 등 품종은 추위에 강하게끔 털 등이 진화되어 추위에 강하다.
>
> ① 고양이가 암모나이트 자세로 오래 있는 경우,
> ② 난방 기구 앞에 가서 있는 경우 등 집에서 가장 따뜻한 곳에 있는다. 컴퓨터 주변에도 자주 있는다.
> ③ 침대 이불 밑으로 들어가는 시간이 많아진다.

04 반려조의 행동학

본 단락에서는 많은 반려조 중에서도 대표적인 앵무새의 행동에 대해 살펴보기로 하자. 앵무새는 먹이사슬 아래층에 위치하여 그에 걸 맞는 행동을 한다. 그렇기에 우리는 앵무새를 절대 두 눈으로 바라보면 안 된다. 두 눈으로 바라보는 것은 맹수들이 먹이를 바라볼 때 보는 방법이다. 앵무새에게 공포를 심어줄 수 있다.

A. Pinning&Flashing

앵무새는 자신들의 홍채를 움직일 수 있다. 동공의 빠른 수축과 확장을 'Pinning&Flashing'이라고 한다. 앵무새들은 신나거나 흥분/분노했을 때, 이런 행동을 보인다. 다만 공격적 자세로 이런 행동을 하는 새들은 물 수도 있다. 또한 앵무새들은 당신을 보거나 다른 새, 장난감, 원하는 물건을 보고 행복할 때면 가만히 쳐다본다.

B. 휘파람, 노래, 말하기 등 (whistling, singing, talking)

만약 당신의 앵무가 자주 이런 행동 중 어느 것이든 한다면 만족해하고 행복해하는 상황임을 뜻한다.

C. 으르렁거리기(growling)

회색앵무새, 세네갈, meyer앵무새와 그 외 poicephalus 속의 앵무새들은 더 잘 으르렁거린다. 앵무새가 이 행동을 하는 것은 행복하지 않다는 표현이다. 앵무새들은 보통 원하지 않는데 손을 대거나 훈련시키려 하거나 할 때에 이런 행동을 보인다. 또한 쉭쉭거리는(hissing)등 행위도 같은 의미다. 이와 같은 이유를 지닌다. 왕관앵무도 기분이 나쁠 때 쉭쉭거리곤 한다.

D. 떨기(quivering)

앵무새가 춥거나 겁먹거나 무서울 때 보이는 행동이다. 목욕을 한 후에도 이런 행동을 보이며 몇몇 앵무새들은 별 이유 없이 이런 행동을 하기도 하는데 예를 들면, 퀘이커 앵무새 같은 경우 흔들거나 떠는 것을 좋아해 이런 행동을 보이곤 한다.

E. 펄럭거림(flapping)

이 행동은 에너지의 방출을 위한 운동이다. 앵무들이 어쩔 수 없이 날수가 없을 때(윙컷 등의 이유로) 횃대를 붙잡고 날개를 퍼덕이는 것이다. 보통 잠에서 깨거나 새장에서 나왔을 때에 이런 행동을 보인다. 이 행동은 앵무새들의 기분을 좋게 만든다.

05 파충류의 행동학

(1) 도마뱀

A. 팔굽혀펴기

안개 등으로 앞이 잘 보이지 않을 때 동료들의 주의를 끈 다음 구체적인 신호를 보내기 위한 것이다.

B. 눈을 감는 이유

① 따듯한 햇살을 받으며 쉬고 있을 때 눈을 감는 경우: 자신을 방해하는 존재 없이 여유로운 일광욕을 즐기고 있는 상태이고, 매우 편안하다는 의미이다.
② 핸들링 할 때: 도마뱀은 자신을 잡고 있는 존재에 대한 시각적 차단을 위해 눈을 감아버린다. 압도되어 버린 것이다.
③ 눈병에 걸렸을 때

(2) 거북이

매일 거북이를 관찰하고 정상적인 루틴을 확인하면 언제 거북이가 행복한지 알 수 있다. 만약 그 정상적인 루틴에서 벗어난다면 거북이가 사는 환경을 조정하고 수의사와 의논해 보아야 할 것이다.

A. 행복할 때
① 먹이를 줄 때 거북이에게 음식을 보여주면 목을 쭉 빼고 입을 벌린다. 만약 거북이가 음식을 거부하면 스트레스를 받았거나 아픈 상태임을 의미한다.
② 물에서 첨벙거리는 행동(splashing)을 하고 햇볕을 쬔다. 거북이에게는 UVA,UVB등 광선이 무척 중요하기 때문이다.
③ 거북이는 물속이든 육지든 주로 시각과 후각을 이용해 먹이를 찾는다. 거북이는 시력도 생각보다 뛰어나고 후각도 예리하다. 발견 후 거북이는 날카로운 부리로 음식을 먹는다. 턱도 발달이 잘 되어 있어 무는 힘이 상당하다. 사람을 잘 물지는 않는다.

B. 거북이가 돌에 숨은 이유
① 파충류들은 위협을 느끼면 본능적으로 몸을 숨긴다. 따라서 거북이가 잘 숨을 수 있도록 사육장에 모래나 둥근 돌 등을 깔아주는 것이 좋다. 또 거북은 통증이 생겨도 참는 습성이 있다. 통증 때문에 소리를 내는 등 눈에 띄는 행동을 하면 포식자에게 잡아 먹힐 수 있기 때문이다.따라서 하루 종일 머리와 팔다리를 등껍데기 안에 넣고 있는 등 평상시와 다른 행동을 보인다면 검사를 받아보는 것이 좋다.

06 기타 동물의 행동학

(1) 토끼

토끼는 자신의 감정을 소리보다는 몸으로 주로 표현한다. 외국에서는 이것을 '토끼 언어(Rabbit language)'라고 부른다. 토끼의 자세, 귀 모양 등을 보고 감정을 파악할 수 있다.

A. 래빗 키스(Rabbit Kiss)

반려인의 신체 일부분을 혀로 핥아 주는 것을 말한다. 토끼가 주인을 사랑하고 신뢰할 때 하는 행동이다.

B. 행복할 때

토끼는 행복할 때 보통 4가지 자세를 취한다. 첫 번째는 몸을 공처럼 만드는 것이다. 앞발을 접어 몸 안쪽에 넣는다. 두 번째는 '쭉 뻗기' 자세다. 그 다음으로 많이 하는 자세가 이른바 '슈퍼맨' 자세다. 슈퍼맨은 하늘을 날 때 팔과 다리를 쭉 뻗는데, 이 모습과 비슷하다고 해서 붙은 이름이다. 행복을 나타내는 행동 중 가장 역동적인 것은 '빙키'(binky)다. '빙키'는 토끼가 머리를 흔들며 허리를 비틀고 높이 뛰는 행동을 말한다. '빙키'를 할 때 토끼는 보통 허리를 휙 돌려 어딘가로 이동한다. 체력 소모가 크기 때문에 보통 빙키는 어린 토끼들이 많이 한다. 그래서 반려인들은 빙키를 하지 않는 자신의 토끼를 보며 "이제 내 토끼가 많이 늙었구나"라고 생각하게 된다.

C. 귀 모양

토끼 행동 전문가 탐신 스톤의 토끼 행동 지침서 '당신의 토끼 습관 이해하기'에 따르면 토끼 귀 모양을 보고 토끼의 마음을 파악할 수 있다. 귀를 뻗은 방향을 보면 보면 어디에 집중하고 있는지 단번에 알아챌 수 있다. 토끼는 관심이 가는 소리가 나는 방향으로 귀를 움직인다. 스톤은 귀의 각도에 따라 토끼 심리를 분석했는데 귀를 90도 각도로 쫑긋 세우고 있다면 주변 소리를 들으며 경계하고 있다는 의미다. 반대로 귀를 몸에 딱 붙이고 있으면 마음이 편안하다는 뜻이다. 또 귀를 앞이나 뒤로 30도 정도 살짝 기울이면 불안함을 느끼고 있다는 의미로 해석하면 된다.

(2) 햄스터

A. 얼굴이나 머리를 빗질하듯 문지름

햄스터가 얼굴이나 머리를 문지를 때는 몇 가지 이유가 있다. 아침에 일어났을 때 보이는 그루밍(grooming)일 수도 있지만, 짜증이 나서 머리 등을 긁기도 한다. 때로는 침을 묻혀 긴장과 동요를 억누르려고 할 수도 있다. 또한 식사 후에 입 주변을 깨끗이 정돈하기 위한 목적으로 문지를 때도 있다. 실제로는 짜증나거나 놀라서 동요하고 있는 상태인데, 이를 편안히 그루밍 중이라고 착각해 정반대의 의미로 받아들이지 않도록 주의해야 한다.

B. 귀가 젖혀져 있을 때

햄스터의 귀가 젖혀져 있을 때는 보통 간식 등 무언가에 열중하고 있을 때이다. 하지만 현재의 환경이나 사람이 무서워도 귀를 젖힌다. 계속 귀가 젖혀져 있는 경우에는 질병의 신호일 수도 있다. 특별히 어떤 곳에 집중하고 있지 않은데 귀가 젖혀져 있는 경우는 무서워하거나 경계하고 있다는 신호이므로 주의 깊게 봐야 한다.

C. 움직임 없이 어느 한 점을 바라보고 있을 때

움직임 없이 가만히 있는 상태를 프리즈(freeze)상태라고 한다. 햄스터는 근시라서 눈이 아닌 귀나 코로 의식을 집중한다. 이때 햄스터가 떨고 있다면 강한 공포를 느끼고 있다는 의미다. 코를 벌렁거리거나 귀를 기울이고 있을 때는 주변의 소리나 주위를 경계하고 있는 것이다. 평소와 다름없이 코와 귀의 움직임이 없을 때는 갑자기 일어난 일에 놀라고 있는 것이다.

D. 쳇바퀴를 쉬지 않고 돌릴 때

햄스터가 쳇바퀴를 돌리는 건 먹이통을 찾거나 운동을 하는 것이다. 그런데 무언가에 동요해서 어떻게 해야 할지 모르는 것일 수도 있다. 쳇바퀴에서 내려오지 않고 계속 돌고 있는 경우는, 상당히 동요한 상태로 도망치고 싶어하는 것일 수 있다.

(3) 기니피그

A. 동결

기니피그는 익숙하지 않은 낯선 소리가 갑자기 들리거나 주변 환경에 대해 깜짝 놀랐거나 불확실한 경우 얼어 움직이지 않는다. 이는 자연스러운 반응이다. 무리의 다른 개체에게 위험을 알리는 행위이기도 하다. 여기에는 종종 매우 짧은 진동음이 수반되며 이는 두려움을 나타낸다.

B. 이빨 채찍질

이는 기니피그가 심각하게 화났다는 의미다. 기니피그가 이를 딱딱거리는 것은 멀리 떨어져 있으라고 경고하는 것이다. 이를 무시한다면 기니피그에게 물릴 수 있다.

C. 자기 배설물 섭취

자신의 배설물을 먹는 행동을 코프로파지아(Coprophagia)라고 한다. 기니피그 내장 속 박테리아에 의해 생성된 비타민B와 K를 재흡수하는 행위로 정상적인 행동이다.

D. 과도한 털뜯기

스스로 혹은 다른 기니피그의 털을 과도하게 물어뜯거나 뽑는 행동입니다. 스트레스, 지루함, 환경 자극의 부족(은신처나 장난감이 없음), 영양 결핍(특히 비타민 C 부족) 등이 주요 원인으로 작용합니다. 이로 인해 피부 손상, 털빠짐, 상처로 인한 감염 위험 등이 발생할 수 있습니다.

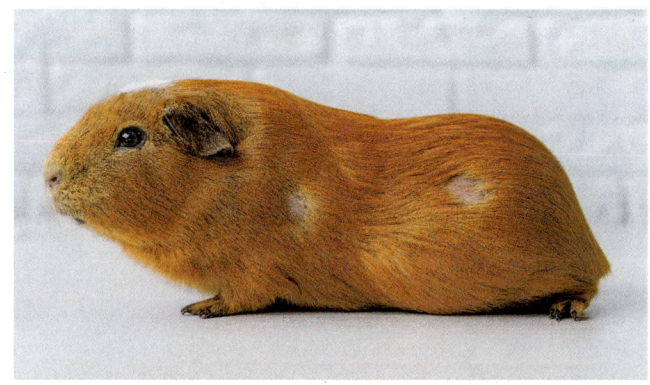

E. 케이지 물기

기니피그가 케이지의 철망이나 플라스틱을 반복적으로 갉는 행동입니다. 운동량 부족, 지루함, 배고픔, 이빨이 간지러워 무언가를 갉고 싶은 욕구(이갈이) 등이 원인입니다. 이로 인해 치아 손상, 금속 중독 위험, 지속적인 스트레스 등의 문제가 생길 수 있습니다.

COMPANION ANIMAL BEHAVIOR INSTRUCTOR

PART 03

PART 3 반려견 관리학

I. 반려견 관리학

01 반려견 관리학 개요

반려동물 가운데서도 가장 대중적인 사랑을 받고 있는 동물은 바로 반려견이다. 농림축산식품부의 '2023년 동물보호에 대한 국민의식 조사' 결과에 의하면 반려동물을 양육하는 가정의 71.4%가 개를 기르는 것으로 나타났다. 고양이나 물고기, 햄스터, 거북이를 비롯한 모든 동물을 합친 것보다도 더 압도적으로 많은 가구에서 반려견을 키우고 있다. 따라서 반려동물 관리사가 실제로 현장에서 만나게 되는 동물 중에는 개가 압도적인 숫자를 차지하게 된다.

본 단락에서는 반려동물 관리사에게 가장 기본적인 직무로 요구되며, 가장 빈번하게 관리하게 되는 반려견에 대해 중점적으로 다루어보도록 한다.

02 반려견의 품종

반려견을 잘 다루기 위해서는 기본적으로 반려견의 품종에 따른 성격의 특성과 성향, 잘 걸리는 질환, 특이사항 등을 잘 숙지하고 있어야 한다. 같은 반려견이지만 품종에 따라 사람에게 지나치게 관심과 애정을 가지고 있는 경우도 있고, 매우 독립적인 품종도 있다. 이러한 사항들에 대한 기본적인 지식은 반려견을 관리하는데 있어 필수적인 지식이다.

견종 그룹은 개의 외형이나 특성 및 그 역할에 따라 분류해 놓은 것이며, 반려견 단체마다 그 분류가 다르다. 본서에서는 한국애견협회(KKC) 기준에 따라 7개의 그룹으로 분류하기로 하였다.

(1) KKC의 7개 그룹 분류

'Korea Kennel Club'(KKC)에서는 전 세계적으로 존재하는 340종 이상의 견종 중 193개 종을 그 역할에 따라 스포팅(Sporting), 하운드(Hound), 워킹(Working), 테리어(Terrier), 토이(Toy), 넌스포팅(Non-sporting), 허딩(Herding), 기타(Miscellaneous class)로 분류하여 제시하고 있다.

반려견 관리학

PART 3

I. 반려견 관리학
1. 반려견 관리학 개요
2. 반려견의 품종
3. 반려견 미용 관리
4. 반려견 식이 관리

II. 반려견 훈련학
1. 반려견 훈련학 개요
2. 강화와 처벌
3. 기본 훈련
4. 놀이 훈련
5. 사회화 훈련
6. 산책 훈련
7. 배변 훈련
8. 복종 훈련

III. 반려견 스포츠
1. 도그 스포츠 개요
2. 도그 스포츠 종류

A. 조립견 그룹(스포팅 그룹)

스포팅 그룹은 일반적으로 새를 사냥하는 조렵(鳥獵)견들로 이루어져 있기 때문에 활동적이고 민첩하다. 대표적인 견종으로는 골든 리트리버, 래브라도 리트리버, 포인터, 코카 스파니엘, 셰터 등이 있다. '리트리버'라는 단어는 'retrieve'라는 단어에서 유래된 낱말로 사냥꾼이 사냥한 새를 물어서 회수하는 역할을 수행했던 견종에 붙은 말이다. 사냥한 새를 물어서 회수하지 않고 먹잇감으로 여겨 잡아 먹는다면 사냥에서 보조적인 역할을 수행할 수 없었을 것이기 때문에 비교적 공격성보다는 친화적인 성향을 가지고 있다. 스포팅 그룹은 활동성이 좋기 때문에 규칙적인 운동이 반드시 필요한 견종이다.

- 대표 견종 정보

☑ 골든 리트리버(Golden Retriever)

일반적인 외형	• 대칭적인 신체를 가진 활동적인 개로 친절하며, 기민한 성품을 가지고 있다. 조렵견 역할을 수행해야 하기 때문에 사냥터 환경에 적합한 능력을 가지고 있다. 대회에 출품되는 경우 전체적인 외형, 균형과 움직임이 주요한 평가 지표가 된다.
성품	• 친밀하며 믿음 있고 확실한 성품이다. 평소 상황에서 다른 사람이나 개에게 싸움을 걸거나 사나운 성품 혹은 신경질 적인 성격을 보이지 않는다.

☑ 래브라도 리트리버(Labrador Retriever)

일반적인 외형	• 래브라도 리트리버는 튼튼하게 완성된 중형의 개로 사냥감을 회수하는 조렵견으로의 역할을 수행할 수 있는 견종으로 견실함과 운동성과 균형 잡힌 구조를 가졌다. 힘든 조건에서 물오리나 고원지대 사냥감을 사냥할 수 있는 능력을 지녔다. 래브라도 리트리버의 가장 눈에 띄는 특징은 짧고 조밀한 기후에 저항하는 외투이며 수달 꼬리 그리고 알맞은 액단을 가진 넓은 뒷머리에 확실한 머리, 강력한 턱 그리고 그의 캐릭터와 영특함과 좋은 성품을 표현하는 친절하며 다정한 눈이다.
성품	• 래브라도 리트리버의 성품은 친절하고 외향적이며 다루기 쉬운 성향이다. 즐거움을 주려는 노력을 보이며, 사람이나 동물에 사납지 않은 성품이다. 래브라도는 사람들에게 많은 면으로 다가가는데 그의 친절함과 영특함과 적응력이 이상적인 견종이다.

☑ 포인터(Pointer)

일반적인 외형	• 포인터는 사냥을 위해 번식된 견종이다. 외형을 봤을 때 이 역할을 수행하게끔 보여야 한다. 이상적인 개체는 활력과 민첩한 우아함을 가진 귀족적인 외양을 보여준다. 영특하고 기민하며, 근육질의 신체를 활용하여 돌진력을 보여준다. 사냥개로서 매우 적합하여 사냥터에서 지치지 않는 활력과 자신의 역할을 수행하려는 의지를 보인다. 그리고 이 견종은 충실함과 인간의 진짜 친구로서의 헌신을 보인다.
성품	• 포인터의 꾸준한 성품과 기민한 좋은 센스는 가정과 필드에서 좋은 동반자로서 적당하다 이 견종은 위엄이 있으며 다른 사람이나 개를 두려워하는 성품을 갖는다면 좋은 평가를 받을 수 없다.

☑ 코카 스파니엘(English Cocer Spaniel)

일반적인 외형	• 활기치고 즐거운 조렵견으로 견갑부에서 선 자세가 안정되게 형성된 견종이다. 이 견종은 활기와 활력이 있다. 이 견종의 움직임은 힘있으며 매끈해서 쉽게 이동할 수 있는 능력과 우거진 덤불을 침투할 수 있어 사냥감을 노출 시키거나 회수 할 수 있다. 사냥터에서는 사냥하려는 적극적인 의지를 보인다. 이 견종의 머리는 특히 특징적이어서 움직일 때나 서있을 때나 견종의 전체의 균형을 강조한다.
성품	• 잉글리쉬 코카는 즐겁고 친밀하며 균일한 성품을 가지며 늘어지거나 너무 요란하지도 않는 일하고자 하는 믿음을 줄 수 있고 적극적인 동반자이다.

B. 하운드 그룹

　하운드 그룹은 기본적으로 사냥을 위한 견종이다. 사냥의 대상이 되는 동물의 냄새를 예리하게 추적하는 능력과 빠른 스피드를 이용하여 사냥감을 포획하거나 포위하는 역할을 수행한다. 따라서 시각적으로 빠르게 움직이는 사냥감을 포착하는 능력과 강인한 체력이 필수적으로 요구된다. 하운드 그룹에 속한 견종들은 몸이 가볍고 달리는데 최적화 되어 있다. 대표적인 견종으로는 아프간 하운드, 그레이 하운드, 살루키, 보르조이, 닥스훈트, 바셋 하운드 등이 있다. 주로 사냥에 활용되던 견종이기 때문에 산책을 하는 과정에서 고양이나 새들에게 짖거나 달려드는 경우가 발생할 수 있기 때문에 도시 내에서 기르기 위해서는 철저한 기본 교육이 요구된다. 체력과 활력이 넘치기 때문에 이러한 특성을 잘 이해하고 받아줄 수 있는 보호자가 양육해야 한다.

- 대표 견종 정보

☑ 아프간 하운드(Afghan Hound)

일반적인 외형	• 아프간하운드는 귀족적이며 위엄스런 모습을 가지고 있다. 이 견종은 직선적인 앞다리와 자랑스럽게 올려진 머리, 마치 지난날을 회상하듯 먼 곳을 응시하는 눈을 가졌다. 특징으로는 긴 비단결 같은 털을 가지고 있다는 점으로 아프간 지역의 바람으로부터 신체를 보호하기 위해 발달된 것으로 추정된다. 털은 검은색부터 흰색에까지 다양하며, 일반적으로는 머리에 반점이 있다.
성품	• 경계심을 보이며 품위를 지니지만 한편으로 명랑하다. 예민하고 신경질적인 면이 있다.

☑ 그레이하운드(Grey Hound)

일반적인 외형	• 그레이 하운드는 가장 빠른 견종으로 알려져 있다. 달리기에 적합하게 얼굴의 형태도 길고 좁으며, 눈 사이는 아주 넓고 주둥이가 길어서 공기역학적으로 적합하게 되어 있다. 몸집에 비해 작고 도톰한 발을 가지고 있으며, 색은 회색, 흰색, 검은색, 황갈색, 적회색, 청회색 등 매우 다양하다.
성품	• 토끼 사냥견이었던 만큼 관찰력과 민첩성이 뛰어나며, 체력과 지구력을 갖춘 견종이다. 주인을 잘 따르며 아이들과도 잘 어울린다.

☑ 살루키(Saluki)

일반적인 외형	• 이 견종의 전체 외모는 우아하고 지구력과 속도가 대단하게 생겼다. 눈이 깊고 믿음직하며, 멀리 내다보고 있어서 표정이 위엄이 있고 점잖다. 털 색은 적갈색, 황금색, 흰색, 회색 등이며 색이 섞인 것도 있다. 사냥감 중 가장 빠른 가젤을 추적하기 위한 개였으므로 길고 얇은 다리로 빠른 스피드로 달린다.
성품	• 살루키의 성격은 내성적이며 소극적이다. 주인에 대해 충성심과 애정을 가지고 있으며 경계심이 강하고 신경질적인 면이 있다.

☑ 보르조이(Borzoi)

일반적인 외형	• 보르조이는 원래 널찍한 지형에서 후각이 아닌 시각으로 야생 사냥을 하게끔 발달해온 견종이다. 이 목적을 달성하기 위하여 보르조이는 자기의 사냥감을 쫓고, 잡고, 물어오기 위한 신체 구조와 자질이 요구되었다. 길고 끝이 가는 주둥이와 작고 뒤로 누운 귀를 가지고 있다. 다리가 매우 길며 몸은 전반적으로 긴 웨이브를 가진 털로 덮여 있다.
성품	• 러시아어로 '민첩하다'는 뜻의 보르조이란 이름처럼 주인의 행동이나 표정을 관찰할 줄 알며 신경이 세밀하다. 지나치면 신경질적일 수도 있으므로 훈련 및 성격 관리에 심혈을 기울일 필요가 있다.

☑ 블러드 하운드(Blood Hound)

일반적인 외형	• 블러드하운드는 예민한 후각으로 사냥을 하는 견종들의 모든 면과 특징에 있어서 단연코 돋보인다. 이로 인해 다른 사냥개 견종들이 통상적으로 감시하는 사냥터 크기보다 더 넓게 감시할 수 있는 능력을 가지고 있다. 가죽을 만져보면 얇고, 극히 느슨하며, 깊은 주름이 늘어진 머리와 목이 특히 느슨하다.
성품	• 다른 후각견과 같이 바보스러운 외형에 내성적이며 반응도 느리지만 한번 추적이 시작되면 다른 것에는 전혀 신경 쓰지 않을 정도의 끈기와 집요한 면이 있다. 반면에 스스로는 어떤 사냥감이나 쫓지 않으며 주인의 지시하에 움직이려는 성향이 강하다. 평소에는 개가 있는지 없는지 분간이 되지 않을 정도로 존재감이 없다. 사납지 않고 다정하여 아이들과도 잘 어울린다.

☑ 바셋 하운드(Basset Hound)

일반적인 외형	• 바셋 하운드는 험준한 지형을 따라 추적을 할 수 있는 능력이 있는 특징을 구비한 견종이다. 짧은 다리를 가진 견종으로 크기에 비례하여 그 어떤 견종보다 육중한 뼈를 가진다. 크고 둥근 양 머리 옆으로 축 늘어지는 얇고 큰 귀가 특징적이다. 꼬리는 비교적 높게 위치하고 매우 짧은 털을 가지고 있다.
성품	• 상냥하고 애정이 많은 편이나 고집이 세고 귀찮은 것을 싫어해서 반려견으로는 부적당하며 훈련시에는 상당한 끈기가 필요하다.

☑ 닥스훈트(Dachshunds)

일반적인 외형	• 닥스훈트는 몸체가 낮고 길다. 다리는 짧으며, 근육이 발달되어 튼튼하다. 가죽은 탄력이 있고 나긋나긋하며, 과도한 주름이 없다. 귀, 다리, 꼬리, 목 등에 장식털이 자라는 장모종과 뻣뻣한 털을 가진 강모종으로 구분된다. 긴 몸통과 쐐기 모양의 주둥이가 외형적인 특징이다.
성품	• 닥스훈트는 영리하고 용감하다. 명랑하고 장난스럽기 때문에 주인을 잘 따른다.

C. 테리어그룹

테리어 그룹은 작은 견종으로부터 체구가 큰 견종에 이르기까지 다양하며, 일반적으로는 공격적이며 활동적인 성향을 가지고 있다. 대체로 설치류나 토끼와 같은 작은 동물들을 사냥하거나 땅 속의 굴을 파고 들어가 사냥하는 역할을 수행했기 때문에 매우 민첩하며 체력이 좋다. 대표적인 견종으로는 잭 러셀 테리어, 베들링턴 테리어, 폭스 테리어 등 견종에 테리어가 붙는 경우가 일반적이다. 다른 개나 동물들에게 공격적인 성향을 가지고 있으므로 특별한 관심과 관리가 필요한 견종이다.

- 대표 견종 정보

☑ 잭 러셀 테리어(Jack Russel Terrier)

일반적인 외형	• 잭 러셀 테리어는 사역견으로서의 기능을 위한 특성들을 가지고 있다. 기민성과 자신감, 체고와 길이의 균형, 중간급 크기와 중간급 뼈대를 갖추고 강하면서도 지구력을 갖추고 있다. 거칠고, 방수성이 있는 털에 다부진 구조를 가지고 있기 때문에 땅속에서 사냥감을 추적할 수 있으며, 충분히 긴 다리를 지니고 있으므로 사냥개들을 따라다닐 수 있다.
성품	• 기본적인 성향은 과감하고 우호적이다. 운동을 좋아하고 영리하다. 작업 중의 그는 사냥터의 사냥개이며, 강인하고 용감하다. 가정에서의 그는 장난을 좋아하고, 생기발랄하며, 더할 나위 없이 사랑스럽다. 독립성과 활기를 가지고 있는 테리어 종의 특징을 잘 나타낸다.

☑ 베드링턴 테리어(Bedlington Terrier)

일반적인 외형	• 우아하고 나긋나긋하며, 균형이 잘 잡힌 개로서 조잡하거나 허약하지 않다. 휴식할 때의 표정은 부드럽고 점잖으며, 수줍어하거나 신경질적이지 않다. 자극을 받거나, 특히 경계할 때는 대단한 에너지와 용기로 충만한 성향을 보인다. 민첩성이 매우 좋은 편이다.
성품	• 1800년대 후반부터는 귀족의 손에 들어가 귀여움을 받으면서 애완용으로 길들여졌다. 비록 세월이 지나면서 이 견종의 타입은 크게 변하였지만 숙녀들의 애완견으로 누렸던 인기로 말미암아 그들의 거친 성격은 많이 억제되었다. 베드링톤은 좋은 마음씨와 사랑스러운 천성 때문에 더 이상 사냥개가 아닌 애완견으로써 많은 사람들의 귀여움을 받고 있다.

☑ 폭스 테리어 (Fox Terrier)

일반적인 외형	• 사냥개로 주로 여우사냥에 사용되어 폭스 테리어라는 명칭이 붙여졌다. 균형 잡힌 골격을 가지고 있고, 직립한 발로 빠르게 뛸 수 있다. 일반적으로 흰 바탕에 검은색과 황갈색 얼룩점을 가지고 있으며 주둥이가 길게 나오고 몸통이 짧은 것이 우수한 품종으로 인정을 받는다.
성품	• 사냥을 위한 예민한 감각과 민첩성을 가지고 있으며 매우 영리하다. 활동적이면서 사냥을 위한 본능을 가지고 있기 때문에 도시에서 키우기 위해서는 적절한 훈련을 거치는 것이 좋다.

☑ 노르위치 테리어(Norwich Terrier)

일반적인 외형	• 노르위치 테리어는 땅딸막하며, 귀가 쫑긋 서있다. 전반적으로 여우같은 인상을 주는 가장 작은 사역견 테리어 중의 하나이다. 털의 색은 붉은 색, 검은색, 검은색과 황갈색, 회색 등 다양한 색상을 가진다. 강한 골격을 가지고 있으며 크고 튼튼한 이빨로 작은 동물을 사냥하는 역할을 잘 수행할 수 있는 견종이다.
성품	• 쾌활하고, 두려움이 없으며, 충직하고, 사랑스럽다. 순응적이고, 활동적이어서 이상적인 반려견이 될 수 있다.

D. 목축 및 목양견 그룹(허딩그룹)

허딩(herding)은 목축이라는 뜻을 가지고 있기 때문에 드넓은 평원에서 다른 동물들과 함께 지내면서 목축의 보조적인 역할을 수행하던 견종이다. 허딩 그룹에는 보더 콜리, 셔틀랜드 쉽독, 오스트레일리안 셰퍼드, 웰시코기 등이 있다. 웰시코기의 경우 다리가 짧지만 매우 민첩하고 순발력이 좋기 때문에 자신보다 몇 배나 큰 소와 같은 동물들을 관리할 수 있는 능력이 있다. 허딩 그룹에 속한 견종은 대부분 온순하며 보호자나 어린아이들과의 소통에도 어려움이 없어 다양한 용도로 활용된다. 높은 에너지와 지능을 가지고 있으므로 산책을 매우 좋아한다. 야외 생활에 적응하여 진화한 결과로 더러워진 털들을 관리하기 위해서 일반적으로 새 털을 지속적으로 만들어내기 때문에 털 빠짐이 매우 심한 편이며, 장난기가 넘치는 견종이다.

- 대표 견종 정보

☑ 보더 콜리(Border Collie)

일반적인 외형	• 보더 콜리는 골격이 매우 튼튼하며 균형 잡힌 신체를 가지고 있다. 귀가 반만 세워져 있는 것이 특징적이며, 이중모를 가지고 있으며 겉털은 길고 풍성하며 속털을 짧다. 털 색은 검정, 회색, 황금색, 붉은색 등 단색을 주로 가지지만 얼룩무늬를 지닌 개체도 있다.
성품	• 보더 콜리는 총명하고 기민하다. 주인에 대하여 정직하고 충실한 습성을 가지고 있다. 낯선 이들에게는 상당히 냉담할 수 있기 때문에 훌륭한 경비견의 역할을 수행할 수 있다. 판단력과 학습능력이 매우 좋은 편이다.

☑ 웰시코기(Welsh Corgi)

일반적인 외형	• 웰시코기는 여우와 같이 생긴 외관을 가지고 있다. 쫑긋 서 있는 귀와 주둥이를 지니고 있으며 단모종으로 털이 매우 많이 빠지는 특징을 가지고 있다.
성품	• 영리하며 성격이 매우 온순하다. 자기 영역에 대한 높은 경계심으로 인해 경비견으로 역할을 잘 수행하며, 장난치기를 매우 좋아하는 다정한 성격이다.

☑ 셔틀랜드 쉽독(Shetland Sheepdog)

일반적인 외형	• 셰틀랜드 쉽독은 콜리와 같이 스코트랜드의 보더 콜리로 그 유래가 올라가는 견종이다. 보더 콜리들이 셰틀랜드 섬으로 옮겨가 그 곳의 작고 영민하고 긴 털의 견종들과 교잡을 통해 작은 비율로 그 크기가 줄어들었다. 셰틀랜드 쉽독은 작고 기민하고, 거친 피모를 가진 긴 털의 사역견이다. 이 견종은 건실하고 민첩하며 단단하다. 외선은 전체에 비율상 어긋나지 않고 대칭적이다. 털 색은 흰색 바탕에 검정색, 갈색, 푸른색 등의 무늬를 가진다.
성품	• 셰틀랜드 쉽독은 매우 충성스럽고 친밀하며 주인에 대한 반응이 빠르다. 그러나 낯선 사람에 대해서는 경계를 할 수도 있으며, 때로는 신경질적이고 고집이 센 경향도 있다.

☑ 오스트레일리안 셰퍼드

일반적인 외형	• 균형이 잘 잡혀 있는 체구를 가지고 있으며 체고보다는 체장이 더 길다. 털의 색이 다양하게 나타나기 때문에 개성적이며 근육이 잘 발달되어 있다. 체력적으로 강인하다.
성품	• 지혜롭고 영리하면서도 충성스럽다. 차분하고 너그러운 성격으로 인해 다른 동물과 싸우거나 다투는 일은 발생하지 않는다. 하지만 이런 성격 탓에 처음 보는 사람에게는 소극적인 태도를 보이기도 한다.

E. 작업 및 경비견 그룹(워킹그룹)

워킹 그룹은 그 단어 그대로 사람의 일을 돕는 역할을 수행하는 견종이다. 사람을 돕는 역할을 하는 또 다른 그룹인 허딩 그룹과는 다르게 워킹 그룹에 해당하는 견종들은 집이나 가족을 지키는 경비의 역할을 하거나 무거운 짐을 운반하는 역할을 수행하는데 초점이 맞춰져 있다. 수세기 동안 인간에게 아주 유용한 도움을 준 일꾼으로 대체적으로 크기와 힘에서 월등한 특징을 가지고 있다. 대표적인 견종으로는 세인트 버나드, 로트와일러, 도베르만, 알레스칸 말라뮤트, 시베리안 허스키 등 대형으로 분류되는 견종들이다. 경호에도 적합한 특성을 가지고 있으며, 반려견에 대한 장악력을 가진 보호자가 교육하고 기르는 것이 좋다.

- 대표 견종 정보

☑ 로트 와일러(Rottweiler)

일반적인 외형	• 이상적인 로트 와일러는 중간급 크기에 튼튼하고, 힘있는 개로서 검정색에 선명한 적록색 무늬를 지녔다. 그의 다부지고 탄탄한 체격은 대단히 강하고, 민첩하며, 지구력이 있다는 것을 말해준다. 수컷은 특성상 암컷보다 큰 골격과 굵은 뼈대로 인하여 더 크며, 암컷도 전반적으로 수컷에 비해 작은 크기를 가지고 있지만 허약하지는 않다.
성품	• 로트 와일러는 기본적으로 조용하고, 자신있고, 용감하고, 자기확신에 찬 고고함을 가진 개로서 즉각적이고 무차별적으로 자신의 우정을 주지는 않는다. 로트 와일러는 자신감을 가지고 조용히 반응하고, 기다리고 관찰하여 자신의 주변에 영향을 주는 태도를 지녔다. 그는 선천적으로 집과 가족을 보호하는 열망을 타고났으며, 지극히 굳건하면서도 적응력을 갖춘 총명한 개로서 일을 하고자 하는 강한 의욕을 지녔고, 동반견, 경비견이자 모든 분야에서 만능인 개이다.

☑ 도베르만(Doberman Pinscher)

일반적인 외형	• 도베르만 핀셔는 몸체가 사각형인 중형견이다. 전반적인 모습이 매우 다부지게 생겼고, 근육질로 힘이 세며, 지구력과 스피드가 대단하다. 외모는 우아하고, 귀족적이고 당당한 자세로 다닌다.
성품	• 원기왕성하고, 주의 깊으며, 단호하고, 기민하며, 두려움이 없고, 충직하면서도 순종적이다.

☑ 알래스칸 맬러뮤트(Alaskan Malamute)

일반적인 외형	• 북극의 썰매 끄는 개들 중에서 가장 오래된 개중의 하나인 알래스칸 맬러뮤트는 힘있고 튼실하게 생긴 개로서 깊은 가슴과 강하고 잘 다듬어진 근육질 몸매를 가지고 있다. 맬러뮤트는 패드 위에 우뚝 선 자세는 머리를 세우고 관심과 호기심 어린 눈이 경계하는 것과 어울려 활발하고 의기양양한 외양을 보여준다. 걸음걸이는 안정되고 균형 잡혔으며, 지구력이 좋은 편이다.
성품	• 알래스칸 맬러뮤트는 애정이 넘치는 태도로 사람에게 친구가 되어 주는 개이며, 충성심 있고, 헌신적인 동반자이다. 사람과 어울려서 노는 것을 좋아한다.

☑ 시베리안 허스키(Siberian Husky)

일반적인 외형	• 시베리안 허스키는 중형견으로서 발이 빠르고 경쾌하며, 동작이 자유롭고 매력적이다. 전반적인 체형은 튼튼하며 지구력 있고, 털이 잘 밀생되어 있다. 쫑긋한 귀와 빗자루 같은 꼬리의 형태가 북방계 혈통임을 말해준다. 이 견종은 자신의 본래 기능인 수레 끌기 일을 잘 수행해내는데, 가볍게 짐을 싣고 적당한 속도로 대단히 먼 거리를 이동한다. 힘과 속도와 지구력이 균형을 이룰 수 있는 탄탄한 몸체를 가지고 있다.
성품	• 시베리안 허스키의 특징적인 기질은 우호적이고 품위 있고 또한 기민하고, 대담하며 외향적이다. 다른 개들에게 공격적이지도 않으면서 낯선 사람을 경계하지 않기 때문에 경비견으로서는 부적합한 측면이 있다.

☑ 세인트 버나드(Saint Bernard)

일반적인 외형	• 초대형 견종으로 주로 스위스 산악지방에서 살아왔기 때문에 여름철에 고온다습한 지역에서는 활동하기가 어렵다. 흰 바탕에 귀, 눈주변, 몸통, 꼬리 등에 갈색과 붉은색의 무늬가 나타나는 것이 일반적이다. 털 길이에 따라 장모종과 단모종으로 구분되는데 공통적인 것은 체구가 매우 크고 균형잡힌 근육질의 체형을 가지고 있다는 점이다.
성품	• 대형견으로서 힘이 세며, 영리하고, 검은 안면이 약간 예리한 인상을 주지만 나쁜 성질은 가지고 있지 않다. 원산지인 스위스에서는 주로 수색과 구조를 위한 구조견으로 역할을 수행해 왔다.

F. 비수렵견종 그룹(논스포팅 그룹)

스포팅 그룹과는 다르게 논스포팅 그룹은 명칭 그대로 주로 사냥을 하지 않는 개를 의미한다. 따라서 비교적 다양한 견종들이 포함되어 있다. 주로 특별한 목적이 없이 사람들과 함께 거주하는 견종들이 다수 포함되어 있으며, 대표적인 견종으로는 달마시안, 차우차우, 샤페이, 불독, 시바견, 진돗개 등이 있다.

- 대표 견종 정보

☑ 진돗개 (Jindo Dog)

일반적인 외형	• 진돗개는 전신이 황색인 황구, 아이보리색 귀를 제외하고 전신이 백색인 백구, 특대와 유사한 회색인 재구, 호랑이와 유사한 호구 등 다양한 털색을 가지고 있다. 눈은 붉고 둥근 모양으로 눈꼬리가 올라가 있으며, 귀는 삼각형 모양으로 곧게 서 있다.
성품	• 사냥 본능이 강하기 때문에 다소 대담하고 용감하다. 또한 영민하며 민첩하기 때문에 문제 해결 능력이 탁월하다. 보호자에 대한 애정과 충성심이 강하며, 친밀한 상대에게는 온순하다. 평균적인 수명은 약 14년 정도이다.

☑ 시바견(Shiba)

일반적인 외형	• 시바는 일본 출생의 견종 중 가장 작은 견종으로 원래 일본의 산악지역의 우거진 덤불에서 시각과 후각을 이용하여 사냥을 하기 위해 발달한 견종이다. 날카로운 감각으로 기민하고 민첩한 견종으로 집을 지키는 역할을 수행하거나 반려견으로도 매우 좋다. 이 견종의 외형은 잘 발달한 근육과 함께 옹골진 느낌을 준다. 암수의 성상은 외형에서 차이를 구별할 수 있다.
성품	• 대담함과 좋은 성품과 영향을 받지 않은 즉흥성 모두 위엄과 자연스런 아름다움을 형성한다. 시바는 독립적 성품을 가지고 낯선 이에게 냉담할 수 있으나 그의 존경을 얻은 사람들을 향한 친밀함과 충성심을 보인다. 다른 개들을 향한 사나움을 보일 때 시바는 언제나 핸들러의 조절 하에 있어야 한다.

☑ 프랜치 불독(French Bulldog)

일반적인 외형	• 프렌치 불독은 활력 있고 영리하고 두터운 뼈대의 근육질에 매끈한 짧은 털을 가진 옹골지게 만들어진 소형에서 중형의 구성을 가진 견종이다. 표현은 기민하고 궁금증과 호기심이 많다. 며느리발톱제거 이외의 그 어떤 변이사항은 훼손으로 간주되며 실격이다.
성품	• 예의바르고 적응력이 있고 편한 반려견으로 친밀한 성품과 균일한 성질을 가지고 전형적으로 활력 있고 기민하며 쾌활하나 심하게 거칠지는 않는다.

☑ 달마시안(Dalmatian)

일반적인 외형	• 달마시안은 독특한 점들이 있는 견종이다. 침착하고 기민하며 튼튼하고 근육질이며 활력 있으며 부끄러워함이 없고 표현에서 영민하며, 전체 외관에서 대칭을 이룬다. 달마시안은 적절한 속력과 더불어 지구력을 갖춘 견종이다.
성품	• 안정적이며 외향적 성품을 가지고 있으며 매우 당당하다.

✔ 차우차우(Chowchow)

일반적인 외형	• 북부 중국기원의 고대 견종으로 이 다목적의 중국 개는 사냥, 목양, 수레 끌기와 집지킴이 등으로 이용되었다. 오늘날에는 반려견으로 양육하기도 한다. 강하고 단단하며 사각형으로 구성된 꼿꼿한 북방견 타입으로 그 크기는 중형이며 강한 근육질의 발달과 두터운 뼈대를 갖는다. 몸은 옹골지며 짧게 연결되고 넓고 깊다.
성품	• 예리한 영민함과 타고난 위엄성을 가지고 있다. 낯선 사람을 향한 경계심이 높은 편이다. 이런 성향으로 인해서 경비견으로 매우 우수한 견종이다.

✔ 샤페이(Chinese Shar-pei)

일반적인 외형	• 차이니즈 샤페이는 몸에 비해 과하게 크지는 않지만 비율적으로 약간 큰 머리를 가진 견종이다. 짧고 뻣뻣한 피모와 머리와 몸을 덮는 느슨한 피부와 작은 귀, 하마 같은 주둥이 모양과 높게 위치한 꼬리는 이 견종에서만 독특한 샤페이의 모습을 만든다. 머리와 목과 몸을 덮는 느슨한 피부와 주름은 강아지에서 매우 많으나 성견에서 이러한 특징은 머리, 목과 어깨에서만으로 제한될 수 있다.
성품	• 일반적으로 가족 구성원에 대한 충성심이 높지만 낯선 사람이나 다른 동물에 대해서는 무관심하다. 영리하지만 경우에 따라 고집스럽기도 하기 때문에 이런 경우 적절한 사회화 훈련이 요구된다.

G. 토이그룹

토이 그룹은 그 명칭처럼 작은 체구와 사랑스러운 모습으로 마치 장난감이나 인형처럼 귀여운 모습을 하고 있는 견종들이다. 주로 도시에서 반려견을 키우고자 하는 사람들에게 인기가 많지만, 작고 귀여운 외모와는 다르게 예민하고 공격적인 성향을 가진 경우도 있다. 대표적인 견종으로는 푸들, 치와와, 페키니즈, 포메라니안, 요크셔 테리어, 몰티즈와 같은 인기 있는 견종들이다.

• 대표 견종 정보

☑ 몰티즈(Maltese)

일반적인 외형	• 작은 애완 견종으로 순백색의 길고 비단결처럼 부드러운 털로 온몸이 덮여있다. 순한 성품으로 친밀하고 열정적으로 움직일 때 튀는 듯 한 모습을 가지고 있으며, 풍부한 겉털 아래 언더코드로 불리는 속털이 없는 것이 특징이다. 장식털이 매우 풍부하고 등이 곧고 가슴이 잘 발달되어 있다.
성품	• 작은 크기에 비해 몰티즈는 두려움이 없는 듯 하며 믿음을 줄 수 있으며 친밀한 반응은 놀라울 정도 이다. 가장 성품이 부드러운 작은 견종 중 하나이지만 활력 있고 즐거운 성품과 건강함을 함께 지니고 있다.

☑ 요크셔 테리어(Yorkshire Terrier)

일반적인 외형	• 털이 긴 애완견으로서 청색/황갈색 털은 얼굴 부위와 머리뼈 기저로부터 꼬리 밑동까지 부위로 나누어지며, 몸체의 양 옆으로 아주 똑바로 떨어져서 매달려있다. 몸체는 깔끔하고, 암팡지고, 비례를 이루고 있다.
성품	• 청각이 발달해 있어 잘 짖으며 겁이 없는 편이므로 경비견 역할을 잘 수행한다. 독립심과 자립심이 크지만 고집이 세고 영악한 성향을 가지고 있기 때문에 때로는 어린 아이에게 질투심을 가지기도 한다.

☑ 파피용(Papillon)

일반적인 외형	• 빠삐용은 작고 우호적이고, 우아한 애완견으로서 뼈대가 가는 구조를 가지고 있다. 몸체가 가볍고 섬세하며, 이로 인해 경쾌한 동작으로 움직인다. 아름다운 나비 같은 귀로 인하여 다른 견종들과 구별되는 개이다.
성품	• 유쾌하고, 기민하며, 우호적이다. 수줍어하거나 공격적이지 않다.

☑ 푸들(Poodle)

일반적인 외형	• 푸들의 전반적인 태도, 모양 그리고 상태는 활발하며 영리하게 보이며 또 우아한 자태를 가졌다. 정사각형의 외형을 지니고 있으며, 전반적으로 균형이 적당하고 움직임과 태도가 당당하다. 전통적인 모양으로 차분히 미용된 푸들은 푸들만이 가질 수 있는 품위가 있다.
성품	• 자기 자신을 자랑스럽게 표현하며 매우 활동적이며 지적이다. 푸들은 푸들만이 갖는 특징적인 위엄을 가진다. 예민하거나 부끄러움을 타는 성향도 함께 가지고 있다.

☑ 치와와(Chihuahua)

일반적인 외형	• 치와와는 우아하고 기민하며, 재빠르게 움직이는 작은 개로서 쾌활한 표정에 다부지며, 테리어 같은 기질을 지녔다. 귀와 목, 꼬리에 장식털이 있는 장모종과 전신이 짧은 털인 단모종으로 구분된다. 다양한 무늬와 색을 가지고 있으며, 귀는 크고 위로 서 있는 형태이다.
성품	• 충성심이 강하며, 다른 한편으로는 경계심도 심해서 잘 짖는 성향을 보인다.

☑ 페키니즈(Pekingese)

일반적인 외형	• 페키니즈는 균형이 잘 잡히고, 다부진 개로서 앞부분이 크고, 뒷부분이 작다. 이 개의 솔직함, 독립성, 개성, 표정 속에 중국이 원산지라는 것이 나타나 있다. 이 개의 이미지는 사자를 닮았다. 이 이미지는 귀엽고, 고상하고, 섬세하다기보다는 용감하고, 과감하고, 자기를 존중한다는 것을 보여준다.
성품	• 왕과 같은 위엄과 자신감을 가지고 있으며, 때로는 완고한 성품을 드러내기도 한다. 하지만 자신이 복종을 해야 하는 보호자에게는 활달하면서도 사랑스러운 반려견이다.

☑ 포메라니안(Pomeranian)

일반적인 외형	• 포메라니안은 다부지고 등이 짧고 역동적인 애완견이다. 부드럽고 조밀한 밑털과 풍성하고 질감이 거친 겉털을 지니고 있다. 장식깃털이 많은 꼬리는 높게 자리잡았으며, 등에 드러누워 있다. 포메라니안은 젠 체하면서 당당하며 걸음걸이는 활기 있다.
성품	• 포메라니안은 외향적이고 아주 총명하게 보이며, 욕심과 애교가 많다.

(2) 국제 혈통서

A. 혈통서의 목적과 장점

도그쇼에 출전하기 위해서는 아래와 같은 혈통서가 반드시 필요하다.

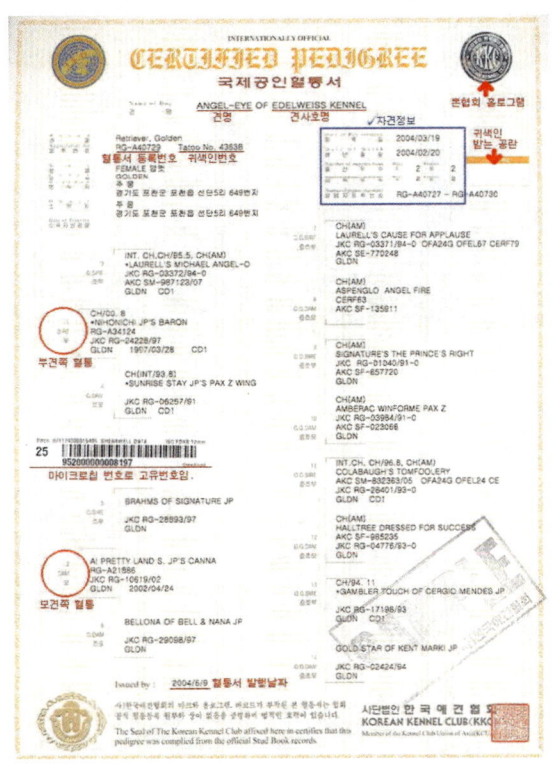

혈통서를 발급받기 위해서는 부모견들의 혈통서까지 검증 받는 등 까다로운 절차를 거쳐야 한다. 이는 윗대의 견종 표준을 후대까지 유지하기 위한 목적을 가지고 있다. 또한 개들의 근친상간을 막고 유전병 등의 원인인자를 가진 개를 도태시키는 역할도 한다. '견종표준'은 각 견종의 표준이 되는 순수한 견종의 특징을 통틀어 일컫는 말이다.

혈통서에 대한 출발은 19세기 말인 1873년 창설된 세계최초의 애견협회인 영국애견협회에서부터 시작되었다. 영국애견협회는 처음으로 '견종표준서(Standard Book)'를 만들어 견종별 '순종'을 정의하였다.

다만 한국은 아직 혈통서 발급이 의무가 아니므로 셰퍼드, 진돗개 등의 일부 견종에서만 혈통서가 발급된다. 반려견을 기르는 보호자 입장에서는 어떻게 자라날지 전혀 예측할 수 없는 믹스견에 비해 혈통서를 가진 순종은 예측이 가능하다는 측면에서 장점을 가진다.

따라서 브리더들은 분양에서의 가치를 높이기 위해서 혈통서가 있는 개들에 대해 잘 관리해야만 한다. 혈통서가 있는 개는 도그쇼 등에서 수상하며, 견종표준과 얼마나 적합한지를 심사받을수 있다. 이를 통해 우수한 개로 인정받게 된다.

소비자보호원 차원에서도 강아지표준거래 계약서를 활성화시키고 반려동물 등록제를 확립시키는 등 강아지 거래 양성화 정책 등을 펼쳐 혈통서의 가치를 더 높일 필요성이 있다. 하지만 이에 대해 근친교배를 유도하는 원인이라는 반론도 존재한다.

Q 믹스견은 나쁜 것일까???

자연상태에서 잡종이 순종보다 더 건강하다는 사례를 들어 개의 혈통 보존 자체를 반대하는 의견도 있다. 일반적인 자연환경에서는 생존능력이 약한 개체부터 가차 없이 도태된다. 따라서 우수한 견종만이 살아남을 수 있다는 적자생존의 법칙에 의거하여 순종보다는 잡종이 유리하다는 주장도 있다. 최근 말티푸와 같은 믹스견에 대한 인기가 높아지면서 다양한 측면의 의견들이 대립하고 있다.

혈통서 발급기관인 세계 3대 애견단체

1. 영국켄넬클럽

1873년 영국에서 창설한 애견 단체이자 세계에서 가장 오래된 애견단체로 세계애견연맹(FCI)과 협력 관계다. 도그쇼로 유명한 크러프트도그쇼를 매년 봄에 개최하며 매회 약 160여 견종의 2만여 출진견이 도그쇼에 참여한다. 현재 205가지의 견종이 등록되어 있다.

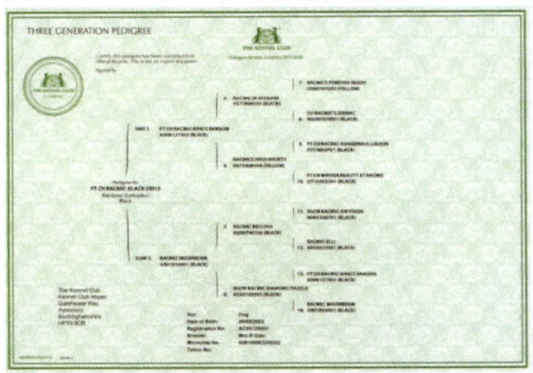

위에 혈통서는 영국켄넬클럽에서 발급하는 혈통서이다. 키우는 개의 부모견과 조부모견을 알 수 있으며 도그쇼 출전 자격을 부여한다.

2. 미국애견클럽

1884년 미국에서 출범한 애견 단체로 순수 혈통견을 보호 및 장려하고 견종 표준을 만들어 관련 정보를 공유한다. 미국에서 가장 오래된 비영리기관이기도 하다. 세계애견연맹(FCI)에 가입하지 않고 독자적으로 표준을 정하고 관리한다. 연간 100만 마리 이상의 개가 등록되는데, 이를 근거로 매년 초 지난해 인기 견종 순위를 발표한다.

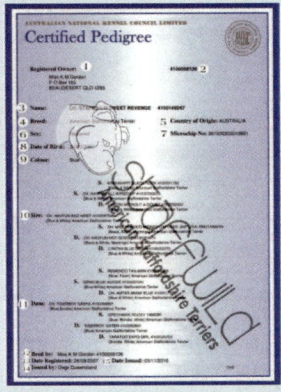

위의 사진은 미국애견클럽의 혈통서다. 등록견의 출생일과 지역 및 성별, 주인, 부모견, 조부모견 등을 알 수 있다.

3. 세계애견연맹

　1911년 독일, 오스트리아, 벨기에, 프랑스, 네덜란드의 애견단체가 연합하여 설립하였다. 1968년 3월 5일 공식적으로 법인격을 갖게 되었다. 2008년 5월 기준으로 84개의 애견단체가 회원으로 가입되어 있다. 전세계 애견의순수 혈통을 보호하고 장려하며, 정보를 공유하는 것이 목적이다.

　주요 업무는 견종 표준의 확립 및 등록, 전세계 국제 도그쇼 관리, 심사위원의 자격증 인증 및 애견관련 규정의 설립 및 관리 등이다. 견종표준을 만들 때에는 이용목적 또는 외형에 따라 10개의 그룹으로 분류한다. 각 그룹은 그 안에서 섹션이 나눠지며 소속 국가와 이름에 따라 정렬된다. 견종에 따라 국가별로 서로 다른 이름으로 불리는 경우가 있으므로 고유한 식별번호를 부여하여 구분할 수 있도록 하고 있다.

03 반려견 미용 관리

　개는 사람과 함께 오랜 시간을 생활해 왔다. 하지만 개의 미용에 대해 관심을 갖기 시작한 것은 18세기 무렵의 일이다. 프랑스는 루이 15세, 16세를 거치며 절대왕정을 확립하면서 궁정에서 국경으로 푸들을 기르기 시작했다. 푸들은 궁정 귀부인들에게 사랑을 받았고, 사치와 과시의 목적으로 동원되기도 했다. 이 때부터 푸들을 관리하기 위해 그루머(groomer)라고 불리던 미용 전문가가 베르사유 궁전 앞 광장의 전용 시설에서 미용을 하면서 본격적으로 반려견 미용 관리가 시작되었다고 할 수 있다. 물론 그 이전 고대 시대에도 부와 권력을 자랑하기 위한 목적으로 개를 치장하는 풍습이 있었지만, 이 때부터 반려견 미용에 대한 본격적인 관심이 시작되었다고 해도 과언은 아니다.

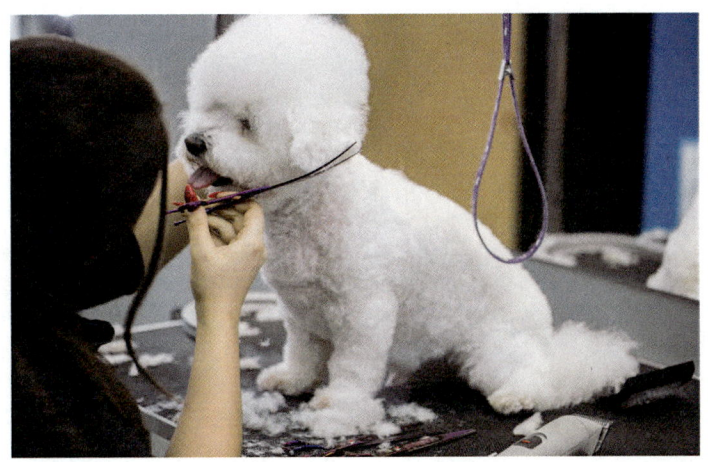

(1) 반려견 미용의 필요성

A. 반려견의 털갈이

개는 1년 내내 털이 빠지는 동물이지만, 봄/가을은 특히 털갈이 시기로 대량의 털이 빠진다. 털갈이는 사람으로 치면 옷을 갈아입는 과정과 같다. 겨울에 보온을 위해 털을 부풀렸다가 봄이 되면 털옷을 벗고, 가을이 되면 겨울을 대비해 다시 옷을 입는 것이다.

다만 현대사회의 실내 반려견의 경우 조금 경우가 다르다. 온도와 조도 변화가 거의 없는 집에서 생활하다 보니 계절적 털갈이가 사라지는 것이다. 이런 경우 연중 조금씩 꾸준히 털이 빠지므로 보호자가 털갈이 시기를 눈치채지 못할 수도 있다.

B. 품종별 털갈이 특성

품종에 따라서도 털갈이 특성이 다르다. 단모종은 장모종보다 털 빠짐이 더 심할 수 있다. 이는 털이 덜 빠진다고 생각해 단모종을 입양한 보호자에게 놀라움을 안겨준다. 견종에 따라서도 차이가 있는데 시베리안허스키나 포메라니안 등은 이중모 구조이기 때문에 시츄나 말티즈 같은 단모종보다 털빠짐이 눈에 띄는 편이다.

C. 털갈이 필요성과 효과

가을이 되어 털갈이 시기를 맞이하면 개의 건강을 위해 털을 자주 빗질해주어야 한다. 이는 털을 빗으며 피부를 환기시켜 피부병 등을 예방하기 위한 목적이 크다. 또 빗질은 털엉킴을 막고 피부의 먼지나 각질을 제거해 건강에도 크게 도움이 된다.

그 외에 빗질은 마사지 효과를 주기 때문에 혈액순환에도 도움이 된다. 빗질이 피하 모세 혈관을 자극하기 때문이다. 모세혈관 자극은 체내 영양분 순환에 도움이 되고, 통증 완화 및 부기 제거에 좋으며 노폐물 배출, 소화 기능 향상 등 여러 효과를 얻을 수 있다. 다소의 체온 상승으로 근육에도 탄력이 붙는다.

D. 빗질과 기생충구제

강아지 피부를 빗어주다 보면 모낭충과 옴진드기를 발견할 수도 있다. 이러한 외부 기생충은 기생충성 피부염의 원인이 된다.

① **모낭충**

털진드기목 모낭진드기속 기생충이다. 모양이 길쭉하고 가슴에 짧은 다리가 4쌍 있다. 포유류의 모낭에 숨어 탈모, 염증을 일으키는 주범이다. 사실 강아지 피부에는 늘 모낭충이 존재하지만, 과다 증식할 경우 모낭충증이 된다. 자견(어린 강아지)나 노견, 호르몬 증상이 있는 강아지 등 면역력이 떨어 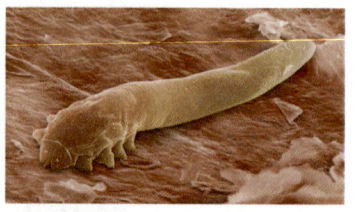 지는 개체에서 모낭충이 이상 증식할 수 있고, 얼굴 발끝 탈모와 피부색깔 흑변 등 증상을 보인다. 외부구충제와 약욕 등으로 치료한다.

② **옴진드기**

개선충이라고도 한다. 강아지 피부에 굴을 꿇고 알을 낳는 동물이다. 심한 가려움을 유발하는 것이 특징이다. 옴진드기가 옳은 강아지는 귀 끝이나 피부를 조금만 건드려도 세차게 긁어댄다. 이 옴진드기는 보호자에게도 감염될 수 있으니 주의 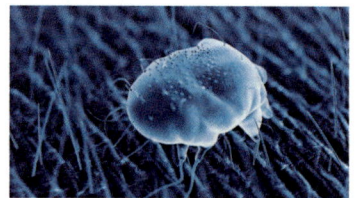 해야 한다.

> **Q 강이지도 고양이처럼 스스로 털 관리를 하나요?**
>
> 강아지도 털을 핥고, 몸을 바닥에 구르는 등 행위로 몸에 붙은 이물질을 제거하는 데 힘쓴다. 강아지는 발과 생식기까지 꼼꼼히 털과 피부를 꼭꼭 씹고 핥는데,이는 피부를 이빨로 자극했을 때 나오는 유분이 불순물을 제거하는 데 도움이 되기 때문이다.또 강아지는 카펫이나 가구에 몸을 비비거나, 산책 시 풀에 몸을 비비는 행위, 식사 후 얼굴을 카펫에 문지르는 행위, 힘차게 몸을 터는 행위 등으로 이물질을 최선을 다해 제거한다. 그러나 이런 행위에도 불구하고 강아지가 과도하게 특정 부위를 핥거나 긁을 경우 피부병, 알레르기, 습진 등이 우려되니 보호자가 점검해 동물병원에 데리고 가야 한다.

> **반려견 미용 관련 용어들**
>
> ① 그루밍grooming : 반려견의 위생과 건강을 위해 피부와 털을 전반적으로 다듬는 것
> ② 베이싱bathing: 깨끗한 물로 털을 적시고 샴푸질하여 씻고 헹구는 작업
> ③ 브러싱brushing: 브러시로 털을 빗어주는 작업
> ④ 새킹sacking: 베이싱 후 털이 들뜨고 마르지 않도록 타월로 감싸주는 작업
> ⑤ 코밍combing: 빗으로 털의 결을 정리하고, 죽은 털을 제거하며, 시저링(가위질)을 위해 털을 띄우는 작업
> ⑥ 클리핑clipping : 클리퍼(털깎는기계)로 털을 짧게 잘라주는 작업
> ⑦ 시저링scissoring: 가위로 털을 잘라내는 작업
> ⑧ 블렌딩blending: 털에 층이 지지 않도록 자연스럽게 연결해주는 작업
> ⑨ 플러킹plucking: 테리어종의 억센 모질을 유지하며 털을 가지런히 정리하기 위해 뽑는 작업
> ⑩ 네일 트리밍nail trimming: 발톱을 깎은 후 줄 또는 전동 발톱갈이로 발톱을 둥글게 다듬어주는 작업
> ⑪ 레이킹raking: 죽은 털을 긁어내는 작업
> ⑫ 치핑 chipping: 털끝을 조금씩 가위질해 다듬는 작업

(2) 반려견 미용 도구

반려견 미용에는 다양한 도구들이 요구된다. 적절한 용도에 맞춰서 사용해야만 안전하게 반려견의 미용을 진행할 수 있다. 따라서 본 단락에서는 반려견 미용에 사용되는 다양한 도구들에 대해 개괄적으로 살펴보기로 하자.

A. 핀브러시(pin brush):

핀브러시(pin brush)

아프간하운드(Afgan hound), 페키니즈(Pekigese), 살루키(Saluki)와 같은 장모종(long coated breed) 용 브러시다. 손잡이가 달린 나무판이나 플라스틱판에 고무를 붙이고 놋쇠 및 스테인리스 등의 핀을 끼운 브러시형과 두꺼운 가죽에 핀을 직접 끼운 핸드 글로브형이 있다. 일반적으로는 브러시형을 쓴다. 엉킨 털을 디탱글(detangle)하거나 죽은 털과 비듬 등을 제거할 때 적당하다.

B. 슬리키브러시(slicker brush)

슬리키브러시(slicker brush)

슬리키브러시는 강한 털을 가진 견종을 대상으로 죽은 털을 제거하고 털 성장을 촉진하기 위한 목적으로 만들어졌다. 현재는 모든 견종에서 엉킨 털을 풀고 죽은 털을 제거하는 데 사용된다. 특히, 오버코트(over coat)와 언더코트(under coat)를 가진 더블코트(double coat) 견종의 털갈이 시기에 자주 쓰이는 도구다. 또한 푸들(Poodle)과 같은 곱슬코트(curly coat)에 효과적으로 사용할 수 있는 경량의 브러시이기도 하다. 슬리키브러시는 소프트형(soft type)과 하드형(hard type) 두 가지가 있다.

C. 브리슬 브러시(bristle brush)

브리슬 브러시(bristle brush)

요크셔테리어(Yorkshire terrier)와 같은 실키코트(silky coat) 견종에 사용하기 위해 고안된 브러시다. 주로 빳빳한 멧돼지나 돼지털을 사용해 만든다. 폐모 특성상 피부 마사지(massage) 효과가 있으며, 오일브러싱(oil brushing)에도 이용된다. 경질브러시와 연질브러시로 구분되는데, 경질브러시는 멧돼지털 소재로 강한 털의 견종 및 짧은 털의 견종에서 피부(skin) 마사지에 적합한 브러시이다. 연질 브러시는 말털 및 부드러운 멧돼지털 소재로 연한 털의 견종 및 긴털 견종에 주로 쓰인다.

D. 하운드글로브(hound glove)

하운드글로브(hound glove)

글로브의 한쪽 면은 두껍고 짧고, 억센 털로 되어 있어서 탈락모를 제거하는 데 용이하다. 또한, 다른 면의 고무 스터드는 피부 마사지에 쓴다. 일반적으로 그레이트데인(Great Dane), 치와와(Chihuahua) 및 하운드(Hound)종 등 단모종에게 좋은 브러시다.

E. 빗(comb)

빗은 ①털(coat)정리 ②탈락모 제거 및 엉킨 털 풀기 ③커트 시 털 세우기 등에 다양하게 쓰인다. 넓은 간격 1/2과 좁은 간격 1/2로 이루어진 스테인리스 재질의 일자형 빗이 가장 쓰기 좋다. 핀의 간격이 극단적으로 좁은 빗은 벼룩 제거용이나 테리어(Terrier) 종의 속털(하모, under coat)를 잡아내는데 쓰인다.

No	종류		용도
1	페이스 콤		핀의 길이가 짧아 얼굴, 눈 앞과 풋라인을 자를 때 주로 사용한다.
2	푸들 콤		핀의 길이가 길고 파상모의 피모를 빗을 때 사용한다.
3	콤		핀 간격이 넓은 면은 털을 세우거나 엉킨 털을 제거할 때 사용하고, 핀의 간격이 좁은 면은 섬세하게 털을 세울 때 사용한다.
4	실키 콤		길고 짧은 핀이 어우러진 빗으로 부드러운 피모를 빗을 때 사용한다.

F. 디메팅콤(de-matting comb, 엉킨 털뭉치 제거빗)

디메팅콤(de-matting comb)

엉킨 털을 제거하는데 사용하는 빗이다. 빗질은 아래로 끌어당기듯 해야 한다. 엄지손가락을 놓는 자리에 엄지손가락을 놓고 다른 손가락은 나무 손잡이를 단단히 쥔 후 빗이 피부에 대해 평행하도록 하여 빗을 앞으로 끌어당긴다. 만약 털이 과하게 엉켜 있으면, 슬리커브러시 또는 짧은 날의 빗으로 코밍해 준다. 완전히 빗이 지나갈 때까지 반복한다.

G. 가위

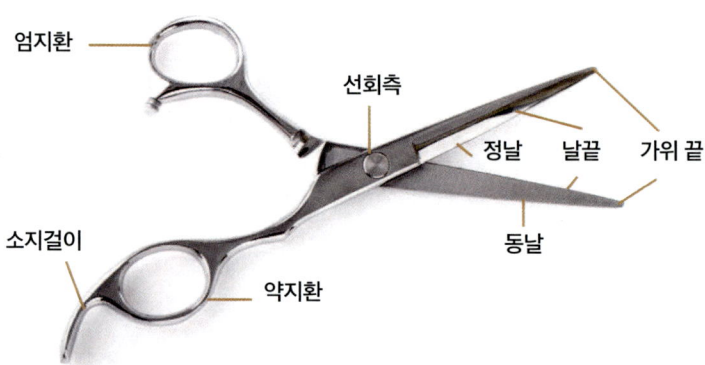

① 가위끝(edge point) : 정날과 동날 양쪽의 뾰족한 앞쪽 끝
② 날끝(cutting edge) : 정날과 동날 안쪽 면의 자르는 날 끝
③ 동날(moving blade) : 엄지손가락의 움직임으로 조작되는 움직이는 날
④ 정날(still blade) : 넷째 손가락의 움직임으로 조작되는 움직이지 않는 날
⑤ 선회측(pivot point) : 가위를 느슨하게 하거나 조이는 역할을 하며 양쪽 날을 하나로 고정시켜 주는 중심축
⑥ 다리(shank) : 선회측 나사와 고리 사이의 부분
⑦ 약지환(finger grip) : 정날에 연결된 원형 고리로 넷째 손가락을 끼워 조작함
⑧ 엄지환(thumb grip) : 동날에 연결된 원형 고리로 넷째 손가락을 끼워 조작함
⑨ 소지걸이(finger brace) : 정날과 약지환에 이어져 있으며 정날과 동날의 양쪽에 있는 가위도 있음.

그루머의 체격 및 손의 크기에 맞는 가위를 선택한다. 특히, 왼손잡이는 왼손잡이용 가위를 선택하면 좋다. 단 가능하다면 왼손잡이도 오른손잡이용 가위에 익숙해지는 것이 유리하다.

No	종류		용도
1	블런트 가위		털의 길이를 자르고 다듬는 데 사용한다.
2	시닝 가위		모량이 많은 털의 숱을 치거나 털의 흐름을 자연스럽게 연결할 때 사용한다.
3	보브 가위		핀 간격이 넓은 면은 털을 세우거나 엉킨 털을 제거할 때 사용하고, 핀의 간격이 좁은 면은 섬세하게 털을 세울 때 사용한다.
4	커브 가위		길고 짧은 핀이 어우러진 빗으로 부드러운 피모를 빗을 때 사용한다.
5	스위닝 가위		한쪽 날에 빗살이 있어서 털을 숱 치고 정돈하는 데 쓰인다.

H. 스위닝 가위

빗살 가위라고도 한다. 한쪽 날에 빗살이 있어서 털을 숱치고 정돈하는 데 쓰인다. 정돈하는 도구이다. 빗살간격이 넓은 것은 겉털, 좁은 것은 속털 제거 전용으로 쓰인다.

I. 클리퍼

클리퍼는 수동식도 있지만, 통상적으로 전동 클리퍼를 말한다. 원하는 털 길이에 따라 클리퍼 블레이드를 갈아끼워 쓸 수 있다.

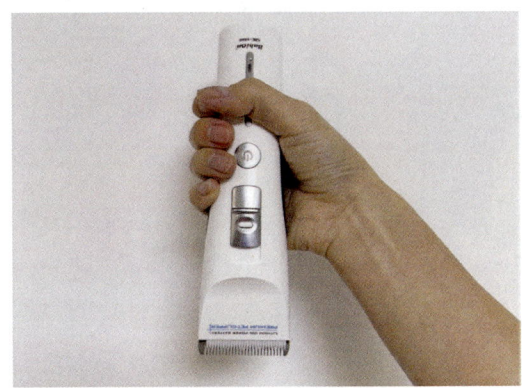
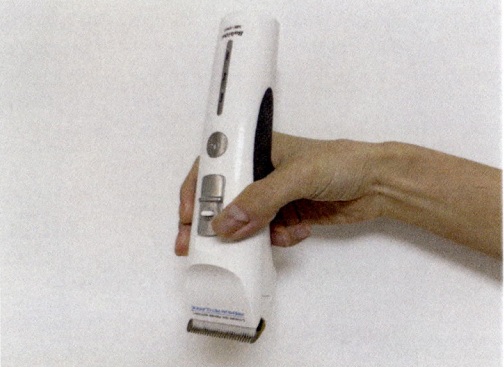

J. 클리퍼 블레이드(clipper blade)

그루밍이나 트리밍 시 사용목적에 따라 갈아 끼울 수 있다. 블레이드의 종류는 클리핑 후 남는 털의 길이에 따라 0.5mm, 1.0mm 등으로 구분되며 경우에 따라 #번호를 붙여 0.5mm는 340, 1.0mm는 #30으로 구분하기도 한다.

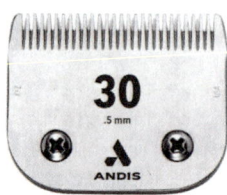

K. 스트립핑 나이프(stripping knife)

트리밍나이프(trimming knife)라고도 하며 코스나이프(coarse knife), 미디엄나이프(medium knife), 화인나이프(fine knife) 세 가지가 있다.

① 코스나이프(coarse knife)는 죽은 털을 완전하게 제거하는데 사용된다. 나이프날이 두껍고, 날의 '끝부분은 굵고 날카롭지 않은 것이 좋다.
② 미디엄나이프(medium knife): 머리, 꼬리, 및 목부분의 털을 뽑는데 사용된다. 코스나이프보다 날이 얇고 날끝은 가늘고 둔한 것이 좋다.
③ 화인나이프(fine knife): 귀, 눈, 뺨 및 목 아래 부분의 플러킹에 사용된다. 날끝이 둔한 것과 날카로운 것 두 가지가 있는데, 날카로운 것은 최종 마무리에 쓰인다.

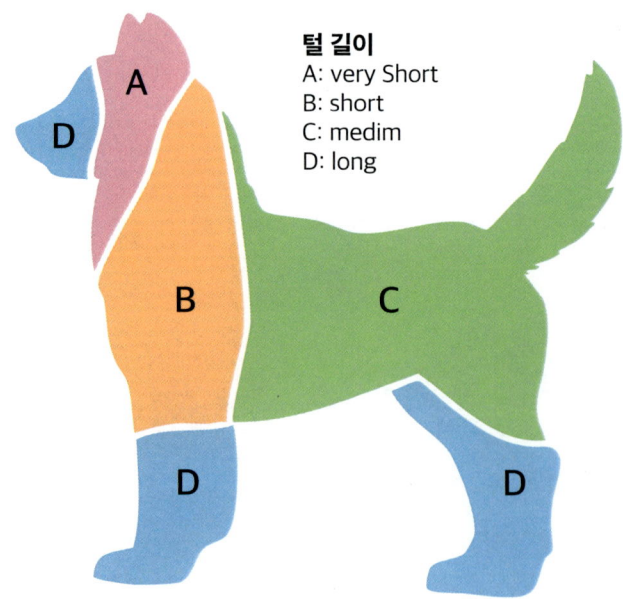

C: 코스 나이프 / B : 파인나이프 / B,C부위 및 평상시 사용 : 미디엄나이프

L. 네일 클리퍼(nail clipper)

여러 가지 형태의 네일커터(nail cutter)를 사용할 수 있다. 플라이어형(plier type, 니퍼형)은 소형견, 단두대형(guillotine type, 길로틴형)은 대형견에게 유용하다. 단, 단두대형이 발톱 절단면이 깨끗해 더 자주 쓰이는 편이다.

M. 이어포셉(ear forceps)

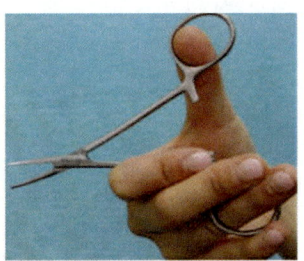

손가락이 닿지 않는 귓속 깊숙한 곳의 털을 뽑는 데 사용된다. 겸자 끝부분에는 가로방향으로 홈이 있어, 털을 잡아 뽑을 때 가로로 당기면 털이 빠질 수 있기 때문에, 위로 잡아당겨 털을 뽑아야 한다.

N. 스켈러(치석제거기)

치석제거에 사용하며, 스켈러 날은 치아의 상태에 따라 적당한 사용한다.

O. 드라이어(dryer)

핸드드라이어(hand dryer)와 스탠드 드라이어(stand dryer) 두 종류가 있다. 스탠드형 브로드라이어(brow dryer)가 권장된다.

P. 그루밍테이블(grooming table)

미끄러지지 않도록 상단에 고무 처리가 된 것을 써야 한다. 간이 리더를 맬 수 있도록 라스트레이너도 장치돼 있어는 것이 좋다.

(3) 반려견 미용법

A. 브러싱과 빗질

브러싱과 빗질은 그루밍 과정 중 가장 중요하고 시간이 오래 걸리는 과정이다. 이는 개의 건강 유지와 미용을 위해 필수적이다. 브러싱과 빗질을 해주며 개의 털 상태, 골격, 피부, 근육 등을 확인하고 개의 성격을 파악하며, 그루밍 과정에서 예민하게 느끼는 부위 등을 인지한다. 이 과정에서 미용사와 개는 신뢰와 애정을 쌓아간다.

브러싱은 일반적으로 '뒷다리 – 앞다리 – 몸통의 아랫부분 – 몸통 왼쪽과 오른쪽 – 목 –머리 –

꼬리' 순으로 하는 것이 순서다. 필히 이 순서를 지키고, 한 부분을 끝낸 후 다음 단계로 간다. 토이품종(Toy breeds)은 강모브러시나 핀브러시를 주로 쓴다. 단, 소형견이라도 다리나 복부는 털 엉킴(탱글, tangle)이 잦으므로 소프트 타입 슬리커 브러시를 쓰는 것도 좋다. 반면, 단모종(Smooth coated dog)은 하운드글로브(hound glove)를 쓴다. 탈락모 제거와 피부 마사지의 두 가지 용도다.

① 빗(comb)

털(피모)을 결에 따라 정리해주기 위해 사용한다. 다만, 푸들 같은 경우는 역방향으로 빗질해 다리,꼬리 등의 브레슬렛(bracelet) 과 폼퐁(pompon) 등 특정 형태를 만들어주기도 한다. 이때는 정전기를 주의해야 한다.

② 퍼피의 그루밍(grooming puppy)

어린 반려견의 그루밍은 조용한 장소에서 타월 혹은 고무매트에 올려놓고 한다. 그루밍에 익숙하지 않아서 브러시를 물어뜯는다거나 하는 행동을 한다면, 적절한 훈육을 겸하는 것이 좋다. 훈육이 함께 동반되지 않으면 향후 이 반려견은 그루밍 하기 어려운 상태로 굳어질 수 있다. 어린 반려견이 그루밍에 익숙해질 수 있도록 시간을 점차 늘려가면서, 그루밍 후에는 그루밍 장소에서 벗어나 놀이와 휴식 시간을 갖는다.

B. 클리핑

'클리핑'이란 클리퍼로 털을 자르고 깎아내는 작업이다. 기본 클리핑은 0.1~1mm 클리퍼 날을 이용해서 발바닥, 발등, 항문, 복부, 귀, 꼬리, 얼굴 부위의 털을 제거하게 된다.

클리퍼를 사용할 때는 견체의 각 부분에 대응하는 클리퍼 잡는 방법과 날 각도를 숙지해야 한다. 또한, 클리퍼를 잡지 않은 손의 보조 역할이 매우 중요하므로 신속하고 정교한 클리핑을 위하여 이를 숙지하여야 한다. 클리핑 방향에 따라 반대 방향의 피부를 당기듯이 펴주고 클리퍼 블레이드를 일정한 각도로 유지하면서 클리핑한다. 같은 종류의 블레이드를 사용한다 하더라도 클리퍼의 사용 각도에 따라 털의 길이에 차이가 있다. 이는 부상 방지 및 원하는 미용 결과를 위해 필수적이다.

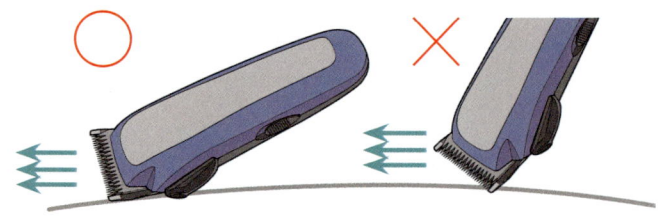

클리핑을 하는 이유

- 발바닥털은 미끄럼을 유발하고 보행에 불편을 준다. 발바닥 습진의 원인도 될 수 있다.
- 항문에 변이 묻지 않도록 털을 깎아준다. 항문 털을 방치하면 변과 함께 뭉친 털이 항문을 막는다.
- 입 주변에 피부병이 있는 경우 감염 예방과 치료를 위해 털을 깎는다.
- 푸들 견종의 표준 미용은 주둥이(머즐)의 털을 제거한다.

① 주둥이 털 클리핑

반려견의 주둥이를 '머즐'이라고도 한다. 품종에 따라 형태와 길이에 차이가 있다.

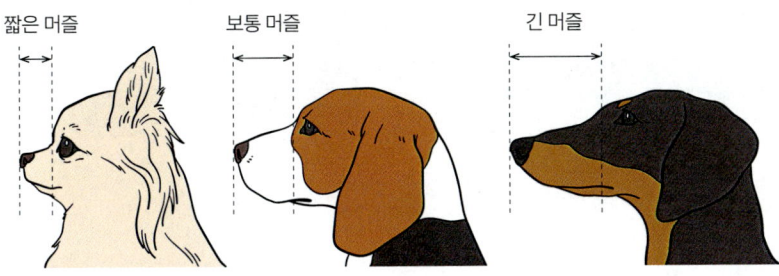

ⓐ 주둥이를 고정하기 위해 턱 밑의 움푹 팬 곳을 네 손가락으로 살며시 잡는다. 엄지손가락으로 주둥이 윗부분을 살며시 잡아 고정한다.

 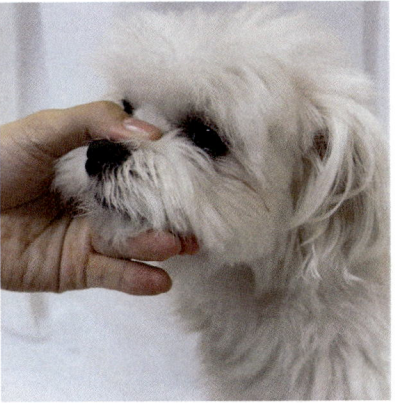

ⓑ 귓구멍의 시작점에서 눈 끝이 일직선이 되도록 소형 클리퍼로 털을 밀어 제거한다. 귀에서 눈 끝 방향으로 털을 밀어준다.

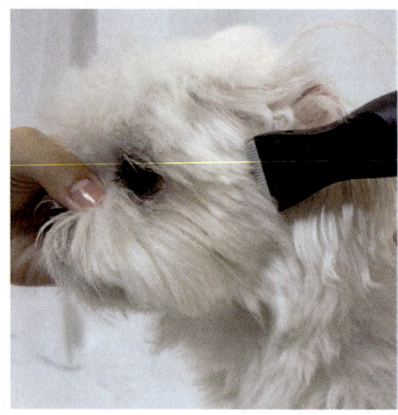
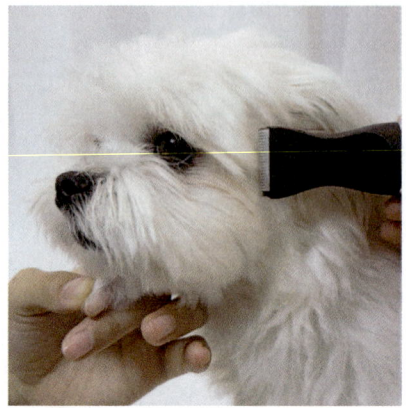

ⓒ 볼 털은 코 방향으로 제거해 나간다.

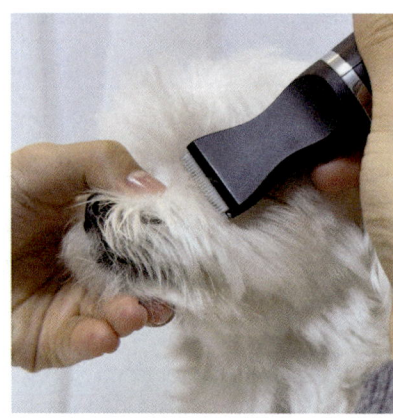
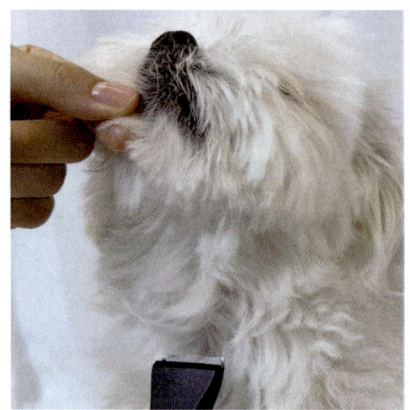

ⓓ 눈과 눈 사이의 털은 역V자가 되도록 밀어 준다

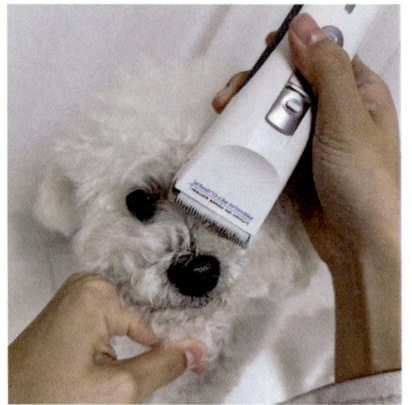

ⓔ 주둥이길이만큼 목 부위 털을 U에 가까운 V로 밀어준다

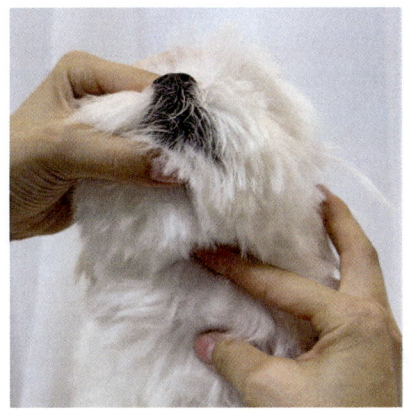 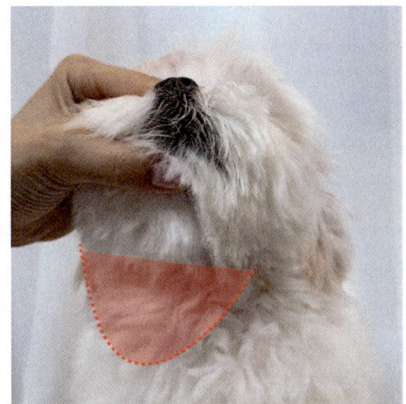

② 발바닥 털 클리핑 순서

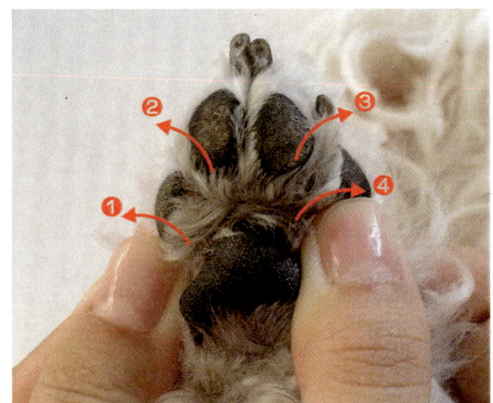 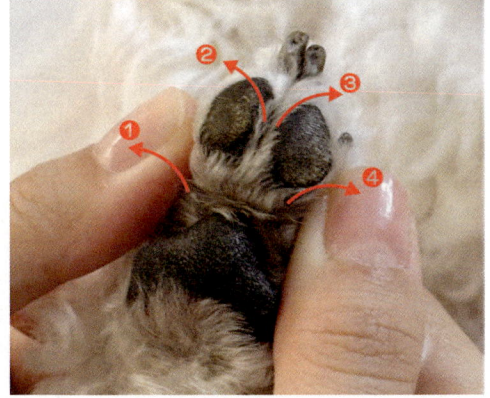

발바닥의 털 제거

클리핑하기 전의 모습　　　　　　　클리핑한 후의 모습

ⓐ 반려동물을 안정적으로 잡은 후, 발바닥 털을 제거한다.
ⓑ 발이 움직이지 않도록 손으로 잡고 패드부분을 벌린 후에 발바닥 패드 사이의 털을 제거해 준다. 클리퍼는 발가락 패드 부분에서부터 들어가서 발바닥 패드 부분으로 나온다. 패드를 가리고 있는 털을 클리퍼로 깎고 패드가 보이게 한다.

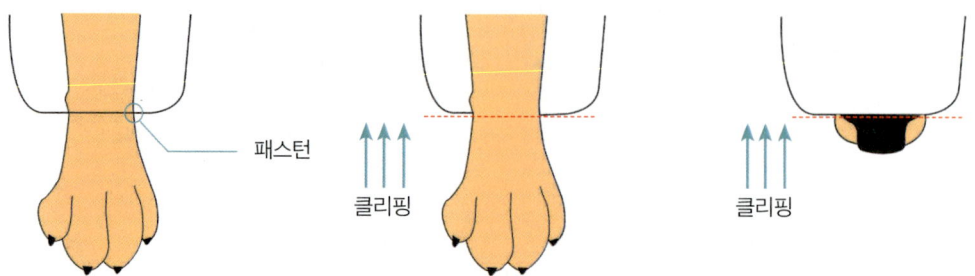

ⓒ 발등의 털을 제거한다. 발등이 움직이지 않도록 손으로 잡은 후, 발 양쪽 발목뼈와 발목뼈 사이의 털을 클리퍼로 제거하여 일직선이 되게 한다. 발가락 사이를 벌려 사이사이 털을 클리퍼 양끝 날을 이용하여 깎는다.

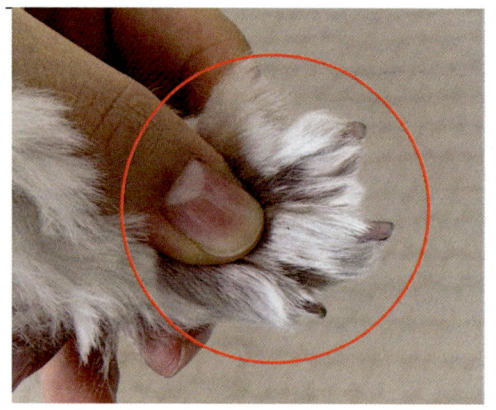

발가락 사이 벌리기

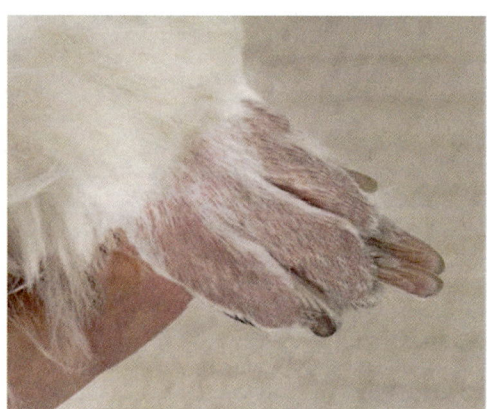

발등 클리핑의 완성된 모습

③ 배 부위 털 클리핑 순서
  ⓐ 암컷의 경우 배꼽 위에서 역 U자형으로 클리핑한다
  ⓑ 수컷의 경우 배꼽 위에서 역 V자형으로 클리핑한다
  ⓒ 클리퍼에 클리퍼 날을 장착하거나 소형 클리퍼를 준비한다.
  ⓓ 동물을 미용 테이블에 올리고 테이블에 고정한다(고정 암 사용).
  ⓔ 동물의 뒷다리가 테이블에 닿게 하고 앞다리는 손으로 조심스럽게 잡아 테이블에서 들어 올린다. 먼저 배꼽의 위치를 확인한 후에 배꼽 부위를 반원 모양으로 밀어주면서 복부의 털을 깎는다.

 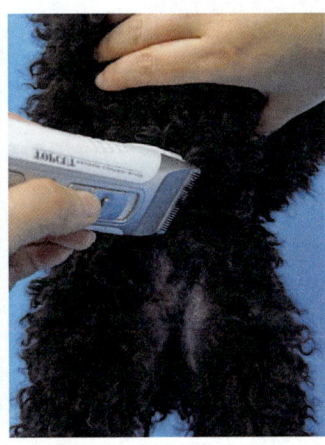

④ 항문 털 클리핑 순서
  ⓐ 항문의 위치를 확인한다.
  ⓑ 항문이 보이도록 꼬리 시작 부분을 가볍게 잡고 꼬리가 백 라인 위를 향하도록 올려 준다.

ⓒ 항문 주위 털을 1~2mm둘레로 동그랗게 제거해야 한다.

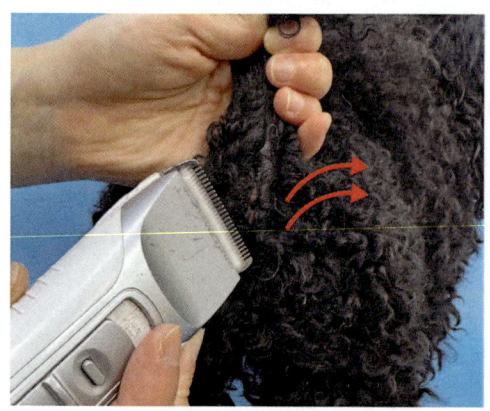 

⑤ 생식기 부위 털 클리핑 순서생식기 부위 털 클리핑 순서
   ⓐ 암컷의 경우 뒷다리의 한쪽 다리만 가볍게 미용 테이블 위로 들어준다.
   ⓑ 생식기 부위 털은 위에서 아래 방향으로 클리핑한다.
   ⓒ 반대 방향의 다리도 들어 올려서 같은 방법으로 깎는다.

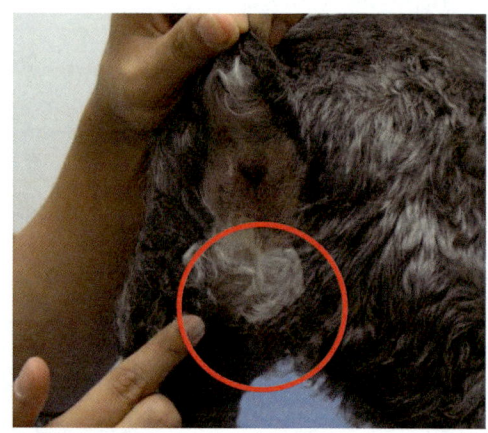 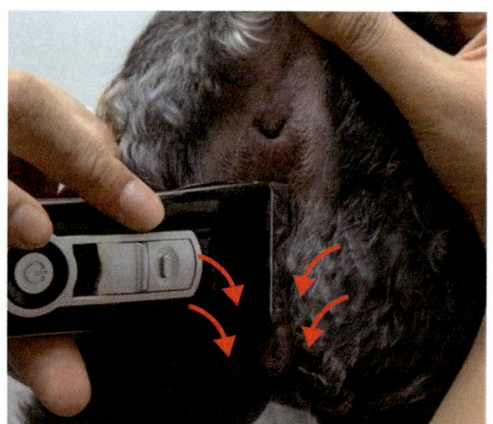

ⓓ 수컷의 경우, 생식기 부위의 털을 클리핑할 때 고환에 클리퍼가 닿지 않게 살짝 띄워서 털을 제거한다.

 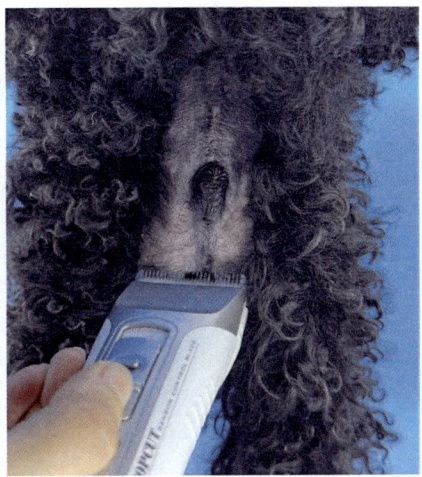

ⓔ 반대 방향의 다리도 들어 올려서 같은 방법으로 털을 제거한다.

클리퍼 사용 시 주의사항

① 클리퍼의 과열로 인한 피부 화상에 주의하여야 한다. 과열로 인한 화상 등은 추후 반려견이 그루밍을 기피하는 트라우마로 작용한다.
② 클리퍼 날은 세우면 안 된다. 피모와 평행한 방향으로 사용한다.
③ 클리퍼 날은 사용 후 털을 제거하고 소독한다.
④ 클리핑은 안면부 및 두부를 제외하고 모든 경우에 털의 결을 따라 진행해야 한다.
⑤ 클리퍼 날의 mm 수가 클수록 피부가 다치기 쉬우므로 주의한다.

미용 도구에 의한 사고

네일 클리퍼: 발톱을 너무 짧게 깎으면 진피 부위까지 잘려 출혈이 일어날 수 있다. 특히 발톱의 색깔이 어두운 경우 실수하기 쉽다. 이 때에는 상처 부위를 잘 소독하고 깨끗한 손으로 발가락의 끝부분을 1~2분 정도 눌러 지혈한다. 필요에 따라 지혈제를 쓸 수도 있다.

클리퍼: 클리퍼 사고의 대부분은 개의 골격이나 외부 형태이해가 부족에서 발생한다. 털을 깎으면서 유두, 안면, 목, 귀 등에 상처를 낼 수 있으며 심한 경우 유두 등을 절단하는 사고를 낼 수도 있다. 다친 부위는 상처 부위 중심으로 넓게 소독하고 가루 마데카솔 등 지혈제를 쓴다.

C. 코밍(combing)

개를 포함한 동물의 그루밍에서 가장 중요한 것이 코밍(빗질)이다. 마지막 단계인 다듬기 이전에 꼼꼼한 빗질을 해주어야 한다. 이때 털이 전체적으로 빗의 통과가 원활한 상태가 되어야 한다.

귀는 한 손으로 받치고 머리 경계선에서 귀털쪽으로 흐르듯 코밍한다. 머리털은 입을 쥐고 결을 따라 빗어준다. 모근부터 치켜 올리듯 털을 세운다. 귀털과의 경계에서 머리 털을 눕히고 들어올려 머리 고정 밴드로 임시 고정한다. 다리는 위에서 아래로 털의 결에 따라 정성껏 코밍하여 엉킨 곳이 없게 한다. 몸통 전체 털을 빗이 매끄럽게 지나가도록 코밍한다. 털의 엉킴이 되도록 없어야 한다.

D. 커팅

가위로 전체 혹은 부분적 형태를 정리하는 작업이다. 각 견종에 맞게 다양한 커팅 테크닉이 있다.

① 눈 주변 털 커팅

눈이 보이도록 눈 앞과 위의 털을 가위질해 준다. 눈 주변털을 제거하는 것이 목적이다. 눈 주변 털이 자라면서 눈을 찌르고 눈병을 유발하며, 시야를 가려서 반려동물의 일상생활에 지장을 주기도 하기 때문에 적절한 길이로 커팅을 해주어야 한다. 눈물이 흐르면서 눈 주변털로 인해 피부병의 원인이 될 수도 있다.

ⓐ 눈 주변의 털을 시저링한다

 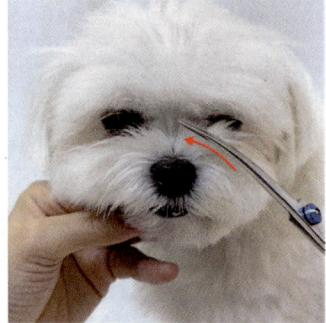 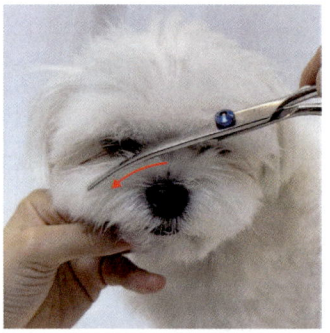

ⓑ 눈 밑의 털을 콤으로 빗어 올린다. 이후에 눈을 가린 털을 반원 모양으로 잘라 시야를 틔운다.

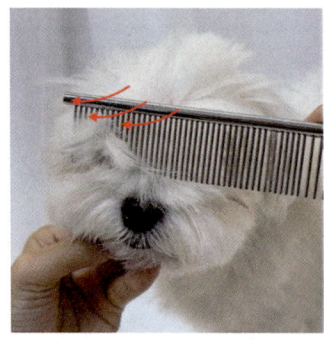  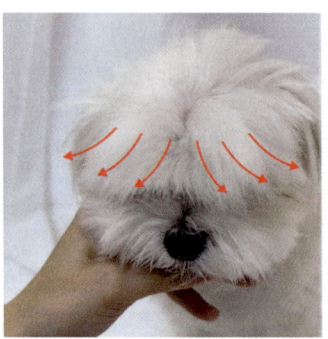

ⓒ 다시 한번 눈 밑 털을 반원 모양으로 가위질해준다. 눈을 가리는 털이 없을 때까지 자른다. 눈 밑의 털을 자르고 난 후 눈 위털을 빗어 준다. 이 때, 빗질은 정수리에서 눈쪽으로 한다.

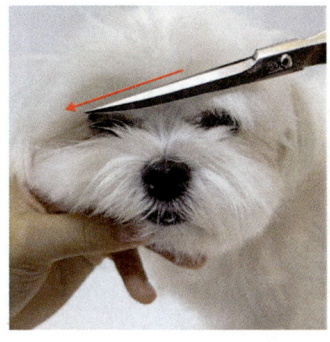 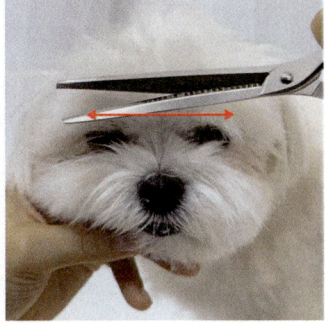 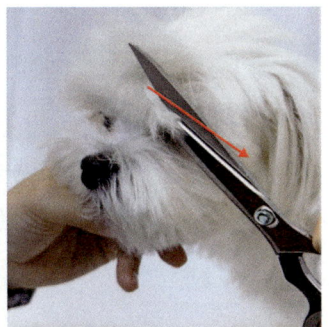

ⓓ 정면에서 보았을 때 눈이 보이게 반원 모양으로 털을 잘라 준다.

눈 주변의 털 제거 전   눈 주변의 털 제거 후

② 꼬리털

꼬리 끝부분 살이 다치지 않게 주의해서 얼마나 꼬리털을 남길지 결정한다 견종에 따라 꼬리의 형태와 길이가 다르기 때문에 적절한 형태를 고려하여 털을 제거하도록 한다.

No	종류	용도
1	직립 테일	대표 견종: 비글
2	컬드 테일	대표 견종: 페니키즈 꼬리 끝 털 길이 시저링
3	스냅 테일	대표 견종: 포메라니안 꼬리 끝 털 길이 시저링. 전체적으로 부채꼴 모양으로 시저링

③ 발

발의 모양 역시 견종에 따라 서로 상이하기 때문에 견종에 맞는 형태를 고려하여 커팅을 진행한다.

No	종류	용도
1	동그란 발	1. 발바닥 클리핑 2. 발의 모양을 따라 동그랗게 시저링 3. 대표 견종: 포메라니안, 페니키즈, 슈나우져
2	푸들 발	1. 발바닥 클리핑 2. 발등 클리핑 3. 풋 라인을 시저링 4. 대표 견종: 푸들
3	포메라니안 발	1. 발바닥 클리핑 2. 동그란 발의 모양에 발톱이 보이게 시저링 3. 대표견종: 포메라니안

E. 스트리핑과 플러킹

① 스트리핑

노폐 및 탈락된 언더코트(under coat, 하모)를 제거하고, 과도한 언더코트를 줄이기 위해 실시한다. 엄지를 제외한 나머지 손가락으로 스트리핑 나이프 손잡이를 가볍게 감싸서 잡고 엄지손가락은 나이프 날의 아래쪽 부분 손잡이를 떠받치듯이 잡는다. 나이프를 잡지 않은 손으로 나이프날 반대쪽 방향의 피부를 펴주듯이 잡고 털을 빗어 내리면서 언더코트를 제거한다.

② 플러킹

손가락 끝으로 털을 뽑아내거나 스트리핑 나이프를 사용하여 오버코트를 제거하는 작업을 말한다. 스트리핑나이프를 잡지 않은 손으로 나이프 머리 방향의 피부를 잡고 나이프를 잡은 손은 나이프 날 위의 코트를 엄지손가락으로 눌러 잡는 방법으로 털을 뽑는다.

(4) 반려견 홈케어

반려견의 위생관리를 위해 목욕은 필수적이다. 이를 통해 피부와 털의 건강을 유지하고 각종 전염병이나 외부 기생충으로부터의 감염을 예방할 수 있다. 목욕은 생후 7주 후부터 시작하고 7~10일에 한 번씩 실시하는 것이 좋다. 목욕의 주기는 털의 길이, 상태, 털의 양, 계절, 품종에 따라 각각 다르기 때문에 반려견에 맞게 조절해야 한다. 목욕의 순서는 일반적으로 다음과 같다.

A. 브러싱(brushing)

브러싱은 빗질을 통해서 털갈이 털이나 이물질을 제거하고 엉켜있는 털을 풀어주는 과정이다. 털이 엉켜있으면 목욕 후 드라잉이 어려워지고, 해당 부위에 피부염이 발생할 가능성이 높아진다. 견종에 따라 털의 길이와 형태가 다르기 때문에 적합한 브러시를 선택하여 용도에 맞게 사용해야 한다.

① 핀 브러시를 사용하여 브러싱을 한다. 손잡이를 가볍게 잡고 엄지손가락으로 브러시의 뒷부분을 지지하면서 손목의 탄력을 활용하여 원을 그리듯 회전시키면서 빗질한다.
② 슬리커브러시를 사용하여 죽은 털이나 엉킨 털을 제거한다. 털갈이를 하는 털을 제거할 때도 유용하다. 단, 슬리커브러시는 개의 피부를 손상시키기 쉽기 때문에 힘을 주어서 무리하게 빗질을 하면 안 된다.
③ 빗을 사용하여 털을 정리하고, 죽은 털을 제거하고 엉킨 털을 정리해준다. 엄지손가락과 집게손가락으로 빗의 1/3 지점을 쥐고 손목의 움직임만으로 털의 결과 수직이 되도록 빗질을 하면 된다.

B. 샴핑(shampooing)

샴핑은 반려견의 피부와 털에 오염되어 있는 부위를 깨끗하게 세척하는 과정이다. 반려견 피부에 존재하는 피지샘에서 분비된 피지는 외부에서 부착되는 여러 물질들과 혼합되어 오염물을 만든다. 이러한 오염물은 피부와 털의 건강에 좋지 않고 냄새를 유발하기도 한다. 샴핑은 이런 오염물들을 제거하고 반려견에게서 나는 냄새를 완화하는 기능을 한다.

샴푸는 기능에 따라 종류가 매우 다양하다. 형태에 따라서는 액체 크림형, 스프레이형, 분말형으로 구분할 수 있고 기능에 따라서는 건성용, 지성용, 영양용, 비듬용, 약용용으로 나뉜다. 사람이 사용하는 샴프는 반려견에게는 자극적이므로 사용해서는 안 된다.

① 안전장치를 준비해서 반려견이 다치지 않도록 준비한다.
② 귀에 물이 들어가지 않도록 솜을 이용하여 귀마개를 한다.
③ 샴핑을 실시하기 전에 엄지와 집게 손가락을 사용하여 항문낭을 짜준다. 항문낭은 주머니 모양

의 분비샘으로 항문낭액을 배출하는데, 배변과 함께 보통은 배출되지만 간혹 항문낭염이 발생하기도 하기 때문에 목욕 시 짜주는 것이 좋다.

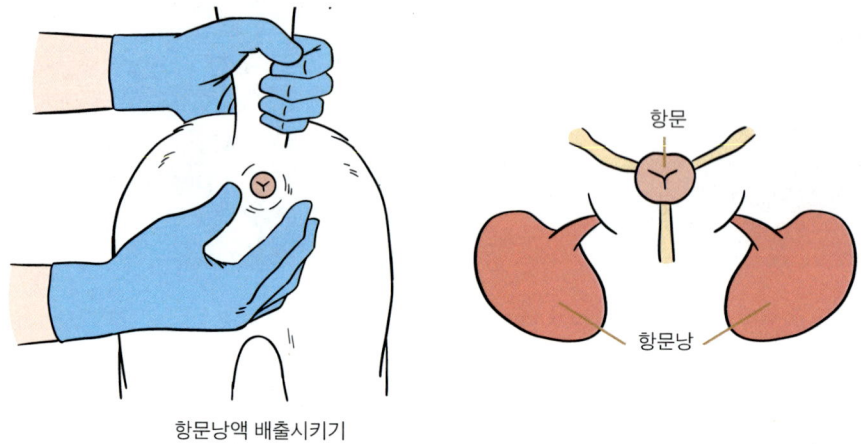

항문낭액 배출시키기

④ 35~40℃ 온수를 준비하고 발부터 천천히 욕조에 담근다.
⑤ 몸 전체에 샴푸를 골고루 발라 마사지하듯 도포한다. 눈곱은 온수에 불린 다음 얼굴 전용 빗으로 조심스럽게 제거해준다. 장모종의 경우에는 털이 엉키지 않도록 주의해야 한다. 단모종은 루버 브러시를 이용하여 샴푸 마사지를 진행하면 죽은 털의 관리가 쉬워진다. 머리는 마지막으로 실시하고 눈과 귀에는 샴프가 들어가지 않도록 유의한다.

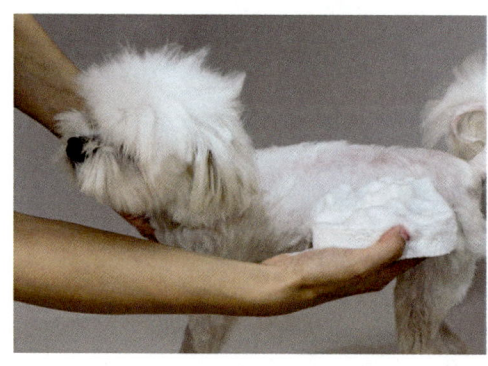

스펀지로 샴푸 도포하기

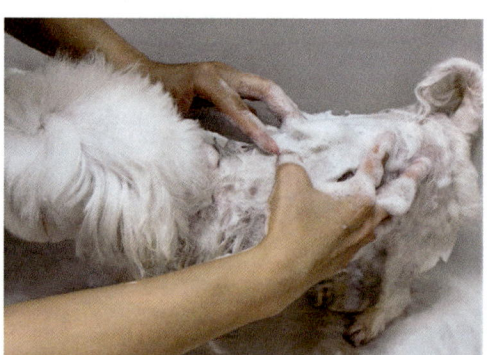

샴푸 마사지하기

⑥ 샴푸액과 거품을 샤워기를 이용하여 씻어낸다. 머리 부위의 경우 물줄기가 눈과 귀속에 직접 닿지 않도록 해야 한다.

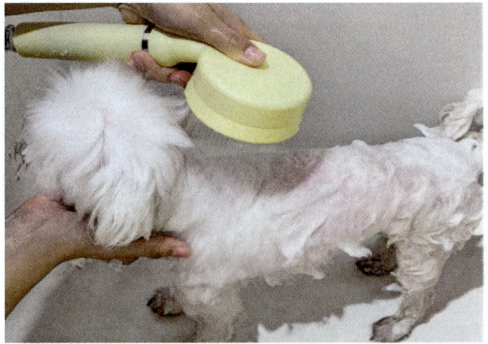
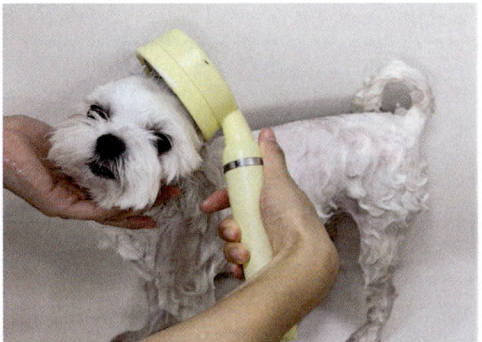

물살의 방향에 주의하여 헹구기

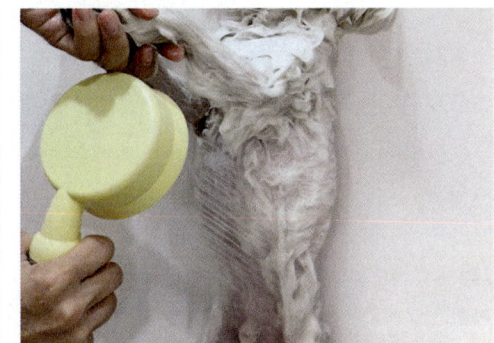

겨드랑이, 배 안쪽 헹구기

C. 린싱(rinsing)

린싱은 샴핑으로 인한 알칼리화 된 피모를 중화시키고 털을 부드럽게 하기 위해 진행하는 작업이다. 피모에 영양을 주고 건조해지는 것을 방지하며, 털 엉킴이나 정전기 방지에도 중요하다. 린스에 포함된 오일, 보습, 수분 등의 성분이 털에 윤기와 광택을 주고 정전기 방지 효과를 가져온다.

① 린스의 종류를 선택한다.
② 용기를 준비하여 린스와 물을 섞어 희석해준다.
③ 희석액을 반려견의 전신에 골고루 도포한다.
④ 털 깊숙하게 성분이 스며들도록 전신을 충분히 마사지해준다.
⑤ 린스액을 씻어낸다.

D. 타월링(Toweing)

목욕 후 타월로 물기를 닦아주는 작업으로 드라이를 위해 약간의 수분을 남기는 것이 좋다. 시베리안 허스키, 알래스칸 말라뮤트, 포메라니안, 셔틀랜드쉽독, 골든리트리버, 사모예드 등 견종은 이중모로 수분을 최대한 흡수시키기 때문에 유의해야 한다.

E. 드라잉(drying)

드라잉은 샴핑과 린싱 후에 털을 말리는 작업이다. 드라이는 핸드 드라이기, 스탠드 드라이기, 드라이 룸이 있다. 단모종의 경우에는 핸드 드라이기를 사용하지만 대형견이나 장모종의 경우에는 스탠드 드라이기가 적합하다. 드라이룸은 타월링까지 마친 반려견을 일정한 크기의 공간에 넣어서 털을 건조시키는 방법으로 여러 방향에서 바람이 나와서 털을 건조시킨다.

말티즈, 시츄, 요크셔테리어 등은 털의 결을 따라 드라잉 작업을 진행하며, 푸들, 비숑, 베들링턴 테리어 등은 털의 결에 역행하면서 건조시켜 준다.

① 전용 타월로 몸을 덮어 누르면서 물기가 흡수되도록 한다. 물기가 최대한 제거될 때까지 반복적으로 실시해준다.
② 드라잉 순서를 정하여 브러시를 사용하여 빗질을 하면서 실시한다. 머리, 귀, 몸통, 배와 엉덩이, 몸통, 꼬리부위를 빠짐없이 건조시킨다.

드라잉 주의 사항

① 드라이어 사용 시 피모에서 20~30cm 가량 거리를 두고 사용해야 한다.
② 얼굴을 향해서 직접 바람을 사용하면 화상을 입을 수 있다. 특히 눈에 더운 바람이 직사되는 경우 각막에 화상을 입게 된다.
③ 털을 헤치고 뿌리 부분부터 말리도록 한다.

04 반려견 식이 관리

개와 고양이는 야생에서부터 사람에게 길들여져 가축화가 이루어지면서 많은 변화를 겪어 왔다. 야생 상태에서 개는 본래 육식성이었지만, 인간과 함께 거주하면서 가축화되는 과정에서 잡식성으로 변화하게 되었다. 그 결과 소화기관인 위와 장 등이 열매나 풀과 같은 초식도 소화시킬 수 있는 형태로 진화를 해왔다.

야생에서의 섭식행위가 단순히 굶주림을 채우기 위한 본능적인 행위였다면, 보호자의 보호를 받는 요즘에는 균형 잡힌 영양학적인 관점에서 반려동물의 음식에 대해 살펴 보아야 한다. 반려동물의 음식은 주로 가정에서 만든 음식과 상업용으로 출시된 반려동물 사료로 나누어지는데, 최근에는 사료의 중요성이 점점 커지고 있다.

(1) 사료의 역사

요즘에는 누구나 반려동물 사료가 필요하다면, 오프라인 매장이나 온라인 스토어에서 매우 손쉽게 구할 수 있다. 이렇게 편리하게 이용하다 보니 사료가 없던 시절을 상상하기 힘들지만, 사실 사료의 역사는 그렇게 길지 않다. 최초의 사료는 1860년에 만들어졌다. 영국 사업가 James Spratt은 배에서 폐기되는 비스킷을 먹는 개들에게 아이디어를 얻어 밀, 야채, 비트, 소의 피를 넣어 만든 '도그 비스킷'(dog biscuit)을 개발했다. 도그 비스킷 은 '도그 푸드'라 불릴 정도로 널리 확산되었으며, 이후 개가 섭취해야 하는 영양소에 관한 연구를 바탕으로 각종 첨가물이 들어가기 시작했다.

이러한 과정을 거쳐 도그 비스킷은 지금의 사료와 같은 형태로 발달하게 되었다. 도그 비스킷을 시작으로 캔에 들어 있는 습식 사료가 만들어졌으며, 이후 1930년대에 이르러서는 건조 사료(Dry Food)가 개발되었다. 상용화된 사료의 출시로 인해 반려동물을 기르는 사람들은 더 이상 집에서 반려동물을 위한 음식을 만들 필요가 사라지게 되었고, 간편하게 해결할 수 있는 사료 제품을 쉽게 구입하고 보관할 수 있게 되었다.

미국 비스킷 회사 나비스코(Nabisco)는 1900년대 초에 최초로 식료품점에서 사료를 구입할 수 있도록 판로를 확장했다. 많은 사람들이 동물의 부산물로 만들어지는 사료에 대해 비위생적으로 느

겨졌기 때문에 사람이 먹는 음식과 같은 공간에서 판매되는 것에 대해 반대하기도 했다. 하지만 나비스코의 전략은 성공했고, 판매량의 지속적인 증가세를 보여주었기 때문에 1930년대 중반에 이르러서는 다른 사료회사들이 후발주자로 나서면서 보다 다양한 제품을 출시하기에 이른다. 당시 출시되었던 사료들 중에서는 비스킷과 건조 사료 보다는 보관과 적재가 용이한 캔 사료의 인기가 절대적이었다.

하지만 2차 세계대전이 일어나면서 전쟁 물자를 만들기 위해 우선적으로 금속이 사용되면서 캔 사료를 만드는 데 어려움이 발생하게 된다. 이 시기에는 일시적으로 건조 사료를 활용하는 사람들이 증가하기도 했지만, 전쟁이 끝나고 캔 사료가 다시 본격적으로 출시되자 대부분의 구매자들은 다시 캔 사료를 선호하게 되었다.

이와 같이 간략한 역사만 살펴보아도 불과 100년 이전만 하더라도 반려동물을 위한 사료는 일반적인 것이 아니었다는 사실을 알 수 있다.

익스트루전 공법의 개발

익스트루전 공법은 세계 최대 사료 회사 중 하나인 퓨리나가 1950년대에 개발하여 제시한 방법이다. 익스트루전 공법은 사료에 들어가는 원재료를 혼합하여 섭씨 약 150도에 이르는 고온과 고압에서 압력을 가하여 좁은 구멍으로 통과시켜 사료를 만들어 내는 방법이다. 익스트루전 공법으로 만들어진 사료는 알맹이가 부풀어 있기 때문에 반려동물이 소화시키는데 매우 용이하다는 장점이 있다. 기계에서 사출된 사료는 완전히 마른 상태가 아니기 때문에 건조 과정을 거쳐야 하는데, 이때 기름으로 코팅을 하거나 반려동물이 선호하는 첨가제를 활용하여 제품을 완성하게 된다. 현재 제품으로 출시되고 있는 건조사료의 대부분이 익스트루전 공법으로 만들어지고 있다.

익스트루젼(Extrusion) 공법 사용 시 장점
- 원료 내에 존재하는 유해미생물의 박멸.
- 기생충 알이나 유생을 사멸.
- 식물성원료에 포함된 항 영양인자(트립신저해물, 기저로신, 글루코시놀레이트 등)를 파괴.
- 전분입자를 가열 처리하여 탄수화물 이용성 증진(기호성, 소화율 향상).
- 육류조직을 부드럽게 함.
- 반려동물에게 급여하기 편리함.

> **Q 개 사료를 고양이에게 급여해 될까?**
>
> 최초의 사료가 출시됐을 때는 개와 고양이 사료의 구분이 없었다. 그러나 점점 연구가 진행되며 개와 고양이의 필요 영양 성분이 다르다는 사실이 밝혀지며 사료 또한 별도로 제조되기 시작했다. 또한 개나 고양이 각각의 생애 주기에 따라 사료 형태 및 요구 영양 성분이 달라야 한다는 연구 결과가 나오며, 이러한 결과가 사료에 반영되고 있다.
>
> 일반적으로 고양이는 개 전용 반건조 사료나 간식을 먹어서는 안 된다. 특히 이런 사료에 포함된 곰팡이 방지 보존제인 프로필렌 글라이콜(Propylene Glycol)은 고양이에게 극소량으로도 용혈성 빈혈을 일으킬 위험성이 있다. 개 사료의 단백질 함량이 낮은 것도 문제다. 개 사료에는 고양이에게 필요한 만큼의 단백질이 포함돼 있지 않다.
>
> 고양이가 필수로 섭취해야 하는 필수 아미노산인 타우린도 개 사료에는 필수적으로 포함되어 있지않기 때문에 고양이가 장기간 개 전용 사료만 먹을 시 눈, 심장, 생식기 등 발달에 문제가 생길 수도 있다. 그리고 개 사료는 식물성 재료를 통해 오메가3, 지방산, 비타민A 등을 섭취하게 구성되어 있지만, 고양이에게는 이러한 영양소를 흡수할 수 있는 효소가 없다.
>
> 다만 개가 임시로 고양이 사료를 먹는 것은 큰 건강상 문제는 되지 않는다. 다만 장기간 고양이 사료를 먹을 경우 영양 결핍, 구리 및 비타민D 결핍에 시달릴 수 있다. 그러므로 되도록 사료를 바꿔 먹이는 일은 피하는 것이 좋다.

(2) 사료의 종류

반려동물을 위한 식사는 이제 일반적으로 사료가 사용되고 있다. 간편하게 급여할 수 있으면서도 영양 균형이 잘 맞춰져 있기 때문이다. 하지만 현재 출시되어 있는 사료의 종류가 워낙 다양하고 많기 때문에 어떤 제품을 선택해야 하는가에 대해 반려동물의 보호자들은 고민이 많을 수 밖에 없다. 반려동물의 사료는 제조하는 방법, 성분, 보존방법 등에 따라 여러 가지로 분류할 수 있다. 하지만 가장 일반적으로 사용되는 분류방법으로는 제조방법과 수분 함유량에 따라 분류하는 방법이다. 본 단락에서는 간략하게 다양한 종류의 사료에 대해 살펴보도록 하자.

A. 건조사료(Dry Food)

건조사료는 가장 오래된 형태의 사료로 분쇄, 건조 등의 과정을 거쳐 만들어진다. '건조사료'는 수분 함량이 10% 이하인 사료로 건조도(dry matter-DM)가 90% 이상인 사료를 의미하며, 키블형태, 비스켓 형태, 가루 형태로 구분할 수 있다. 주된 원료는 곡류, 육류, 가금류, 어류 등을 활용하여 유제품과 비타민, 광물질 등이 추가되기도 한다.

건조사료의 제조에는 여러 가지 원료를 섞어서 반죽해서 모양을 만든 후 구워내는 방법을 사용한다. 키블 형태의 제조는 앞선 단락에서 다룬 익스트루젼 공법이 활용되고 있다. 익스트루젼 방법은 기호성과 소화율이 높아지게 된다.

저품질의 건조사료의 경우에는 단백질공급원의 원재료를 주로 곡물과 채소를 사용하기 때문에 탄수화물과 섬유질의 함량이 함께 증가하게 된다. 이로 인해 소화, 흡수율이 저하되면서 배변량이 증가하는 경향이 있다. 따라서 건조사료를 구매할 때는 이러한 부분을 유의해서 살펴볼 필요가 있다.

① 장점: 수분이 적어 딱딱하기 때문에 연마효과(abrasive effect)로 인해 반려견의 이빨에 잔여물이 잘 남지 않기 때문에 치석이 덜 쌓이는 편이다. 상온에서 장기 보관이 가능하다는 점과 편리하게 급여할 수 있다는 장점을 가지고 있다.
② 단점: 사료 자체에 수분이 적어 충분한 수분을 함께 제공해야 한다. 따라서 반려견이 평소 물을 섭취하는 양이 적은 편이라면 수분 함량이 높은 사료가 적합하다. 또한 건사료는 가공을 많이 거쳐 원재료의 맛이 거의 남아있지 않기 때문에 기호성이 떨어질 수 있다.

건조사료 보관 시 Tip

① 가능하면 소분하지 않기(변질 및 산패 위험, 제조 연월 및 제품번호 등 사료 정보 확인)
② 건조하고 선선한 곳에 보관(비타민 파괴, 산패 등 변질 위험)
③ 밀봉하여 보관하기(벌레 및 곰팡이 방지)
④ 봉지째로 바닥에 놓지 않기(벌레 꼬임 방지)
⑤ 소포장으로 제공되지 않는 대용량 패키지 피하기(유통기한, 신선도 문제)

B. 습식사료(Moist Pet Food)

'습식사료'는 수분 함량이 75% 이상의 사료를 말한다. 사료로서 식감과 냄새가 좋아서 섭취하는 데 좋지만, 수분함량이 많기 때문에 포만감이 오래 유지되기 어렵다. 주로 통조림이나 파우치 튜브, 필름 포장 등의 형태로 만들어지고 있다.

주로 습식사료는 캔사료로 만들어지는데 수분 함량은 74~80% 정도이다. 주식으로 사용하는 사료로 만들어지거나 혹은 간식 형태로도 출시되고 있다. 주식으로 활용하기 위한 사료는 육류, 가금류, 어류 부산물, 곡류, 비타민, 미네랄 등을 혼합하여 영양학적인 균형을 고려하여 제조한다. 간식으로 출시되는 제품에는 비타민이나 미네랄은 포함되지 않는 경우가 많다.

① 장점 : 수분이 많이 함유되어 있어 음수량을 늘리는 데 좋다. 섭취가 편해 턱이나 잇몸이 약한 반려견에게 먹이기 쉽다. 기호성이 높아 입맛이 없거나 약을 먹기 힘든 반려견의 급여에도 도움이 된다.
② 단점 : 부드러운 제형으로 이빨에 잔여물이 남기 쉽고, 습기 때문에 보존 기간이 짧고 부패가 빠르다. 개봉 후 빠르게 급여하는 것이 좋다.

C. 반건조사료(Semi Moist Pet Food)

'반건조사료'는 수분 함량이 15~30%이고, 동물의 근조직, 곡류, 지방 등을 주원료인 당분과 혼합하여 사용한다. 영양소의 보존과 수분함량을 안정적으로 유지하기 위해 프로필렌 글리콜(Propylene glycol)이라 불리는 수분 안전재가 사용되기도 한다. 이 프로필렌 글리콜은 반려견에게는 문제가 없으나 반려묘에게는 빈혈을 유발할 수 있기 때문에 이러한 형태의 반려견 전용사료를 반려묘에게 급여하는 것은 금해야 한다.

D. 생식

'생식'은 재료 본연의 형태를 유지한 것을 말한다. 생식에 대한 관심과 인기가 높아진 만큼 많은 생식 브랜드가 생기고 있으며, 직접 생식을 만들어 급여하는 보호자들도 증가하는 추세다.

① 장점 : 소화가 잘되며 피부 트러블 및 모질 개선에 좋다. 반려동물이 인공 첨가제 알레르기가 있다면 생식 급여로 해결할 수 있다.
② 단점 : 날고기는 면역력이 약한 반려견에게 살모넬라 식중독을 일으킬 수 있으므로 주의해야 한다. 또 최소한의 영양학적 기준에 미치지 못하는 생식을 지속적으로 급여하면 영양 결핍 등에 시달릴 수 있으므로 신경 써야 한다.

E. 동결건조식사료

'동결건조식'은 식품을 급속 냉동시켜 식품 속의 수분을 미세한 얼음 결정으로 바꾼 뒤 얼음을 진공 중에서 승화시켜 얼음을 바로 수증기로 제거하는 방법이다. 동결 건조된 사료는 일반적으로 물에 넣어 불린 후, 급여하는 형태로 제공한다.

① 장점 : 수분 함량이 굉장히 낮아 장기 보관하기 좋다. 재료 변형이 적고 원재료의 맛이 살아 있는 것도 장점이다.
② 단점 : 제조 과정이 다소 복잡하고, 재료 선정이 까다로워 다른 사료에 비해 비싸다.

	건식	습식	생식	동결건조식
특징	• 일반적인 건조된 • 사료 형태	• 스튜 형태의 가공식품	• 재료 본연 유지	• 식품 급속냉동
장점	• 장기보관 가능 • 편리한 급여 • 합리적인 가격	• 수분 함량 높음 • 기호성 높음 • 부드러운 식감	• 소화가 잘됨 • 피부 및 모질 개선에 • 도움	• 장기간보관 가능 • 원재료 맛 보존 • 기호성 높음
단점	• 수분함량 적음 • 기호성 적음	• 유통기한 짧음 • 꼼꼼한 양치질 요함	• 식중독 위험	• 과정 및 비용 높음

(3) 사료의 등급

같은 사료라 하더라도 품질에 따라 등급이 나뉜다. 가장 뛰어난 로가닉 등급부터 일반 사료까지 반려견 사료는 여러 등급으로 나뉘어 판매되고 있다.

> **Q 사료 선택의 기준은?**
>
> 사료 선택 절대 기준은 기호성, 흡수율, 영양균형, 원료 안정성, 브랜드다. 이는 수의사, 사료 영양학자 등이 공통으로 제시하는 기준이다.
>
> ① 기호성: 우선 반려견의 입맛에 맞아야 한다. 먹지 않는 사료는 좋은 사료일 수 없다.
> ② 흡수율: 소화가 잘되고 흡수율이 높아야 한다. 흡수율이 낮으면 영양학적 불균형을 일으킬 수 있다.
> ③ 영양균형: 좋은 사료는 오랜 기간 한 가지만 먹여도 영양학적 균형을 충족하는 사료다.
> ④ 원료 안정성: 원료의 품질을 말한다. 좋은 품질의 사료는 반려견의 건강을 지켜준다.
> ⑤ 브랜드: 소비자는 사료를 구입할 때 브랜드가 제공하는 정보에 의존할 수밖에 없다. 되도록 제대로 된 생산 시스템을 갖춘 사료 브랜드를 찾아보고 선택하도록 하자.

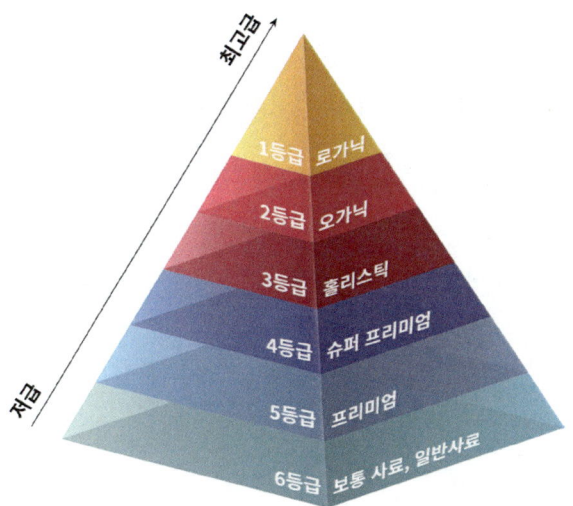

A. 로가닉 - 1등급

'로가닉'이란 '날것(Raw)'과 '오가닉(Organic)'의 합성어로 자연 친화적인 식재료를 사용했다는 것을 의미한다. 가공하지 않은 단백질을 사용하는 만큼 가격도 높아서 '황제견의 사료'라 불리기도 한다.

B. 오가닉(유기농) - 2등급

AAFCO(미국사료관리국)의 기준에 따라 오가닉 인증을 받은 사료를 말한다. 유기농 제품을 가공한 원료를 95% 포함하고 있으며, 농약이나 항생제, 합성 비료 등을 사용하지 않은 제품에 오가닉 등급이 부여된다.

C. 홀리스틱 - 3등급

많은 견주가 선택하는 등급의 사료로, 로가닉과 오가닉에 비해 반려견의 기호성이 높다는 특징이 있다. USDA(미국 농무성)의 인증을 받은 사료로, 살충제와 합성 방부제가 들어 있지 않기 때문에 사람이 섭취해도 무해한 등급의 사료이다.

D. 슈퍼 프리미엄 - 4등급

육류가 곡물보다 많이 첨가된 사료로, 합성 방부제와 부산물이 들어가지 않은 고급 사료이다. 그러나 밀, 옥수수, 콩 등 알레르기 유발 원료가 사용되고 있으며 육류가 많이 첨가되어 있기 때문에 쉽게 살이 찔 수 있다는 단점이 있다.

E. 프리미엄 - 5등급

부산물을 주원료로 사용하며, 합성 방부제가 들어가는 사료이다. 영양가가 낮은 대신 인공 첨가물을 사용해 기호성을 높였다는 특징이 있다. 반려견이 합성 방부제를 섭취할 시 변의 냄새와 상태가 나빠질 수 있다.

F. 일반사료 - 6등급

일반 사료, 보통 사료, 마트/마켓용 사료로 불리는 저급 사료이다. 저가의 재료와 향신료, 곡물 잔여물, 농약, 색소 등을 사용하거나 원료의 출처가 불분명하다는 특징이 있다.

높은 등급의 사료라고 해서 곧장 선택하기보다는 영양소, 사료의 크기, 기호성, 가격 등의 요소를 적극 고려하는 것이 좋다. 많은 반려견 보호자가 홀리스틱, 슈퍼 프리미엄 등급을 선택하고 있다는 점을 통해 사료마다 제각기 분명한 장단점이 존재한다는 것을 알 수 있다.

특히 눈물이나 관절, 털, 알레르기, 피부 등 사료 섭취 목적에 따라 기준이 달라질 수 있으니 사료 성분을 확인해 샘플을 신청해 반려견에게 소량 먹여 보고 반응과 기호성을 살펴본 뒤 사료를 선택하는 것이 좋다.

(4) 반려견 사료 성분표

사료 성분표 혹은 원료표의 정보만으로는 좋은 사료인지 파악하기 어렵다. 반려견의 건강상 태, 치아, 피부는 물론 기대수명에도 영향을 미치기 때문에 어떤 종류의 사료(건식, 습식, 선식 및 자연식 등)를 급여하든 최적인 사료를 찾기 위해서는 성분표 및 원료표를 읽을 줄 알아야 한다. 급여 중이거나 혹은 예정인 사료가 영양학적 기준에 부합하는 사료인지, 필수 원료 및 영양소를 함유하고 있는지 직접 확인해보자.

A. 주의해야 할 원료

사료의 가장 큰 문제는 첨가된 '육분', '부산물' 및 각종 '첨가제' 등이 반려견의 건강 및 피부에 악영향을 준다는 것이다.

① 고기 부산물(고기 외 폐, 신장, 비장 등)
② 육분(포유류 조직의 폐기물을 가공한 것)
③ 높은 함량의 옥수수/정제된 쌀/밀가루 : 글리세믹 지수가 높아 혈당을 높이고 비만을 유발한다.
④ 화학성분 : BHA(산화방지제), BHT(유지산화방지제), 에소키시킨(에톡시퀸), 아황산나트륨, 글리콜, 아셀레늄산 나트륨, 프로필린글리콜(보습제) 등의 식품첨가제는 장기복용 시 면역력 결핍, 발암, 호로몬 불균형 등의 악영향을 유발한다.

B. 성분표
① 전성분

성분표는 크게 전 성분과 등록 성분으로 구분되어 있다. 전 성분은 해당 사료를 구성하고 있는 식재료 및 첨가제의 상세 목록으로 중량이 높은 것부터 낮은 순으로 나열되어 있다. 위험성, 영양조성, 원재료적 이점 등을 살펴봐야 한다.

가장 많은 중량을 차지하는 것은 주요 단백질원이다. 오리, 닭, 칠면조, 돼지, 소, 연어 등으로 구성되어 있다. 그 다음은 탄수화물이다. 옥수수, 감자, 쌀, 밀 등의 식재료가 이에 포함된다. 그 외 식이섬유나 각종 미네랄 등은 사과, 토마토, 당근, 호박, 바나나 등 채소에 포함되어 있다.

> **전성분**
>
> 뼈를 발라낸 칠면조, 통건조란, 완두콩, 감자, 완두분, 천연향미제, 아마씨, 카놀라유, 뼈를 발라낸 연어, 뼈를 발라낸 오리, 탄산칼슘, 야자유, 사과, 완두섬유, 제일인산칼슘, 토마토, 알팔파, 당근, 호박, 고구마, 스쿼시, 바나나, 블루베리, 크랜베리, 블랙베리, 석류, 파파야, 렌틸콩, 브로콜리, 폴리인산나트륨, 염화나트륨, 건조 치커리뿌리, 염화콜린, 비타민합체(비타민E, L-아스크로빌-2-폴리포스페이트, 나이아신, d-판토텐산칼슘, 비타민A, 비타민B1질산염, 리보플라빈, 베타카로틴, 비타민B12, 비오틴, 염산피리독신, 비타민D3, 엽산), 미량광물질류합제(황산제일철, 아연단백질화합물, 철단백질화합물, 셀레늄효모, 산화아연, 황산동, 망간단백질화합물, 구리단백질화합물, 산화망간, 요오드산칼슘), 타우린, 건조 락토바실러스 애니도필러스 발효산물, 건조 엔테로코커스페슘 발효산물, DL-메티오닌, L-라이신, 염화칼륨, 파슬리, 페퍼민트, 녹차추출물, 유카추출물, L-카르니틴, 건조 로즈마리

② 등록 성분

등록 성분

조단백	조지방	칼슘	인	조섬유	조회분	수분
27% 이상	13% 이상	1.2% 이상	0.7% 이상	4.5% 이하	7.5% 이하	10% 이하

건식, 습식 사료별 영양분 최소 요구량(생후 1년~6년 기준)

	조단백질 최소 요구량		조지방 최소 요구량	
	건식사료	습식사료	건식사료	습식사료
강아지 사료	18%	4.5%	5%	1.5%
고양이 사료	26%	6.5%	9%	2.5%

사료의 전성분표 하단에서 등록 성분량도 확인이 가능하다. 사료의 종류에 따른 영양성분의 최소 함량 기준이 제시되어 있어 최소한의 기준에 부합하는지 체크할 수 있다.

조단백질은 가공을 거치지 않은 순수한 단백질로 개의 경우 18%, 고양이 26% 이상이어야 충분한 영양 공급이 가능하다. 최소한의 함유량이므로 이보다 적을 시 반려동물이 영양실조에 걸릴 수 있다. 일반식품이나 사료에는 순단백질 외에 질소화합물이 섞여 있어 10~20% 높은 값이 측정되어있다. 조지방 역시 같은 맥락으로 파악할 수 있다.

성분표를 살펴봄으로써 영양학적인 균형과 필수 영양소가 모두 충분히 함유되어 있는지에

대해 판단할 수 있으므로 이러한 정보들을 충분히 활용하여 사료를 선택하는 것이 반려동물에게 유익할 것이다.

> **Q 사료 vs 자연식, 과연 어떤 식이가 더 반려견에게 좋은가?**
>
> 개의 조상인 늑대는 야생에서 썩은 고기를 먹으며 육식을 했지만, 현대의 개들은 가정 생활을 하며 사료를 먹는다. 사료가 분명 자연식보다 급여에 편리하고 영양적인 이점이 있는 것도 맞지만 개들의 입장에서 똑같이 생긴 음식을 매일, 수년간 평생 먹어야 한다면 어떨지는 생각해볼 일이다.
>
> 사료 회사는 자연식보다 사료에 반려견 필수 영양소가 골고루 포함되어 있다고 주장하지만, 결국 필수 영양소를 지정하는 것도 사표 판매회사에서 한다. 반려견 사료의 구성 성분표를 보면 다양한 야채, 채소, 과일, 염화콜린, DL-메티오닌, L-리신, 염화칼륨 등 이름도 생소한 여러 종류의 보조성분이 포함되어 있다. 하지만 야생 개들은 현대 사료에 들어 있는 이런 각종 비타민과 무기질을 모두 먹지 못했는데도 종족을 이어온 것을 보면 사료 회사의 주장에는 상당히 어폐가 있다고 할 수 있다.
>
> 반려견 사료가 본격적으로 등장한 것은 100년 남짓에 불과하다. 사료가 기존의 조상 대대로 개들이 먹어오던 자연식보다 무조건 나은 것인지에 대해 면밀하게 생각해볼 수 있다.
>
> 자연식으로도 반려견에게 균형 잡힌 식사를 충분히 급여할 수 있다는 말이다. 바쁜 생활 속 원활한 급여를 위해 사료를 우선적으로 생각할 수밖에 없기도 하다. 그렇지만 사료가 무조건 옳다고 생각해서는 안 된다.

	자연식	사료
신선도	건강을 위해서는 신선한 식품을 섭취해야 한다는 것은 보편타당한 사실이다. 신선한 원료를 사용하는 자연식 사료는 그만큼 유통기한이 짧다. 시간이 경과할수록 영양소가 빠르게 파괴되기 때문에 신선도는 매우 중요하게 고려되어야 하는 요소이다. 직접 만든 자연식 또한 마찬가지이다. • 대표적 관련 현상: 윤기 나고 부드러운 털	원재료가 신선하지 않은 경우가 많고, 제조 이후에도 유통, 판매, 보관 등의 과정을 거치며 신선도가 떨어질 수 있다. 유통기한이 길지만 제조일자가 오래될수록 신선도의 저하는 심해진다. • 대표적 관련 현상: 잘 빠지고 윤기 없이 푸석푸석한 털
가공 여부	원재료를 가공하지 않고 사용하는 경우가 많기 때문에 재료 상태를 직접 확인할 수 있다. 또한 첨가물을 사용하지 않고, 단순 가열과 건조 이외의 처리를 하지 않는다는 특징이 있다. 여러 번 가공하다 보면 영양가가 낮아지고 첨가물이 들어가면 반려견의 장기에 부담이 가거나 심할 경우 독성을 일으킬 수 있기 때문에 주의할 필요가 있다. • 대표적 관련 현상: 알레르기/불내성 등으로 인한 눈물 과다 및 설사, 변비 개선	가공 과정을 거친다. 일반적으로 기계로 압착한 사료인 펠렛은 원재료가 건사료의 형태가 되도록 총 4회에 걸쳐 고온 및 고압 처리를 한다. 이때 영양소와 재료 본연의 맛이 파괴되므로 기호성을 높이기 위해 지방과 당이 들어간다. • 대표적 관련 현상: 알레르기/불내성 악화로 인한 눈물 과다, 설사/변비, 지방과 당으로 인한 비만

	자연식	사료
흡수율 · 이용률	동물성 단백질이 기존 사료보다 많이 들어가거나 주원료로 사용되어 반려견이 체내에서 흡수하고 이용하는 데 수월하다. 또한 반려견이 소화하지 못하는 섬유질인 필러가 적게 들어 있어 위장관 운동에 부담이 적고 영양소와 수분의 흡수율이 높다. 식품에서 유래한 비타민과 무기질이 첨가되어 생체이용률이 높다는 특징이 있다. • 대표적 관련 현상: 단단하고 작고 냄새가 적은 변, 빠른 소화	단백질 함량이 낮고, 만약 높더라도 체내 흡수 및 이용에 용이하지 않기 때문에 실제 반려견이 활용하는 양은 적다. 필러가 첨가되는 경우가 많기 때문에 반려견의 소화기 기능을 저해한다. 원재료의 신선도가 낮고 가공 중 파괴된 영양소를 보충하기 위해 합성 비타민을 첨가하는 경우가 많다. 합성 비타민은 천연 비타민 대비 생체이용률이 낮다. • 대표적 관련 현상: 악취가 나고 양이 많은 변, 소화 불량으로 인한 더부룩함
체중 조절	단백질 함량이 높고, 지방 함량이 적당하며, 탄수화물이 적게 들어가 있어 일반적으로 별다른 관리 없이도 적정 체중을 유지할 수 있다. • 대표적 관련 현상: 슬개골 탈구 등 관절 질환 지연, 적정 체중 유지	처방식이 아닌 성견용 일반 사료에 한해 단백질 함량이 낮고 지방 함량이 높으며 탄수화물이 많이 들어 있다. 이에 따라 적정량 섭취하더라도 열량이 높기 때문에 살이 찌기 쉽다. • 대표적 관련 현상: 관절 질환 급속 진행, 비만

대부분 견주가 자연식이 좋은 것을 알면서도 어쩔 수 없이 현실적인 문제로 사료 급여를 선택한다. 자연식을 만드는 건 시간과 수고가 몇 배나 드는 일이기 때문이다. 여기서 현실적인 문제라 함은 경제적, 시간적, 영양학적 지식의 문제 등을 들 수 있다. 편의를 위해 개발된 사료에 비해 자연식이 지식과 시간, 비용이 더 많이 드는 것은 부정할 수 없는 사실이다.

하지만 그렇다고 하더라도 사료가 자연식보다 좋다는 인식은 개선돼야 한다. 건강한 자연식을 제공할 수 있다면 인공 사료를 선택할 이유는 전혀 없다. 시간과 경제적 여유가 있다면 우리의 가족인 반려견을 위해 정성을 담은 건강한 자연식 급여를 시작해보는 것은 어떨까? 사료와 자연식에 대해 가지고 있는 편견을 극복한다면 반려견의 행복과 건강에 한 발짝 더 나아갈 수 있을 것이다.

(5) 자연식

반려견에게 먹일 수 있는 음식은 현재 크게는 자연식과 사료로 구분할 수 있다. '자연식'이란 신선한 생고기나 야채를 이용해 자연 원재료를 가공하지 않고 그대로 급여하는 방식을 의미한다. 자연식은 다시 두 종류로 나뉘는데 생고기를 사용하는 생식과 익힌 고기를 사용하는 화식이다. 자연식은 기호성이 높고 입맛에 따라 식단을 맞출 수 있다는 장점이 있지만, 반면 사료보다 비교적 비용이 많이 들고 직접 조리할 경우 정확한 영양 성분을 파악하기 힘들다는 단점이 있다. 이런 단점으로 인해 최근 자연식을 급여할 수 있는 상용화된 제품도 많이 출시되고 있다.

A. 생식

'생식'은 육류나 야채 등을 익히지 않은 채 날로 먹는 것을 의미한다. 반려견이 생식을 하게 되면 사료에 비해 생식이 고지방 식단이기 때문에 털에 윤기가 흐르게 되고, 소화율이 증대되는 것을 볼 수 있다. 또한 뼈를 갉아 먹으면서 치아의 치석이 제거되고, 뼈를 물고 뜯는 과정이 개의 야생적인 욕구를 충족시켜 스트레스가 해소된다는 장점이 있다.

이와 같은 장점들로 인해 최근 보호자들은 반려견의 건강 관리 방법으로 생식 식단에 많은 관심을 보이고 있다. 생식은 그 자체로 무조건 건강에 좋은 것이거나 혹은 무조건 나쁜 것이 아니다. 반려견의 개별적인 특성과 건강 상태에 따라 같은 생식이라도 서로 다른 결과를 초래할 수 있다는 점을 이해해야 한다. 생식도 사료 급여와 마찬가지로 나름의 장점과 단점을 가지고 있다 .

▍생식 급여의 장점과 단점

장점	단점
1. 원재료가 갖는 천연 상태의 영양소를 섭취할 수 있다. 2. 생식을 하면 재료에 그대로 함유된 수분으로 인해 자연스럽게 수분 섭취량이 증가하고 탈수나 신장 질환을 예방하는데 도움이 된다. 3. 사료에 첨가되는 인공 첨가물의 섭취가 줄어든다. 4. 생식을 하면 일반적인 사료와는 다른 식감 또는 향 때문에 호기심을 해소하고 먹는 즐거움을 느낄 수 있다. 5. 체질에 따라 사료의 성분이나 제조 공정으로 인한 알레르기, 설사, 변비 등이 유발될 수 있지만, 생식은 이를 예방할 수 있다.	1. 조리되지 않은 식재료는 수분 등으로 인해 쉽게 부패할 가능성이 높고, 기생충이나 박테리아가 증식할 수 있어 식중독이나 위장 질환의 원인이 될 수 있다. 2. 반려견의 체질에 따라 특정 식재료에 대해 알레르기 반응이 유발될 가능성이 있다. 3. 생식을 할 경우 기생충 감염을 예방하기 위해 구충제를 꾸준히 챙겨 먹여야 한다. 4. 생식은 반려견의 건강을 유지하기 위해 필요한 다양한 영양소를 골고루 보충하기 어렵다. 5. 장기간의 자연식은 영양 불균형을 초래하며 오히려 특정 영양소의 과도한 섭취로 인해 건강에 악영향을 미칠 가능성이 존재한다. 6. 뼈와 같이 단단한 식재료는 치과 질환을 유발할 가능성이 존재한다.

생식 급여 시 유의사항

① 생고기에는 살모넬라균이 함유되어 있을 수 있다. 반려견의 경우 장내 산성도가 높아 살 모넬라균 감염 확률이 낮지만, 면역력이 낮은 반려견, 유견, 노령견 등은 감염될 수 있다. 반려견의 음식을 손질하다가 보호자가 살모넬라균에 의해 식중독이 걸리는 경우도 있으니 반드시 손 세척에 유의해야 한다.
② 뼈 급여 시 목에 뼈가 걸리거나 이빨이 부러질 위험이 있으며, 장 폐색 유발 가능성도 있다.
③ 뼈를 제거하고 부드러운 고기 위주의 식재료만을 급여하는 경우, 치아에 잔여물이 남아 치석을 유발할 위험이 높다.
④ 생식은 고단백 식단이기 때문에 장기간 지속하는 경우 췌장이나 신장 질환을 야기할 수 있다. 특히, 내장 기능이 떨어진 노령견의 경우 위험하다.
⑤ 칼슘과 인의 비율이 맞지 않는 경우가 많아 1년 미만의 강아지에게 급여하는 경우 뼈와 근육 발달에 문제가 생길 수 있다.

B. 화식

'화식'이란 단어 그대로 생식의 재료를 불에 익혀 급여하는 것을 의미한다. 음식을 가열하면 육류에 있는 기생충과 세균을 죽일 수 있기 때문에 더 안전하게 음식을 섭취할 수 있다는 장점이 있다. 반려견에게 발생하는 질환의 원인 중 상당수는 몸 밖으로 배출되어야 할 유해 물질이 체내에 쌓이는데 있는 경우가 많다. 이런 경우 화식을 활용하면 소화불량과 배설불량의 문제를 개선할 수 있기 때문에 건강 관리에 도움이 될 수 있다.

■ 화식 급여의 장점과 단점

장점	단점
1. 생식보다 소화시키기 쉽다. 불에 익히면 단백질이 변성단백질이 되면서 펩티드 결합이 풀어져 소화효소가 작용할 수 있는 면적이 넓어진다. 따라서 익혀 먹는 것은 같은 양을 먹어도 날것보다 더 많은 에너지와 영양소를 흡수한다. 2. 식감이 부드러워지고 맛이 좋아져 기호성이 좋아진다. 3. 가열로 비타민이나 미네랄 등 식재료의 영양소가 일부 파괴되기는 하지만, 식품의 독성분을 무력화하거나 세균과 기생충을 죽여 안전한 식품으로 만들어준다. 4. 병원성 미생물에 대항하기 힘든 아픈 반려견에게 생식보다 도움이 된다.	1. 비타민C와 B처럼 특히 열에 약한 식재료의 성분이 파괴된다. 2. 해로운 성분이 만들어지는데, 특히 불포화지방산은 가열하면 과산화물이 생겨서 암, 동맥경화 등의 원인이 될 수 있다. 3. 화식의 기호성으로 인해 사료를 거부하는 경우가 생길 수 있다.

자연식 중에서도 생식과 화식 중 특정한 방법이 더 좋은 방법이라는 주장은 바르지 않다. 경우에 따라 식재료의 영양소, 기호성, 알레르기 유무, 개체별 건강 상태를 고려하여 적절한 방식으로 음식을 급여하는 것이 중요하다. 화식도 생식과 마찬가지로 여러 가지 장점들이 있지만, 이 방법을 사용할 때 유의해야 할 사항들이 있다.

화식 급여 시 주의사항

① 모든 식재료를 소화하기 쉬운 크기로 잘게 썰고 섞어주는 것이 좋다.
② 고기에 붙은 지방은 잘라내는 것이 좋고, 고기에서 나오는 기름은 웬만하면 제거한다.
③ 곡물, 육류, 채소 등을 알맞게 사용하여 영양 균형을 맞춘다.
④ 조리과정과 가열시간은 최대한 간단하게 한다.
⑤ 조리된 육류의 뼈는 반려견이 씹으면서 잘게 쪼개지고 날카로워지므로 제거 후 급여 한다.

자연식에 대한 장점과 여러가지 의견

자연식을 반려견에게 먹이는 견주들은 실제로 "개의 수명이 늘어나고 질병에 강해졌다. 알레르기가 나았다"고 주장한다. 스트레스 해소, 치아 건강, 소화기 기능 향상, 모질 및 피부 개선 등 자연식으로 많은 도움을 받았다는 의견도 많다.

그리고 몇몇은 미국 사료 협회 AAFCO(미국사료관리감독협회)를 인용하여 "개는 육식에 가까운 잡식동물이고 따라서 탄수화물이 필수적인 영양소가 아니다", "건사료는 탄수화물의 비중이 높은 편인데 이는 개에게 바람직하지 않다"고 주장한다.

또 엄밀히 말해 진화론적 관점이나 식습관을 미루어보아 개는 육식에 가까운 잡식동물로 보는 것이 타당하다. 유력한 미국 사료 협회 AAFCO(미국사료관리감독협회)에 따르면 개는 탄수화물은 꼭 필요로 하지 않는다.

일반적으로 건사료는 탄수화물의 비중이 비교적 높기 때문에 사료를 먹일 경우 필수 영양소를 섭취하고 있다고 보기 어려울 수 있다. 인간과 공생하며 탄수화물을 소화할 수 있는 효소가 개의 체내에 생겼다 하더라도 필수 영양소가 아닌 탄수화물을 매 식사 때마다 섭취하도록 하는 것은 기계적인 먹이 급여와 다르지 않다.

의사인 제럴드리퍼트와 브루노 사피는 "생식은 개의 잠재적 기대 수명을 32개월까지 늘릴 수 있다"며 "사료를 섭취한 개의 평균적인 기대 수명은 10.4년이었으나 생식을 먹은 개는 13.1년이었다"고 연구 결과를 발표했다.

(연구에서는 생식을 천연 제품에서 추출한 단백질과 필수 비타민 및 미네랄의 좋은 공급원을 포함하는 양질의 재료를 사용하고 화학적 처리가 없고, 착색제 또는 첨가제를 쓰지 않은 것으로 정의했다)

연구 결과처럼 생식은 기대 수명을 늘리고 체중 조절을 돕고 알레르기 위험을 줄이며 노년기의 에너지와 체력을 향상할 수 있다. 또한 깨끗한 치아를 유지해 병원 방문 횟수를 줄여 의료 비용을 줄일 수도 있다.

개들의 조상이 먹은 음식은 무엇이었을까?

늑대의 후손인 개는 신체 구조상 육식동물에 가깝다. 그러나 일반적인 육식동물과 달리 마땅히 먹을 음식이 없을 때 채소와 과일, 풀, 허브 등도 먹는다. 다만 곡물을 먹는 것은 허기를 달래기 위한 행위일 뿐 개는 곡물을 소화하지 못하고 당으로 전환하지 못한다는 차이가 있다.

(6) 반려견에게 해로운 음식 목록

앞서 설명한 바와 같이 반려견은 잡식성이기 때문에 어떤 음식이든 급여하면 먹을 수 있다. 하지만 인간에게는 해롭지 않은 음식이 개에게는 중독을 일으키는 경우가 있다. 심각한 경우 반려견의 생명까지 위협할 수 있기 때문에 아래와 같은 음식들에 대해서는 주의할 필요가 있다.

A. 양파, 마늘, 부추 등 파류

파류에 함유되어 있는 '알릴 프로필 디설파이드' 성분이 개의 적혈구를 단시간에 파괴하여 빈혈, 쇠약, 호흡 곤란을 일으킬 수 있다. 반려견이 10kg 미만인 경우에는 체중 1kg 당 양파 15g, 체중이 10kg 정도라면 양파 3/4개 정도를 섭취하면 수일 내에 증상이 나타나게 된다. 생으로 섭취하는 것뿐 아니라 조리된 상태에서도 반려견에게는 위험할 수 있기 때문에 주의해야 한다.

B. 포도, 건포도

　　건포도나 포도를 반려견이 소량만 섭취해도 급성 신부전 증상이 나타날 수 있으며, 살아남더라도 만성 신부전으로 이어질 수 있다. 섭취 시 신장기능 이상으로 빠르면 2~3시간 이내에 증상이 발현되며, 최대 72시간 이내에 설사, 구토, 탈진, 다뇨증 등의 증상이 나타난다. 일반적으로 치사량은 반려견의 체중 1kg당 1-3알 정도이다.

C. 초콜릿(테오브로민), 커피, 차(메틸잔틴)

　　초콜릿에 함유되어 있는 '테오브로민'에는 반려견에게는 유해한 독성이 있기 때문에 중독 증상을 일으킬 수 있다. 카카오 함량이 높을수록 위험하며, 카페인 중독 증상으로 구토, 근육경련, 발작 등이 나타난다. 28g의 초콜릿은 14kg 체중의 개를 사망에 이르게 할 수도 있는 양이다. 일반적으로 체중 10kg의 강아지의 경우 작은 초콜릿 1개로도 증상이 나타날 수 있다.

D. 자일리톨

　　반려견이 '자일리톨'을 섭취하게 되면 인슐린이 과도하게 분비되는 현상이 일어난다. 과도한 인슐린 분비는 혈당을 하강시켜 신체 조절 기능 상실, 발작, 탈진, 혼수 상태가 나타날 수 있다. 신속히 조치하지 않는다면 사망에 이를 수도 있다. 0.1g/kg 복용 시 저혈당증, 0.5g/kg 복용 시 간 괴사가 나타날 수 있다. 일반적으로 껌 2알로도 증상이 일어날 수 있다. 또한 사람들이 사용하는 치약이나 다이어트 식품에도 들어가 있는 경우가 있으니 성분에 주의해야 한다.

E. 알코올류

　　개는 인간보다 에탄올에 훨씬 더 민감하기 때문에 섭취 시 구토, 혼수상태, 심할 경우 사망 에 이를 수도 있다. 치사량은 100% 에탄올 기준 5.5~7.9g/kg이다.

F. 빵 반죽

　　이스트를 넣어 만든 빵은 반려동물의 위장 기관에서 증식하여 과도한 가스를 발생시킬 수 있다. 이로 인해 복부 팽만, 신체 조절 기능 상실, 방향 감각 상실 등의 증상이 나타날 수 있다.

G. 아보카도

　　퍼신(Persin)이라는 성분이 있어 섭취 시 호흡 곤란, 복부 확장 등의 증상이 나타날 수 있다.

H. 과일(사과, 체리, 복숭아, 자두, 살구 등)의 씨

　　과일의 씨 근처의 속 부분에는 청산가리로 알려져 있는 '시안화물'이라는 성분이 들어있어 섭취 시 동공 확장, 불안, 쇼크, 구토 등의 증상이 나타날 수 있다.

I. 과량의 소금
짠 음식을 과다 섭취 시 음수량이 증가해서 위 확장을 일으킬 수 있다. 하루 권장 섭취량은 62.4~125mg/kg이다.

J. 생선회
바이러스, 세균, 기생충의 위험이 있으며, 감염 시 식욕 저하나 발작을 일으킬 수 있다.

K. 기름진 식품
다량의 기름은 췌장염, 대장염을 일으킬 가능성이 있다.

L. 생 뼈
동물의 뼈는 구강에 상처를 입히거나 장폐색 등 소화기관에 문제를 일으킬 수 있다. 어느 정도 익힌 후에도 뼈가 깨질 수 있기 때문에 특히 가금류의 뼈는 취식을 금해야 한다. 경우에 따라서는 뼈를 섭취하다가 이빨이 깨지는 경우도 있기 때문에 이런 점에도 유의해야 한다.

M. 날달걀 흰자
날달걀 흰자에 있는 '아비딘'이라는 성분은 비타민B의 흡수를 방해하여 탈모, 기력 저하, 성장 저하 또는 뼈의 기형을 초래할 수 있다. 또한 닭 농장의 사육환경이 위생적이지 못한 경우 날달걀 껍질에 살모넬라와 대장균이 오염될 수 있다. 이런 상태에서 섭취하게 되면 중독의 위험성이 있기 때문에 달걀의 경우 노른자와 함께 잘 익혀서 급여하는 것이 좋다.

N. 일반우유
반려견은 유당 분해 능력이 낮기 때문에 일반우유 섭취 시 설사나 구토를 할 수 있다.

O. 마카다미아
섭취 시 뒷다리 쇠약, 통증, 근육 떨림, 마비 등의 증상이 나타날 수 있다. 정확한 독성원리는 아직 밝혀지지 않았다.

P. 오징어, 문어
오징어나 문어 등의 해산물은 일반적으로 반려견이 소화시키기 어려운 식재료이다. 이로 인해 설사, 구토 등이 유발될 수 있으며 위염으로 발전하는 경우도 있다. 잘 다지거나 익혀서 먹이면 문제가 없지만, 날 것으로 주는 경우 소화기관에 문제가 발생할 수 있다.

PART 3 반려견 관리학

II. 반려견 훈련학

01 반려견 훈련학 개요

사람과 함께 살아갈 수 있도록 반려견을 길들이는 과정을 반려견 훈련이라 한다. 반려동물을 훈련시킬 때는, 반려견의 견종과 개체별 특성을 고려하여 적합한 교육 훈련을 진행하여 사람과 사회 환경에 대해 이해시켜야 한다. 훈련을 통해 반려견과 견주의 유대를 강화할 수 있으며, 상호 신뢰감을 증진하고 정서적 안정을 도모할 수도 있다.

반려견 훈련이 중요한 이유는 훈련이 반려견을 보호자나 그 주변 사람을 넘어 전체 사회에서 공존 가능케 하는 수단이기 때문이다. 또한 반려견은 안내견, 탐지견, 경찰견, 군견, 구조견 등 때로 여러 사회적 역할을 맡기 때문에 이를 수행하기 위해서는 고도의 훈련이 필요하다. 그리고 사람이나 다른 반려견과 관계 맺으며 공존하기 위해서도 훈련을 통한 기본 예절 함양은 필수적이다.

본 단락에서는 강화와 처벌, 기본 훈련, 놀이 훈련, 사회화 훈련, 산책 훈련, 배변 훈련, 복종 훈련 등 다양한 훈련 이론을 살펴보고 훈련의 종류와 방법, 훈련 용품 등에 대해서도 살펴보고자 한다.

02 강화와 처벌

동물의 문제 행동을 교정하기 위해서는 행동 수정법을 적절히 활용해야 한다. 행동 수정법은 동물의 문제 행동을 변화시키는 것으로 이러한 점에서 행동교정의 중심 목적과 부합한다. 행동 수정법 중 조작적 조건화는 동물이 연관을 통해 학습한다는 것을 활용한 방법이다. 자신에게 긍정적인 결과 혹은 효과가 따라오는 행동은 반복해서 하고, 부정적인 결과 혹은 효과를 초래하는 행동은 회피하는 것을 배우며 살아간다. 즉 시행착오를 통해 학습하고 기억한다고 할 수 있다. 조작적 조건화에는 크게 강화와 처벌이라는 개념이 있다.

(1) 강화(Reinforcement)

강화(Reinforcement)는 한 행동이 다시 발생할 가능성을 증가시키거나 확률을 높이는 것이다. 강화에는 긍정강화(Positive reinforcement, 양성강화 또는 정적강화)와 부정강화(Negative reinforcement, 음성강화 또는 부적강화)가 있다.

'이리 와'하며 개의 이름을 부른 뒤, 개가 왔을 때 간식을 준다고 가정해 보자. 이 과정을 반복할 경우, 다음에 이름을 부르며 '이리 와' 했을 때 개가 올 확률이 점점 높아질 것이다. 보상(간식)을 통해 행동을 강화하는 원리다.

A. 강화물(강화인자)

조작적 조건화에서는 강화물은 보상을 의미한다. 강화물은 1차 강화물, 2차 강화물로 나눌 수 있다.

1차 강화물은 행동의 빈도를 증가시키거나 확률을 높이는 만족스러운 자극이다. 이를테면 먹이, 장난감, 다른 개체와의 놀이 등이다. 단, 이 강화물의 효과를 극대화하기 위해서는 개체별 강화물 선호도를 이해하는 것이 중요하다. 개체별로 강화의 효과 또한 차이가 존재한다.

2차 강화물은 1차 강화물과 함께 주어짐으로써 강화물 기능을 하는 2차적 보상을 말한다. 이를테면 1차 강화물인 간식을 주면서 클리커를 딸각거리거나 칭찬하거나 쓰다듬는 등 행위가 2차 강화물이라고 할 수 있다.

강화물 종류_간식

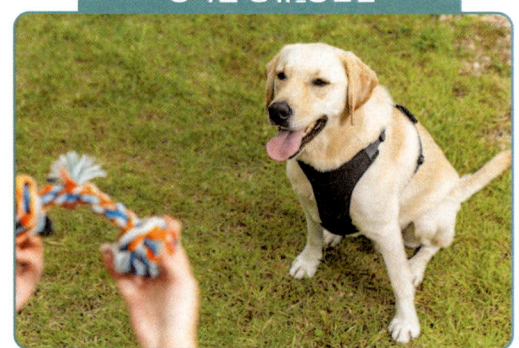
강화물 종류_장난감

+여기서 '보상'과 강화물의 차이란?

보상기반 훈련은 보호자 또는 훈련자가 원하는 행동을 했을 때 보상으로 간식, 칭찬, 놀이, 장난감 제공해 개가 편안함을 느끼도록 하는 훈련이다. 반대로 혐오기반 훈련은 반대로 훈련을 받는 개가 신체적, 감정적으로 불편하게 느끼도록 하는 방법이다. 직접 접촉에 의한 처벌, 간접접촉에 의한 처벌로 나눌 수 있다.

강화물은 훈련 시 반려견의 목적 행동 자체를 강화하기 위한 수단이다. 따라서 강화물에는 보상기반 훈련에서 사용되는 간식, 칭찬, 놀이, 장난감 등 외에도 클리커 소리도 포함이 된다. 단지 목적 행동 자체를 강화시키는 것이면 되는 것이다. 이에 비교해보자면 보상은 말 그대로 개가 훈련과정에서 편안할 수 있게 하는 훈련도구를 말하므로 강화물이 상위개념이라고 할 수 있다. 다만, 조작적 조건화에서의 강화물은 보상을 가리키는 말이다.

+클리커 트레이닝이란?

클리커 트레이닝은 스키너(B. F. Skinner)가 제안하고 카렌 프라이어(Karen Pryor)가 고안하며 널리 알려졌다. 스키너와 프라이어는 행동주의 심리학에 기반해 이 도구를 고안했다. 현대에는 개뿐만 아니라 고양이, 새는 물론이고 동물원의 동물들에게도 적용할 수 있는 훈련 방식으로 발전했다.

클리커 트레이닝은 동물이 원하는 행동을 올바르게 하는 순간을 포착해 표시하고 보상을 주는 것이 기본이다. 동물이 올바른 행동을 했을 때 클리커로 '딸각' 소리를 내 그들이 바람직한 행동을 수행했음을 알려주면 된다. 클리커를 이용하면 안전하고 인도적인 방법으로 모든 종의 동물에게 원하는 행동을 효율적으로 가르칠 수 있다.

B. 강화의 타이밍

원하는 결과나 효과를 얻기 위해서는 동물의 반응과 동시에 강화가 이루어져야 한다. '즉시성'이 중요하다고 할 수 있다. 벌의 효과를 내기 위해서도 행동 직후에 벌을 주어야 효과가 있다.

C. 강화의 정도와 빈도

강화물로 먹이를 사용할 때는 되도록 매력적인 것을 선택해야 한다. 이를테면, 반려견을 훈련하는 데 매일 먹는 사료는 강화물로써 효과가 없다. 반려견이 접한 적 없는 닭고기 등을 활용하는 것이 훨씬 더 효과적이라는 의미다. 단, 지나치게 매력적인 보상은 오히려 반려견을 흥분시켜서 학습에 역효과를 낼 수 있다.

또한 강화물은 작은 강화물을 자주 주는 것이 더 효과적이다. 원하는 행동을 할 때마다 작은 간식을 하나씩 주는 것이 큰 간식을 한 번 주는 것보다 효과적이다. 다만 강화의 효과에는 개체 차이가 존재하므로 강화물 사용 시 강화물의 종류, 정도를 고려해야 학습 효과를 극대화된다는 점을 기억하자.

D. 강화 스케줄(Schedule, 계획)

행동에 대한 강화나 처벌로 동물을 훈련시킬 수 있다는 점을 앞에서 익혔다. 이때 조건형성(조건화)이 이루어진 후에는 강화의 빈도를 조절하여 간헐적(부정기적) 강화로 변경해야 한다. 이는 강화물의 효과를 유지하는 방법이기도 하다.

간헐적 강화를 실시하는 것은 동물이 익숙해지지 않게 하기 위함이다. 고정 강화를 실시할 시 동물이 강화물의 제공 시점을 알게 돼 학습효과가 떨어질 수 있기 때문이다. 언제 강화물이 제공될지 모르는 간헐적 강화 스케줄을 사용하는 것이 집중력을 높여 학습효과를 극대화할 수 있다.

① 연속적 강화(정기적 또는 계속적 강화)
학습 초기 단계에서는 계속 강화물을 제공하여야 한다. 연속적 강화는 원하는 행동을 할 때마다 강화물을 제공하는 방법이다.

② 간헐적 강화(부정기적 강화)
강화물을 간헐적으로 제공하는 방법이다. 학습된 행동을 유지하는 데 효과이다.
ⓐ 고정간격 스케줄(Fixed interval schedule): 정해진 시간마다 규칙적으로 강화물을 제공하는 방식이다. 주급, 월급, 중간고사, 기말고사 등이 대표적이다.
ⓑ 간헐적 스케줄(Variable interval schedule): 불규칙한 시간 간격으로 강화물을 제공하는 방식이다. 쪽지 시험이나 낚시 등이 대표적이다.
ⓒ 고정비율 스케줄(Fixed ratio schedule): 정해진 횟수만큼 행동하면 강화물을 주는 방식이다. 일정한 횟수마다 규칙적으로 강화물을 제공한다. 카페에 오는 손님을 늘리기 위해 쿠폰을 이용하는 것 등이 있다. 또 회사 성과급도 이 경우에 해당한다.
ⓓ 변동비율 스케줄(Variableratio schedule): 불규칙적인 횟수, 불규칙한 시간 간격으로 강화물을 제공한다. 이는 카지노에서 많은 사람이 도박하는 이유다. 언제 큰돈을 벌지 모르기 때문이다.

+타깃 훈련(Target training)이란??

타깃 훈련은 개에게서 원하는 행동을 빨리 끌어내기 위한 행동 가속 훈련이다.

일반적으로 타깃 훈련은 시각적인 도구를 통해 이루어진다. 원하는 행동을 개가 타깃에 정확하게 수행했을 때 개는 자신감이 증가할 것이다. 또 훈련을 즐길 수도 있을 것이다. 두려워하는 개, 산만한 개, 흥분한 개에게도 유용한 훈련법이다. 타깃 훈련이 잘되면 고급 명령을 훈련할 수도 있다.

다음은 타기팅 훈련 방법이다.

① 간식을 잡고 주먹을 쥔다.
② 개에게 주먹 냄새를 맡게 한다.
③ 개가 코를 주먹에 터치했을 때 "옳지" 하며 칭찬하고 손을 펴서 간식을 준다.
④ 개가 쥔 주먹을 코로 터치하는 것을 4~5회 반복한다.
⑤ 개에게 간식을 쥐지 않은 손바닥도 보여준다. 개가 주먹을 터치했을 때 '옳지' 라고 칭찬과 함께 다른 손에 쥐었던 간식으로 보상한다.
⑥ 개에게 주먹을 보이면서 명령어 "터치"를 씌운다. 1~6을 반복한다.

(2) 처벌(Punishment)

처벌(Punishment)은 혐오자극이나 보상 제거를 통해 특정 행동의 발생 빈도를 줄이는 작업을 말한다. 처벌에는 긍정처벌(Positive punishment, 양성처벌 또는 정적처벌)과 부정처벌(Negative punishment, 음성처벌 또는 부적처벌)이 있다. 단 처벌에는 적절한 타이밍, 적절한 강도와 일관성이 중요하다.

그렇지만 처벌에 있어 적절한 타이밍과 강도를 유지하는 것은 매우 어렵다. 동물행동 전문가조차도 동물의 상태를 적절하게 파악하지 않은 상태에서 부적절한 처벌했을 경우 동물의 공격성이 일어나는 등 부작용을 곧잘 겪기 때문이다. 따라서 비전문가인 보호자는 직접적인 신체처벌이나 음성처벌은 되도록 피하는 것이 좋다.

보호자가 외출한 사이 가구 등에 배변 실수를 한 강아지를 귀가 후 보호자가 처벌한다면, 강아지는 자신이 처벌을 받는 이유와 원인행동은 연결하지 못하고 화를 내는 보호자에 대해 두려움을 갖게 될 수 있다.

처벌은 일관성을 갖는 것도 중요하다. 예를 들어 보호자가 개가 식탁에서 음식을 훔쳐 먹는 것을 보고, 이름을 부른 후 소리를 지르거나 야단을 치면, 다음에 개는 식탁에서 음식을 훔쳐 먹는 행동이 줄어들 것이다. 그런데 보호자가 다른 친구와 전화통화를 하고 있을 때 개가 식탁에서 음식을 훔쳐 먹는 것을 보고, 전화를 계속한다면 처벌의 효과는 낮아질 수밖에 없다.

처벌에는 직접처벌과 사회처벌 등이 있다.

A. 직접처벌

직접처벌은 신체처벌, 음성처벌, 시각처벌이 있다. 신체처벌은 직접 때리는 것이다. 예를 들어 신문지 말아 때리기, 코 때리기, 강제로 배 보이게 뒤집기, 발로 차기, 턱이나 목덜미 잡기, 무릎으로 가슴 차기, 초크체인으로 휙 채기(jerking), 강제로 엎드리게 하기 등이 해당한다.

① 음성처벌은 소리를 통해 경고하고 처벌하는 것이다. 말로 혼내기, 페트병에 동전 넣어 흔들기, 소리치기 등이 해당한다.
② 시각처벌은 응시하기가 대표적이다.

이중에서 직접처벌은 처벌자와 동물의 신뢰 관계를 깨트리고, 동물의 공격성을 유발할 수 있으므로 매우 주의해야 한다. 반려동물에게 직접처벌의 사용은 매우 조심해서 사용할 필요가 있다.

B. 사회처벌

무리 동물의 경우, 무리 내에서 상호작용이 필수적으로 발생한다. 따라서 개의 경우 보호자와의 상호작용이 매우 중요하다. 무시, 타임아웃 등과 같이 상호작용을 줄이거나 단절하는 처벌이 사회처벌이다.

(3) 강화와 처벌, 긍정과 부정의 조합

긍정(양성 또는 정적)과 부정(음성 또는 부적)은 좋고 나쁨을 의미하는 것이 아니다. 덧셈과 뺄셈 부호를 의미를 생각하면 쉽게 이해할 수 있다. 즉 긍정은 어떤 것을 더하거나 추가하는 것을 의미하고 부정은 어떤 것을 빼는 것을 뜻한다. 긍정과 부정은 강화(Reinforcement)와 처벌(Punishment) 양쪽 모두에 사용할 수 있다.

■ 긍정과 부정, 강화와 처벌의 조합

구분	강화 원하는 행동을 잘하게 한다	처벌 원치 않는 행동을 못 하게 한다
긍정(+) ~을 더하거나 ~을 제공하여	긍정강화 동물이 좋아하는 것을 더해서 원하는 행동이 다시 발생할 가능성을 높인다.	부정강화 동물이 싫어하는 것을 제거하여 원하는 행동이 다시 발생할 가능성을 높인다.
부정(-) ~을 빼거나 ~을 제거하여	긍정처벌 동물이 싫어하는 것을 더해서 원치 않는 행동이 다시 발생할 가능성을 낮춘다.	부정처벌 동물이 좋아하는 것을 제거하여 원치 않는 행동이 다시 발생할 가능성을 낮춘다.

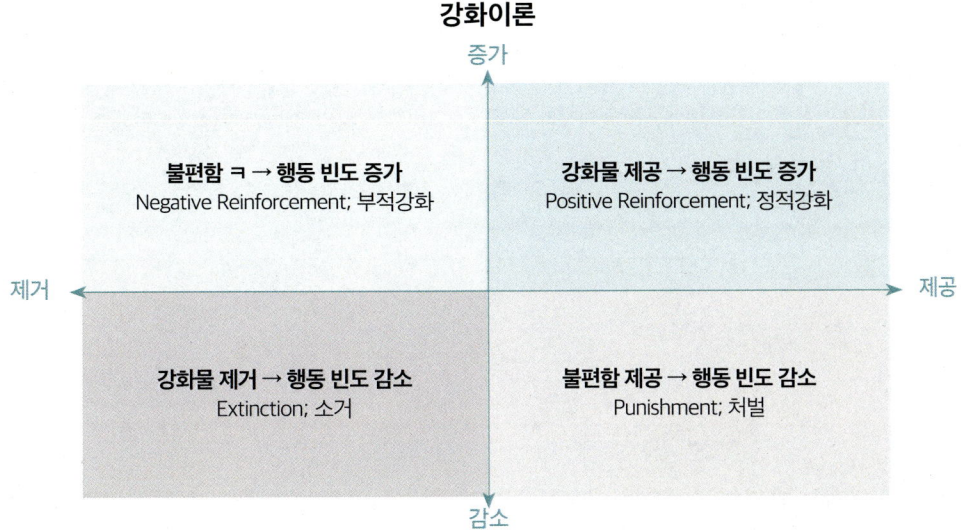

A. 긍정강화
동물이 좋아하는 것을 더해서 원하는 행동이 다시 발생할 가능성을 증가시키는 것을 의미한다. 예를 들면, 개에게 '이리 와'라고 부르고 올 때마다 맛난 간식으로 보상을 주어 다음에도 오게 할 가능성을 높이는 것이 있다.

B. 부정강화
동물이 싫어하는 것을 제거하여 행동의 발생 가능성을 높이는 것이다. 예를 들면 리드 줄을 이용해 '이리 와' 교육을 할 때, 리드줄을 느슨하게 풀어 원활히 움직일 수 있도록 해주는 것이다.

C. 긍정처벌
싫어하는 것을 더해서 문제 행동 빈도를 낮추는 것을 의미한다. 이를테면 산책 때 자꾸 앞으로 튀어나가는 개는 그때마다 리드줄을 확 잡아챔으로써 얌전히 걷도록 한다.

D. 부정처벌
좋아하는 것을 제거하여 문제 행동 빈도를 낮추는 것을 의미한다. 예를 들면 외출하고 집에 돌아왔을 때 자꾸 뛰어오르는 행동을 교정하고 싶다면, 뛰어올라도 반응하지 않고 무시하는 것이다. 손님이 왔을 때 자꾸 짖는 개는 다른 공간으로 격리해 사람과 접촉하지 못하게 함으로서 짖지 못하게 한다. 개가 원하는 보호자와의 상호작용을 제거해서 마구 뛰어오르는 행동을 감소시키는 예이다.

> **+긍정강화에서 주의할 점은??**
>
> 긍정강화에서 주의할 점은 바른 행동을 하면 보상이 주어진다는 것을 인식시키는 것이다. 명령을 따르지 않았을 때는 보상을 줘서는 안 된다. 그리고 강화물로서 간식은 적절한 양을 주는 것이 중요하다. 지나치게 많이 주면 건강을 해칠 수 있기 때문이다.
> 덧붙여 긍정강화를 한다고 해서 단순히 간식만 주어서는 안 되고 2차 강화물(쓰다듬기, 칭찬) 등이 연속으로 이어져야 한다. 그래야 반려견이 훈련에 성취감을 느끼고 다음 훈련도 잘해낼 수 있을 것이다.

03 기본 훈련

(1) 이름 부르기

훈련의 첫 단계는 반려견의 이름을 부르는 것이다. 반려견의 이름을 불러 부르는 사람을 똑바로 쳐다볼 수 있게 한다. 이는 추후 다른 훈련의 기본이 되는 것이기도 하다.

다만 여기서 주의할 것인 이름을 부를 때 부정적인 말투나 행동을 동반하지 않는 것이다. 부정적인 어투로 부르거나 무의미하게 이름 부르기를 반복할 경우 개가 훈련을 이해하지 못하고 훈련자와의 신뢰도 무너질 수 있다. 이름은 명료한 음성으로 1회만 불러야 한다. 그래야 명확하게 호명과 반응행위 간의 연관성이 반려견에게 인식될 수 있다. 이름을 불러도 반려견이 잘 다가오지 않고 반응이 느려도 부정적인 반응을 보일 필요는 없다.

✔ 훈련 방법

① 반려견을 향해 이름을 부르고 반려견이 쳐다보기를 기다린다.

② 반려견이 쳐다본다면, 간식과 칭찬으로 재빠르게 보상한다.
③ 이름을 불렀을 때 쳐다보거나 가까이 다가오면 간식과 칭찬이 주어진다는 것을 반복 학습시킨다. 반려견에게 해당 행동을 하면 좋은 일이 뒤따른다는 사실을 인지시킨다.

☑ 유의할 점

- **'이름+부정적 표현' 주의**

  이름을 부른 후에 반려견에게 야단을 치거나 때리는 등의 행위를 하면, 이름이 불리는 것이 부정적인 경험으로 학습될 수 있으므로 호명 후에는 부정적인 표현을 삼가하도록 한다.

- **목소리 크기**

  훈련할 때는 처음부터 큰 소리를 내지 말아야 한다. 정말 급한 상황에만 목소리를 크게 내도록 한다. 훈련 초기부터 목소리를 크게 내면 나중에 소리를 더 크게 질러야 할 수 있다.

- **리드줄 사용**

  훈련 시 리드줄을 사용하면 집중도가 높아져서 효과적이다. 반려견의 이름을 부르고 리드줄을 살짝 당겼을 때, 반려견이 훈련자를 바라보거나 다가온다면 간식을 주고 칭찬하며 보상을 주도록 한다. 반려견의 반응 횟수가 늘어나면 리드줄을 풀고 위의 훈련을 계속한다.

- **장소나 상황 바꿔보기**

  어떤 훈련이든 훈련을 반려견이 잘 따르기 시작하면 상황이나 장소를 바꿔봐도 좋다. 이를테면, 반려견과 훈련사(보호자)사이에 장애물(의자)을 두고 이름을 불러보면 더 다양한 훈련을 할 수 있다.

(2) 이리와

'이리와'는 이름 부르기에 이어지는 기본 훈련이다. 이름 부르기와 함께 훈련해도 좋다. 훈련 시 목줄이나 간식 등을 활용하면 더 효과적이다. '이리 와'는 외출 시 안정감을 갖게 하기 위한 필수 훈련이기도 하다.

☑ **훈련 방법**
① 반려견의 이름을 불렀을 때, 반려견이 집중을 한다면 '이리와'라고 말한다.
② 바로 반려견에게 간식을 준다.
③ 그리고 반려견과 조금 떨어져서 다시 '이리와'라고 말한다. 반려견이 가까이 다가오면 재빠르게 간식이나 칭찬으로 보상한다.
④ 이름을 부르며 '이리와'라고 부른 후 리드줄을 살짝 당겨 다가올 수 있도록 유도한다. 반려견이 다가온다면 바로 간식이나 칭찬으로 보상을 한다.

(3) 앉아

이름 부르기, '이리 와' 다음으로 이어지는 훈련은 '앉아'다. '앉아'는 통제력과 집중력을 기르는 데 필수적인 훈련이다. '앉아'는 카밍 시그널 중 하나이기도 한데, 흥분 조절에도 도움이 된다.

☑ **훈련 방법**
① 반려견과 마주보고 선다.
② 손에 간식이나 장난감을 쥐고 코로 가져가 반려견의 흥미를 유도한다.
③ 쥐고 있는 손을 천천히 반려견의 머리 위로 가져간다. 이때 반려견은 손을 보기 위해 머리를 들고 엉덩이를 내리며 자연스럽게 앉을 것이다.
④ 반려견이 앉으면 재빠르게 바로 간식이나 장난감을 주며 칭찬한다. 단, 반려견이 앉지 않거나 앉은 후 바로 움직이면 보상을 주지 말아야 한다.
⑤ 위의 과정이 이루어졌다면, 간식을 다시 보여주고 반려견 앞에서 기다린다.
⑥ 반려견이 간식을 얻기 위해서 어떻게 행동할지 생각할 것이다. 이 과정에서 간식을 먹기 위해 점프를 하거나 짖는다면 몸으로 밀거나 돌리며 무시한다.
⑦ 반려견이 스스로 앉게 되면 곧바로 간식을 주며 칭찬한다.
⑧ 이 과정이 익숙해졌다면 반려견이 앉을 때 '앉아'라는 명령어를 붙여 '앉아'라는 명령어에 익숙해지도록 한다.

- ☑ **유의할 점 및 더 나아가기**
  - 장소와 동작 변화주기

    반려견이 훈련에 익숙해지면 장소나 훈련 상황에 변화를 준다. 반려견 앞 뿐만 아니라 옆에 선 상태에서도 같은 동작을 연습하며 완벽하게 훈련시킨다.

  - '앉아' 생략하기

    '앉아'를 생략하면서 훈련하는 것도 좋다. 반려견은 무언가를 원할 때 앉아야 한다는 사실을 알게 될 것이다.

  - 알맞은 순간에 칭찬하기

    단, 앉기도 전에 칭찬해서는 안 된다. 앉고 바로 일어났을 때도 칭찬하면 안 된다. 완전이 앉은 상태일 때 칭찬해야 한다.

(4) 엎드려

'앉기'에 익숙해졌다면 '엎드려'를 해보자. '엎드려' 또한 카밍 시그널의 일종이며, 반려견이 편안해하는 자세다. 명령어에 익숙해지면 역시 장소를 바꿔가며 해보는 것도 좋다. 칭찬과 간식을 제공하며 훈련시킨다.

- ☑ **훈련 방법**

  ① '앉아'라고 말해 반려견을 앉힌다.

  ② 손에 간식을 쥐고 반려견에게 보여준다. 간식에 시선이 고정되었다면 서서히 아래로 내려 엎드리게 한다.

  ③ 반려견이 엎드리려고 시도한다면 간식을 주고 칭찬을 한다.

④ 이러한 시도 끝에 완전히 엎드리는 행동을 하면 간식과 칭찬으로 보상한다.
⑤ 위의 과정이 익숙해졌다면 반려견이 엎드리기 바로 직전에 '엎드려'라는 단어를 말하며, 엎드려 동작에 명령어를 씌운다.

(5) 기다려

'앉아' '엎드려'가 끝나면 '기다려'를 시작한다. 이는 기초적인 통제 훈련이다. 반려견의 인내심을 기르는 훈련이며, 훈련자의 인내심 또한 필요한 훈련이다.

☑ 훈련 방법
① '앉아'라고 말해 반려견을 앉힌다.
② 간식이나 장난감을 쥐고 있는 손을 보여주어 반려견의 관심을 끈다.
③ 반대 손을 펴고 반려견에게 손바닥을 보여준다. 그리고 뒤로 물러나면서 '기다려'라고 말한다.
④ 이때, 반려견이 움직이거나 따라오면 다시 '앉아'를 반복한다.
⑤ 반려견이 움직이지 않고 기다린다면, 칭찬하고 간식 등을 준다.
⑥ '기다려'라고 말하고 간식을 주기 전까지 시간을 점차 늘리면서 동작에 익숙해질 수 있게 한다.
⑦ 거리가 멀어지는 것이 익숙해지면 방해물을 추가한다. '기다려'를 말한 후, 반려견에게서 등을 돌리거나 반려견 뒤쪽으로 가는 등의 행동을 한다.

☑ 유의할 점 및 더 나아가기
• 숨어서 지켜보기
'기다려'라고 말한 뒤 반려견이 볼 수 없는 곳에 숨어 지켜본다. 그래도 잘 기다린다면 다가가서 간식을 주고 칭찬한다.
• 먹을 것 참기

'기다려'라고 말한 뒤 반려견이 눈앞의 간식을 먹지 않고 참는지 지켜본다. 잘 참으면 '먹어'라고 말하여 간식을 주고 충분히 칭찬한다.

- 서 있는 상태로 기다리기

반려견이 서서 기다리게 하는 훈련도 해주면 좋다. 이 훈련은 산책 시 반려자를 편하게 기다릴 수 있도록 돕는다.

> **+ '안돼'와 구분하기**
>
> 반려견이 위험한 돌발행동을 하면 단호하게 '안 돼'라고 말해야 한다. 주의할 점은 '안 돼'라고 말할 때 이름을 불러선 안 된다는 점이다. 때리면서 '안 돼'라고 하는 것도 좋지 않다. 이름 없이 간결하고 단호하게 '안 돼'라고 말해 문제 행동을 제지하고, 잘 따르면 간식과 칭찬으로 보상해준다.

(6) 얌전히 걷기(heeling)

개의 보행 속도는 사람보다 보통 빠르다. 그리고 개는 호기심과 경계심이 많아 무의식적으로 사람보다 앞서나가 확인하고자 한다. 따라서 얌전히 걷기(heeling) 훈련이 꼭 필요하다. 걷기 훈련은 즐겁고 유쾌한 분위기 속에서, 개가 흥미나 주의력을 보호자나 핸들러에게 집중할 수 있도록 하며 진행한다.

☑ 훈련 방법

① 보호자는 반려견이 자신의 이름을 완벽하게 알도록 숙지시킨다.
② 보호자는 반려견의 현재의 전반적인 상태를 파악하여 훈련 가능한 상태인지 확인한다.
③ 먹이를 주고 눈을 맞추며 반려견의 관심을 끈다. 그리고 반려견이 머리를 보호자의 허벅지 옆 정도에 위치한 상태로 따르도록 한다. 이 때 개들의 반응은 개체별로 차이가 난다. 능동적으로

보호자에게 점프하거나 깨무는 행동을 보이는 개도 있고, 지나치게 위축되거나 회피하려는 행동을 보이는 개도 있을 것이다.
④ '앉아' '기다려' 상태에서 리드줄을 한 뒤 반려견이 보호자 옆에서 눈을 맞추며 걷도록 한다. 방향전환을 하며 반려견이 보호자의 앞으로 나갈 때는 리드줄을 고정하여 나가지 못하도록 한다. 이미 먹이로 개의 관심을 끌고 집중하도록 충분히 연습이 되었다면 쉽게 교정할 수 있다. 초기 단계에서는 반려견에게 '지금부터 훈련을 시작한다는 인식'을 심어주는 동작이다.
⑤ 리드줄 착용 상태에서 연습을 충분히 한 후에는 프리힐링(Free heeling)연습을 한다. 개체에 따라 먹이 또는 장난감을 통해 집중시키는 경우도 있다.
⑥ 힐링을 하면서 중간중간 앉도록 지시한다. 보호자는 개에게 간식을 주며, 편안함을 느끼도록 한다.
⑦ 힐링 훈련을 마무리할 때는 보상과 함께 놀이시간을 주어 훈련에 대한 긍정적 감정을 가지도록 한다.

- **개가 앞으로 치고 나가는 경우**

    핸들러가 개의 반대 방향으로 가며 걷는 방향을 다시 인지, 집중시킨다. 이것은 개가 핸들러가 어느 방향으로 갈 것인가에 대해 집중하도록 하므로 다른 훈련에도 도움을 줄 수 있다. 주의할 점은 개가 핸들러에게 부정적 감정이 들지 않도록 자연스럽게 해야 한다는 점이다.

- **개가 옆걸음하며 떨어져서 걷는 경우**

    옆걸음을 할 수 없는 지형지물을 이용한다. 예를 들어, 펜스, 하천 등이 효과적이다. 펜스 - 개 - 핸들러 순으로 서서 힐링 연습을 하면 효과적이다.

- **느릿느릿 뒤처진 경우**

    사회화 부족으로 외부 환경을 두려워하거나 회피하려는 개의 경우에는 무리하게 힐링을 훈련하기보다는 처음으로 돌아가 재미나게 걷는 연습부터 한다. 개가 좋아하는 간식이나 장난감 등으로 유도하여 게임처럼 걷고 칭찬하고 보상한다.

기본예절 교육이 충실히 되었다면, 문제 행동, 이상행동을 예방하고 교정하는 데에 큰 도움이 된다. 예를 들어, 벨이 울릴 때 짖는 강아지라면 이름을 불러 쳐다보게 한 후 '이리 와'를 해서 오게 할 수 있다. 그러면 짖지 않을 것이고, 이때 칭찬한다면 점차 짖을 필요가 없다는 것을 강아지는 알아차릴 것이다. 분리불안이 있는 경우라면, '기다려'를 학습함으로써 혼자 있는 시간을 참을 수 있는 인내심과 독립심을 키울 수 있다. 앉아, 엎드려 맞히기 게임을 하는 것도 좋다. 강아지가 우리의 의도를 맞히려고 할 수 있는 동작은 다 할 것이다.

+ 기타훈련방법 알아가기

캡처링(Capturing)

강아지가 무의식적으로 특정 동작을 할 때마다 그 순간을 포착해서 보상하면 행동이 강아지에게 자연스럽게 각인된다. 이를 캡처링이라 한다. 앉기나 엎드리기 동작을 할 때 칭찬하고 보상해주면, 자연스럽게 동작과 보상을 연결지을 수 있게 된다.

쉐이핑

대표적인 쉐이핑으로는 켄넬 훈련이 있다. 단계적으로 훈련 강도를 높이며, 적응하는 훈련이다. 켄넬에 들어가고 적응하기 위해 여러 단계를 거친다.

04 놀이 훈련

놀이 훈련은 반려견 정서건강에 중요하다. 반려견은 놀이 훈련을 통하여 스트레스 완화, 집중력 향상, 자신감 회복 등을 꾀할 수 있다. 더불어 보호자와 유대감도 형성할 수 있다. 놀이 방법에 따라 운동, 정서 안정, 지능 놀이 등으로도 나눌 수 있다. 그 중 '물어 와', '터그 놀이', '숨바꼭질', '노즈워크' 등을 살펴보자.

(1) 물어와

반려견 실내/실외 놀이 중 가장 보편적인 것이 '물어 와'이다. 장난감을 물어오는 놀이를 하면서 반려견은 사냥과 유사한 체험을 할 수 있기 때문에 스트레스를 해소하고 운동량을 채울 수 있다.

반려견이 좋아하는 장난감을 보여준 뒤 멀리 던진다. 반려견이 쫓아갈 때 '물어와'라고 말한다. 만약 쫓아가지 않는다면 장난감이나 훈련공에 줄을 달아 흥미를 유발한다. 반려견이 장난감을 물고 앞에 온다면 칭찬과 간식을 제공한다.

'물어 와' 훈련에 쓰이는 반려견 용품은 줄훈련공, 일반공, 인형 등이 있다. 처음 훈련을 시도할 때 놀이 방법을 알려주기 위해서 줄 훈련공이 유용하다.

(2) 터그 놀이

터그 놀이는 반려견의 사냥 본능을 충족시키고 자신감을 상승시키는 선호 훈련이다. 또 벽지를 뜯고 가구를 갉는 습관도 개선할 수 있다. 단, 주의해야 할 점은 지나치게 과격하게 하면, 안 된다는 것이다. 억지로 장난감을 뺏으려고 하면 훈련 효과가 떨어지고 반려견의 치아나 척추가 다칠 수 있다. 터그는 위아래가 아닌 좌우로 흔들어 척추를 다치지 않도록 배려하자.

놀이를 그만하고자 할 때는 장난감을 뺏겨주거나 '놔' 훈련으로 장난감에 집착하지 못하도록 한다. 주로 퍼피 터그 가죽 장난감, 매듭 장난감 등을 이용해서 터그 놀이를 할 수 있다.

(3) 숨바꼭질

숨바꼭질은 말 그대로 숨어 있는 보호자를 반려견이 후각, 청각을 이용해 찾는 놀이다. 이는 반려견의 탐색 본능을 깨워 지능을 향상시키는 데 좋다. 스트레스도 줄일 수 있다. 반려견이 좋아하는 장난감이나 간식을 가지고 반려견이 볼 수 없는 곳에 숨은 후 반려견을 부르면 놀이 시작이다. 반려견이 찾았다면 간식이나 칭찬으로 보상을 해주면 된다.

(4) 노즈워크

노즈워크는 일종의 보물찾기 게임이다. 반려견은 후각을 활용해 숨겨져 있는 간식 등을 찾아 먹으며 스트레스를 풀고 성취감을 느낀다. 치매 예방 효과도 누릴 수 있다. 노즈워크 시 트리트 볼, 큐브, 종이 등을 사용해 간식을 감추도록 하자. 종이에 간식을 싸서 던져줘도 반려견이 흥미를 느낄 것이다.

05 사회화 훈련

반려견 또한 사람과 마찬가지로 충실한 사회화 과정을 거쳐야 한다. 사회화 훈련을 통해 반려견은 세상에 대한 믿음을 갖고, 불안감을 줄이고 아무나 공격하지 않게 된다. 이를 우리는 보통 '사회성을 기른다'라고 흔히 표현한다.

반려견에게 사회화는 무리 내 서열을 학습하고 동족 간 친화력을 기르는 과정이다. 반려견은 매일 산책을 나가 다른 개를 만나 서로 적절한 거리를 두다가 냄새를 맡기도 하고, 격하게 인사를 하는 등 다양한 경험을 할 필요가 있다. 반려견 놀이터도 좋은 선택이 될 것이다. 반려견 놀이터에 방문을 하는 것도 한 가지 방법이다. 여러 강아지들과 만날 수 있고 뛰어다니면서 긴장도 해소할 수 있기 때문이다.

물론 사람과의 관계도 마찬가지다. 산책 나가서 여자, 남자, 수염 난 사람, 큰 옷 입은 사람, 자전거 탄 사람 등 다양하게 만나며 사람에 대한 신뢰를 기르고 자극에 익숙해진다.

반려견에게 사회화는 자동차 소리, 고함 소리, 계단, 바람 소리 등 수많은 외부 자극에 적응하는 과정이기도 한다. 이때 반려견과 함께 해왔던 훈련들을 같이 해준다면, 긴장을 완화시키는 데 도움

을 줄 수 있다. 더불어 다른 강아지들과 예의 있게 인사를 하거나 두려워하던 곳을 잘 지나가는 등 반려견이 어려움을 극복하고 적응할 때마다 칭찬이나 간식으로 보상해주면 크게 도움이 될 것이다.

단, 이 과정에서 주의해야 할 것은 반려견이 자극에 스트레스를 받고 힘들어할 때, 극복을 강요해서는 안 된다는 점이다. 반려견의 사회화 과정을 지지하고 자극을 좋은 경험으로 받아들일 수 있도록 도와야 한다. 약한 자극부터 강한 자극까지 단계별로 노출시키고, 자극의 강도가 지나칠 때는 다른 장소로 반려견을 데려야 자극을 줄여주는 것이 좋을 것이다.

☑ 사회화 기르는 방법 정리하기

- **시기**
  사회화 훈련은 생후 3주부터는 시작하는 것이 좋다. 이 시기는 두려움을 모르고 외부 자극에 긍정적이기 때문이다. 물론 성견이라도 사회화가 불가능한 것은 아니다. 지속적인 훈련을 통해 사회성을 개선하는 것이 중요하다.

- **매일 산책하기**
  평소에 산책을 많이 하면서 외부 환경에 조금씩 익숙해질 수 있도록 한다. 또한 산책을 하면서 다양한 사람들과 다른 반려견들을 마주하기 때문에 산책을 평소에 많이 하면서 산책은 즐겁다는 긍정적인 인식을 할 수 있게 하는 것이 중요하다.
  만약 반려의 건강이 나쁘거나 예방접종을 받는 등 조심해야 하는 경우 반려견을 안고 가볍게 산책시키는 것도 좋다. 멀리서 보거나 소리를 듣는 것으로도 사회화에 도움이 되기 때문이다.

- **다양한 사람 만나기**
  사람을 두려워하지 않도록 가족 구성원이나 보호자 지인부터 시작해서 익숙해질 수 있게 해야 한다. 이 사람들 또한 반려견에게 조심해야 할 행동이나 놀이 등을 알려주어 반려견에게 도움이 될 수 있도록 하면 더 좋다. 이 과정에서 반려견이 많이 불안해하면 하품을 해 보이는 등 불안해하지 않도록 도와주자.

- **반려견이 놀 수 있는 곳 가기**

  반려견 카페나 공원 등에 가서 다양한 반려견을 많이 만날 수 있게 하면 좋다. 서로 냄새 맡고 친해지며 사회성을 기를 수 있다. 보호자들 또한 다른 보호자와 이야기를 나누며 서로 친해질 수 있다.

- **간식과 칭찬**

  반려견이 다른 반려견에게 관심을 보이고 예의 바르게 행동하면 간식이나 칭찬으로 보상한다. 반려견은 이러한 친화 행동에 즐거움을 느끼게 될 것이다. 긍정적인 기억을 많이 심어주고 불안함을 줄일 수 있다.

- **주의할 것**

  다른 반려견이 다가오는 데 겁을 먹는다고 해서 억지로 인사를 시키지 않는 것이 좋다. 훈련은 억지로 하는 게 아니며, 스스로 친교를 쌓을 수 있도록 배려해야 한다. 반려견이 다른 강아지와 친해지는 상황을 트라우마로 받아들이지 않게 해야 한다.

▍AKC와 KC의 강아지 사회화 프로그램의 주요 내용

구분	AKC	KC
기본훈련	• 앉아, 엎드려, 이리와, 기다려	• 앉아, 엎드려, 이리와, 기다려, 서, 이름에 대한 반응
사회화 교육	• 다른 사람이 쓰다듬어 주기 • 강아지 껴안기 • 다른 강아지와 놀기 • 새로운 자극에 노출 시키기	• 낯선 장소에서 낯선 사람 만나기 • 다른 강아지와 놀기 • 보호자와 놀기
산책 교육	• 리드 줄 차고 보호자와 걷기 • 다른 사람 옆을 지나가기	• 리드 줄 차고 얌전히 걷기
그루밍 교육	• 핸들링과 몸을 살필 수 있도록 허용하게 만들기	• 핸들링과 검사받을 수 있는 상태 만들기
통제 교육	• 음식과 장난감에 대한 '놔둬' 교육	• 음식을 사물에 대한 '놔둬' 교육 간식에 대한 참을성 교육
프로그램 기간	• 6주 프로그램(매주 참석)	• 6주 프로그램(최소 4주 참석)

06 산책 훈련

반려견에게 산책은 휴식 이상의 기본 일상생활이다. 주로 집 안에서 생활하는 반려견은 스트레스가 쌓일 수 있으며 곧잘 집 안 물건을 파손하거나 운동량 부족으로 비만해질 수 있기 때문이다. 꾸준한 산책으로 스트레스를 줄이고 비만을 예방하며 사회성을 기를 수 있도록 한다.

▌반려견 산책 유형

구분		산책의 목적	
		기능적 산책 (Functional Dog Walking)	휴양적 산책 (Recreational Dog Walking)
목적		• 반려견을 위해(죄책감)	• 반려견과 보호자를 위해
경험		• 일과 • 걷기	• 스트레스 해소 및 경감 • 치유적 혼자의 시간 • 사회적 연결 • 가족 간의 유대
요인	날씨	• 나쁨	• 좋음
	시간	• 제한(주중)	• 제한 없음
	사회적 환경	• 보호자가 사회적 촉진을 즐기지 못할 수 있음	• 보호자가 사회적 촉진을 더 많이 즐길 수 있음
	반려견	• 행동 문제	• 예의바름
	물리적 환경	• 편리성 • 열악한 물리적 접근성 • 목줄 착용 • 반려견 비친화적 • 얌전하지 않음(반려견 또는 보호자)	• 더 멀리 여행 • 좋은 물리적 접근성 • 목줄 미착용 • 반려견 친화적 • 얌전함(반려견 또는 보호자)

산책을 나가기 전 반려견이 지나치게 흥분한다면 흥분도가 진정될 때까지 기다리는 것이 좋다. 이런 상태에서의 외출은 오히려 다른 사람이나 다른 반려견에게 폐를 끼칠 수 있기 때문이다.

산책 시 반려견의 성향에 맞는 줄을 선택하는 것도 중요하다. 목줄은 반려견 목 주변에 착용하는 줄이고, 가슴줄은 목과 몸통을 감싸는 형태의 줄이다. 목줄은 착용 범위가 좁아서 편안함을 줄 수 있는 장점이 있지만, 줄을 당기며 걸을 때에 반려견 목에 큰 압력을 줄 수 있다. 가슴줄의 경우 압력이 몸 전체로 분산되는 장점이 있지만, 반면 넓은 면에 접촉되므로 불편함을 주거나 운동에 제한을 줄 수도 있다는 단점도 있다.

리드줄은 목줄과 반려견을 이어주는 줄로 3m이상 산책줄, 1.5~2m 산책줄 등이 있으며 길이가 자동으로 변하는 자동줄도 있다. 자동줄은 반려견의 자유로운 이동이 가능하지만, 반려견을 제어하기가 힘든 단점이 있다. 마찬가지로 3m이상의 긴 산책줄도 통제력이 줄어들기 때문에 사람이 많은 곳에서는 사용하기 어렵다. 따라서 반려견의 자유도와 보호자의 통제력을 고려할 때 기본 1.5m 리드줄이 가장 적당한 길이라고 볼 수 있다.

자동줄(Retractable leash)

07 배변 훈련

배변 훈련은 반려견의 공간 인지 능력을 향상시켜 생활 공간과 배변 공간을 분리하게 하는 필수 훈련이다. 배변 훈련은 반려견의 습성, 연령, 건강 등을 고려해서 이루어져야 한다.

배변 패드는 2개 이상을 준비해 여러 공간에 둔 다음 반려견이 쓰지 않는 패드는 치운다. 또 배변 패드 위치는 반려견이 잠자는 위치에서는 먼 곳으로 잡는 것이 좋다. 개는 자는 곳에서 먼 곳에 배변하려는 습성이 있기 때문이다.

그리고 반려견의 배변 냄새를 패드에 묻혀 배변을 유도한 다음 적절한 장소에 대소변을 보면 간식이나 칭찬으로 보상해주면 된다. 단, 그렇다고 부적절한 위치에 배변했다고 곧바로 야단을 치면 안 된다. 그러면 반려견이 숨어서 배변을 볼 수도 있다.

배변 교육 시기는 2시간에 1번씩 대소변을 보는 생후 8~16주 시기가 가장 적절하다. 다만 이 시기 어린 강아지들은 배변 조절이 잘 안 되므로 실수를 했다고 해서 야단치거나 실망하지 말고 꾸준히 훈련하도록 한다.

배변 훈련을 잘 했는데도 반려견의 배변 상태가 이상하다면 스트레스나 건강 문제를 의심할 필요가 있다. 만약 반려견이 고령이라면 더욱 주의해야 한다.

+추가적인 배변훈련 Tip!!

1) 반려견이 다른 곳에서 본 변을 패드에 올려놓고 칭찬하면 반려견은 어리둥절해하면서도 해당 장소를 배변 장소로 인식하게 될 것이다.
2) 반려견도 사람과 마찬가지로 아침에 일어났을 때, 식사 후, 물을 마신 후, 운동 후 배변 욕구를 느끼므로 이 시간대를 잘 활용한다. 일어나자마자 배변 장소로 반려견을 데려가 3분 정도 혼자 있게 둔다. 볼일을 보지 않았다면 바로 문을 열어 주어야 한다. 반려견이 나오고 싶은데 갇혀 있다는 생각이 들면 안되기 때문이다. 식사 직후, 북어포나 간식을 조금 담은 물을 준 후, 반려견이 신나게 놀고 난 후 또는 자기 직전에 배변 장소로 데려가 잠시 혼자 두고 시간을 준다.

3) 반려견이 이전에 봤던 소변을 배변 패드 끝에 살짝 묻혀두면 반려견은 자신의 소변 냄새를 맡으면서 요의를 느끼게 될 것이다. 실외에서 유독 배변을 잘하는 반려견이라면 흙냄새가 나는 화분을 배변패드 주위에 두는 것도 좋다.

+배변한 곳 청소 Tip!!

배변판이 더러우면 그 주변에 배변하는 깔끔한 반려견도 있다. 따라서 배변판은 항상 깨끗한 상태를 유지할 필요가 있다. 배변판을 항상 깨끗하게 씻고 말려두어야 한다. 배변을 기분 좋게 할 수 있는 환경을 조성하는 것도 배변 훈련에서 중요하게 작용할 수 있다.

따뜻한 물 종이컵 1컵, 식초 종이컵 1컵 분량, 베이킹 소다 소주컵1컵을 잘 섞어서 분무기에 넣고 배변판 청소를 하거나 반려견이 실수한 곳에 사용해도 냄새를 말끔히 없앨 수 있다. 베이킹 소다와 식초를 섞을 땐 천천히 섞어야 넘치지 않는다.

08 복종 훈련

    복종 훈련은 반려견이 보호자를 존중하고 복종할 수 있게 만드는 훈련이다. 적절한 복종 훈련은 반려견과 인간의 유대를 강화한다. 그리고 반려견과 사람이 함께할 때 편리함과 안정감을 줄 수 있다. 복종 훈련에는 기본 훈련에서 다루었던 '이리와', '앉아', '엎드려' 등이 있으며 모든 것을 한번에 훈련시키기 어렵기 때문에 꾸준히 반복해야 한다. 단, 강압적으로 큰 소리를 치면서 가르쳐서는 안 된다. 복종 훈련은 경험을 쌓아서 생각하게 만들어야 한다. 또한 복종 훈련 시 보호자는 차분한 말투로 짧고 낮은 음성으로 명령해야 한다.

    복종 훈련 시 주의해야 할 것은 반려견의 집이 따로 있지 않고 먹이를 자율 급식 형태로 급여하지 않아야 한다는 것이다. 밥도 보호자와 같이 먹지 않는다. 복종 훈련은 위에 기본 훈련에서 제시된 '앉아' 훈련부터 하면 된다.

III. 반려견 스포츠(dog sports)

PART 3 반려견 관리학

01 도그 스포츠 개요

사람과 마찬가지로 반려견 또한 다양한 신체 활동을 통해 건강을 증진하고 활력을 얻는다. 특히 대도시의 좁은 가정에 사는 반려견들에게는 필수적인 활동이다.

따라서 이런 반려견의 체육 활동을 도그 스포츠(dog sports)라 한다. 펫트니스(Petness), 도그피트니스(dog fitness), DOGA(dog + yoga) 등 이 외에 반려견 운동과 관련한 신조어도 많다. 공원, 놀이터 등에서 반려견과 동반해 신체 활동을 즐기는 인구도 크게 늘었다.

반려견 동반 운동의 효과는 과학적으로도 입증됐다. 반려견과 운동한 집단이 혼자 운동한 집단에 비해 체중과 혈압이 더 줄어드는 등 연구 결과가 보고됐기 때문이다. 또한 이러한 동반 운동은 신체 건강 증진뿐 아니라 심리 건강에도 크게 도움이 된다는 사실이 밝혀졌다.

이러한 도그스포츠 활성화를 위한 단체도 여러가지가 있다. 도그 스포츠와 관련된 연맹으로는 국제 도그스포츠 연맹(International Federation of Sleddog Sports, IFSS)과 아시아 도그스포츠 연맹(Asian Federation of Sleddog Sports, AFSS)등이 대표적이다.

연맹은 도그스포츠 종목을 총괄하는 행정기구 역할을 한다. 국제 도그스포츠 연맹 본부는 벨기에에 있고, 1985년에 설립되었다. 네덜란드, 노르웨이, 뉴질랜드, 대한민국, 덴마크, 독일, 미국, 라트비아, 러시아 등의 국가가 회원국으로 있다.

아시아 도그스포츠 연맹에는 대한민국과 일본이 존재하며, 우리나라는 대한 도그스포츠 연맹(Korea Federation of Sleddog Sports, KFSS)이 국내 도그스포츠 종목 행정을 총괄하고 있다. 2003년 10월 창립되었고, 매년 개썰매 선수권 대회와 드라이랜스 대회를 개최하고 있으며 대회를 통해 선발된 국가대표선수들을 세계선수권 대회 등 각종 국제 대회에 파견하고 국제회의에 참여하는 등 도그스포츠 저변확대와 한국 도그스포츠 세계화를 위한 활동을 하고 있다.

02 도그 스포츠 종류

대한 도그스포츠 연맹이 공인하는 도그스포츠 종목은 슬레딩(Sledding), 스키저링(Ski-joring), 풀카(Pulka), 캐니크로스(Canicross), 캐니워킹(Cani-walking), 카팅(Carting), 바이크저링(Bike-joring), 스쿠터링(Scooterring), 백패킹(Backpacking) 등이다. 이외에 도그 댄스(Dog dance), 도가-도그 요가(Doga-Dog yoga), 도그프리스비(Dog Frisbee), 플라이볼(Flyball), 도그어질리티(Dog Agility) 등도 있다.

다양한 도그 스포츠의 종류만 보면 반드시 전문성이 필요할 것 같이 느껴지지만, 생각 외로 반려견과 쉽게 즐길 수 있는 스포츠도 많다.

(1) 도그쇼

　도그쇼는 반려견과 보호자가 유대감을 쌓고, 서로를 이해하기 위한 좋은 행사다. 도그쇼는 반려견의 견종 특성을 잘 이해하는 것이 필수적이기 때문이다. 적절한 출전 준비 과정도 필요하다.
　반려견의 털 상태, 균형, 걸음걸이, 골격, 성격 등까지 총체적으로 평가하는 도그쇼가 반려견과 보호자에게 어떤 의미를 갖는지 도그쇼의 유래, 대회규칙, 심사 방식, 훈련 방법 등에 대해 자세히 알아보자.

A. 도그쇼의 유래

　도그쇼는 초기 영국과 미국이 시작됐다. 영국의 도그쇼는 1886년 처음으로 시작되었다. 빅토리아 여왕의 후원으로 유지되어오다 1948년 영국애견협회(KC)에서 인수하여 오늘날까지 발전돼 왔는데, 이것이 바로 세계 양대 전람회 중 하나인 크라프트쇼이다.
　다른 또 하나의 대표적 전람회는 미국애견협회(AKC)주최 웨스트민스턴쇼다.

1877년 처음 개최되었으며 2003년 127회 대회가 뉴욕닉스 전용구장인 "메디슨 스퀘어가든"에서 열렸다. 원래는 7개 그룹, 159 견종, 2,500마리가 출진한다.

B. 도그쇼의 목적

견종마다 고유의 '견종 표준'이 존재한다. 세계애견연맹(FCI)은 전세계 각국 고유 견종을 공식적으로 승인해주는 국제 기구이다. 이들이 견종 표준을 관리하고 있다. 도그쇼 심사위원은 견종 표준을 비교해가며 출진견을 심사한다. 이때 type(타입), soundness(정신적, 육체적 건강함), quality(퀄리티), balance(균형), condition(상태), character(성격)라는 여섯 가지를 기준으로 심사가 이루어진다.

C. 도그쇼의 진행

① 조편성

도그쇼 조 편성은 성별과 나이에 따라 각각 2개, 6개 조로 나뉜다. 예를 들면 아래 조 편성 기준에 따라서 생후 8개월된 수컷 반려견은 '퍼피 수조'가 되며, 생후 30개월된 암컷 반려견은 '어덜트 암조'가 되는 것이다.

▌성별

수조	사람으로 따진다면 남자에 해당
암조	사람으로 따진다면 여자에 해당

▌연령

베이비	생후 3~6개월까지
퍼피	생후 6~12개월까지
주니어	생후 12~18개월까지
영어덜트	생후 18~24개월까지
어덜트	생후 24개월 이상
챔피언	퍼피, 주니어, 어덜트 각 해당조로 출진

② 수상 부문

수상 부문	안내
BIS: BEST IN SHOW	해당 쇼에서 최고의 개에게 부여하는 최고상(BIG 1석 수상견이 경합하여 선발)
R.BIS: RESERVE BEST IN SHOW	최고의 대상을 예약했다는 뜻으로 우수상을 의미함

BIG: BEST IN GROUP	그룹별 최고의 개에게 부여하는 상(각 그룹 BOB 수상견이 경합하여 선발)
BOB: BEST OF BREED	해당 견종 중에서 최고의 개(베스트 주니어도그, 비치/위너스도그, 비치/베테랑 도그, 비치가 경합하여 선발)
BOS: BEST OF OPPOSITE SEX	BOB 수상견의 다른 성별의 베스트 주니어, 위너스, 베스트 베테랑이 경합하여 선발
EX 1석	각 견종 내 클래스별로 경합하여 클래스 내 최고의 견에게 부여하는 상

D. 도그쇼 심사

각각의 견종마다 정해진 표준에 근거해 심사한다. 심사는 개체심사, 보행심사, 성품심사 3종이며 심사방법은 다음과 같다.

① 개체심사

견종마다 정해진 표준에 맞는 특성을 가지고 있는지 알아보며 신체 각 부위를 세밀히 검사한다. 이빨의 개수, 치열, 턱의 맞물림 정도, 눈의 색, 모질, 모량, 모색, 꼬리의 길이, 발의 형태, 전체적인 체고(키), 체장(길이), 몸무게 등을 검사하며 수컷의 경우는 고환의 유무와 형태도 중요한 채점 요인으로 작용한다.

② 보행심사

각 관절의 움직임과 밸런스(균형), 그리고 개의 관리상태 등을 알아보기 위한 심사다. 링 전체를 크게 돌리는 라운딩, 삼각형으로 걷게 하는 트라이앵글, 앞으로 갔다가 다시 오는 업다운 등 주로 세 가지로 나뉜다.

③ 성품심사

핸들러와의 호흡을 우선 본다. 그리고 이빨 검사를 하기 위하여 입을 벌리거나, 고환검사 등 촉각 검사를 할 때 개의 태도, 워킹 시 앞이나 뒤쪽 개와의 관계 등을 살펴보며 성품을 검사한다.

위처럼 검사하여 후세에 좋지 않은 영향을 미칠 유전적 결함은 철저하게 배제하며, 좋은 형질은 추천하여 석차를 매긴다. 좋은 개가 여러 일반 보호자들에게 알려질 수 있도록 하는 것이 "우수견 번식 품평회(도그쇼)"의 목적이다.

+ 견종 Variety 구분 심사

견종	구분
치와와	Long Coat/ Smooth Coat
닥스훈트	Smooth/ Longhaired/ Wirehaired
아메리칸코카스패니얼	ASCOB/ Parti-Color/ Black
폭스테리어	Smooth/ Wirehaired

> **+ 더 알아보기: 도그쇼 출전은 어떻게?**
>
> **출진자격**
> 도그쇼에 출진하기 위해서는 애견혈통증서가 있어야 한다. 애견혈통증서는 순종 견종에게만 발급되며 협회회원으로 등록된 자만 신청할 수 있다. 세부 도그쇼 출진 규정은 나라마다 다르지만 한국의 경우 생후 3개월 이상 개만 출진할 수 있다. 또한 협회 규정에 명시된 것은 아니나, 교벽(무는 버릇)이 있거나 발정기의 암컷, 피부병 보유견은 도그쇼에 출진하지 않아야 한다. 또한, 도그쇼에 나가기 위해서는 중성화 수술을 하면 안 된다. 우수한 견종 표준을 가진 개는 그 혈통을 유지시켜야 하기 때문이다.
>
> **출진신청**
> 위의 내용처럼 도그쇼 출진자격을 충족한 경우에만 쇼에 출진 가능하다. 또한 쇼장에서 쇼를 나가기 위한 반려견들의 준비공간인 부스도 신청을 빨리 할수록 본인이 원하는 자리에 들어가기 수월하다. 따라서 일찍 신청해야 유리하다는 것을 알고 있으면 좋다. 빠른 출진 예약 신청은 올바른 반려견문화 추구와 원활한 도그쇼 진행에 도움이 된다.

(2) 어질리티

A. 유래

'어질리티'는 민첩성을 요구하는 도그 스포츠이다. 반려견이 보호자와 함께 뛰면서 지시에 따라 장애물들을 빠르게 통과하여 목표 지점까지 빠르게 도달해야 하는 종목이다. 어질리티는 1977년 영국 크러프츠도그쇼 위원으로 있는 존 발리의 아이디어로 시작되었다. 새로운 볼거리를 제공하기 위하여 반려견 훈련 전문가인 피터 민웰과 함께 승마의 장애물 경기와 비슷한 경기를 고안한 것이다. 단, 승마와는 다르게 장애물이 더 다양하고 핸들러와의 호흡이 매우 중요하다. 대중적인 도그 스포츠 중 하나인 만큼 다양한 어질리티 대회가 존재하고 규모 또한 크다.

B. 경기 규칙

어질리티 경기는 품종이나 크기 상관없이 모든 개가 참가할 수 있다. 반려견의 크기, 능력에 따라 훈련과 대회가 나뉜다. 주최 단체에 따라 장애물이 다양하며, 코스 구성도 다양하다. 경력과 신장을 기준으로 그룹을 나눠 그룹별로 경기 코스를 설계한다. 예를 들어 키가 큰 개들은 더 높은 장애물을 점프하게 되는 식이다.

체급별 규정

소형(S)	체고 35cm 미만인 반려견
중형(M)	체고 35~43cm 미만인 반려견
대형(L)	체고 43cm 이상인 반려견

표준 코스시간(sct)

국내대회	표준 코스시간은 코스길이를 선택한 속도 단위로 나누어 결정한다. 예) 코스길이 160m, 선택속도 5.0m/s인 경우 32초이다.
국제대회	대회에서

어질리티 경기 규정은 클럽과 국가마다 다르다. 기본적으로는 100점 기준으로 5점씩 감점이 된다. 핸들러는 개나 장애물에 접촉하지 않고 지시만을 내려 순서대로 진행해야 한다. 따라서 간식 등을 소지하는 것은 실격 원인이 될 수 있다.

어질리티에는 허들을 뛰어 넘는 점핑, A형 장애물을 타고 넘는 A프레임, A프레임과 비슷하지만 가운데가 평균대처럼 평평하게 되어 있는 도그 워크, 천으로 덮여있는 터널(소프트, 하드), 한쪽 시소로 올라가 반대편으로 무게중심을 기울여 내려오는 시소, 12개의 봉 사이를 지그재그로 뛰는 슬라롬, 테이블 위에 올라가 5초간 멈추어야 하는 장애물 등이 있다.

단 어질리티 장애물 종목은 만 1살이 넘은 다음 시작하는 것이 바람직하다. 어질리티 종목에서

점프와 지그재그는 근력과 협응성을 필요로 하고 집중력도 요구한다.

▌실점규정

시간 실점	표준시간을 초과한 경우에는 초과된 시간만큼 실점을 한다. 코스 시간은 0.01초 단위로 측정한다.
코스 실패 (각 5점 실점)	허들 바, 월의 상단이 떨어진 경우
	타이어를 통과할 때 타이어가 벌어지는 경우
	롱 점프 장애물을 넘어뜨린 경우
	반려견이나 장애물을 만져서 이득을 얻은 경우
코스 실패 (각 5점 실점)	접촉 장애물의 접촉 구간을 밟지 않은 경우
	시소가 땅에 닿기 전에 뛰어내린 경우
	웨이브 폴에서 중간에 빠지는 경우(실패는 1번만 인정)
코스 거부 (각 5점 실점)	장애물 앞에서 멈춰서거나 도는 경우
	허들 바의 아래로 지나가는 경우
	터널에 머리나 발을 넣었다가 다시 나오는 경우
코스 거부 (각 5점 실점)	장애물의 거부 라인을 통과하는 경우
	위브 폴 진입을 못하는 경우
	시소에서 중간을 넘지 않고 내려온 경우
	도그워크와 에이프레임에서 내리막에 진입하지 않고 뛰어내린 경우

▌실격규정

아래에 해당하는 경우 점수와 관계없이 실격될 수 있으므로 유의해야 한다.

대회 실격 규정
핸들러가 손에 무엇인가를 들고 대회에 임한 경우
반려견이 목줄을 하고 뛴 경우
심판의 출발신호 전 출발한 경우
경기장 안에서 대소변을 보는 행동을 한 경우
코스의 순서와 다른 장애물을 접촉하거나 시도한 경우
핸들러가 장애물을 쓰러뜨린 경우
핸들러가 장애물을 뛰어넘은 경우

반려견을 거칠게 다루거나 반려견이 공격성을 보이는 경우
반려견이 통제가 안되는 경우
거부가 3회이거나 최대시간을 초과한 경우
위브 폴을 거꾸로 두 번 이상 통과한 경우

　순위규정은 실점이 없는 경우 가장 빠른 팀을 우선하며, 실점이 있는 경우에는 전체 실점이 낮은 팀이 우선한다. 총 실점이 동일한 경우에는 빠른 팀이 우선한다.

　장애물을 넘는 등 어질리티 훈련을 하면서 핸들러와 반려견이 깊은 유대감을 형성할 수 있다. 반려견 또한 어질리티 훈련을 즐거운 경험으로 느낄 것이다. 또 핸들러와 반려견이 효과적으로 의사소통을 하는 방법과 반려견이 장애물 구조를 이해할 수 있게 한다. 더불어 장애물을 가로지르고, 중심을 잡고, 터널을 통과하면서 반려견과 보호자는 함께 운동을 할 수 있게 된다.

(3) 프리스비

A. 유래

　프리스비는 1940년대 미국 대학생들이 파이 접시를 던지는 놀이에서 시작해 현재는 원반을 던져 반려견과 호흡을 맞추는 도그 스포츠가 됐다. 훈련사인 알렉스 스테인과 그의 반려견 애슐리 휘핏의 엄청난 프리스비 실력이 화제가 되며 인기 스포츠로 성장하였다. 현재 미국에서는 지방 대회와 세계 대회를 포함하여 한 해에 120회 이상 프리스비 경기가 개최되고 있다. 미국뿐 아니라 유럽, 일본까지 인기가 높은 도그 스포츠이다.

B. 경기 규칙

　프리스비 경기에는 두 가지 규칙이 있다. D/A와 프리스타일이다. D/A는 제한 시간 안에 구역별로

정해진 점수에 따라서 최대한 많은 캐치를 하는 타임 어택 경기이다. D/A는 초보자와 숙련자 그룹으로 나뉘어 진행된다. 경기 시간은 1분이며 타임 아웃 전에 던진 원반까지 포함한다. 반려견의 발이 전부 어느 한 구역에 착지해야 득점으로 인정이 된다. 핸들러와 반려견이 득점 라인을 밟는 경우에 득점으로 인정이 되지 않으며 점수가 낮은 구역에 걸치게 되면 낮은 점수로 인정된다.

프리스타일 경기는 자유로운 캐치를 보여주는 경기 방식이다. 안무와 캐치 성공률, 선수의 동작, 정확함 등을 보여주어야 한다. 심사의 기준은 4가지이다. 안무의 흐름, 동작, 운동 능력, 캐치 성공률이다. 1분 30초 동안 경기가 진행되며 점수를 많이 얻는 것을 목적으로 한다.

프리스비에서 가장 중요한 것은 원반이며, 반려견이 원반에 관심을 갖는 것이 중요하다. 원반을 다른 반려견이 가지고 노는 모습을 보여주거나 원반에 먹이를 올려 주며 좋은 기억들을 심어주면 더욱 효과가 있다. 프리스비가 처음인 반려견에게는 원반을 굴려서 주어야 한다. 그 다음 조금씩 거리를 늘려가며 원반을 던지기 시작하면 된다. 원반을 잡고 가져오기 시작한다면 칭찬과 보상을 함께 주며 훈련을 계속한다. 보호자는 던지는 연습을 혼자 미리하고 시작해야 한다.

(4) 캐니크로스

A. 유래

캐니크로스는 도그스포츠(Dog Sports) 가운데 하나로 개의 주인과 강아지를 저링벨트라는 장비로 서로 연결한 후 일정코스를 뛰는 운동이다. 개라는 뜻의 '캐니'와 달리다라는 뜻의 '크로스'를 합친 이름이다. 1990년부터 2년마다 세계 대회가 개최된다. 참가 견종은 다양하다. 가능하면 속력을 많이 낼 수 있는 견종이 유리하다. 유럽 및 북미 지역에서 정기적으로 대회들이 열리고 있으며, 일반인들도 참여제약이 없어 많은 사랑을 받고 있다.

B. 경기 규칙

국제 대회에서는 1.6km, 4.8km, 9.6km 코스가 있다. 공인된 저링벨트를 사용해야 하며, 안전을 위하여 6개월 이상 견종만 참가 가능하다. 야외에서 하는 스포츠인 만큼 피니시 라인에 반려견의 열을 내려줄 수 있는 수영장이나 차가운 수건을 구비해두고 있다.

강아지가 앞에서 뛰어야 하므로 사람으로선 상당히 어려운 달리기이다. 사람과 반려견이 함께 달리는 마라톤인 만큼 호흡을 맞추는 것이 가장 중요하며, 체력과 지구력 훈련이 필수적이다. 어느 한쪽만 잘 뛰어서는 안 된다. 바쁜 현대생활에서 특별한 준비가 필요하다기보다는 마음의 준비가 중요하다. 특히 놀이이면서 건강운동이라는 사실을 잊지 말고 즐겁게 그러나 자기 단련의 마음으로 임하면 좋다. 불규칙한 식사 등으로 건강을 챙기지 못하는 현대인에게 좋은 단련법이 될 수 있다.

☑ 장비 및 도구

① 캐니크로스 하네스(Canicross Harness)

안전장치는 캐니크로스에서 기본이다. 개가 당기는 동안 빠지지 않아야 하고 편안해야 한다. 값싸고 잘 맞지 않는 안전벨트는 반려견의 동작을 제한하고 기도에 압박을 줄 수 있다.

② 러닝 벨트(Running Belt)

적절한 캐니크로스 러닝 벨트는 개가 당길 때 힘이 등 아래쪽이 아닌 엉덩이 주위에 골고루 분산되는 벨트다.

③ 러닝 줄(Running Line)

번지 점프용 고무 밧줄인 번지 라인(Bungee Line)은 선수와 개를 연결하는 연결줄이다. 좋은 줄은 충격 흡수에도 도움이 된다. 표준 캐니크로스 고무밧줄의 길이는 2m정도다. 줄의 길이는 1m~2.8m로 다양하다. 2m 줄이 가장 선호된다.

PART 04

반려동물 관련 법률 및 행정

PART 4

I. 동물 보호법

1. 동물 복지와 동물 보호법의 배경
2. 동물 보호법의 목적과 동물의 정의
3. 동물의 보호 및 관리
4. 반려동물 행동지도사
5. 반려동물 관련 영업
6. 동물보호법 벌칙
7. 다른 나라의 동물보호법 사례

II. 행정

1. 반려동물 등록 절차
2. 동물 수출입 검역
3. 반려동물과 여행하기
4. 유기동물 신고 및 반환 절차

I. 동물 보호법

01 동물 복지와 동물 보호법의 배경

(1) 동물 복지

　동물복지는 제러미 벤담의 공리주의를 철학적 근간으로 삼으며, 피터 싱어가 자신의 저서인 『동물 해방』에서 동물 복지의 철학적 개념을 정립했다. 이에 따르면 동물 복지는 동물복지는 '외부로부터 인위적으로 가해지는 불필요한 스트레스의 최소화'라고 정의한다.

　이후 1964년 루스 해리슨이 『동물기계』(Animal Machines)를 저술하면서 다시 동물복지에 대한 이슈가 관심을 받게 되었는데, 여기서 루스 해리슨은 동물도 고통과 스트레스를 받으면 불안, 두려움, 좌절 및 기쁨 등의 감정을 느낀다고 주장하였다. 이러한 주장은 본격적인 동물복지 논의가 시작되는 계기로 작용했다. 1965년 영국 정부는 해리슨의 주장에 따라 동물복지 관련 대책을 수립하였으며, 이를 시작으로 전 유럽으로 동물복지 여론이 확산됐다.

　1981년 설립된 세계동물보호협회(WSPA)는 여러 나라의 다양한 단체들과 협력하면서 국제적인 동물보호 이슈들을 발전시키는데 큰 공헌을 하게 된다. 유럽에서도 1980년에 '유럽동물협회'(Eurogroup for Animal)이 설립되면서 유럽연합에 속한 국가들에게 동물에 대한 처우를 개선하

는데 큰 영향력을 미치고 있다. 이외에도 '동물실험 종식을 위한 유럽연대'라든지 '농장동물 보호 유럽 네트워크'와 같은 단체들이 활발하게 활동하고 있다.

오늘날 세계동물보건기구(OIE)도 동물복지에 대해 '동물이 건강하고 안락한 상황에서 좋은 영양을 제공받고, 본래의 습성을 표현할 수 있으며, 고통 두려움 괴롭힘 등의 나쁜 상태를 겪지 않는' 상태라고 정의하고 있다.

> **1993년 FAWC(Farm Animal Welfare Committee)에서 제안한 동물복지 5대 자유**
>
> ① 갈증, 배고픔 및 영양결핍으로부터의 자유
> ② 불편함으로부터의 자유
> ③ 고통, 상처 및 질병으로부터의 자유
> ④ 정상적인 행동을 표현할 자유
> ⑤ 두려움과 스트레스로부터의 자유-FAWC(Farm Animal Welfare Committee)

(2) 동물 보호법의 배경

1988년 서울 올림픽 개최를 기점으로 한국의 개고기 식용문화가 전 세계에 알려지면서 국제 동물보호재단(IFAM) 등이 개고기 식용을 동물 학대 행위로 보고 금지를 요청하게 된다. 이로 인해 개고기 식용에 대한 찬반 논란이 일어나게 되었고, 정부는 동물학대행위 방지를 위해 1991년 동물보호법을 제정하게 된다. 이어서 1991년 동물보호단체인 '동물보호협회'가 최초로 결성되면서 다양한 동물보호를 위한 운동이 전개되지만, 선진국의 동물보호 문화와 법률, 제도에 비한다면 많은 부분이 부족한 실정이다.

개고기 식용에 대한 논란은 최근까지 계속되었지만, 지난 2024년 1월 9일 국회에서 '개의 식용 목적의 사육·도살 및 유통 등 종식에 관한 특별법'이 통과되면서 2027년부터는 개를 식용 목적으로 하는 모든 행위가 전면 금지될 전망이다. 현재 반려동물과 관련이 있는 법률로는 동물보호법, 가축전염병예방법, 장애인복지법 등이 있다. 이중 동물보호법은 최근 2023년 개정이 이루어졌다.

02 동물 보호법의 목적과 동물의 정의

(1) 동물보호법의 목적과 동물의 범위

> 동물 보호법
> 제1조(목적) 이 법은 동물의 생명보호, 안전 보장 및 복지 증진을 꾀하고 건전하고 책임 있는 사육문화를 조성함으로써, 생명 존중의 국민 정서를 기르고 사람과 동물의 조화로운 공존에 이바지함을 목적으로 한다.
> 제2조(정의) 이 법에서 사용하는 용어의 뜻은 다음과 같다.
> 1. "동물"이란 고통을 느낄 수 있는 신경체계가 발달한 척추동물로서 다음 각 목의 어느 하나에 해당하는 동물을 말한다.
> 가. 포유류
> 나. 조류
> 다. 파충류·양서류·어류 중 농림축산식품부장관이 관계 중앙행정기관의 장과의 협의를 거쳐 대통령령으로 정하는 동물
>
> 동물보호법 시행령
> 제2조(동물의 범위) 「동물보호법」(이하 "법"이라 한다) 제2조제1호다목에서 "대통령령으로 정하는 동물"이란 파충류, 양서류 및 어류를 말한다. 다만, 식용(食用)을 목적으로 하는 것은 제외한다.
>
> 동물보호법 시행규칙
> 제3조(반려동물의 범위) 법 제2조제7호에서 "개, 고양이 등 농림축산식품부령으로 정하는 동물"이란 개, 고양이, 토끼, 페럿, 기니피그 및 햄스터를 말한다.

동물보호법은 제1조에 의하면 그 제정의 목적이 동물의 생명을 보호하고, 안전과 복지를 증진하는 것에 1차적인 목적이 있다고 밝히고 있다. 또한 이를 통해 책임 있는 사육문화의 조성과 생명 존중의 정서를 함양하는데 목적이 있다.

여기서 말하는 '동물'의 범위는 고통을 느낄 수 있는 신경체계를 지닌 척추동물로 포유류, 조류, 파충류, 양서류, 어류 등임을 밝히고 있다.

(2) 맹견의 범위

동물 보호법

제2조(정의)

5. "맹견"이란 다음 각 목의 어느 하나에 해당하는 개를 말한다.

가. 도사견, 핏불테리어, 로트와일러 등 사람의 생명이나 신체 또는 동물에 위해를 가할 우려가 있는 개로서 농림축산식품부령으로 정하는 개

나. 사람의 생명이나 신체 또는 동물에 위해를 가할 우려가 있어 제24조제3항에 따라 시·도지사가 맹견으로 지정한 개

동물보호법 시행규칙

제2조(맹견의 범위) 「동물보호법」(이하 "법"이라 한다) 제2조제5호가목에 따른 "농림축산식품부령으로 정하는 개"란 다음 각 호를 말한다.

1. 도사견과 그 잡종의 개
2. 핏불테리어(아메리칸 핏불테리어를 포함한다)와 그 잡종의 개
3. 아메리칸 스태퍼드셔 테리어와 그 잡종의 개
4. 스태퍼드셔 불 테리어와 그 잡종의 개
5. 로트와일러와 그 잡종의 개

도사견과 그 잡종의 개 / 아메리칸 핏불테리어와 그 잡종의 개 / 아메리칸 스태퍼드셔 테리어와 그 잡종의 개 / 스태퍼드셔 불 테리어와 그 잡종의 개 / 로트와일러와 그 잡종의 개

동물보호법은 사람의 생명이나 신체, 다른 동물에게 위해를 가할 우려가 있는 맹견에 대해 도사견, 핏불테리어, 아메리칸 스태퍼드셔 테리어, 스태퍼드셔 불 테리어, 로트와일러를 지정하고 있으며, 이러한 종들의 잡종견들을 함께 맹견으로 규정한다. 또한 위해의 가능성이 높아 시·도지사가 맹견으로 지정한 개도 맹견으로 간주한다.

03 동물의 보호 및 관리

(1) 동물보호의 기본원칙

> **동물 보호법**
> 제3조(동물보호의 기본원칙) 누구든지 동물을 사육·관리 또는 보호할 때에는 다음 각 호의 원칙을 준수하여야 한다.
> 1. 동물이 본래의 습성과 몸의 원형을 유지하면서 정상적으로 살 수 있도록 할 것
> 2. 동물이 갈증 및 굶주림을 겪거나 영양이 결핍되지 아니하도록 할 것
> 3. 동물이 정상적인 행동을 표현할 수 있고 불편함을 겪지 아니하도록 할 것
> 4. 동물이 고통·상해 및 질병으로부터 자유롭도록 할 것
> 5. 동물이 공포와 스트레스를 받지 아니하도록 할 것

동물보호법은 동물보호의 기본원칙을 통해 동물의 기본적인 생리적 욕구를 채워주고, 복지를 누리며 살아갈 권리가 있는 독립적인 개체임을 기본원칙으로 삼는다.

(2) 사육과 관리에 대한 기본원칙

> **동물 보호법**
> 제9조(적정한 사육·관리) ① 소유자등은 동물에게 적합한 사료와 물을 공급하고, 운동·휴식 및 수면이 보장되도록 노력하여야 한다.
> ② 소유자등은 동물이 질병에 걸리거나 부상당한 경우에는 신속하게 치료하거나 그 밖에 필요한 조치를 하도록 노력하여야 한다.
> ③ 소유자등은 동물을 관리하거나 다른 장소로 옮긴 경우에는 그 동물이 새로운 환경에 적응하는 데에 필요한 조치를 하도록 노력하여야 한다.
> ④ 소유자등은 재난 시 동물이 안전하게 대피할 수 있도록 노력하여야 한다.
> ⑤ 제1항부터 제3항까지에서 규정한 사항 외에 동물의 적절한 사육·관리 방법 등에 관한 사항은 농림축산식품부령으로 정한다.

> 동물보호법 시행규칙 [별표 1]
>
> ## 동물의 적절한 사육·관리 방법 등(제5조 관련)
>
> 1. 일반기준
> 가. 동물의 소유자등은 최대한 동물 본래의 습성에 가깝게 사육·관리하고, 동물의 생명과 안전을 보호하며, 동물의 복지를 증진해야 한다.
> 나. 동물의 소유자등은 동물이 갈증·배고픔, 영양불량, 불편함, 통증·부상·질병, 두려움 및 정상적으로 행동할 수 없는 것으로 인하여 고통을 받지 않도록 노력해야 하며, 동물의 특성을 고려하여 전염병 예방을 위한 예방접종을 정기적으로 실시해야 한다.
> 다. 동물의 소유자등은 동물의 사육환경을 다음의 기준에 적합하도록 해야 한다.
> 1) 동물의 종류, 크기, 특성, 건강상태, 사육목적 등을 고려하여 최대한 적절한 사육환경을 제공할 것
> 2) 동물의 사육공간 및 사육시설은 동물이 자연스러운 자세로 일어나거나 눕고 움직이는 등의 일상적인 동작을 하는 데에 지장이 없는 크기일 것

동물 보호법은 동물이 개체적인 특성 그대로 살아갈 수 있도록 해야 한다는 점에 주목하고 있으면 시행규칙에서는 일반기준 외에도 개별기준에서 동물을 위한 조도 및 동물 개별 특성을 위한 기본적인 내용들을 규정하고 있다.

> **생활법령 Q&A**
>
> **Q 아파트에서 반려동물을 키우면 안 될까요?**
>
> **A** 아파트마다 반려동물과 생활할 수 있는지 여부는 다를 수 있다. 따라서 아파트의 관리사무소 등을 통해 해당 아파트의 관리규약을 미리 확인해야 한다. 입주자·사용자는 공동주택관리규약의 준칙을 참조하여 관리규약을 정하며(규제「공동주택관리법」 제18조제2항 전단), 입주자·사용자는 가축(장애인 보조견은 제외)을 사육함으로써 공동주거생활에 피해를 미치는 행위를 하려는 경우에는 관리주체의 동의를 받아야 한다(규제「공동주택관리법 시행령」 제19조제2항제4호). 해당 지역의 「공동주택관리규약 준칙」은 국토교통부의 중앙공동주택관리지원센터(http://myapt.molit.go.kr)의 지자체관리규약준칙에서 확인할 수 있다.

(3) 동물 학대 금지

> 동물 보호법
>
> 제10조(동물학대 등의 금지) ① 누구든지 동물을 죽이거나 죽음에 이르게 하는 다음 각 호의 행위를 하여서는 아니 된다.
> 1. 목을 매다는 등의 잔인한 방법으로 죽음에 이르게 하는 행위
> 2. 노상 등 공개된 장소에서 죽이거나 같은 종류의 다른 동물이 보는 앞에서 죽음에 이르게 하는 행위
> 3. 동물의 습성 및 생태환경 등 부득이한 사유가 없음에도 불구하고 해당 동물을 다른 동물의 먹이로 사용하는 행위
> 4. 그 밖에 사람의 생명·신체에 대한 직접적인 위협이나 재산상의 피해 방지 등 농림축산식품부령으로 정하는 정당한 사유 없이 동물을 죽음에 이르게 하는 행위
> ② 누구든지 동물에 대하여 다음 각 호의 행위를 하여서는 아니 된다.
> 1. 도구·약물 등 물리적·화학적 방법을 사용하여 상해를 입히는 행위. 다만, 해당 동물의 질병 예방이나 치료 등 농림축산식품부령으로 정하는 경우는 제외한다.
> 2. 살아있는 상태에서 동물의 몸을 손상하거나 체액을 채취하거나 체액을 채취하기 위한 장치를 설치하는 행위. 다만, 해당 동물의 질병 예방 및 동물실험 등 농림축산식품부령으로 정하는 경우는 제외한다.
> 3. 도박·광고·오락·유흥 등의 목적으로 동물에게 상해를 입히는 행위. 다만, 민속경기 등 농림축산식품부령으로 정하는 경우는 제외한다.
> 4. 동물의 몸에 고통을 주거나 상해를 입히는 다음 각 목에 해당하는 행위
> 가. 사람의 생명·신체에 대한 직접적 위협이나 재산상의 피해를 방지하기 위하여 다른 방법이 있음에도 불구하고 동물에게 고통을 주거나 상해를 입히는 행위
> 나. 동물의 습성 또는 사육환경 등의 부득이한 사유가 없음에도 불구하고 동물을 혹서·혹한 등의 환경에 방치하여 고통을 주거나 상해를 입히는 행위
> 다. 갈증이나 굶주림의 해소 또는 질병의 예방이나 치료 등의 목적 없이 동물에게 물이나 음식을 강제로 먹여 고통을 주거나 상해를 입히는 행위
> 라. 동물의 사육·훈련 등을 위하여 필요한 방식이 아님에도 불구하고 다른 동물과 싸우게 하거나 도구를 사용하는 등 잔인한 방식으로 고통을 주거나 상해를 입히는 행위
> ③ 누구든지 소유자등이 없이 배회하거나 내버려진 동물 또는 피학대동물 중 소유자등을 알 수 없는 동물에 대하여 다음 각 호의 어느 하나에 해당하는 행위를 하여서는 아니 된다.
> 1. 포획하여 판매하는 행위
> 2. 포획하여 죽이는 행위
> 3. 판매하거나 죽일 목적으로 포획하는 행위

> 4. 소유자등이 없이 배회하거나 내버려진 동물 또는 피학대동물 중 소유자등을 알 수 없는 동물임을 알면서 알선·구매하는 행위
>
> ④ 소유자등은 다음 각 호의 행위를 하여서는 아니 된다.
>
> 1. 동물을 유기하는 행위
> 2. 반려동물에게 최소한의 사육공간 및 먹이 제공, 적정한 길이의 목줄, 위생·건강 관리를 위한 사항 등 농림축산식품부령으로 정하는 사육·관리 또는 보호의무를 위반하여 상해를 입히거나 질병을 유발하는 행위
> 3. 제2호의 행위로 인하여 반려동물을 죽음에 이르게 하는 행위
>
> ⑤ 누구든지 다음 각 호의 행위를 하여서는 아니 된다.
>
> 1. 제1항부터 제4항까지(제4항제1호는 제외한다)의 규정에 해당하는 행위를 촬영한 사진 또는 영상물을 판매·전시·전달·상영하거나 인터넷에 게재하는 행위. 다만, 동물보호 의식을 고양하기 위한 목적이 표시된 홍보 활동 등 농림축산식품부령으로 정하는 경우에는 그러하지 아니하다.
> 2. 도박을 목적으로 동물을 이용하는 행위 또는 동물을 이용하는 도박을 행할 목적으로 광고·선전하는 행위. 다만, 「사행산업통합감독위원회법」 제2조제1호에 따른 사행산업은 제외한다.
> 3. 도박·시합·복권·오락·유흥·광고 등의 상이나 경품으로 동물을 제공하는 행위
> 4. 영리를 목적으로 동물을 대여하는 행위. 다만, 「장애인복지법」 제40조에 따른 장애인 보조견의 대여 등 농림축산식품부령으로 정하는 경우는 제외한다.

동물보호법은 불필요하게 잔인한 방법으로 동물을 죽음에 이르도록 하는 행위를 금지하고 있으며, 법률이 정한 특정한 목적 이외에 동물에게 고통을 가하거나 상해를 입히는 행위뿐 아니라 소극적인 학대 행위인 유기까지도 금지하고 있다. 또한 사행산업에서 동물을 경품으로 제공하는 것도 생명 경시 풍조를 야기할 수 있으므로 금지된다.

생활법령 Q&A

Q 옆집 사람이 매일 개를 때려요. 몇 번이나 말렸지만 자기 집 개니까 상관하지 말래요. 개가 너무 불쌍한데, 그 개를 구할 방법이 없을까요?

A 누구든지 반려동물을 죽음에 이르게 하거나 상해를 입히는 등의 학대행위를 해서는 안 된다. 학대를 받는 동물을 발견한 경우에는 관할 지방자치단체의 장 또는 동물보호센터에 신고할 수 있다.

◇ 동물학대를 신고할 수 있는 대표적인 민간단체
· 한국동물보호협회(www.koreananimals.or.kr)
· 동물권단체 케어(fromcare.org)
· 동물자유연대(www.animals.or.kr)

◇ 벌칙
☞ 반려동물에게 학대행위를 하면 3년 이하의 징역 또는 3천만원 이하의 벌금에 처한다.
☞ 동물학대 행위 사진 또는 영상물을 판매·전시·전달·상영하거나 인터넷에 게재한 자는 300만원 이하의 벌금에 처한다.

(4) 반려동물의 등록

동물보호법 시행령
제4조(등록대상동물의 범위) 법 제2조제8호에서 "대통령령으로 정하는 동물"이란 다음 각 호의 어느 하나에 해당하는 월령(月齡) 2개월 이상인 개를 말한다.
1. 「주택법」 제2조제1호에 따른 주택 및 같은 조 제4호에 따른 준주택에서 기르는 개
2. 제1호에 따른 주택 및 준주택 외의 장소에서 반려(伴侶) 목적으로 기르는 개

동물보호법 시행령 제4조에서는 법령이 정하는 등록대상동물은 월령 2개월 이상이 되는 주택이나 준주택, 혹은 그 외의 장소에서 반려를 목적으로 기르는 개라고 규정한다.

> **동물보호법 시행령**
>
> 제10조(등록대상동물의 등록사항 및 방법 등) ① 등록대상동물의 소유자는 법 제15조제1항 본문에 따라 등록대상동물을 등록하려는 경우에는 해당 동물의 소유권을 취득한 날 또는 소유한 동물이 제4조 각 호 외의 부분에 따른 등록대상 월령이 된 날부터 30일 이내에 농림축산식품부령으로 정하는 동물등록 신청서를 특별자치시장·특별자치도지사·시장·군수·구청장에게 제출해야 한다.

등록대상 동물의 소유권을 취득한 날 또는 소유한 동물이 등록 대상 월령이 된 날로부터 30일 이내에 동물등록 신청서를 제출해야 한다.

■ 동물보호법 시행규칙 [별지 제1호서식]

동물등록 신청서

※ 바탕색이 어두운 난은 신청인이 작성하지 않습니다. 뒷면의 신청서 작성 유의사항을 참고하여 작성하십시오.

(앞쪽)

접수번호	접수일시	처리일	처리기간	10일

신청인	성명(법인명)	주민등록번호 (외국인등록번호, 법인등록번호)	전화번호	
	주소(법인인 경우에는 주된 사무소의 소재지) ※ 현재 거주지가 주소와 다를 경우 현재 거주지 주소를 함께 기재합니다.			
동물관리자 (신청인이 법인인 경우)	성명	직위	전화번호	관리장소(주소)

동물	동물등록번호							
	이름	품종	털색	성별		중성화		출생일	특이사항
				암	수	여	부		

「동물보호법」 제15조제1항 및 같은 법 시행령 제10조제1항에 따라 위와 같이 동물등록을 신청합니다.

년 월 일

신청인   (서명 또는 인)

특별자치시장 · 특별자치도지사 · 시장 · 군수 · 구청장 귀하

첨부서류	없음	수수료 1. 무선식별장치 체내삽입: 1만원 2. 무선식별장치 체외부착: 3천원
담당 공무원 확인사항	1. 개인의 경우: 주민등록표 초본 또는 외국인등록사실증명서 2. 법인의 경우: 법인 등기사항증명서	

210mm×297mm[백상지(80g/㎡) 또는 중질지(80g/㎡)]

■ 동물보호법 시행규칙 [별지 제2호서식]

(앞쪽)

동물등록증

동물의 정보
동물등록번호:

이름: 동물종:

성별: 암/수 중성화: O/X

출생일: 털색깔:

최초등록일: 최종변경일:

소유자 정보
성명(법인명): 전화번호:

「동물보호법」 제15조제1항, 같은 법 시행령 제10조제3항 및 제11조제3항에 따라 위와 같이 등록하였음을 증명합니다.

년 월 일

특별자치시장 · 특별자치도지사 · 시장 · 군수 · 구청장 직인

100mm×60mm[백상지(150g/㎡)]

(뒤쪽)

동물관리자(법인의 경우)
성명: 직위: 전화번호:

특이사항:
* 등록동물을 잃어버리거나 등록동물이 죽은 경우, 소유자의 정보가 변경된 경우 등에 대하여 특별자치시장 · 특별자치도지사 · 시장 · 군수 · 구청장에게 신고해야 합니다.

비고: 동물등록증의 재질과 규격은 지방자치단체의 여건을 고려하여 변경할 수 있습니다.

■ 동물보호법 시행규칙 [별지 제1호서식]

동물등록 변경신고서

※ 바탕색이 어두운 난은 신청인이 작성하지 않습니다. 뒷면의 유의사항을 참고하여 작성하고, [ ]에는 해당되는 곳에 √ 표시를 합니다.
※ 변경사항란은 해당되는 항목에만 기재합니다.

(앞쪽)

접수번호		접수일시		처리일		처리기간	7일

신청인	성명(법인명)		주민등록번호 (외국인등록번호, 법인등록번호)	
동물관리자 (신청인이 법인인 경우)	성명	직위		전화번호
동물	이름	동물등록번호		

변경사항	구분		변경 전	변경 후
	[ ] 소유자 변경 [ ] 소유자의 정보변경	성명(법인명)		
		주민등록번호 (외국인등록번호, 법인등록번호)		
		주소		
		전화번호		
	[ ] 무선 식별 장치를 잃어버리거나 헐어서 못 쓰게 됨	동물등록번호		
	그외	[ ] 등록동물을 잃어버림 [ ] 잃어버린 등록동물을 다시 찾음 [ ] 등록동물이 죽음 [ ] 등록동물을 더 이상 국내에서 기르지 않음 [ ] 그 밖의 사유			

변경사항 발생일	
등록동물을 잃어버리거나 등록동물이 죽은 경우 또는 등록동물을 더 이상 국내에서 기르지 않는 경우 그 경위(날짜, 장소, 사유 등)	

「동물보호법」제15조제2항 및 같은 법 시행령 제11조제2항에 따라 위와 같이 동물등록 변경사항을 신고합니다.

년   월   일

신청인   (서명 또는 인)

특별자치시장 · 특별자치도지사 · 시장 · 군수 · 구청장 귀하

첨부서류	1. 소유자가 변경되는 경우 동물등록증	수수료 무료
담당 공무원 확인사항	1. 개인인 경우: 주민등록표 초본 또는 외국인등록사실증명서 2. 법인인 경우: 법인 등기사항증명서	

210mm×297mm[백상지(80g/㎡) 또는 중질지(80g/㎡)]

(뒤쪽)

행정정보 공동이용 동의서
본인은 이 건 업무처리와 관련하여 「전자정부법」 제36조제1항에 따른 행정정보의 공동이용을 통하여 담당 공무원이 위 담당 공무원 확인사항을 확인하는 것에 동의합니다. * 동의하지 않는 경우에는 주민등록표 초본 또는 외국인등록사실증명서를 제출해야 합니다. <div align="center">신청인　　　　　(서명 또는 인)</div>
[동의]
1. 동물등록 업무처리를 목적으로 위 신청인의 정보와 신청내용을 등록 유효기간 동안 수집·이용하는 것에 동의합니다. 신청인 (서명 또는 인)
2. 유기·유실동물의 반환 등의 목적으로 등록동물의 소유자의 정보와 등록내용을 활용할 수 있도록 농림축산식품부 및 해당 지방자치단체 등에 제공하는 것에 동의합니다. 신청인 (서명 또는 인)

유의사항
1. 소유자가 변경된 경우 변경된 소유자의 성명, 주민등록번호, 연락처, 주소를 모두 작성합니다.
2. 소유자의 정보 중 일부가 변경된 경우 변경된 항목만 작성합니다.
3. 동물의 이름 등 등록동물의 정보가 변경된 경우 변경신고 의무는 없으나 동물정보시스템을 통해 정보를 변경할 수 있습니다.
4. 잃어버린 등록동물의 정보는 동물정보시스템에 공고됩니다.
5. 소유자의 정보가 변경된 경우, 등록동물을 잃어버린 경우, 등록동물이 죽은 경우, 잃어버린 등록동물을 다시 찾은 경우 등은 동물정보시스템을 통해 변경신고를 할 수 있습니다.
6. 등록동물을 잃어버린 사유로 변경신고 후 1년 동안 등록동물을 다시 찾은 사유로 변경신고를 하지 않은 경우 등록사항이 말소됩니다.
7. 등록동물이 죽은 사유로 변경신고를 한 경우 1년이 지나면 등록사항이 말소됩니다.

처리절차

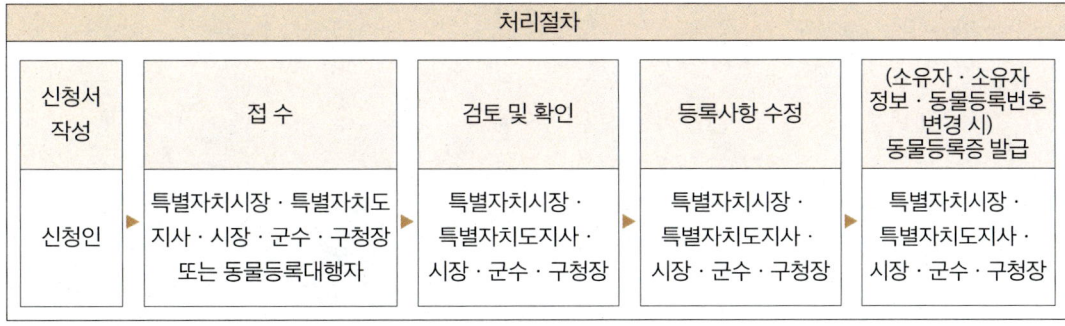

> **동물보호법 시행령**
>
> 제11조(등록사항의 변경신고 등) ① 법 제15조제2항제2호에서 "대통령령으로 정하는 사항이 변경된 경우"란 다음 각 호의 어느 하나에 해당하는 경우를 말한다.
> 1. 소유자가 변경된 경우
> 2. 소유자의 성명(법인인 경우에는 법인명을 말한다)이 변경된 경우
> 3. 소유자의 주민등록번호(외국인의 경우에는 외국인등록번호를 말하고, 법인인 경우에는 법인등록번호를 말한다)가 변경된 경우
> 4. 소유자의 주소(법인인 경우에는 주된 사무소의 소재지를 말한다. 이하 같다)가 변경된 경우
> 5. 소유자의 전화번호(법인인 경우에는 주된 사무소의 전화번호를 말한다. 이하 같다)가 변경된 경우
> 6. 법 제15조제1항에 따라 등록된 등록대상동물(이하 "등록동물"이라 한다)의 분실신고를 한 후 그 동물을 다시 찾은 경우
> 7. 등록동물을 더 이상 국내에서 기르지 않게 된 경우
> 8. 등록동물이 죽은 경우
> 9. 무선식별장치를 잃어버리거나 헐어 못 쓰게 된 경우

 등록사항이 변경되거나 소유자의 정보가 변경된 경우, 동물이 사망한 경우, 무선식별장치를 분실하거나 사용불능이 된 경우에는 변경 신청을 해야 한다.

> **생활법령 Q&A**
>
> ### ▶ 반려견 내장칩, 가장 많이 묻는 질문
>
>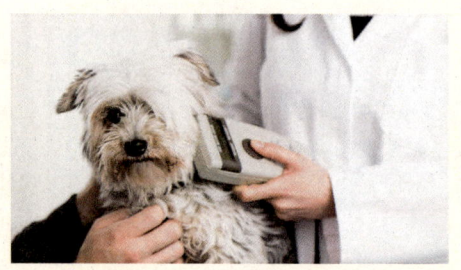
>
> 반려동물 등록제에 사용되는 칩은 외장형 무선식별장치와 인식표, 내장형 마이크로칩(RFID, 무선식별장치)이 있다. 외장형 무선식별장치와 인식표는 목걸이 형태로 되어 있어 반려동물의 신체 외부에 부착되기 때문에 특별한 위험이나 부작용을 우려할 필요가 없다. 하지만 동물을 유기하거나 잃어버린 경우, 누군가 악의적으로 부착된 인식표 등을 제거한 경우에 반려견의 신원을 확인할 수 없다는 큰 단점이 있다. 반면, 내장형 마이크로칩은 반려견의 몸 속에 삽입되어 제거될 일이 없기 때문에 리더기로 쉽게 읽혀 반려견의 신원을 확인하고 보호자에게 인계할 수 있다. 하지만 반려견을 키우는 보호자 입장에서 내장형 마이크로칩의 부작용에 대해 걱정과 궁금증이 생기기 마련이다.

Q 내장형 마이크로칩이 몸속에서 움직인다던데?

A 내장형 마이크로칩은 반려동물의 근육과 피부 사이에 삽입한다. 내장칩의 겉 표면에는 생체 친화적인 바이오글라스라는 유리가 덮여 있으며 유리의 표면은 칩의 이동을 방지하도록 특수처리가 되어 있다. 물론 이런 신기술이 적용되어도 반려동물의 몸 속에서 처음 삽입 위치보다는 조금 이동할 가능성이 있다. 하지만, 반려견의 건강에 해를 끼칠 만큼 부정적인 영향을 끼치지는 않는다.

Q 부작용은 없는가?

A 마이크로칩은 멸균된 상태에서 삽입이 진행되며, 반려견 등에게서 이상 반응이 발생하는 경우는 극히 드물다고 한다. 실제로 영국 소동물수의사회가 발표한 보고서에 따르면 마이크로칩으로 인한 질병관련 부작용 확률은 0.000015% 수준이다. 사실상 부작용이 없다고 봐도 될 정도다.

그러므로 인터넷에 떠도는 아래와 같은 부작용은 사실이 아니다.

- 내장칩을 삽입하면 칩이 심장을 찔러 죽는다 (X)
- 암에 걸린다 (X)
- 몸속을 돌아다니다가 똥으로 나온다 (X)
- 내장칩이 몸 안에서 움직인다 (X 또는 조금 움직일 수 있다)
- 내장칩 사이즈는 무려 50원 동전 크기다. (X, 쌀알크기)

Q 칩 인식이 잘 안되는 경우가 많다던데?

A 실제로 반려동물 몸 속의 마이크로칩이 인식되지 않는 경우가 있다. 그 이유는 다음과 같다.
(1) 개가 계속 반항하거나 움직이면서 칩이 잘 인식되지 않는 경우가 있다.
(2) 대상 반려견의 비만으로 피하지방이 두꺼워지면 인식이 잘 안될 수 있다. 피하지방이 두꺼워지면서 칩 스캐닝이 어려워지기 때문이다.
(3) 긴 털이 너무 많거나 엉켜버린 털 때문에 인식이 잘 안될 수 있다. 동물병원 방문 전 빗질을 통해 엉켜버린 털은 최대한 풀고 가주는 것이 좋다.

Q 반려동물 마이크로칩 수명과 배터리는?

A 일반적인 개의 기대수명보다 긴 편이며 배터리를 사용하지 않기 때문에 한 번 삽입하면 배터리 교체 때문에 다시 꺼낼 일은 없다.

Q 내장칩이 고장난다면?

A 실제로 고장이 나는 경우도 있다. 그래서 미국 수의사회에서는 1년에 한 번 정도는 동물병원에 가서 마이크로칩 정보가 살아있는지 스캐너로 확인하는 것을 추천한다.

Q 수술시간은 어떻게 되는가?

A 수술을 하지 않으며 간단한 주사로 칩을 삽입하는 방식이다.

Q 꼭 내장형 칩을 사용해야 되는 건가?

A 보호자의 선택에 따라서 외장형 칩을 사용해도 무방하다. 하지만 생각 외로 분실이나 파손의 위험이 잦기 때문에 내장형을 권한다. 내장형 칩은 쌀알 정도 크기로 훼손 또는 분실 위험이 없다.

Q 이미 칩이 심겨 있는 개들은 어떻게 해야 되는가?

A 해외에서 들어오는 개는 이미 칩이 삽입된 상태인 경우가 많다. 특히 중국에서 들어오는 개가 그렇다. 그래서 동물병원에서 칩을 삽입하고 스캐너로 확인하는 과정에서 칩 정보가 2개씩 나올 수 있다. 이때 기존 내장칩을 제거하려면 전신 마취 후 수술을 해야 될 수도 있다.

동물보호법

제16조(등록대상동물의 관리 등) ① 등록대상동물의 소유자등은 소유자등이 없이 등록대상동물을 기르는 곳에서 벗어나지 아니하도록 관리하여야 한다.

② 등록대상동물의 소유자등은 등록대상동물을 동반하고 외출할 때에는 다음 각 호의 사항을 준수하여야 한다.

1. 농림축산식품부령으로 정하는 기준에 맞는 목줄 착용 등 사람 또는 동물에 대한 위해를 예방하기 위한 안전조치를 할 것
2. 등록대상동물의 이름, 소유자의 연락처, 그 밖에 농림축산식품부령으로 정하는 사항을 표시한 인식표를 등록대상동물에게 부착할 것
3. 배설물(소변의 경우에는 공동주택의 엘리베이터·계단 등 건물 내부의 공용공간 및 평상·의자 등 사람이 눕거나 앉을 수 있는 기구 위의 것으로 한정한다)이 생겼을 때에는 즉시 수거할 것

③ 시·도지사는 등록대상동물의 유실·유기 또는 공중위생상의 위해 방지를 위하여 필요할 때에는 시·도의 조례로 정하는 바에 따라 소유자등으로 하여금 등록대상동물에 대하여 예방접종을 하게 하거나 특정 지역 또는 장소에서의 사육 또는 출입을 제한하게 하는 등 필요한 조치를 할 수 있다.

동물보호법은 등록대상의 동물에 대해 소유자나 혹은 동물에 대한 보호의무를 가진 자가 기르는 곳에서 벗어나지 않도록 주의할 의무를 가지고 있으며, 외출 시에는 타인의 안전을 위한 조치와 함께 배설물을 수거할 의무를 지닌다고 규정하고 있다.

1) 반려동물 관리 책임

Q 우리 집 개가 집 앞을 지나가던 사람의 다리를 물어서 피가 살짝 났어요. 이 경우에 치료비를 물어줘야 하나요?

A 반려동물이 사람을 물어 상처를 내는 등의 손해를 끼쳤다면 치료비 등 그 손해를 배상해주어야 한다. 그러나 소유자 등이 반려동물의 관리에 상당한 주의를 기울였음이 증명되는 경우에는 피해자에 대해 손해배상을 하지 않을 수 있다.

◇ 손해배상책임
☞ 반려동물이 사람 등을 물었을 때 손해를 배상해야 하는 책임자에는 해당 반려동물의 소유자뿐만 아니라 소유자를 위해 해당 반려동물의 사육·관리 또는 보호에 종사하는 사람(이하 "소유자등"이라 함)도 포함된다.

◇ 형사책임
☞ 또한, 타인의 개에게 물려 신체피해(상해)가 발생한 경우 과실치상에 해당하는 경우로 점유자의 과실로 인하여 상해에 이르게 한 경우, 2년 이하의 징역 또는 2000만원 이하의 벌금에 처할 수 있고, 과실로 인하여 사람을 사망에 이르게 한 경우 3년 이하의 징역 또는 3000만원 이하의 벌금에 처해진다.

☞ 실제로 집 마당에서 키우던 맹견인 핏불테리어의 목줄이 풀려 마당 앞길을 지나던 사람의 팔다리와 신체 여러 부위를 물어 상해를 입혔을 때 개주인을 관리소홀로 형사처벌한 사례가 있다(수원지방법원 2018. 2. 20. 선고 2017노7362 판결 참조).

☞ 그리고 반려동물의 소유자등이 등록대상동물을 동반하고 외출하며 목줄 등 안전조치를 하지 않은 경우, 맹견의 소유자등이 목줄 및 입마개 등 안전장치를 하지 않고 외출해 사람의 신체를 상해에 이르게 한 경우 3년 이하의 징역 또는 3천만원 이하의 벌금에 처해진다.

◇ 반려동물이 타인이나 가축에게 달려들게 한 경우
☞ 경범죄 처벌법 제3조1항에 따라 10만원 이하의 벌금, 구류 또는 과료에 처해지거나 5만원 혹은 8만원의 범칙금을 부과받는다.

◇ 사람이나 가축에게 해를 끼치는 버릇이 있는 반려동물을 함부로 풀어놓거나 제대로 살피지 않아 나돌아 다니게 한 경우
☞ 10만원 이하의 벌금, 구류 또는 과료에 처해지거나 5만원의 범칙금을 부과받는다.

(5) 맹견의 관리

동물보호법

제21조(맹견의 관리) ① 맹견의 소유자등은 다음 각 호의 사항을 준수하여야 한다.
1. 소유자등이 없이 맹견을 기르는 곳에서 벗어나지 아니하게 할 것. 다만, 제18조에 따라 맹견사육허가를 받은 사람의 맹견은 맹견사육허가를 받은 사람 또는 대통령령으로 정하는 맹견사육에 대한 전문지식을 가진 사람 없이 맹견을 기르는 곳에서 벗어나지 아니하게 할 것
2. 월령이 3개월 이상인 맹견을 동반하고 외출할 때에는 농림축산식품부령으로 정하는 바에 따라 목줄 및 입마개 등 안전장치를 하거나 맹견의 탈출을 방지할 수 있는 적정한 이동장치를 할 것
3. 그 밖에 맹견이 사람 또는 동물에게 위해를 가하지 못하도록 하기 위하여 농림축산식품부령으로 정하는 사항을 따를 것

② 시·도지사와 시장·군수·구청장은 맹견이 사람에게 신체적 피해를 주는 경우 농림축산식품부령으로 정하는 바에 따라 소유자등의 동의 없이 맹견에 대하여 격리조치 등 필요한 조치를 취할 수 있다.

③ 제18조제1항 및 제2항에 따라 맹견사육허가를 받은 사람은 맹견의 안전한 사육·관리 또는 보호에 관하여 농림축산식품부령으로 정하는 바에 따라 정기적으로 교육을 받아야 한다.

[시행일: 2024. 4. 27.] 제21조

제22조(맹견의 출입금지 등) 맹견의 소유자등은 다음 각 호의 어느 하나에 해당하는 장소에 맹견이 출입하지 아니하도록 하여야 한다.

> 1. 「영유아보육법」 제2조제3호에 따른 어린이집
> 2. 「유아교육법」 제2조제2호에 따른 유치원
> 3. 「초·중등교육법」 제2조제1호 및 제4호에 따른 초등학교 및 특수학교
> 4. 「노인복지법」 제31조에 따른 노인복지시설
> 5. 「장애인복지법」 제58조에 따른 장애인복지시설
> 6. 「도시공원 및 녹지 등에 관한 법률」 제15조제1항제2호나목에 따른 어린이공원
> 7. 「어린이놀이시설 안전관리법」 제2조제2호에 따른 어린이놀이시설
> 8. 그 밖에 불특정 다수인이 이용하는 장소로서 시·도의 조례로 정하는 장소

맹견의 경우 보호자는 법령에 따른 교육을 정기적으로 받아야 하며, 타인이나 다른 동물에게 위해를 가하지 못하도록 관리와 이동 시 규정에 따라야 한다. 또한 규정에 따라 어린이집, 유치원, 초등학교, 특수학교 등의 학교시설과 노인복지시설, 장애인복지시설과 같은 복지시설, 사람이 많이 모이는 어린이공원, 어린이놀이시설, 시도에서 조례로 정한 장소에는 출입할 수 없다.

생활법령 Q&A

맹견과의 산책

Q 목줄 없이 도사견을 산책시키다가 경찰에게 주의를 받았어요. 도사견과 외출할 때는 목줄을 꼭 해야 하나요?

A 반려동물과 외출할 때에는 목줄 또는 가슴줄을 사용하여야 하며 목줄 또는 가슴줄은 해당 동물을 효과적으로 통제할 수 있는 것으로 2미터 이내의 길이여야 한다. 또한 다중주택 및 다가구주택, 공동주택내부의 공용공간에서는 동물을 직접 안거나 목줄의 목덜미 부분 또는 가슴줄의 손잡이 부분을 잡아 동물이 이동할 수 없도록 안전조치를 해야 한다.

◇ 맹견의 목줄 등 안전조치하기
☞ 특히, 맹견이면서 월령이 3개월 이상인 맹견을 동반하고 외출할 경우에는 목줄과 함께 맹견이 호흡 또는 체온조절을 하거나 물을 마시는 데 지장이 없는 범위에서 사람에 대한 공격을 효과적으로 차단할 수 있는 크기의 입마개를 해야 한다.

☞ 다만, 맹견의 소유자등은 다음에 해당하는 사항을 충족하는 이동장치를 사용하여 맹견을 이동시킬 경우에는 맹견에게 목줄 및 입마개를 하지 않을 수 있다.
- 맹견이 이동장치에서 탈출할 수 없도록 잠금장치를 갖출 것
- 이동장치의 입구, 잠금장치 및 외벽은 충격 등에 의해 쉽게 파손되지 않는 견고한 재질일 것

☞ 맹견의 소유자는 맹견으로 인한 다른 사람의 생명·신체나 재산상의 피해를 보상하기 위하여 「동물보호법 제23조에 따라 보험에 가입해야 한다.

◇ 위반 시 제재
☞ 이를 위반하면 차수에 따라 100, 200, 300만원의 과태료를 부과받는다.

제23조(보험의 가입 등) ① 맹견의 소유자는 자신의 맹견이 다른 사람 또는 동물을 다치게 하거나 죽게 한 경우 발생한 피해를 보상하기 위하여 보험에 가입하여야 한다.
② 제1항에 따른 보험에 가입하여야 할 맹견의 범위, 보험의 종류, 보상한도액 및 그 밖에 필요한 사항은 대통령령으로 정한다.
③ 농림축산식품부장관은 제1항에 따른 보험의 가입관리 업무를 위하여 필요한 경우 대통령령으로 정하는 바에 따라 관계 중앙행정기관의 장 또는 지방자치단체의 장에게 행정적 조치를 하도록 요청하거나 관계 기관, 보험회사 및 보험 관련 단체에 보험의 가입관리 업무에 필요한 자료를 요청할 수 있다. 이 경우 요청을 받은 자는 정당한 사유가 없으면 이에 따라야 한다.

또한 법령에 따라 맹견의 소유자는 반드시 종합보험에 가입해야 하며, 보험에 가입한 상태에서 맹견이 타인이나 다른 동물에게 위해를 가한 경우, 상해등급에 따라 보험금이 지급된다.

04 반려동물 행동지도사

그 동안 반려동물에 관련된 민간자격증들을 공인된 하나의 자격증으로 통합하고 관리하기 위해 2023년 개정된 동물보호법 개정안은 '반려동물행동지도사'에 관한 규정을 신설하였다. 관련 규정은 아래와 같다.

> **동물보호법**
> 제30조(반려동물행동지도사의 업무) ① 반려동물행동지도사는 다음 각 호의 업무를 수행한다.
> 1. 반려동물에 대한 행동분석 및 평가
> 2. 반려동물에 대한 훈련
> 3. 반려동물 소유자등에 대한 교육
> 4. 그 밖에 반려동물행동지도에 필요한 사항으로 농림축산식품부령으로 정하는 업무
> ② 농림축산식품부장관은 반려동물행동지도사의 업무능력 및 전문성 향상을 위하여 농림축산식품부령으로 정하는 바에 따라 보수교육을 실시할 수 있다.
> [시행일: 2024. 4. 27.] 제30조

동물보호법은 반려동물행동지도사의 업무에 대해 반려동물의 행동을 분석하고 평가하여 적절한 훈련을 시행하며, 그 소유자 등에 대해 교육을 진행하는 것을 주요한 목표로 규정하고 있다.

> 제31조(반려동물행동지도사 자격시험) ① 반려동물행동지도사가 되려는 사람은 농림축산식품부장관이 시행하는 자격시험에 합격하여야 한다.
> ② 반려동물의 행동분석·평가 및 훈련 등에 전문지식과 기술을 갖추었다고 인정되는 대통령령으로 정하는 기준에 해당하는 사람에게는 제1항에 따른 자격시험 과목의 일부를 면제할 수 있다.
> ③ 농림축산식품부장관은 다음 각 호의 어느 하나에 해당하는 사람에 대해서는 해당 시험을 무효로 하거나 합격 결정을 취소하여야 한다.
> 1. 거짓이나 그 밖에 부정한 방법으로 시험에 응시한 사람
> 2. 시험에서 부정한 행위를 한 사람
> ④ 다음 각 호의 어느 하나에 해당하는 사람은 그 처분이 있은 날부터 3년간 반려동물행동지도사 자격시험에 응시하지 못한다.
> 1. 제3항에 따라 시험의 무효 또는 합격 결정의 취소를 받은 사람

2. 제32조제2항에 따라 반려동물행동지도사의 자격이 취소된 사람
⑤ 농림축산식품부장관은 제1항에 따른 자격시험의 시행 등에 관한 사항을 대통령령으로 정하는 바에 따라 관계 전문기관에 위탁할 수 있다.
⑥ 반려동물행동지도사 자격시험의 시험과목, 시험방법, 합격기준 및 자격증 발급 등에 관한 사항은 대통령령으로 정한다.
[시행일: 2024. 4. 27.] 제31조

제32조(반려동물행동지도사의 결격사유 및 자격취소 등) ① 다음 각 호의 어느 하나에 해당하는 사람은 반려동물행동지도사가 될 수 없다.
1. 피성년후견인
2. 「정신건강증진 및 정신질환자 복지서비스 지원에 관한 법률」 제3조제1호에 따른 정신질환자 또는 「마약류 관리에 관한 법률」 제2조제1호에 따른 마약류의 중독자. 다만, 정신건강의학과 전문의가 반려동물행동지도사 업무를 수행할 수 있다고 인정하는 사람은 그러하지 아니하다.
3. 이 법을 위반하여 벌금 이상의 실형을 선고받고 그 집행이 종료(집행이 종료된 것으로 보는 경우를 포함한다)되거나 집행이 면제된 날부터 3년이 지나지 아니한 경우
4. 이 법을 위반하여 벌금 이상의 형의 집행유예를 선고받고 그 유예기간 중에 있는 경우
② 농림축산식품부장관은 반려동물행동지도사가 다음 각 호의 어느 하나에 해당하면 그 자격을 취소하거나 2년 이내의 기간을 정하여 그 자격을 정지시킬 수 있다. 다만, 제1호부터 제4호까지 중 어느 하나에 해당하는 경우에는 그 자격을 취소하여야 한다.
1. 제1항 각 호의 어느 하나에 해당하게 된 경우
2. 거짓이나 그 밖의 부정한 방법으로 자격을 취득한 경우
3. 다른 사람에게 명의를 사용하게 하거나 자격증을 대여한 경우
4. 자격정지기간에 업무를 수행한 경우
5. 이 법을 위반하여 벌금 이상의 형을 선고받고 그 형이 확정된 경우
6. 영리를 목적으로 반려동물의 소유자등에게 불필요한 서비스를 선택하도록 알선·유인하거나 강요한 경우
③ 제2항에 따른 자격의 취소 및 정지에 관한 기준은 그 처분의 사유와 위반 정도 등을 고려하여 농림축산식품부령으로 정한다.
[시행일: 2024. 4. 27.] 제32조

반려동물행동지도사는 농림축산식품부장관이 시행하는 자격시험에 합격해야 자격을 취득할 수 있다. 다만 반려동물의 행동분석 및 훈련 등에 전문지식과 기술을 갖추었다고 대통령령으로 정하는 기준에 해당하는 사람은 자격시험의 일부 과목에 대해 면제를 받을 수 있다.

05 반려동물 관련 영업

반려동물산업은 지속적으로 성장하고 있는 산업이다. 1인 가구의 증가, 핵가족화, 노령화 등으로 인해서 반려동물 양육 가정이 1천만명을 넘어서고 있기 때문에 반려동물과 관련된 산업은 지속적으로 성장하고 있다. 이에 법률은 반려동물에 관한 영업 항목에 대해 규정을 하고 있는데, 영업의 허가 업종과 등록의 업종이 구분되어 있다.

(1) 영업 허가업종

> 제69조(영업의 허가) ① 반려동물(이하 이 장에서 "동물"이라 한다. 다만, 동물장묘업 및 제71조제1항에 따른 공설동물장묘시설의 경우에는 제2조제1호에 따른 동물로 한다)과 관련된 다음 각 호의 영업을 하려는 자는 농림축산식품부령으로 정하는 바에 따라 특별자치시장·특별자치도지사·시장·군수·구청장의 허가를 받아야 한다.
> 1. 동물생산업
> 2. 동물수입업
> 3. 동물판매업
> 4. 동물장묘업
> ② 제1항 각 호에 따른 영업의 세부 범위는 농림축산식품부령으로 정한다.
> ③ 제1항에 따른 허가를 받으려는 자는 영업장의 시설 및 인력 등 농림축산식품부령으로 정하는 기준을 갖추어야 한다.
> ④ 제1항에 따라 영업의 허가를 받은 자가 허가받은 사항을 변경하려는 경우에는 변경허가를 받아야 한다. 다만, 농림축산식품부령으로 정하는 경미한 사항을 변경하는 경우에는 특별자치시장·특별자치도지사·시장·군수·구청장에게 신고하여야 한다.

허가를 받아야 하는 업종에는 동물생산업, 동물수입업, 동물판매업, 동물장묘업 등이 있다. 허가를 받으려고 하는 시설은 농림축산식품부령으로 정하는 기준의 시설과 인력 등을 갖추어야 하며, 허가 받은 사항에 대해 변경이 있는 경우 변경허가를 받아야 한다.

A. 동물생산업: 반려동물을 번식시켜 판매하는 영업
B. 동물수입업: 반려동물을 수입하여 판매하는 영업
C. 동물판매업: 반려동물을 구입하여 판매하거나 판매를 알선, 중계하는 영업
D. 동물장묘업: 반려동물의 사체의 보관, 안치, 염습을 하는 등의 장례예식을 진행하며, 동물의 유골 등을 안치 보관하는 시설 등

■ 동물보호법 시행규칙 [별지 제19호서식]

영업허가신청서

※ 바탕색이 어두운 난은 신청인이 작성하지 않으며, [ ]에는 해당되는 곳에 √ 표시를 합니다.

(앞쪽)

접수번호	접수일시	발급일	처리기간 15일

신청인	성명(법인명)		주민등록번호(법인등록번호)	
	주소		(전화번호:)	

영업장	명칭(상호)			
	주소		(전화번호:)	
	신청업종	[ ]동물장묘업 - 장례식장: 설치 / 미설치 - 동물화장시설: 설치 / 미설치 - 동물건조장시설: 설치 / 미설치 - 동물수분해장시설: 설치 / 미설치 - 봉안시설: 설치 / 미설치	[ ]동물생산업 [ ]동물수입업 [ ]동물판매업(일반, 알선·중개, 경매 알선·중개) * 다수 영업의 허가 신청 시 각각의 영업 허가 신청서 작성 필요	

동물생산업 신청자 작성 항목

생산동물의 종류	[ ]개, [ ]고양이, [ ]그 밖의 동물( )				인력 현황(종사자 수)	명
품종별 사육 마릿수	품종명	마릿수			[ ]소규모 동물생산업 여부 *「동물보호법 시행규칙」별표 11 제2호가목1)바)에서 정하는 기준에 해당하는 경우에 √ 표시합니다.	
		암컷	수컷	총합		
	* 사육 품종별로 모두 작성					
맹견 사육 여부	[ ]예, [ ]아니요	(참고) 맹견의 범위(「동물보호법 시행규칙」제2조) 1. 도사견과 그 잡종의 개, 2. 핏불테리어(아메리칸 핏불테리어를 포함한다)와 그 잡종의 개, 3. 아메리칸 스태퍼드셔 테리어와 그 잡종의 개, 4. 스태퍼드셔 불테리어와 그 잡종의 개, 5. 로트와일러와 그 잡종의 개				

「동물보호법」 제69조제1항 및 같은 법 시행규칙 제37조제2항에 따라 위와 같이 영업의 허가를 신청합니다.

년 월 일

신청인 (서명 또는 인)

특별자치시장 · 특별자치도지사 · 시장 · 군수 · 구청장 귀하

210mm×297mm[백상지(80g/㎡) 또는 중질지(80g/㎡)]

생활법령 Q&A

1) 반려동물 분양 후 피해보상

Q 며칠 전에 동물가게에서 분양 받은 고양이가 병으로 죽었습니다. 동물가게에서 보상받을 수 있나요?

A 반려동물판매업자에게 분양 받은 고양이나 개가 분양 받은 후 15일 이내에 죽었다면 특약이 없는 한 「소비자분쟁해결기준」의 보상기준에 따라 같은 종류의 반려동물로 교환 받거나 분양 대금을 환불 받을 수 있다. 그러나 소비자의 중대한 과실로 인해 피해가 발생한 경우에는 배상을 요구할 수 없다.

◇ 맹견의 목줄 등 안전조치하기
  ☞ 특히, 맹견이면서 월령이 3개월 이상인 맹견을 동반하고 외출할 경우에는 목줄과 함께 맹견이 호흡 또는 체온조절을 하거나 물을 마시는 데 지장이 없는 범위에서 사람에 대한 공격을 효과적으로 차단할 수 있는 크기의 입마개를 해야 한다.

◇ 「소비자분쟁해결기준」의 보상기준

피해 유형	보상 기준
구입 후 15일 이내 폐사 시	- 같은 종류의 반려동물로 교환 또는 구입 대금 환불 ※ 다만, 소비자의 중대한 과실로 인해 피해가 발생했다면 배상을 요구할 수 없다.
구입 후 15일 이내 질병 발생	- 판매업소(사업자)가 제반비용을 부담해서 회복시킨 후 소비자에게 인도 ※ 다만, 판매업소에서 회복시키는 기간이 30일을 경과하거나 판매업소 관리 중 죽은 경우에는 같은 종류의 반려동물로 교환하거나 구입 대금의 환불을 요구할 수 있다.

◇ 참고
  ☞ 분양 계약을 체결할 때 보상에 관해 따로 정한 사항이 있다면 「소비자분쟁해결기준」 대신 그 기준에 따른다.

2) 반려견 질병 발생에 따른 구입대금 환급요구

Q 반려견 판매점에서 푸들을 50만원에 분양 계약을 했습니다. 그런데 분양 당시부터 반려견의 눈가에 털이 빠져있고 일부 털 끝에 각질이 붙어있었습니다. 분양 8일 후 연계 동물병원에서 옴 진단을 받았습니다. 판매자에게 교환을 요청했으나 판매자가 책임지고 치료해주겠다고 하여 인도하였고, 이후 반려견이 완치되었다고 하여 인도받았는데, 며칠 후 연계 동물병원에서 폐사했습니다. 이러한 경우 환급이 가능한가요?

A 「소비자분쟁해결기준」에 따르면 반려견 구입 후 15일 이내 질병이 발생할 경우, 판매업자가 제반비용을 부담하여 회복시켜 소비자에게 인도해야 한다. 다만, 업소 책임하의 회복기간이 30일을 경과하거나 판매업소 관리 중 폐사 시에는 동종의 반려동물로 교환 또는 구입가 환급이 가능하다. 그러나 소비자의 중대한 과실로 인하여 피해가 발생한 경우에는 배상을 요구할 수 없다.

3) 반려견 분양 10일째 폐사한 경우 환불 요구

Q 반려견 매장에서 암컷 반려견을 현금 40만원에 구입하였고, 구입 당시 계약서를 받지 못했습니다. 이틀 후부터 반려견이 아프기 시작하여 호전되지 않아 5일째 동물병원에서 파보장염이란 진단을 받았습니다. 이를 판매자에게 알리자 판매자가 지정 동물병원에서 치료해 주겠다고 하여 맡겼는데 9일째 문의하니 폐사하였다고 합니다. 이 경우 환급받을 수 있을까요?

A 「소비자분쟁해결기준」에 따르면 구입 후 15일 이내 폐사 시 동종의 반려동물로 교환 또는 구입 대금 환급을 받을 수 있다. 다만, 소비자의 중대한 과실로 인하여 피해가 발생한 경우에는 배상을 요구할 수 없다.

참고로 판매업자는 반려동물을 판매할 때에는 ① 분양업자의 성명과 주소, ② 반려동물의 출생일과 판매업자가 입수한 날, ③ 혈통, 성, 색상과 판매 당시의 특징사항, ④ 면역 및 기생충 접종 기록이 기재된 계약서를 소비자에게 교부하여야 하는 바, 계약서를 교부하지 않았다면 관할 시·군·구청에 신고하여 행정처분을 요구할 수 있다.

생활법령 Q&A

사체처리

Q 사망한 반려동물의 사체는 어떻게 처리하나요?

◇ 의료폐기물로 처리
☞ 반려동물이 동물병원에서 죽은 경우 의료폐기물로 분류되어 동물병원에서 자체적으로 처리되거나 폐기물처리업자 또는 폐기물처리시설 설치·운영자 등에게 위탁해서 처리할 수 있다(「폐기물관리법」 제2조제5호, 제18조제1항, 「폐기물관리법 시행령」 별표 1 제10호, 별표 2 제2호가목 및 「폐기물관리법 시행규칙」 별표 3 제6호 참조).

◇ 규격 쓰레기봉투로 배출 처리
☞ 반려동물의 사체는 생활폐기물에 해당하여 지방자치단체의 조례로 정하는 바에 따라 생활쓰레기봉투 등에 넣어 배출하면 생활폐기물 처리업자가 처리하게 된다(「폐기물관리법」 제2조제1호·제2호 및 제14조제1항·제2항·제5항 참조). 그러나 소유자가 원할 경우 동물장묘업등록 업자가 설치·운영하는 화장시설에서 화장할 수 있다.

◇ 화장
☞ 반려동물이 죽은 경우 소유자는 동물장묘업등록 업자가 설치·운영하는 화장시설에서 화장할 수 있다. 반려동물이 죽으면 사체는 「폐기물관리법」에 따라 허가 또는 승인받거나 신고된 폐기물처리시설에서만 매립할 수 있으며, 폐기물처리시설이 아닌 곳에서 매립하거나 소각하면 안 된다(「폐기물관리법」 제8조제2항 본문 참조).

◇ 벌칙 또는 과태료
☞ 동물의 사체를 함부로 버리거나 임의로 매립·화장하면 벌금·구류·과료형에 처해지거나 과태료를 부과받는다. 이를 위반하면 5만원의 범칙금 또는 100만원 이하의 과태료가 부과된다(「경범죄 처벌법 시행령」 제2조, 별표 및 「폐기물관리법」 제68조제3항제1호 참조).

◇ 동물장묘시설 확인/선택
※ 국가동물보호정보시스템(www.animal.go.kr)-업체정보-동물장묘업에서 동물장묘업 현황을 확인할 수 있다.

☞ 동물등록이 되어 있는 반려견이 죽은 경우에는 반려동물이 죽은 날부터 30일 이내에 동물등록 말소신고를 해야 한다(「동물보호법」 제15조제2항제2호 및 「동물보호법 시행령」 제11조제1항제8호 참조). 이를 위반하여 정해진 기간 내에 신고를 하지 않은 소유자는 50만원 이하의 과태료가 부과된다(「동물보호법」 제101조제4항제1호).

(2) 영업등록 업종

> 제73조(영업의 등록) ① 동물과 관련된 다음 각 호의 영업을 하려는 자는 농림축산식품부령으로 정하는 바에 따라 특별자치시장·특별자치도지사·시장·군수·구청장에게 등록하여야 한다.
> 1. 동물전시업
> 2. 동물위탁관리업
> 3. 동물미용업
> 4. 동물운송업
> ② 제1항 각 호에 따른 영업의 세부 범위는 농림축산식품부령으로 정한다.
> ③ 제1항에 따른 영업의 등록을 신청하려는 자는 영업장의 시설 및 인력 등 농림축산식품부령으로 정하는 기준을 갖추어야 한다.
> ④ 제1항에 따라 영업을 등록한 자가 등록사항을 변경하는 경우에는 변경등록을 하여야 한다. 다만, 농림축산식품부령으로 정하는 경미한 사항을 변경하는 경우에는 특별자치시장·특별자치도지사·시장·군수·구청장에게 신고하여야 한다.

동물전시업, 동물위탁관리업, 동물미용업, 동물운송업 등은 농림축산식품부령으로 정하는 기준에 따른 시설과 인력을 갖춘 후 영업 등록을 하여야 한다. 등록 사항을 변경하려는 경우에는 변경등록을 하여야 한다.

A. 동물전시업: 반려동물을 보여주거나 접촉하게 할 목적으로 영업자 소유의 동물을 5마리 이상 전시하는 영업(단, 동물원은 동물원 및 수족관의 관리에 관한 법률 제2조제1호에 따라 제외)
B. 동물위탁관리업: 보호자로부터 반려동물을 위탁받아 일정한 기간 동안 안전과 건강을 살피면서 보호하고 관리하는 서비스를 제공
C. 동물미용업: 반려동물의 털, 피부 또는 발톱 등을 손질하거나 위생적으로 관리하는 영업
D. 동물운송업: 반려동물을 자동차를 이용하여 운송하는 영업

■ 동물보호법 시행규칙 [별지 제24호서식]

영업등록신청서

※ 바탕색이 어두운 난은 신청인이 작성하지 않으며, [ ]에는 해당되는 곳에 √ 표시를 합니다.
(앞쪽)

접수번호	접수일시	발급일	처리기간 15일

신청인	성명(법인명)		주민등록번호(법인등록번호)	
	주소			(전화번호:)

영업장	명칭(상호)	
	주소	(전화번호:)
	신청업종	[ ]동물전시업 [ ]동물위탁관리업 [ ]동물미용업(일반, 자동차 이용) [ ]동물운송업 * 다수 영업의 등록 신청 시 각각의 영업등록 신청서 작성 필요

「동물보호법」 제73조제1항 및 같은 법 시행규칙 제42조제2항에 따라 위와 같이 영업의 등록을 신청합니다.

년 월 일

신청인   (서명 또는 인)

특별자치시장 · 특별자치도지사 · 시장 · 군수 · 구청장 귀하

210mm×297mm[백상지(80g/㎡) 또는 중질지(80g/㎡)]

생활법령 Q&A

반려견 호텔 이용

Q 반려견 호텔에 반려견을 맡겼는데, 실수로 반려견이 죽었다고 합니다. 반려견 주인은 반려견의 죽음으로 인한 정신적 위자료를 받을 수 있나요?

A 대법원은 유사 사건에서 동물 자체는 청구권의 주체가 되지 못하지만, 위탁된 반려동물이 다치거나 죽은 경우 그 주인이 입었을 정신적 충격은 위자료 청구 대상이 될 수 있다고 보고있다. 실제로 반려견주가 반려동물 위탁소를 상대로 낸 위자료 청구소송에서 반려견 주인의 정신적 고통을 인정한 사례가 있다(서울중앙지법 2012. 11. 23. 선고 2012나27611 판결; 대법원 2013. 4. 25. 선고 2012다118594 판결 참조).

(3) 영업자의 공통준수사항

> 동물보호법
>
> 제78조(영업자 등의 준수사항) ① 영업자(법인인 경우에는 그 대표자를 포함한다)와 그 종사자는 다음 각 호의 사항을 준수하여야 한다.
> 1. 동물을 안전하고 위생적으로 사육·관리 또는 보호할 것
> 2. 동물의 건강과 안전을 위하여 동물병원과의 적절한 연계를 확보할 것
> 3. 노화나 질병이 있는 동물을 유기하거나 폐기할 목적으로 거래하지 아니할 것
> 4. 동물의 번식, 반입·반출 등의 기록 및 관리를 하고 이를 보관할 것
> 5. 동물에 관한 사항을 표시·광고하는 경우 이 법에 따른 영업허가번호 또는 영업등록번호와 거래금액을 함께 표시할 것
> 6. 동물의 분뇨, 사체 등은 관계 법령에 따라 적정하게 처리할 것
> 7. 농림축산식품부령으로 정하는 영업장의 시설 및 인력 기준을 준수할 것
> 8. 제82조제2항에 따른 정기교육을 이수하고 그 종사자에게 교육을 실시할 것
> 9. 농림축산식품부령으로 정하는 바에 따라 동물의 취급 등에 관한 영업실적을 보고할 것
> 10. 등록대상동물의 등록 및 변경신고의무(등록·변경신고방법 및 위반 시 처벌에 관한 사항 등을 포함한다)를 고지할 것
> 11. 다른 사람의 영업명의를 도용하거나 대여받지 아니하고, 다른 사람에게 자기의 영업명의 또는 상호를 사용하도록 하지 아니할 것

동물보호법은 반려동물과 관련된 영업자에게 반려동물의 복지 및 건강을 관리할 의무를 부과하고 있으며, 법령에 따라 시설과 인력의 기준을 준수할 것을 요구하고 있다. 업종에 따른 공통 준수사항과 개별준수사항은 동물보호법 시행규칙 별표12 영업자의 준수사항을 참고하라.

06 동물보호법 벌칙

동물보호법의 목적에 따라 위반사항에 대해서는 벌칙과 과태료가 부과될 수 있다. 그 상세한 규정은 아래와 같다.

(1) 벌칙규정

> **동물보호법**
>
> 제8장 벌칙
>
> 제97조(벌칙) ① 다음 각 호의 어느 하나에 해당하는 자는 3년 이하의 징역 또는 3천만원 이하의 벌금에 처한다.
> 1. 제10조제1항 각 호의 어느 하나를 위반한 자
> 2. 제10조제3항제2호 또는 같은 조 제4항제3호를 위반한 자
> 3. 제16조제1항 또는 같은 조 제2항제1호를 위반하여 사람을 사망에 이르게 한 자
> 4. 제21조제1항 각 호를 위반하여 사람을 사망에 이르게 한 자
>
> ② 다음 각 호의 어느 하나에 해당하는 자는 2년 이하의 징역 또는 2천만원 이하의 벌금에 처한다.
> 1. 제10조제2항 또는 같은 조 제3항제1호·제3호·제4호의 어느 하나를 위반한 자
> 2. 제10조제4항제1호를 위반하여 맹견을 유기한 소유자등
> 3. 제10조제4항제2호를 위반한 소유자등
> 4. 제16조제1항 또는 같은 조 제2항제1호를 위반하여 사람의 신체를 상해에 이르게 한 자
> 5. 제21조제1항 각 호의 어느 하나를 위반하여 사람의 신체를 상해에 이르게 한 자
> 6. 제67조제1항제1호를 위반하여 거짓이나 그 밖의 부정한 방법으로 인증농장 인증을 받은 자
> 7. 제67조제1항제2호를 위반하여 인증을 받지 아니한 축산농장을 인증농장으로 표시한 자
> 8. 제67조제1항제3호를 위반하여 거짓이나 그 밖의 부정한 방법으로 인증심사·재심사 및 인증갱신을 하거나 받을 수 있도록 도와주는 행위를 한 자
> 9. 제69조제1항 또는 같은 조 제4항을 위반하여 허가 또는 변경허가를 받지 아니하고 영업을 한 자
> 10. 거짓이나 그 밖의 부정한 방법으로 제69조제1항에 따른 허가 또는 같은 조 제4항에 따른 변경허가를 받은 자
> 11. 제70조제1항을 위반하여 맹견취급허가 또는 변경허가를 받지 아니하고 맹견을 취급하는 영업을 한 자
> 12. 거짓이나 그 밖의 부정한 방법으로 제70조제1항에 따른 맹견취급허가 또는 변경허가를 받은 자

13. 제72조를 위반하여 설치가 금지된 곳에 동물장묘시설을 설치한 자
14. 제85조제1항에 따른 영업장 폐쇄조치를 위반하여 영업을 계속한 자

③ 다음 각 호의 어느 하나에 해당하는 자는 1년 이하의 징역 또는 1천만원 이하의 벌금에 처한다. 〈개정 2023. 3. 14., 2023. 6. 20.〉

1. 제18조제1항을 위반하여 맹견사육허가를 받지 아니한 자
2. 제33조제1항을 위반하여 반려동물행동지도사의 명칭을 사용한 자
3. 제33조제2항을 위반하여 다른 사람에게 반려동물행동지도사의 명의를 사용하게 하거나 그 자격증을 대여한 자 또는 반려동물행동지도사의 명의를 사용하거나 그 자격증을 대여받은 자
4. 제33조제3항을 위반한 자
5. 제73조제1항 또는 같은 조 제4항을 위반하여 등록 또는 변경등록을 하지 아니하고 영업을 한 자
6. 거짓이나 그 밖의 부정한 방법으로 제73조제1항에 따른 등록 또는 같은 조 제4항에 따른 변경등록을 한 자
7. 제78조제1항제11호를 위반하여 다른 사람의 영업명의를 도용하거나 대여받은 자 또는 다른 사람에게 자기의 영업명이나 상호를 사용하게 한 영업자
7의2. 제78조제5항제3호를 위반하여 자신의 영업장에 있는 동물장묘시설을 다른 자에게 대여한 영업자
8. 제83조를 위반하여 영업정지 기간에 영업을 한 자
9. 제87조제3항을 위반하여 설치 목적과 다른 목적으로 고정형 영상정보처리기기를 임의로 조작하거나 다른 곳을 비춘 자 또는 녹음기능을 사용한 자
10. 제87조제4항을 위반하여 영상기록을 목적 외의 용도로 다른 사람에게 제공한 자

    벌칙과 관련된 대표적인 사항에 대해서는 반려동물을 관리하는 전문가로서 알아두는 것이 좋다. 동물보호법은 동물을 보호하고 관리하기 위해 제정되었으므로 동물을 학대하는 행위 등에 대한 벌칙과 양벌규정을 가지고 있다.

    대표적인 사항으로는 10조의 학대금지의 규정을 어기고 '잔인한 방법으로 죽음에 이르게 하는 행위', '노상 등 공개된 장소에서 죽이거나 같은 종류의 다른 동물이 보는 앞에서 죽음에 이르게 하는 행위', '동물의 습성 및 생태환경 등 부득이한 사유가 없음에도 불구하고 해당 동물을 다른 동물의 먹이로 사용하는 행위', '그 밖의 사람의 생명 신체에 대한 직접적인 위협이나 재산상의 피해 방지 등 농림축산식품부령으로 정하는 정당한 사유 없이 동물을 죽음에 이르게 하는 행위', 16조의 '농림축산식품부령으로 정하는 기준에 맞는 목줄 착용 등 사람 또는 동물에 대한 위해를 예방하기 위한 안전조치를 할 것'을 위반하여 사람이라 동물이 다친 경우, 20조의 맹견 관리에 대한 규정을 준수하지 않아 사람이나 동물에게 위해를 가한 경우 "3년 이하의 징역 또는 3천만원 이하의 벌금"에 처해질 수 있다. 동물학대 행위 및 반려견으로 인한 상해·사망 사고의 발생 시 처벌의 규정이 엄격해지는

추세에 있다. 행위에 따라 '2년 이하 징역 또는 2천만원 이하의 벌금', '1년 이하의 징역 또는 1천만원 이하의 벌금' 등 다양한 위반행위에 대한 규정을 가지고 있다.

양벌규정은 영업을 하는 법인의 대표자나 개인, 사용인, 종업원 등이 법인이나 개인의 업무에 관하여 위반 행위를 하는 경우 행위자를 벌하는 것과 동시에 해당 법인이나 개인에게 벌금형을 과금한다는 내용을 담고 있다. 단, 해당 법인이나 개인이 위반행위를 방지하기 위하여 상당한 주의와 감독을 게을리하지 아니한 경우에는 해당하지 않는다.

(2) 과태료 규정

> **동물보호법**
>
> 제101조(과태료) ① 다음 각 호의 어느 하나에 해당하는 자에게는 500만원 이하의 과태료를 부과한다.
> 1. 제51조제1항을 위반하여 윤리위원회를 설치·운영하지 아니한 동물실험시행기관의 장
> 2. 제51조제3항을 위반하여 윤리위원회의 심의를 거치지 아니하고 동물실험을 한 동물실험시행기관의 장
> 3. 제51조제4항을 위반하여 윤리위원회의 변경심의를 거치지 아니하고 동물실험을 한 동물실험시행기관의 장(제52조제3항에서 준용하는 경우를 포함한다)
> 4. 제55조제1항을 위반하여 심의 후 감독을 요청하지 아니한 경우 해당 동물실험시행기관의 장(제52조제3항에서 준용하는 경우를 포함한다)
> 5. 제55조제3항을 위반하여 정당한 사유 없이 실험 중지 요구를 따르지 아니하고 동물실험을 한 동물실험시행기관의 장(제52조제3항에서 준용하는 경우를 포함한다)
> 6. 제55조제4항을 위반하여 윤리위원회의 심의 또는 변경심의를 받지 아니하고 동물실험을 재개한 동물실험시행기관의 장(제52조제3항에서 준용하는 경우를 포함한다)
> 7. 제58조제2항을 위반하여 개선명령을 이행하지 아니한 동물실험시행기관의 장
> 8. 제67조제1항제4호가목을 위반하여 동물복지축산물 표시를 한 자
> 9. 제78조제1항제7호를 위반하여 영업별 시설 및 인력 기준을 준수하지 아니한 영업자
>
> ② 다음 각 호의 어느 하나에 해당하는 자에게는 300만원 이하의 과태료를 부과한다.
> 1. 제17조제1항을 위반하여 맹견수입신고를 하지 아니한 자
> 2. 제21조제1항 각 호를 위반한 맹견의 소유자등
> 3. 제21조제3항을 위반하여 맹견의 안전한 사육 및 관리에 관한 교육을 받지 아니한 자
> 4. 제22조를 위반하여 맹견을 출입하게 한 소유자등
> 5. 제23조제1항을 위반하여 보험에 가입하지 아니한 소유자
> 6. 제24조제5항에 따른 교육이수명령 또는 개의 훈련 명령에 따르지 아니한 소유자
> 7. 제37조제4항을 위반하여 시설 및 운영 기준 등을 준수하지 아니하거나 시설정비 등의 사후 관리를 하지 아니한 자

8. 제37조제5항에 따른 신고를 하지 아니하고 보호시설의 운영을 중단하거나 보호시설을 폐쇄한 자
9. 제38조제1항에 따른 중지명령이나 시정명령을 3회 이상 반복하여 이행하지 아니한 자
10. 제48조제1항을 위반하여 전임수의사를 두지 아니한 동물실험시행기관의 장
11. 제67조제1항제4호나목 또는 다목을 위반하여 동물복지축산물 표시를 한 자
12. 제70조제3항을 위반하여 맹견 취급의 사실을 신고하지 아니한 영업자
13. 제76조제1항을 위반하여 휴업·폐업 또는 재개업의 신고를 하지 아니한 영업자
14. 제76조제2항을 위반하여 동물처리계획서를 제출하지 아니하거나 같은 조 제3항에 따른 처리결과를 보고하지 아니한 영업자
15. 제78조제1항제3호를 위반하여 노화나 질병이 있는 동물을 유기하거나 폐기할 목적으로 거래한 영업자
16. 제78조제1항제4호를 위반하여 동물의 번식, 반입·반출 등의 기록, 관리 및 보관을 하지 아니한 영업자
17. 제78조제1항제5호를 위반하여 영업허가번호 또는 영업등록번호를 명시하지 아니하고 거래금액을 표시한 영업자
18. 제78조제3항제1호를 위반하여 수입신고를 하지 아니하거나 거짓이나 그 밖의 부정한 방법으로 수입신고를 한 영업자

③ 다음 각 호의 어느 하나에 해당하는 자에게는 100만원 이하의 과태료를 부과한다.
1. 제11조제1항제4호 또는 제5호를 위반하여 동물을 운송한 자
2. 제11조제1항을 위반하여 제69조제1항의 동물을 운송한 자
3. 제12조를 위반하여 반려동물을 전달한 자
4. 제15조제1항을 위반하여 등록대상동물을 등록하지 아니한 소유자
5. 제27조제4항을 위반하여 정당한 사유 없이 출석, 자료제출요구 또는 기질평가와 관련한 조사를 거부한 자
6. 제36조제6항에 따라 준용되는 제35조제5항을 위반하여 교육을 받지 아니한 동물보호센터의 장 및 그 종사자
7. 제37조제2항에 따른 변경신고를 하지 아니하거나 같은 조 제5항에 따른 운영재개신고를 하지 아니한 자
8. 제50조를 위반하여 미성년자에게 동물 해부실습을 하게 한 자
9. 제57조제1항을 위반하여 교육을 이수하지 아니한 윤리위원회의 위원
10. 정당한 사유 없이 제66조제3항에 따른 조사를 거부·방해하거나 기피한 자
11. 제68조제2항을 위반하여 인증을 받은 자의 지위를 승계하고 그 사실을 신고하지 아니한 자
12. 제69조제4항 단서 또는 제73조제4항 단서를 위반하여 경미한 사항의 변경을 신고하지 아니한 영업자

13. 제75조제3항을 위반하여 영업자의 지위를 승계하고 그 사실을 신고하지 아니한 자
14. 제78조제1항제8호를 위반하여 종사자에게 교육을 실시하지 아니한 영업자
15. 제78조제1항제9호를 위반하여 영업실적을 보고하지 아니한 영업자
16. 제78조제1항제10호를 위반하여 등록대상동물의 등록 및 변경신고의무를 고지하지 아니한 영업자
17. 제78조제3항제2호를 위반하여 신고한 사항과 다른 용도로 동물을 사용한 영업자
18. 제78조제5항제2호를 위반하여 등록대상동물의 사체를 처리한 후 신고하지 아니한 영업자
19. 제78조제6항에 따라 동물의 보호와 공중위생상의 위해 방지를 위하여 농림축산식품부령으로 정하는 준수사항을 지키지 아니한 영업자
20. 제79조를 위반하여 등록대상동물의 등록을 신청하지 아니하고 판매한 영업자
21. 제82조제2항 또는 제3항을 위반하여 교육을 받지 아니하고 영업을 한 영업자
22. 제86조제1항제1호에 따른 자료제출 요구에 응하지 아니하거나 거짓 자료를 제출한 동물의 소유자등
23. 제86조제1항제2호에 따른 출입·검사를 거부·방해 또는 기피한 동물의 소유자등
24. 제86조제2항에 따른 보고·자료제출을 하지 아니하거나 거짓으로 보고·자료제출을 한 자 또는 같은 항에 따른 출입·조사·검사를 거부·방해·기피한 자
25. 제86조제1항제3호 또는 같은 조 제7항에 따른 시정명령 등의 조치에 따르지 아니한 자
26. 제88조제4항을 위반하여 동물보호관의 직무 수행을 거부·방해 또는 기피한 자

④ 다음 각 호의 어느 하나에 해당하는 자에게는 50만원 이하의 과태료를 부과한다.
1. 제15조제2항을 위반하여 정해진 기간 내에 신고를 하지 아니한 소유자
2. 제15조제3항을 위반하여 소유권을 이전받은 날부터 30일 이내에 신고를 하지 아니한 자
3. 제16조제1항을 위반하여 소유자등 없이 등록대상동물을 기르는 곳에서 벗어나게 한 소유자등
4. 제16조제2항제1호에 따른 안전조치를 하지 아니한 소유자등
5. 제16조제2항제2호를 위반하여 인식표를 부착하지 아니한 소유자등
6. 제16조제2항제3호를 위반하여 배설물을 수거하지 아니한 소유자등
7. 제94조제2항을 위반하여 정당한 사유 없이 자료 및 정보의 제공을 하지 아니한 자

⑤ 제1항부터 제4항까지의 과태료는 대통령령으로 정하는 바에 따라 농림축산식품부장관, 시·도지사 또는 시장·군수·구청장이 부과·징수한다.

과태료는 행정법에서 일정한 의무를 이행하지 않는 경우 혹은 가벼운 벌칙을 위반한 사람에게 국가가 일정한 금액을 부과하여 납부하도록 하는 벌이다. 벌금 및 과료와는 다르게 형법상의 형벌이 아니기 때문에 전과로 기록되지 않으며, 경미한 위반이므로 재판을 거치지 않고 납부하도록 한다. 그러나 동물보호법의 입법 취지에 따라 같은 위반 행동을 반복하게 되면, 과태료의 금액이 증가할 수 있다.

대표적인 규정으로는 등록대상 동물을 지정된 기간 내에 등록하지 않은 경우, 반려동물의 배설물을 수거하지 않은 경우, 맹견에게 안전장치를 하지 않은 경우, 보호자가 맹견 사육에 관한 교육을 받지 않은 경우, 맹견의 출입이 금지된 장소에 출입한 경우, 맹견에 대한 종합보험에 가입하지 않은 경우 등이 과태료 처분 대상에 해당한다.

07 다른 나라의 동물보호법 사례

(1) 미국

미국 워싱턴DC에서는 강추위나 혹한, 악천후에 반려동물을 방치해서는 안 되며 적절한 피난처를 제공해야 한다. 이를 어길 시에는 500달러의 벌금을 부과한다. 그리고 캘리포니아주는 동물을 기를 때 영구적으로 묶어두는 것을 금지하고 있다. 이를 위반할 시 최대 1,000달러 이하의 벌금과 6개월 이하의 징역형에 처할 수 있다.

미국 33개 주는 '날씨로부터의 보호'를 보호자의 관리 의무로 규정하고 있다. 미국은 '영하 0도 이하 또는 32도 이상', '기상경보, 주의보 발령시' 등 혹한, 혹서, 악천후 등 악조건에서 보호조치 없이 동물을 야외에 방치하는 행위를 금지하고 있다.

또한 미국 정부는 '퍼피밀'이라고 하는 강아지 공장을 없애기 위하여 반려동물 생산업을 신고제에서 허가제로 바꾸었다. 이에 따라 퍼피밀 등 공장식 사육시설이 거의 소멸하였으며 열악한 환경에서 강아지 사육을 하는 농장은 법에 의해 처벌을 받게 되었다.

(2) 호주

호주 빅토리아주는 '동물학대방지법(the Prevention of Cruelty to Animal Act, 1986)'을 통해 동물을 강제로 가둬놓거나, 그 동물에게 적절하고 충분한 먹이와 쉼터를 제공하지 않는 행위를 동물학대로 명시하고 있다. 이를 위반할 시 250점 이하의 벌점 또는 12개월 이하의 징역에 처해진다.

(3) 독일

독일의 동물보호법 1조 1항에는 '동물과 인간은 이 세상의 동등한 창조물이다'라고 명시되어 있다. 또한 독일은 반려동물의 상업적 판매가 금지돼 있고, 반려동물을 입양하려면 주거 환경이나 가족 구성원 등 엄격한 자격 심사를 통과해야 한다. 그리고 반려동물은 반드시 유기동물 보호소를 통해서만 입양할 수 있어 독일의 유기동물 입양 비율은 90% 이상이다. 유기동물안락사의 기준도 크게 높아 개선이 거의 힘든 질병의 경우를 제외하고는 안락사를 당하는 동물이 거의 없다.

(4) 노르웨이

노르웨이는 법률상 반려견을 하루에 3회 이상 산책시켜야 한다. 그리고 해당 법률 위반 사실을 목격한 이웃이 학대를 신고하지 않아도 처벌받을 수 있다.

(5) 한국의 실태

해외 국가와 비교한다면, 한국의 동물보호법은 아직 부족하다. 한국의 동물보호법은 동물의 학대행위 금지와 맹견 관리, 등록대상 동물관리에만 초점을 맞추고 있다. 해외에서 '진정한 동물 복지' 정신까지 동물보호법 등 법률에 담은 것과는 대조적이다.

열악한 환경에서 사육을 금지하고, 필수적으로 산책을 법제화하는 등 반려동물의 행복한 삶에 좀 더 초점을 맞출 필요가 있다. 또한 반려견 입양을 하는 보호자들에 대한 심사를 강화하는 것도 필요하리라 보인다. 왜냐하면 최근 반려동물을 유기하는 사례가 점점 증가하고 있기 때문이다.

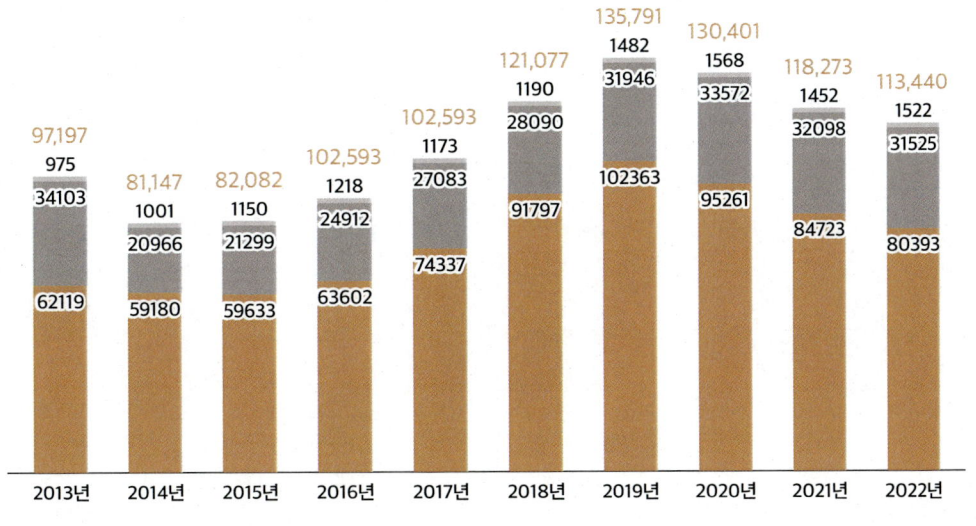

유기동물처리현황을 살펴보아도 안락사와 자연사가 입양율과 비교하여 현저히 압도적으로 많다. 이는 많은 반려인들이 유기동물 입양보다 동물생산 및 판매업자에게 반려동물을 입양하는 것을 선호한다는 방증이다. 유기동물 증가에도 불구하고 특별히 법적인 조치는 취해지지 않고 있기 때문에 향후 이에 대한 면밀한 연구와 대안이 필요할 것으로 보인다. 반려동물 수의 증가와 함께 유기동물의 수가 증가하고 안락사율이 함께 증가하는 것은 사회적인 낭비이며, 생명윤리의 측면에서 보아도 비도덕적이다. 따라서 이를 막기 위해서는 법률적인 조치가 시급해 보인다.

PART 4 반려동물 관련 법률 및 행정

II. 행정

01 반려동물 등록 절차

(1) 동물 등록 제도의 개념

A. 동물 등록이란?

　등록대상동물의 소유자는 동물의 보호와 유실·유기방지 등을 위하여 시장·군수·구청장(자치구의 구청장을 말함)·특별자치시장(이하 "시장·군수·구청장"이라 함)에게 등록대상동물을 등록해야 한다(규제 「동물보호법」 제15조제1항 본문).

B. 동물등록제의 효과

　농림축산식품부령으로 정하는 기준에 맞는 목줄 착용 등 사람 또는 동물에 대한 위해를 예방하기 위한 안전조치를 하는 것으로 등록대상동물의 이름, 소유자의 연락처, 그 밖에 농림축산식품부령으로 정하는 사항을 표시한 인식표를 등록대상동물에게 부착해야 한다. 이러한 조치를 통해 반려동물을 잃어버린 경우나 혹은 보호자에게 버려진 경우 동물등록번호를 통해 소유자를 쉽게 확인할 수 있다.

01.소유자	02.대행기관	03.시군구청
반려동물 등록 신청 2개월령 이상 개	무선식별장치 체내 삽입, 외장형 무선식별장치 대행기관에서 등록신청서 작성 (동물등록방법 중 택1)	동물등록증 발급 등록내용 : 등록번호, 소유자인적사항

(2) 동물등록 대상

A. 동물등록 대상

　동물등록을 해야 하는 동물은 동물의 보호, 유실·유기 방지, 질병의 관리, 공중위생상의 위해 방지 등을 위하여 등록이 필요하다고 인정하는 다음의 어느 하나에 해당하는 월령(月齡) 2개월 이상인 개를 말한다(「동물보호법」 제2조제8호 및 「동물보호법 시행령」 제4조).

① 주택·준주택에서 기르는 개
② 주택·준주택 외의 장소에서 반려(伴侶) 목적으로 기르는 개

※ '주택'이란 세대(世帶)의 구성원이 장기간 독립된 주거생활을 할 수 있는 구조로 된 건축물의 전부 또는 일부 및 부속토지를 말하며, 단독주택과 공동주택으로 구분한다(「주택법」 제2조제1호).

※ '준주택'이란 주택 외의 건축물과 그 부속토지로서 주거시설로 이용가능한 시설 등을 말하며, 그 종류와 범위는 다음과 같다(「주택법」 제2조제4호 및 「주택법 시행령」 제4조).
- 기숙사
- 다중생활시설
- 노인복지시설 중 노인복지주택
- 오피스텔

※ 등록대상동물을 등록하려는 경우에는 해당 동물의 소유권을 취득한 날 또는 소유한 동물이 등록대상 월령이 된 날부터 30일 이내에 동물등록 신청을 해야 한다(「동물보호법 시행령」 제10조 제1항).

> **생활법령 Q&A**
>
> **맹견과의 산책**
>
> **Q 고양이는 동물등록을 할 수 없나요?**
>
> **A** 「동물보호법」 상 고양이는 동물등록대상이 아니다. 단, 농림축산식품부는 2018년 1월 15일부터 고양이 동물등록 시범사업을 실시하고 있다. 고양이 동물등록 시범사업을 실시하는 지방자치단체는 2018년 8월 현재 서울(도봉구, 동대문구, 중구), 광주(북구), 인천(동구), 세종, 경기(안산, 용인, 평택), 강원(원주, 속초), 전북(김제, 남원, 정읍), 전남(나주, 구례), 경북(경주, 포항), 경남(하동), 충남(천안, 공주, 보령, 아산, 예산, 태안), 제주(제주, 서귀포) 총 27개다. 소유주의 주민등록 주소지가 고양이 동물등록 시범사업 참여 지방자치단체인 경우 월령에 관계없이 고양이도 동물등록이 가능하다. 다만, 고양이의 특성상 내장형 무선식별장치(마이크로칩)로만 등록이 가능하며, 수수료는 1만원이다.

B. 동물등록 예외 지역

등록대상동물이 맹견이 아닌 경우로서 다음과 같은 지역에서는 시·도의 조례로 동물을 등록하지 않을 수 있는 지역으로 정할 수 있다(규제 「동물보호법」 제15조제1항 단서 및 규제 「동물보호법 시행규칙」 제9조).

① 도서[도서, 제주특별자치도 본도(本島) 및 방파제 또는 교량 등으로 육지와 연결된 도서는 제외함]
② 동물등록 업무를 대행하게 할 수 있는 사람이 없는 읍·면

C. 동물등록을 하지 않으면?

반려동물 등록을 하지 않은 소유자는 100만원 이하의 과태료를 부과받는다(규제 「동물보호법」 제101조(과태료)).

(3) 동물등록 방법

반려견과 함께 동물병원 등 대행업체(특별자치시장·특별자치도지사·시장·군수·구청장이 지정하는 동물등록대행자를 말함)를 방문하여 신청서 작성 후 수수료를 납부하고 내장형 무선식별장치 개별삽입과 외장형 무선식별장치 부착 동물등록 방법 중 하나를 선택하여 등록하면 된다(규제 「동물보호법」 제15조제4항, 「동물보호법 시행령」 제10조제3항, 제12조제1항 및 별표 1 제3호 참조). 동물등록대행 과정에서 등록대상동물의 체내에 무선식별장치를 삽입하는 등 외과적 시술이 필요한 행위는 수의사에 의해 시행되어야 한다(규제 「동물보호법 시행령」 제12조제2항 참조).

■ 동물보호법 시행규칙 [별지 제1호서식]

동물등록 신청서

※ 바탕색이 어두운 난은 신청인이 작성하지 않습니다. 뒷면의 신청서 작성 유의사항을 참고하여 작성하십시오.
(앞쪽)

접수번호	접수일시	처리일	처리기간 10일

신청인	성명(법인명)		주민등록번호 (외국인등록번호, 법인등록번호)		전화번호	
	주소(법인인 경우에는 주된 사무소의 소재지) ※ 현재 거주지가 주소와 다를 경우 현재 거주지 주소를 함께 기재합니다.					

동물관리자 (신청인이 법인인 경우)	성명	직위	전화번호	관리장소(주소)

동물	동물등록번호								
	이름	품종	털색	성별		중성화		출생일	특이사항
				암	수	여	부		

「동물보호법」 제15조제1항 및 같은 법 시행령 제10조제1항에 따라 위와 같이 동물등록을 신청합니다.

년 월 일

신청인 (서명 또는 인)

특별자치시장 · 특별자치도지사 · 시장 · 군수 · 구청장 귀하

첨부서류	없음	수수료 1. 무선식별장치 체내삽입: 1만원 2. 무선식별장치 체외부착: 3천원
담당 공무원 확인사항	1. 개인의 경우: 주민등록표 초본 또는 외국인등록사실증명서 2. 법인의 경우: 법인 등기사항증명서	

210mm×297mm[백상지(80g/㎡) 또는 중질지(80g/㎡)]

(뒤쪽)

행정정보 공동이용 동의서

본인은 이 건 업무처리와 관련하여 「전자정부법」 제36조제1항에 따른 행정정보의 공동이용을 통하여 담당 공무원이 위 담당 공무원 확인사항을 확인하는 것에 동의합니다.
* 동의하지 않는 경우에는 주민등록표 초본 또는 외국인등록사실증명서를 제출해야 합니다.

신청인   (서명 또는 인)

[동의]
1. 동물등록 업무처리를 목적으로 위 신청인의 정보와 신청내용을 등록 유효기간 동안 수집·이용하는 것에 동의합니다.
신청인 (서명 또는 인)

2. 유기·유실동물의 반환 등의 목적으로 등록동물의 소유자의 정보와 등록내용을 활용할 수 있도록 농림축산식품부 및 해당 지방자치단체 등에 제공하는 것에 동의합니다.

신청인 (서명 또는 인)

유의사항

1. 법 제15조제1항에 따라 등록된 등록대상동물(이하 "등록동물"이라 합니다)의 소유자는 등록동물을 잃어버린 경우에는 잃어버린 날부터 10일 이내에, 다음 각 목의 어느 하나에 해당하는 경우에는 변경사유 발생일부터 30일 이내에 변경신고를 해야 합니다.
가. 소유자가 변경되거나 소유자의 성명(법인인 경우에는 법인명을 말합니다)이 변경된 경우
나. 소유자의 주민등록번호(외국인의 경우에는 외국인등록번호, 법인인 경우에는 법인 등록번호를 말합니다)가 변경된 경우
다. 소유자의 주소 또는 전화번호(법인인 경우에는 주된 사무소의 소재지 또는 전화번호를 말합니다)가 변경된 경우
라. 등록동물을 잃어버려 법 제15조제2항제1호에 따른 분실신고를 한 후, 그 동물을 다시 찾은 경우
마. 등록동물을 더 이상 국내에서 기르지 않게 된 경우
바. 등록동물이 죽은 경우
사. 무선식별장치를 잃어버리거나 헐어 못 쓰게 된 경우
2. 소유자의 주소가 변경된 경우, 전입신고를 하면 변경신고가 된 것으로 봅니다.
3. 등록동물의 소유자는 「동물보호법 시행령」 제11조제5항에 따라 등록동물을 잃어버린 경우, 소유자의 주소나 전화번호가 변경된 경우, 등록동물이 죽은 경우 또는 등록동물 분실신고 후 그 동물을 다시 찾은 경우 등에 대하여 동물정보시스템(www.animal.go.kr)을 통해 변경신고를 할 수 있습니다.

처리절차

(앞쪽)

동물등록증

동물의 정보
동물등록번호:
이름: 동물종:
성별: 암/수 중성화: O/X
출생일: 털색깔:
최초등록일: 최종변경일:

소유자 정보
성명(법인명): 전화번호:

「동물보호법」제15조제1항, 같은 법 시행령 제10조제3항 및
제11조제3항에 따라 위와 같이 등록하였을 증명합니다.

년 월 일

특별자치시장 · 특별자치도지사 · 시장 · 군수 · 구청장 직인

(뒤쪽)

동물관리자(법인의 경우)
성명: 직위: 전화번호:

특이사항:

* 등록동물을 잃어버리거나 등록동물이 죽은 경우, 소유자의 정보가 변경된 경우 등에 대하여 특별자치시장 · 특별자치도지사 · 시장 · 군수 · 구청장에게 신고해야 합니다.

비고: 동물등록증의 재질과 규격은 지방자치단체의 여건을 고려하여 변경할 수 있습니다.

(4) 동물등록 신청기관

동물등록을 대행할 수 있는 자는 다음에 해당하는 자 중에서 특별자치시장·특별자치도지사·시장·군수·구청장이 지정합니다(규제「동물보호법」제15조제4항 및 규제「동물보호법 시행령」제12조제1항 참조).

A. 「수의사법」에 따라 동물병원을 개설한 자
B. 「비영리민간단체 지원법」에 따라 등록된 비영리민간단체 중 동물보호를 목적으로 하는 단체

C. 「민법」에 따라 설립된 법인 중 동물보호를 목적으로 하는 법인
D. 「동물보호법」에 따라 동물보호센터로 지정받은 자
E. 「동물보호법」에 따라 신고한 민간동물보호시설을 운영하는 자
F. 「동물보호법」에 따라 허가를 받은 동물판매업자

생활법령 Q&A

동물등록신청 지역

Q 주민등록상 거주지역이 아닌 곳의 시·군·구청에서도 동물등록신청을 할 수 있나요?

A 관할 시·군·구청(대행업체)에 동물등록을 신청하도록 하고 있으나, 국민의 편의를 위하여 타 지역 거주민이 신청을 하는 경우에도 신청을 받은 시·군·구청에서 동물등록을 처리하고 동물등록증을 발급하고 있다.

---

(5) 동물등록 방법 및 수수료

동물등록 방법과 수수료는 다음과 같다(「동물보호법 시행규칙」 제56조 전단 및 별표 14).

구분	등록방법	수수료
신규 신고	내장형 무선식별장치 삽입	1만원 (무선식별장치는 소유자가 직접 구매하거나 지참)
	외장형 무선식별장치 부착	3천원 (무선식별장치 또는 등록인식표는 소유자가 직접 구매하거나 지참)
	등록인식표 부착	
변경 신고	소유자가 변경된 경우	무료
	소유자의 주소, 전화번호가 변경된 경우	
	등록대상동물을 잃어버리거나 죽은 경우	
	등록대상동물 분실신고 후 다시 찾은 경우	

수수료는 정부수입인지, 해당 지방자치단체의 수입증지, 현금, 계좌이체, 신용카드, 직불카드 또는 정보통신망을 이용한 전자화폐·전자결제 등의 방법으로 내야 한다(「동물보호법 시행규칙」 제56조 후단).

시장·군수·구청장은 필요한 경우 관할 지역 내에 있는 모든 동물등록 대행자에 대하여 해당 동물등록대행자가 판매하는 무선식별장치의 제품명과 판매가격을 동물보호관리시스템에 게재하게 하

고 해당 영업소 안의 보기 쉬운 곳에 게시하도록 할 수 있다.

> ### ※ 반려견 등록 절차
>
> - 최초 등록 시에는 동물등록 무선식별장치를 장착하기 위해 반드시 1.등록대상동물과 동반하여 2.방문신청 해야 한다.
> - 지방자치단체의 조례에 따라 대행업체를 통해서만 등록이 가능한 지역이 있으니 시·군·구청에서 등록을 원할 경우 가능 여부를 사전에 확인해야 한다. 등록신청인이 직접 방문하지 않고 대리인이 신청할 때는 위임장, 신분증 사본 등이 필요할 수 있기 때문에 등록기관에 사전 문의하여 필요 서류를 확인해야 한다.
>
> [등록대행업체(지정 동물병원, 동물보호센터)에서 등록할 경우]
>
> **무선식별장치가 장착되어 있는 경우**
>
> 무선식별장치 장착확인 > 동물등록신청서 등 작성 및 제출/수수료 납부 (내장 만원, 외장 3천원) > 검토 및 등록사항 기록 등 > 시군구청 등록 승인 후 등록증 수령
>
> **무선식별장치가 없는 경우**
>
> 무선식별장치 장착 *식별장치 비용 및 시술비(내장형) 발생 > 동물등록신청서 등 작성 및 제출/ 수수료 납부 (내장 만원, 외장 3천원) > 검토 및 등록사항 기록 등 > 시군구청 등록 승인 후 등록증 수령
>
> [시·군·구청에 방문하여 등록할 경우]
>
> 무선식별장치 장착확인 > 동물등록신청서 등 작성 및 제출/ 수수료 납부 (내장 만원, 외장 3천원) > 검토 및 등록사항 기록 등 > 등록증 수령
>
> [국가동물보호정보시스템(www.animal.go.kr)-동물등록참조]

(6) 반려동물등록 변경신고 및 재발급

A. 변경신고

① 잃어버린 경우
- 동물등록을 한 소유자는 반려견을 잃어버린 경우에는 잃어버린 날부터 10일 이내에 특별자치시장·특별자치도지사·시장·군수·구청장에게 신고해야 한다(규제 「동물보호법」 제15조제2항제1호).
- 이를 위반하여 정해진 기간 내에 신고하지 않은 경우에는 50만원 이하의 과태료가 된다(「동물보호법」 제101조제4항제1호).

② 관련 법령에서 정하는 사항이 변경된 경우
- 동물등록을 한 소유자는 반려견에 대해 다음의 어느 하나에 해당하는 사유가 발생하면 발생일부터 30일 이내에 특별자치시장·특별자치도지사·시장·군수·구청장에게 신고해야 한다(규제 「동물보호법」 제15조제제2항제2호 및 규제 「동물보호법 시행령」 제11조제1항).
  » 소유자가 변경된 경우
  » 소유자의 성명(법인인 경우에는 법인명을 말함)이 변경된 경우
  » 소유자의 주민등록번호(외국인의 경우에는 외국인등록번호를 말하고, 법인인 경우에는 법인등록번호를 말함)가 변경된 경우
  » 소유자의 주소(법인인 경우에는 주된 사무소의 소재지를 말함)가 변경된 경우
  » 소유자의 전화번호(법인인 경우에는 주된 사무소의 전화번호를 말함)가 변경된 경우
  » 등록된 등록대상동물의 분실신고를 한 후 그 동물을 다시 찾은 경우
  » 등록된 등록대상동물을 더 이상 국내에서 기르지 않게 된 경우
  » 등록된 등록대상동물이 죽은 경우
  » 무선식별장치를 잃어버리거나 헐어 못 쓰게 된 경우
- 이를 위반하여 정해진 기간 내에 신고하지 않은 경우에는 50만원 이하의 과태료가 부과된다(「동물보호법」 제101조제4항제1호

③ 동물등록번호 새로 부여받기
- 동물등록 변경신고로 인해 동물등록정보가 변경되면 동물등록번호도 새롭게 부여되며, 이에 따라 무선전자개체식별장치를 다시 장착하게 한다[「동물등록번호 체계 관리 및 운영 규정」 (농림축산검역본부 고시 제2021-5호, 2021. 1. 27. 발령, 2021. 2. 12. 시행) 제4조제1항].

④ 동물등록 변경신고를 하지 않으면?
- 동물등록을 한 반려동물 소유자가 ⓐ소유자가 변경되거나 소유자의 성명(법인인 경우 법인 명칭을 말함)이 변경된 경우, ⓑ소유자의 주소나 전화번호(법인이 경우 주된 사무소의 소재지와 전화번호를 말함)가 변경된 경우, ⓒ등록대상동물이 죽은 경우, ⓓ등록대상동물 분실 신고 후,

그 동물을 다시 찾은 경우, ⓒ무선식별장치를 잃어버리거나 헐어 못 쓰게 되는 경우 정해진 기간 내에 변경신고를 하지 않으면 50만원 이하의 과태료를 부과받는다(「동물보호법」 제101조 과태료).

⑤ 동물등록증 재발급 사유
- 동물등록증을 잃어버리거나 헐어 못 쓰게 되는 경우에는 재발급 신청서를 시장·군수·구청장에게 제출하여 동물등록증을 재발급받을 수 있다(규제 「동물보호법 시행규칙」 제10조 별지 4호서식).

⑥ 동물등록증 재발급에 필요한 서류
- 동물등록증을 재발급받기 위해서는 동물등록증 재발급 신청서 등을 갖추어서 신청해야 한다(규제 「동물보호법 시행규칙」 제10조 및 별지 제4호서식).

동물등록증 재발급 신청서

※ 바탕색이 어두운 난은 신청인이 기재하지 않으며, [ ]에는 해당되는 곳에 √ 표시를 합니다.

접수번호		접수일	처리일	처리기간 3일
신청인 (소유자)	성명(법인명)	주민등록번호 (외국인등록번호, 법인등록번호)		
동물관리자 (신청인이 법인인 경우)	성명	직위		전화번호
동물	이름	동물등록번호		
재발급사유	[ ] 분실·멸실 [ ] 훼손 [ ] 그 밖의 사유			
분실사유				

「동물보호법」 제15조제1항 및 같은 법 시행령 제10조제4항에 따라 위와 같이 동물등록증의 재발급을 신청합니다.

년 월 일

신청인 (서명 또는 인)

특별자치시장 · 특별자치도지사 · 시장 · 군수 · 구청장 귀하

첨부서류	없음	수수료
담당 공무원 확인사항	1. 개인의 경우: 주민등록표 초본 또는 외국인등록사실증명서 2. 법인의 경우: 법인 등기사항증명서	무료

행정정보 공동이용 동의서
본인은 이 건 업무처리와 관련하여 「전자정부법」 제36조제1항에 따른 행정정보의 공동이용을 통하여 담당 공무원이 위 담당 공무원 확인사항을 확인하는 것에 동의합니다. * 동의하지 않는 경우에는 주민등록표 초본 또는 외국인등록사실증명서를 제출해야 합니다. <div style="text-align:right">신청인　　　　(서명 또는 인)</div>

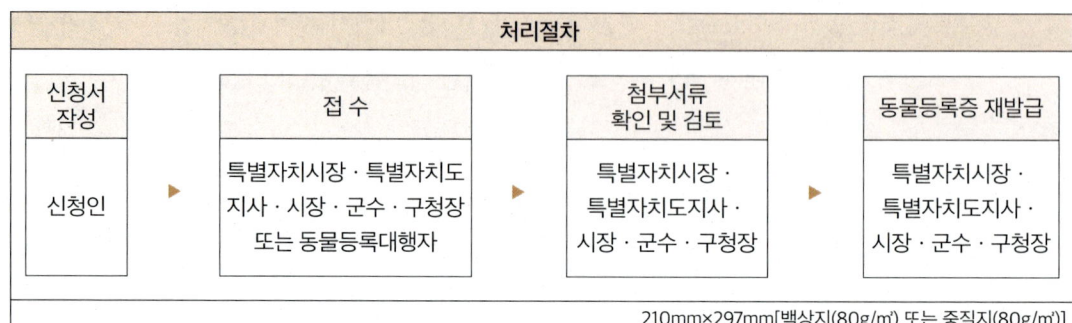

210mm×297mm[백상지(80g/㎡) 또는 중질지(80g/㎡)]

생활법령 Q&A

동물등록 변경신고

Q 키우던 개를 다른 사람에게 보냈습니다. 현재 동물등록이 되어 있는데, 주인이 바뀌면 동물등록을 새로 해야 하나요?

A 등록 반려동물의 소유자가 변경될 시 새소유자가 변경 사유 발생일로부터 30일 이내에 시장·군수·구청장·특별자치시장에게 신고해야 한다. 동물등록 변경신고를 하면 동물등록번호가 새롭게 부여되고, 이에 따라 무선전자개체식별장치(일명 "마이크로칩")를 다시 장착하게 된다.

02 동물 수출입 검역

(1) 동물검역의 정의

동물검역(Animal Quarantine)은 가축 및 기타 동물의 수출입시 질병 예방 등을 위해 공항이나 항만에서 실시하는 검역 절차다.

A. 동물검역의 확립

한국 동물검역은 1909년 일본에 한우(韓牛)를 반출하기 위하여, 한만(韓滿) 국경지대에 상재하고 있는 소의 악성전염병인 우역(牛疫)·우폐역(牛肺疫) 등의 일본 유출을 막기 위한 부산 수출우 검역소의 설립으로 시작되었고, 1961년 가축전염병예방법의 제정, 공포로 동물검역제도가 확립되었다.

B. 동물검역의 목표

동물 검역의 목표는 한국에서 아직 발생하지 않은 새로운 가축전염병의 유입을 방지하고, 이미 발생중이더라도 바이러스의 신규 유입을 방지하여 국내 발생률을 감소시켜서 가축전염병을 종식시키는 데 있다.

C. 동물검역의 필요성과 방향성

세계화로 상호 교역과 왕래가 확대되면서 가축전염병의 전파 가능성도 그만큼 높아지고 있다. 따라서 입출국 및 수출입 과정에서 전염병의 유입 가능성이 높아졌고, 동물 검역의 필요성도 높아지고 있다.

지정검역물을 국내에 들여오기 위해서는 수량이나 반입 목적(사유)등을 막론하고, 수출국 정부기관에서 발행한 검역증을 반드시 첨부해야 한다. 해당 동물이 가축전염병에 감염되지 않았으며 또 병원체를 전파할 우려가 없음이 증명되어야 한다. 경우에 따라서는 각종 추가 조건이 요구되기도 한다. 이런 검역 과정은 반드시 전파의 우려를 차단할 수 있는 지정된 장소에서만 이루어지며, 수출국의 가축전염병 발생 및 방역, 수송과정 등을 검토하게 된다.

이러한 조사와 검사결과에 따라 검역물의 개방·소독·살처분·소각 및 반송 등이 결정되며, 검사 합격으로 통관이 결정된 검역물은 세관 당국에 넘겨져서 내국물품 구실을 하게 된다.

(2) 지정 검역물

동물과 관련하여 수출입 검역 대상 물건은 동물과 그 사체, 뼈·살·가죽·알·털·발굽·뿔 등 동물의 생산물과 그 용기 또는 포장 및 그 밖에 가축 전염성 질병의 병원체를 퍼뜨릴 우려가 있는 사료, 사료원료, 기구, 건초, 깔짚, 그 밖에 이에 준하는 물건 중에서 다음에 해당하는 물건이다[규제 「가축전염병 예방법」 제31조, 규제 「가축전염병 예방법 시행규칙」 제31조제1항, 「지정검역물의 검역방법 및 기준」(농림축산검역본부고시 제2021-55호, 2021. 9. 30 발령·시행) 제3조 및 별표 1].

번호	구분	종류
1	우제류 동물	우제목:소과(육우,야크,산양,면양,영양 등),사슴과,기린과,낙타과(라마 포함), 하마과,멧돼지과(돼지 포함)
	기제류 동물	기제목:말과(당나귀,노새,버새 등), 코뿔소과 등
2	개·고양이	식육목:개과,고양이과 등
3	토끼	토끼목:토끼과(가토,야토 등)
4	닭·칠면조·오리·거위	닭목:꿩과(닭,메추리,꿩), 칠면조과 기러기목:오리과(거위,기러기,오리,고니 등)

번호	구분	종류
5	꿀벌	벌목:꿀벌과(꿀벌에 한함)
6	1.~4.에 따른 동물 외의 조류 및 포유류동물(고래 제외)	상기 이외의 포유동물(고래 제외), 가금 및 조류
7	1.~6.에 따른 동물의 정액·난자 및 수정란	
8	원유	
9	멸균처리 되지 않은 햄·소시지·베이컨 등 수육가공품, 난백·난분 등 알가공품 및 살균처리 되지 않은 유가공품	
10	가공처리 되지 않거나 멸균처리 되지 않은 1.~6.에 따른 동물의 사체·살·뼈·가죽·털·깃털·뿔·발굽·힘줄·내장·알·지방·피·혈분·뇌·골수·오물·추출물·육골분 및 우모분	
11	1.~10.에 따른 물건을 넣는 용기 또는 포장	
12	가축 전염성 질병의 병원체 및 이를 포함한 진단액류가 들어있는 물건	
13	가축 전염성 질병의 병원체를 퍼뜨릴 우려가 있는 것으로서 「사료·사료원료·기구·깔짚 그 밖에 이에 준하는 물건의 범위」(농림축산검역본부고시 제2022-24호, 2022. 8. 4. 발령·시행)에서 정하는 사료·사료원료·기구·건초·깔짚 그 밖에 이에 준하는 물건	사료·사료원료·건초 ① 섬유질사료: 자연 상태 그대로 또는 건조한 것, 단순 절단 또는 세절한 것으로 목초, 산야초, 나뭇잎, 고간류(귀리짚, 밀짚, 볏짚, 보릿짚, 수수대, 옥수수대 등), 사료용 근채류, 풋베기사료작물(새싹보리, 수단그라스, 자운영, 청예갈대, 청예밀, 청예보리, 청예벼, 청예수수, 청예옥수수, 청예유채, 청예피, 청예호밀 등), 옥수수 속대 ② 섬유질 가공사료: 분쇄한 것, 펠렛, 큐브 및 그와 같은 모양의 것으로 섬유질 사료를 분쇄, 가열 등의 물리적 또는 화학적으로 처리한 조사료로서 멸균처리되지 않은 것. ③ 그 외: 섬유질사료 및 섬유질가공사료 이외의 것으로 사일리지 제조용 또는 가축 직접 급여용 조사료 ④ 단백질류: 어분(조류 및 포유동물 유래 단백질이 포함된 경우에 한함), 우모분, 제각분, 육분, 육골분, 혈분, 육가공부산물, 도축 및 가금도축부산물, 동물성단백질혼합사료, 수지박, 동물성발효사료, 계란분말, 육포 ⑤ 유지류: 우지, 돈지, 양지, 닭기름 기구, 깔짚 및 그 밖에 이에 준하는 물건 ① 동물과 함께 수입되는 용기 및 깔짚 등 　(4) 소비

(3) 수출입 검역 대상 질병

동물 등의 수출입 검역 대상 질병은 가축전염병으로 제1종 가축전염병, 제2종 가축전염병, 제3종 가축전염병이 있다(「가축전염병 예방법」 제2조제2호 및 「가축전염병 예방법 시행규칙」 제2조).

(4) 검역절차

▎수입동물 및 축산물 검역
축산물 안전에 대한 모든 정보가 있습니다. 개고양이 담당부서, 전화번호

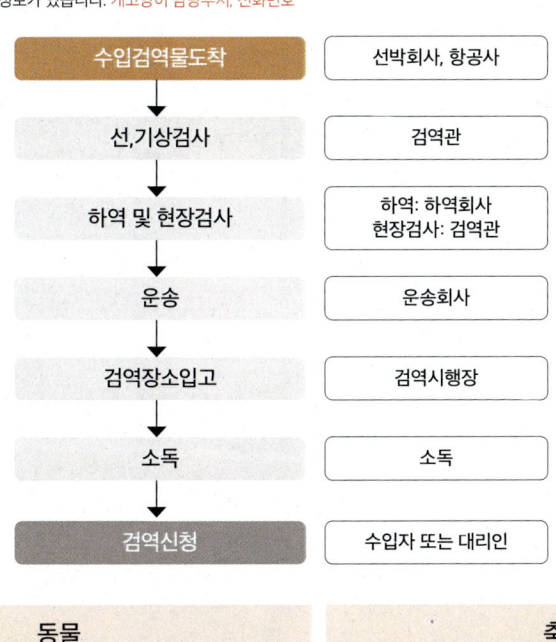

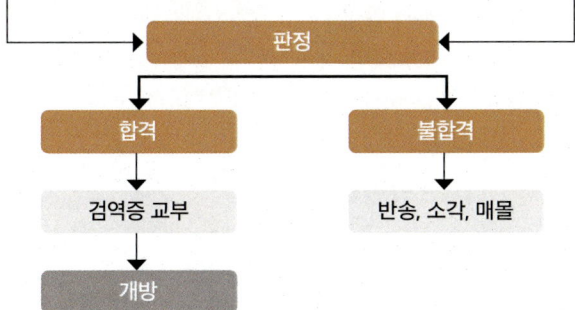

A. 수입동물 사전신고서 제출, 관련 규정에 의거 수입 전에 관할 지역본부장에게 제출

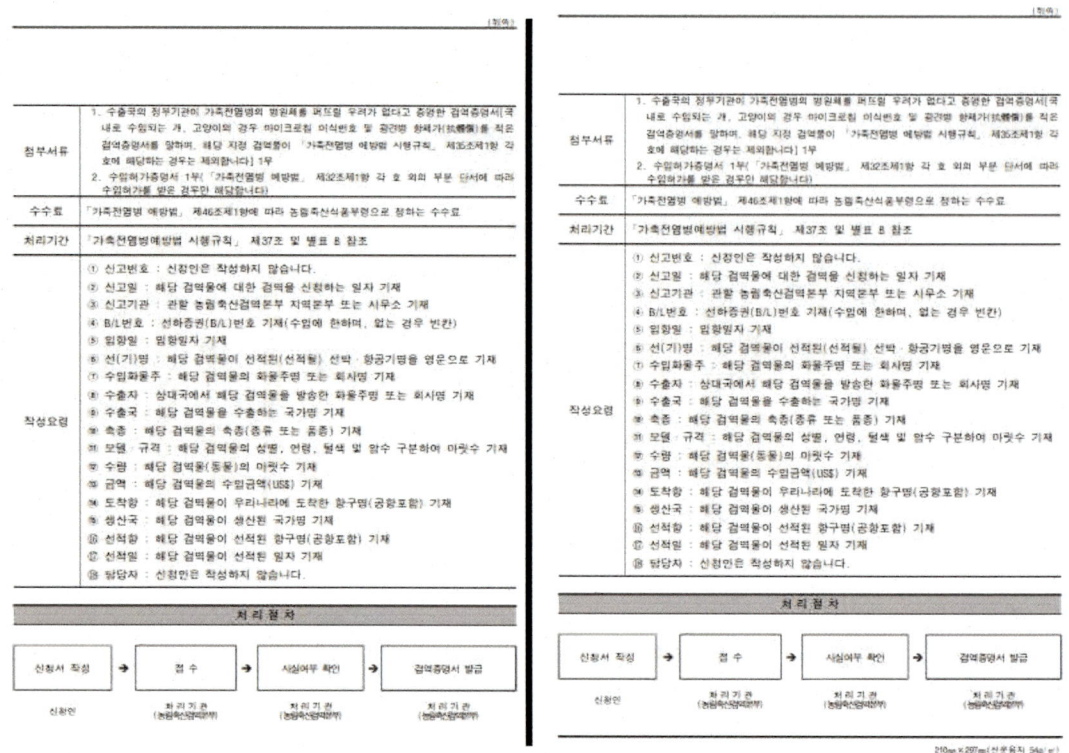

B. 수입 도착신고

동물을 수입하는 자는 도착사항과 하역 및 운송계획 등에 대해 도착지 관할 지역본부장에게 전화 또는 서면 신고

C. 선·기상검사
① 전용선박의 선상검사는 외항에서 실시
② 전용항공기의 기상검사는 가축방역상 합리적인 장소에서 실시
③ 검사사항: -수입금지지역 경유 및 운송 중 이상유무 검사
    - 수출국 검역증명서 기재사항
    - 우리나라가 제시한 위생조건 이행여부 조사

D. 하역 및 운송

가축방역상 안전한 방법으로 실시하며 검역시 행장까지 운송은 검역관의 사전지시를 받음(하역회사,운송회사)

E. 검역시행장 계류
    검역시간 동안 계류

F. 검역신청
    제출서류: 검역신청서, 상대국 검역증명서, 참고 서류(B/L, Invoice 등 기타)

G. 역학조사
① 검역신청서 기재사항 및 첨부서류 심사
② 선,기상 검사사항 확인
③ 기타 역학조사에 필요한 사항

H. 임상검사 및 정밀검사
① 임상검사는 가축질병병성감정실시요령에 준하여 동물 개체별로 매일 검사 실시

병성감정 접수 및 처리대장

접수번호	접수일자	신청인		사육농장		사료		처리 결과			수수료	확인	
		성명	주소<전화번호>	성명<농장명>	주소<전화번호>	축종<품종>	내역	검사항목	전단명	처리일<전단일>		담당자	책임자

② 정밀검사는 동물별 전염병 검사방법에 의거 실시
    - 미생물학적 검사, 병리학적 검사, 혈청학적 검사

※ 검역관리 문의는 해당 민원부서로 연락하시면 자세한 안내를 받으실 수 있습니다.

항목	각 지역 담당 전화번호
수입 축산물 담당부서	• 부산항 051-600-0402~3 • 신선대사무소 051-611-6966 • 인천항 032-722-8237~8 • 용인사무소 031-8006-4321 • 군산항 063-443-9432~3 • 인천공항(화물청사) 032-740-2668, 2672 • 서울지역본부 02-2650-0614 • 부산신항 051-606-5252~3 • 평택항 031-684-6397~9 • 천안사무소 041-522-4570 • 광양항 061-798-4921~3 • 인천특송센터 032-744-5551 • 인천공항(검역회관) 032-752-2654, 2640 • 김포공항 02-2664-2601

항목	각 지역 담당 전화번호
수입 동물 담당부서	• 인천공항(화물청사) 032-740-2668 • 인천공항(애완동물) 032-752-1280 • 인천항(산업동물) 032-752-1272 • 김포공항 02-2664-2601 • 서울지역본부 02-2650-0614 • 부산항 051-600-0400 • 군산항 063-460-9433 • 김해공항 051-971-1925 • 용인사무소 031-672-3862 • 광양항 061-798-4923 • 제주공항 064-746-0761 • 청주공항 043-263-2917 • 평택항 031-684-6397~9 • 속초항 033-635-9125

▶ 담당부서: 동물질병관리부 동물검역과   ▶ 전화번호: (054) 912-0423, 0426

생활법령 Q&A

Q 미국에서 키우던 개 2마리를 국내로 데리고 오려 한다. 어떻게 해야 하나요?

A 개·고양이는 지정검역물로서 9마리 이하일 경우에는 사전신고 없이 국내 반입이 가능하다. 이 경우 수출정부기관이 발생한 동물검역증명서(개체별 마이크로칩 이식번호와 광견병중화항체가 검사사항이 기재되어 있어야 함)를 준비하여 입국 세관검사대를 통과하기 전에 미리 작성한 휴대품신고서와 함께 구비서류를 준비하고 동물검역관에게 신고하면 된다. 다만, 호주와 말레이시아에서 개나 고양이를 수입하는 경우에는 추가 증명사항이 필요하니 농림축산검역본부 홈페이지(www.qia.go.kr)에서 미리 확인해야 한다.

◇ 동물수입에 대한 사전신고
☞ 지정검역물 중 다음의 어느 하나에 해당하는 동물을 수입하려는 경우 수입 예정 항구·공항 그 밖의 장소를 관할하는 농림축산검역본부장에게 동물의 종류·수량·수입 시기 및 장소 등을 사전에 신고해야 한다.

1. 소·말·면양·산양·돼지·꿀벌·사슴 및 원숭이
2. 10두 이상의 개·고양이[그 어미와 함께 수입하는 포유기(哺乳期)인 어린 개·고양이와 시험연구용으로 수입되는 개·고양이는 제외함]
☞ 위의 사전신고를 하지 않은 경우 300만원 이하의 벌금이 부과된다.

(5) 수출 검역 절차

■ 수출 검역 절차
축산물 안전에 대한 모든 정보가 있습니다. 개고양이 담당부서, 전화번호

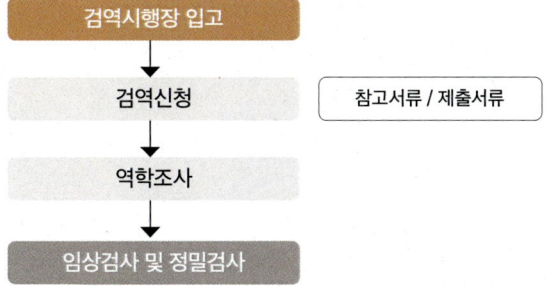

A. 검역 시행장 입고
① 검역시행장지정 신청서 제출, 관련 규정에 의거 수출 전 관할 지역본부장에게 제출

- 농림축산검역본부 계류장 또는 지정 검역시행장에 수출동물 입고
- 개, 고양이 등 반려동물은 출국 공항 안에서 검역 실시

B. 검역신청
① 제출서류
- 검역신청서
- 광견병 예방접종증명서 및 건강 증명 서류
- 초생추 수출시에는 종란생산농장의 종계가 가축전염병 병원체에 감염되지 않고 생산지 및 부화장내에 가축전염병 발생이 없다는 사실을 증명한 시,도 가축방역기관의 사실 증명서
② 참고자료(검역관이 요구하면 검역신청인이 제시하여야 할 서류)검역신청서 기재사항 진위여부 조사 또는 수출추천사항 등을 확인하기 위하여 필요한 서류
- 상대국에서 요구하는 사항 또는 위생조건

C. 역학조사
① 각 시도가축전염병 발생통보에 의한 생산지역의 가축전염병 발생여부의 조사
② 우리나라와 상대국간 협의된 사항(위생조건 등)의 확인
③ 기타 역학조사에 필요한 사항

D. 임상검사 및 정밀검사
① 임상검사는 가축질병 병성감정실시요령에 준하여 개체별로 검사 실시
② 정밀검사는 동물별 전염병검사방법에 의거 실시(*미생물학적검사, 병리학적검사, 혈청학적검사)
③ 검역 후/선상,기상 적재 시는 검역실시 내용과 화물 대조확인 후 이상이 없는 것에 한해 적재 지시
④ 검역을 필한 검역물이라 할지라도 선박, 차량 또는 항공기에 적재할 때까지는 검역기간으로 볼 수 있으며, 검역관이 필요하다고 인정할 때에는 재검역 실시
⑤ 검역을 실시한 지역본부의 항만 또는 공항에서 선적확인을 할 수 없을 경우에는 타지역 본부 관할 항만 또는 공항에서 선적확인

※ 검역관리 문의는 해당 민원부서로 연락하시면 자세한 안내를 받으실 수 있습니다.

항목	각 지역 담당 전화번호
수출 동물 담당부서 및 전화번호	• 서울 02-2650-0617, 0619 • 중부 032-722-8237, 8238 • 영남 051-600-0400, 0402 • 호남 063-460-9433 • 인천공항(T1) 032-740-2660 • 인천공항(T2) 032-740-2028 • 인천공항(화물) 032-740-2680 • 제주공항 064-746-2460

▶ 담당부서: 동물질병관리부 동물검역과 ▶ 전화번호: (054) 912-0423, 0426

03 반려동물과 여행하기

(1) 출국 시(개·고양이 수출검역)

A. 출국준비

반려동물(개, 고양이)를 외국으로 데리고 나가기 위해서는 입국하려는 국가의 검역조건을 충족해야 하기 때문에 사전에 입국하려는 국가의 대사관 또는 동물검역기관에 직접 문의하여 검역조건을 확인해야 한다. 특히 광견병예방접종증명서 및 건강증명서가 필요한 경우에는 동물병원 수의사와 상의해야 한다.

B. 검역증 발급 신청

예방접종증명서 및 건강증명서 등 필요한 검역증 발급에 필요한 서류를 준비하여 반려동물(개·고양이)과 함께 공항, 항만에 있는 농림축산검역본부 사무실에 방문하여 검역신청을 해야 한다. 검역관이 서류검사와 임상검사를 거쳐 검역증명서를 발급해 준다. 검역수수료는 10,000원/건이다.

예방접종 및 건강증명서
(VACCINATION & VETERINARY INSPECTION CERTIFICATE)

동물 소유자(출국자/수출자)
(Owner or Exporter)

이름(Name)		전화번호(Telephone):	
주소(Address):			

동물 (Animal Identification)

종(Species)	성별(Sex)	연령(Age)	모색(Color/Marks)
개(Dog) ☐ 고양이(Cat) ☐ 기타(Other) ☐ _____	암(Female) ☐ 수(Male) ☐ 중성 암 (Neutered Female) ☐ 중성 수 (Neutered Male) ☐	년(Years) 개월(Months) (생년월일: / /)	

품종(Breed)	이름(Name)	무게(Weight/Size)	마이크로칩(Microchip No.)
		5kg 이하 ☐ 5~10kg ☐ 10kg 이상 ☐ _____kg	있음(Y) ☐ _____ 이식일(Date of implantation)

광견병 예방접종 내역 (Rabies Vaccination)

제품명(Product Name)	제조사(Manufacturer)	제조번호(Serial Number)	접종일자(Vacc. Date)	면역유효기간(Validity)
				☐1Y ☐2Y ☐3Y
				☐1Y ☐2Y ☐3Y
				☐1Y ☐2Y ☐3Y

기타 백신접종(Other Vaccination) 및 기생충 처리내역(Parasite Treatment)

제품종류(Product Type)	제품명(Product Name)	제조사(Manufacturer)	제조번호(Serial Number)	접종일자(Vacc. Date)

(일상검사 확인 결과 ☐체크)
☐ 위 동물은 체온, 피부상태, 호흡기계 등에 대한 임상검사 결과, 전염성질환 등 질병에 이환된 증상을 보이지 않음을 증명함
☐ I certify that the animal described above is free of any infectious diseases and no abnormal clinical signs on the inspection date.

동물병원명(Name of Animal Hospital): 전화번호(Telephone): 주소(Address):	면허번호(License Number): 발급 수의사 성명(Name of Issuing Veterinarian): 서명(Signature): 발급일(Date of Issue): / /

이 증명서를 수출동물 검역신청을 위해 사용하는 경우, 선적 전 10일 이내에 발급한 증명서에 한하여 인정됩니다. (If this certificate is submitted for export animal quarantine application, it is valid for within 10 days of shipment from the date of issue.)

C. 비행기 탑승

검역증명서를 발급받은 후 선사·항공사 데스크로 가서 안내를 받아야 한다. 반려견의 기내 탑승에 관하여는 이용하려는 선사·항공사에 문의해야 한다.

(2) 입국 시(개·고양이 수입검역)

A. 출발 전

외국에서 반려동물(개·고양이)를 데리고 우리나라로 들어올 경우는 수출국 정부기관이 증명한 검역증명서(EU 회원국에서 발행하고 출발국이 EU 회원국인 Pet Passport에 한한다)를 준비해야 한다. 검역증명서에는 개체별 마이크로칩 이식번호와 수출국 정부기관 또는 국제공인 광견병 항체검사 인증검사기관에서 실시한 광견병 중화항체가 검사결과(0.5 IU/㎖ 이상, 채혈일자가 국내 도착 전 24개월 이내) 및 개체별 연령(출생연월일) 등 이 확인되어야 한다.

※ 호주, 말레이시아는 아래의 추가 증명사항이 필요하여 출국 전에 미리 구비서류를 준비해야 한다.

B. 항공기 내에서

기내에서 항공사 직원이 나눠주는 세관신고서(휴대품 신고서)의 검역대상물품을 기록한다.

C. 공항에서

세관 검사대를 통과하기 전에 동물검역관에게 반려동물(개·고양이)의 수출국 정부기관 증명 검역증명서를 제출한다. 검역증명서를 구비하지 않을 시에는 반송조치 대상이 된다. 만약, 검역증명서 기재요건이 충족되지 않을 경우 별도의 장소에서 계류검역을 받아야 한다.

개·고양이 검역조건

구비서류
① 수출국 정부기관이 증명한 검역증명서(EU 회원국에서 발행하고 출발국이 EU 회원국인 Pet Passport에 한한다) 제출
② 마이크로칩 이식 및 광견병 중화항체가 검사(마이크로칩 번호 및 광견병 중화항체가 검사결과 검역증명서에 기재)

* ※ 사전 신고없이 수입이 가능한 마리 수 : 9마리 이하

추가 증명이 필요한 국가와 동물

대상국가 및 동물	증명 내용
호주(고양이)	아래의 두 조건 중 하나의 조건을 충족하여야 합니다. ① 수출국 또는 지역(한반도 크기 이상의 행정 지역에 한함)내에 헨드라 및 니파바이러스 질병 첫 보고 이후 비발생을 증명
말레이시아 (개, 고양이)	② 헨드라 및 니파바이러스 검사(수출 전 14일 이내에 혈액검사 실시)와 함께 60일간 헨드라 및 니파바이러스 비발생 장소에서 사육내용 증명서 첨부 * 상기조건 미충족 시 : 21일간 계류 검역실시 후 이상이 없을 경우 개방

※ 개·고양이 수입검역방법

(1) 개·고양이 "수입검역방법"
- 마이크로칩 이식 및 광견병 중화항체가 검사
  - 개·고양이는 마이크로칩을 이식해야 하고 식별번호는 검역증명서에 기재되어야 함
  - 개·고양이는 선적 전 24개월 이내에 광견병 국제공인검사기관 또는 수출국 정부기관에서 광견병 중화항체역가시험을 받아야 하고 중화항체가 최소 0.5 IU/㎖ 이상임이 검역증명서에 기재되어야 함.
    ※ 다만, 생후 90일 미만과 광견병 비발생지역산 반려동물(개·고양이)은 광견병 중화항체가 검사 기준 적용 제외

(2) 구비서류 및 휴대 두수
- 수출정부기관이 발행한 동물검역증명서
  *마이크로칩 이식번호, 광견병중화항체가 검사사항이 기재되어 있어야 함
- 사전신고 없이 수입이 가능한 두수: 9두 이하

(3) 수입검역기간
- 생후 90일 이상인 개·고양이
  - 마이크로칩을 이식하여 개체 확인이 되고 광견병 중화항체가 최소 0.5 IU/㎖ 이상인 경우: "당일"
  - 마이크로칩을 이식하지 않은 경우: 마이크로칩 이식완료일까지
  - 광견병 중화항체검사를 하지 않은 경우: 광견병 예방접종 후 중화항체가 0.5 IU/㎖ 이상 확인일까지
  - 광견병 중화항체가가 0.5 IU/㎖ 미만인 경우: 중화항체가가 0.5 IU/㎖ 이상 확인일까지
  - 마이크로칩 이식과 광견병중화항체검사를 하지 않은 경우: 마이크로칩 이식과 광견병 예방접종 후 중화항체가가 0.5 IU/㎖ 이상 확인일까지

생활법령 Q&A

❓ 반려동물을 데리고 외국에 가려면 어떻게 해야 하나요?

🅰 반려동물을 데리고 입국하려는 국가가 동물 입국이 가능한 국가인지 확인해야 한다. 일부 국가는 동물 입국을 금지하고 있으며, 견종에 따라 제한을 받을 수도 있기 때문이다. 그리고 국가마다 반려동물 검역 기준과 준비해야 하는 서류가 다르므로 반려동물을 데리고 입국하려는 국가의 대사관 또는 동물검역기관에 문의해 검역 조건을 확인해야 한다. 또한 기내 탑승에 관하여는 항공사에 문의하여 해당 기준에 따르면 된다.

◇ **검역증명서 발급받기**
  ☞ 출국 당일 다음의 서류를 갖춘 후 공항 내에 있는 동식물 검역소를 방문해서 검역을 신청하면, 신청 당일에 서류검사와 임상검사를 거쳐 이상이 없을 경우 검역증명서를 발급받을 수 있다.
  1. 동물검역신청서
  2. 예방접종증명서 및 건강을 증명하는 서류
  3. 상대국 요구사항(요구사항이 있는 경우에 한함)

◇ **항공사에 반려동물 수하물서비스 신청**
  ☞ 일부 항공사의 경우 반려동물의 종류 또는 총중량 등에 따라 기내 반입 또는 수하물 서비스가 거절될 수 있으므로 비행기를 이용해서 반려동물과 이동할 경우에는 이용하려는 항공사에 연락해서 미리 상담한 후 반려동물 수하물서비스를 신청하는 것이 좋다. 이때 반려동물의 운송비용은 여객의 무료 수하물 허용량에 관계없이 반려동물의 총중량(운반용기를 포함)을 기준으로 별도로 부과된다.

◇ **검역**
  ☞ 외국에 도착하면 해당 국가의 검역을 받는데, 이를 위해서 검역증명서 등 상대국에서 요구하는 서류를 출국 전에 미리 준비해 두어야 한다.

◇ **위반시 제재**
  ☞ 이를 위반해서 검역을 받지 않고 출국하면 300만원 이하의 과태료를 부과 받는다.

(3) 반려동물 대중교통 이용방법

A. 비행기로 이동하기

비행기로 이동 가능한 반려동물은 개, 고양이, 새뿐이다. 많은 항공사에서 반려견 동반좌석을 운행하고 있지만, 자세한 내용은 항공사별 반려동물 동반 손님 가이드라인을 확인하는 것이 좋다. 일반적으로 반려동물 운송 예약은 보호자가 자신의 항공권을 예매한 후 각 항공사 서비스 센터를 통해 승인을 받아야 한다

대한항공 기준으로 기내 탑승은 탑승객 1인당 1마리로 이동장을 포함한 반려동물의 무게가 7kg 이하여야 한다. 이동장은 반려동물의 몸이 빠져 나오지 않도록 사방이 막힌 것이어야 하며, 하드케이스의 경우 높이 19cm, 가로 32cm, 세로 45cm 이하여야 한다. 소프트한 소재의 이동장은 높이 25cm까지 가능하며 눌렀을 때 최대 높이 19cm 이하로 좌석하단에 보관할 수 있어야 한다. 반려동물을 기내에서 이동장 밖으로 꺼내는 것은 엄격하게 제한되며, 이동장을 좌석 위 또는 무릎 위 등 다른 장소에 올려놓는 것도 불가하다.

반려동물을 포함한 이동장의 총 무게가 8kg 이상이거나 45kg 이하일 경우에는 화물칸 위탁 운송이 가능하다. 이동장 가로 세로 높이의 합이 291cm 이하이며, 최대 높이는 84cm 이하여야 한다. 화물칸 위탁 운송 시 이동장은 △환기구가 있고 방수 처리된 용기 △반려동물이 일어서고, 눕고, 움직이는 데 불편함이 없는 충분한 공간이 있는 용기 △나사로 단단히 고정돼 내부의 충격에도 잠금장치가 열리지 않는 용기 △금속, 목재 및 플라스틱 등의 견고한 재질로 제작된 용기 등이 좋다. 다만 섭씨 29도 이상의 고온 또는 영하 7도 이하의 저온 환경에서 반려동물을 위탁 운송할 경우 반려동물이 위험할 수 있으니 신중히 고민해야 한다.

B. KTX와 버스로 이동하기

KTX도 반려동물 동반 시 이동장에 넣어 승차해야 한다. 열차에 승차할 수 있는 반려동물은 개, 고양이, 새로 제한되며 무게는 10kg 이내여야 한다. 이동장 크기는 가로 세로 높이 합이 100cm 이내여야 하며, 신체 일부가 밖으로 나오지 않도록 해야 한다.

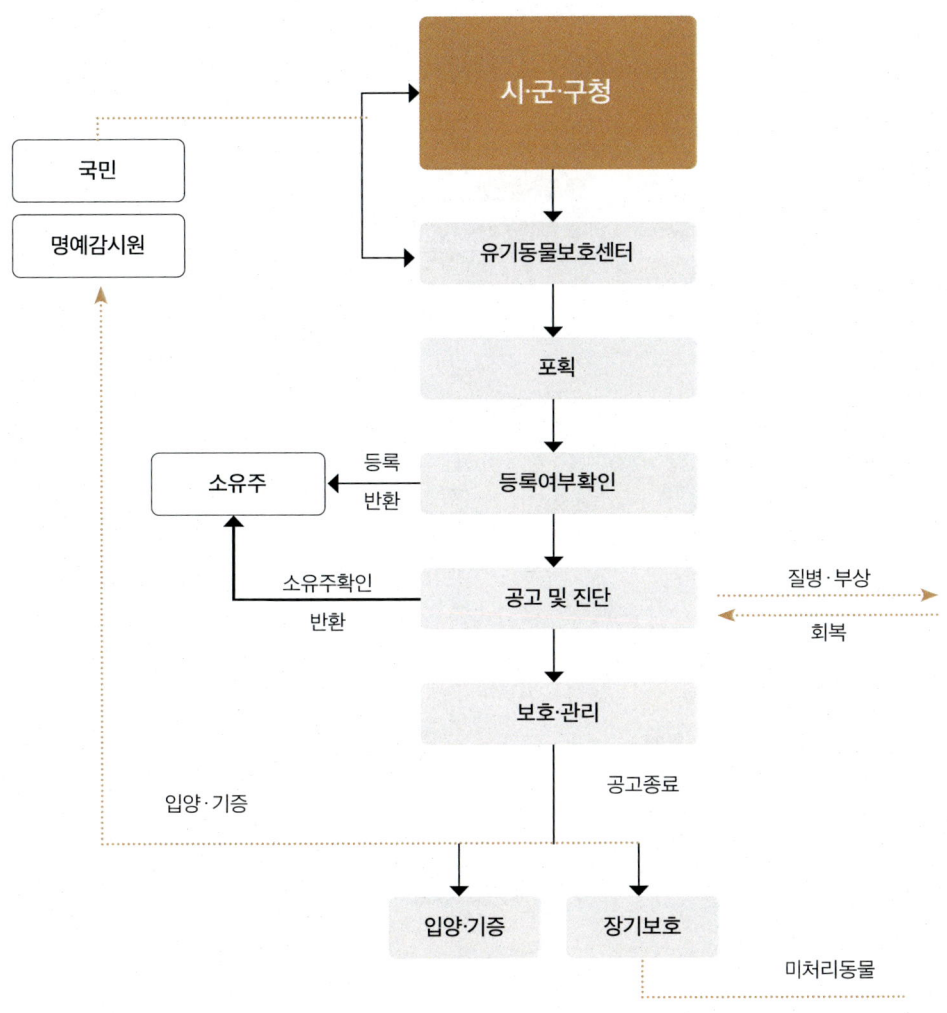

04 유기동물 신고 및 반환 절차

(1) 동물보호센터의 보호조치

도로·공원 등의 공공장소에서 소유자 없이 배회하는 등 버려진 반려동물은 관할 지방자치단체장에 의해 구조되어 관할 지방자치단체에서 설치·운영 또는 위탁한 동물보호센터로 옮겨진다(「동물보호법」 제34조제1항 참조).

(2) 유기 및 유실동물의 처리절차

유기 및 유실동물은 관할 지방자치단체장에 의해 구조되어 관할 동물보호센터로 옮겨진 후 다음과 같은 절차를 따른다.

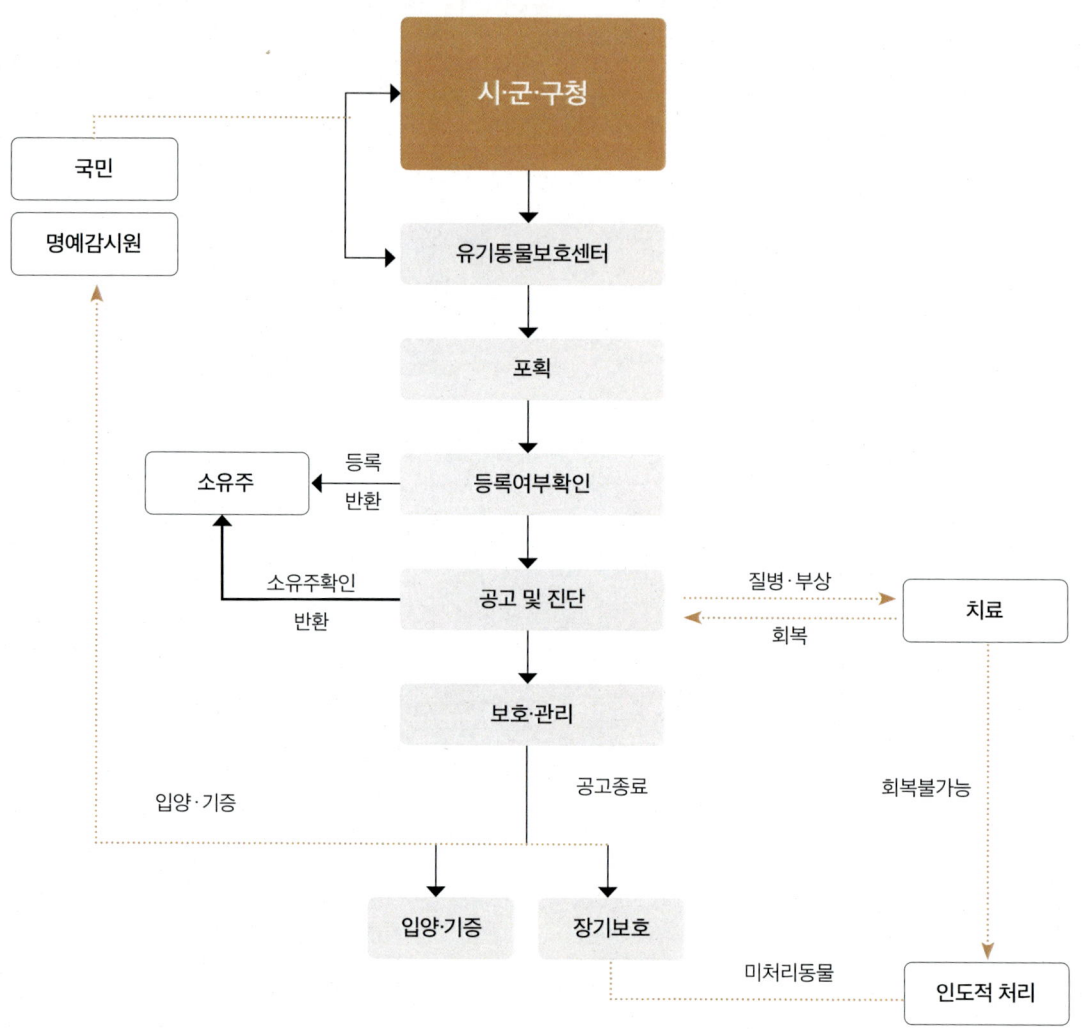

(3) 유기동물 공고

관할 지방자치단체에서 운영 또는 운영 위탁한 동물보호센터에서 구조 동물을 보호하고 있는 경우에는 동물의 소유자와 일시적 또는 영구적으로 동물을 사육·관리 또는 보호하는 사람(이하에서는 "소유자등"이라 함)이 보호조치 사실을 알 수 있도록 동물보호관리시스템에 7일 이상 그 사실을 공고하여야 한다(「동물보호법」 제40조).

(4) 유기동물 공고 이후 주인을 찾을 경우

　유기동물 공고 이후 소유자가 그 동물에 대하여 반환을 요구하는 경우 그 동물을 소유자에게 반환하여야 한다(「동물보호법」 제42조제1항제1호).

　》 다만, 소유자에게 동물의 보호비용이 청구될 수 있다(「동물보호법」 제42조제1항).

(5) 유기동물 공고 이후 주인을 찾지 못한 경우

유기동물 공고가 있는 날부터 10일이 지나도 소유자 등을 알 수 없는 경우에는 「유실물법」 제12조 및 「민법」 제253조에도 불구하고 해당 지방자치단체장이 그 동물의 소유권을 취득하게 된다(「동물보호법」 제43조제1호).

동물의 소유권을 취득한 지방자치단체장은 동물이 적정하게 사육·관리될 수 있도록 특별시·광역시·도 및 특별자치도의 조례로 정하는 바에 따라 동물원, 동물을 애호하는 사람, 민간단체 등에 기증되거나 분양할 수 있다(「동물보호법」 제45조제1항).

또한, 보호조치 중인 동물에게 질병 등 특별한 사유가 있어서 수의사의 진단을 받은 경우 인도적인 방법으로 처리된다[규제 「동물보호법」 제46조제1항] 사람이나 다른 동물에게 질병을 옮기거나 위해를 끼칠 우려가 높은 경우로 진단되는 경우, 기증이나 분양이 곤란한 경우 등 관할 지방자치단체장이 부득이한 사정이 있다고 인정하는 경우에도 인도적인 방법으로 처리된다.

앞선 단락에서 살펴본 것처럼 많은 유기동물들이 새로운 보호자에게 입양되지 못하고 안락사를 당하는 경우가 증가하고 있다. 따라서 반려동물의 양육을 계획하고 있는 반려인들과 유기동물을 연결해주는 적극적인 노력이 필요하다.

반려동물관리사

초판 1쇄 발행 2025년 08월 27일

저　　자 한국애견아카데미
펴 낸 이 한국애견아카데미
발 행 처 서울특별시 성동구 성수동2가 279-33, 101-24호
전　　화 02-6467-0276
메　　일 kkaedu.info@gmail.com
홈페이지 kkcacademy.co.kr
I S B N 979-11-980443-4-1
ⓒ 한국애견아카데미, 2025

이 책은 저작권법에 의해 보호받고 있습니다.
본 기관의 허락없이 무단 전재와 무단 복제를 할 수 없습니다.